설우스님이
들려주는

행복한 금강경 이야기

사구게를 이해하고 체험하고 수지독송한 사람의 복은 생명으로 이루어진 육신과 상관없이 영원합니다. 그 복은 왜 영원한가? 바로 복덕성이기 때문입니다. 복덕성은 인위적으로 만들어진 것이 아니고 본래 그렇게 원만구족되어 있는 것이기 때문에 생멸이 없답니다.

설우스님이 들려주는
행복한 금강경 이야기

1판 1쇄 발행 | 2013년 5월 10일
1판 5쇄 발행 | 2018년 4월 15일

지은이 | 설우 스님

펴낸이 | 이명옥
펴낸곳 | 도서출판 사유수
만든이 | 이미현 유진희

서울시 마포구 서교동 393-5 화승리버스텔 1005호
대표전화 | 02-336-8910

등록번호 | 2007-3-4
ISBN 979-11-85920-04-7 03220

설우스님이
들려주는

행복한 금강경 이야기

사구게를 이해하고 체험하고 수지독송한 사람의 복은 생멸로 이루어진 유신과 상관없이 영원합니다. 그 복은 왜 영원하냐, 바로 복덕성이기 때문입니다. 복덕성은 인위적으로 만들어진 것이 아니고 본래 그렇게 원만구족되어 있는 것이기 때문에 생멸이 없습니다.

<금강경>은 중생이 본래 행복한 존재임을 깨닫게 해주는 선경(禪經)입니다

평소 저는 만나는 불자들에게 "즐기며 사십시오."라는 말을 자주 합니다. 인생을 즐겁게 산다고 하니까 자기 멋대로 사는 삶을 생각하는 사람들이 많은데 '즐겁게 산다'는 말의 참 의미는 서로 상생적인 도움을 베풀고 사랑을 주고 받으며 사는 것을 말합니다. 부처님은 이러한 상호관계를 연기(緣起)라고 하셨어요. 연기를 아는 자만이 즐겁게 산다고 할 수 있고 그런 사람을 멋있는 사람이라고 할 수 있는 겁니다.

여러분들이 부처님 경전을 배우고 법문을 듣는 것은 오랜 무명업식을 버리고 마음의 고향인 자성청정심을 찾기 위해서입니다. 깊이 사유하는 자리에서 무위법(無爲法)을 체득하게 되고, 그 자리가 바로 부처가 출현하는 자리입니다. 부처는 지금까지 붙들고 있던 중생업식을 훨훨 벗어 버리고 마음이 텅 비워진 반야의 생명자리가 드러나는 것입니다.

우리가 <금강경>에서 부처님과 수보리가 묻고 답하는 내용을 깊이 이해하게 되면 지금 중생의 모습이 본래 부족함이 없는 여래의 참모습이라는 것을 확연히 알게 됩니다. 끊어야 할 번뇌가 실로 있지 않음을 바로 보고, 따라서 번뇌에 물들지 않으며, 보

| 머리말 |

살의 닦음에도 머물지 않고, 깨쳐도 깨침으로 인하여 얻는 것이 없다는 사실을 체험하는 것이야말로 실다운 수행입니다. 경전을 올바르게 공부하면 세간법에 대한 집착을 여읨은 물론 출세간법의 지견에도 머무르지 않아서 일상 생활속에서도 맑고 순수한 마음으로 살게 됩니다.

어느날 문득 선방 문고리를 열고 나와 대중들 앞에 섰습니다. 지난 날 불교 TV에서 강의하고 훗날 창원 진불선원 불자님들과 함께 탁마하는 마음으로 다시 공부한 내용을 정리해서 〈행복한 금강경 이야기〉를 펴내게 되었으니 여러분들도 이 〈금강경〉 공부를 통해 날마다 행복한 삶 되시길 바랍니다.

어색함이 묻어나오는 강의를 잘 다듬어 이해하기 쉬운 내용으로 정리해준 사유수 출판사에 지면으로 깊은 감사를 전하고, 아울러 불자 여러분들의 진심어린 경책을 바랍니다.

불기 2557년 봄 오는 저잣거리에서 설우 합장

| 차례 |

머리말 ··· 4
금강경 전체 이해하기 ··· 9

제1분 법회가 열리게 된 인연 *法會因由分* ············· 31
제2분 수보리가 법을 청하다 *善現起請分* ············· 73
제3분 대승의 바른 가르침 *大乘正宗分* ················ 111
제4분 묘행은 머무르지 않는다 *妙行無住分* ········· 139
제5분 이치를 참되게 보다 *如理實見分* ················ 165
제6분 바른 믿음은 드물다 *正信希有分* ················ 187
제7분 얻을 바도 설할 바도 없다 *無得無說分* ······ 217
제8분 법에 의지해서 나오다 *依法出生分* ············ 239
제9분 깨달음에는 상이 없다 *一相無相分* ············ 261
제10분 정토를 장엄하다 *莊嚴淨土分* ···················· 287
제11분 무위의 복은 뛰어나다 *無爲福勝分* ·········· 309
제12분 바른 가르침을 존중하다 *尊重正敎分* ······ 323
제13분 법답게 받아 지니다 *如法受持分* ·············· 333
제14분 상을 떠나니 고요하다 *離相寂滅分* ·········· 351

제15분	경을 지니는 공덕　持經功德分	397
제16분	업장을 맑게 하다　能淨業障分	423
제17분	마침내 나는 없다　究竟無我分	441
제18분	일체를 하나로 보다　一體同觀分	471
제19분	법계와 생활이 하나다　法界通化分	499
제20분	현상과 모습을 떠나다　離色離相分	509
제21분	걸림없는 말을 하다　非說所說分	519
제22분	법에는 얻을 것이 없다　無法可得分	531
제23분	마음을 비우고 선행을 하다　淨心行善分	543
제24분	복과 지혜를 비교할 수 없다　福智無比分	555
제25분	교화할 바 없는 교화　化無所化分	561
제26분	법신은 모습이 아니다　法身非相分	580
제27분	소멸해 없어짐도 없다　無斷無滅分	595
제28분	받지도 욕심 내지도 않는다　不受不貪分	603
제29분	위의가 맑고 고요하다　威儀寂靜分	627
제30분	하나로 된 이치의 참모습　一合理相分	635
제31분	분별심을 일으키지 않는다　知見不生分	651
제32분	응신, 화신은 참되지 않다　應化非眞分	671

金剛般若波羅蜜經

금강경 전체 이해하기

金剛般若
波羅
蜜經

이제 다함께 〈금강경〉의 세계로 들어가보겠습니다.

　잘 알려진 대로 지금 우리가 보고 있는 〈금강경〉은 중국 양나라 때 불심천자라고 불렸던 무제의 아들인 소명태자가 구마라습이 번역한 〈금강경〉을 깊이 이해하고 그 내용에 따라 32분으로 과목을 나눈 것입니다.
　이 〈금강경〉은 그냥 보면 같은 말이 계속 연결된 것 같이 보여요. 제1분의 법을 열게 된 인연 동기로부터 시작해서 32분까지 반야바라밀과 공의 도리를 설명해 나가다 보니 그것이 자꾸 연결되는 것 같지요.
　그런데 실제로 〈금강경〉을 깊이 아는 사람이 볼 때는 같은 말이 되풀이되는 것은 없습니다. 얼핏 반복되는 것 같아도 단락 단락으로 끊어진 새로운 내용들입니다. 저는 이렇게 단락 지어진 내용들을 하나하나 교리적으로 혹은 그 속에 담긴 부처님의 사상을 이해하는 방법으로 강의하려 합니다.

예를 들어, 제7분 '무득무설분'에서 부처님이 반야바라밀은 설할 것도 없고 얻을 것도 없고, 반야바라밀은 무상이고 무주여서 상도 없고 머물지도 아니하고, 그래서 반야바라밀에는 설해도 설한 바가 없고 얻어도 얻은 바가 없는 도리를 설합니다. 반야는 공(空)이라는 말입니다.

그러나 제10분 '장엄정토분'에서는 석가모니 부처님이 전생에 부처가 되기 전에 연등 부처님으로부터 먼 훗날 성불을 할 것이라는 수기를 받습니다. 여기서 수보리가 생각하기를, '장엄정토분'에서 부처님께서는 석가모니라는 호도 받았고 또 아뇩다라삼먁삼보리 법도 깨치셨고 32상 80종호의 좋은 상호도 갖추시는 등 이렇게 얻은 것이 있는데, 그렇다면 '무득무설분'에서 부처님께서 설하신 '얻을 것도 없고 설할 것도 없다'는 말씀은 어찌된 일인가 하고 의심을 하게 됩니다. 그리고는 부처님이 그 의심을 하나하나 풀어주시는 내용이 나오죠.

이렇게 〈금강경〉의 구성은 수보리가 마음 속으로 의심하고 부처님이 풀어주시는 형식으로 이어집니다. 저는 이 내용들을 공(空) 사상적인 측면과 관심석(觀心釋)으로 풀어갈 것입니다. 볼 관(觀), 마음 심(心), 풀 석(釋). 관심석은 법문을 듣든지 경전을 보든지 어록을 보든지간에 모든 부처님의 법을 마음수행에 결부시켜 해석하는 방법입니다. 항상 이 마음을 관찰하여 그 업성(業性)을 변화시키는 쪽으로 계합을 시키는 것이죠.

그럼 본격적인 공부에 들어가기 전에 먼저 경 제목에 담겨 있는 뜻과 〈금강경〉이 대승경전 가운데에서 어떤 위치를 차지하고 있는지, 그리고 〈금강경〉에서 배워야 할 대승불교의 보살정신이 무엇이며 그 보살도를 성취하려면 어떻게 수행해야 하는지 등에 대해 알아보겠습니다.

〈금강반야바라밀경〉의 이름 풀이

〈금강경〉은 서기 402년에 구마라습이라는 선지식께서 번역하신 것으로 경명이 〈금강반야바라밀경(金剛般若波羅密經)〉입니다. 그리고 또 다른 한 가지는 서기 663년에 현장스님께서 번역하신 것으로 경명이 〈능단금강반야바라밀경(能斷金剛般若波羅蜜經)〉인데 인도 산스크리트어 원문에 다소 가깝게 번역되어 있어요.

경명은 산스크리트어로 '바즈라체디카 프라즈나 파라미타 수트라(Vajracchedika prajnaparamita sutra)'라고 합니다.

바즈라체디카 | 여기서 '바즈라'는 금강석이라는 의미 외에 천둥, 벼락이라는 의미가 있어요. '체디카'는 한문으로 번역하면 능단(能斷) 또는 돈단(頓斷)이라고 합니다. 같은 말이죠. 직절(直截)한다, 끊어버린다는 의미인데 그래서 '바즈라체디카'를

한문으로 번역하면 '능단금강' 즉 '벼락 치듯이 끊어버린다'는 뜻이 됩니다.

무엇을 끊는 데는 천둥 벼락만큼 빨리 끊는 게 없겠지요? 내가 지금 '나'라고 잘못 알아 주인으로 모시고 금이야 옥이야 아끼고 있는 무명업식을 벼락 치듯이 끊어버린다는 말입니다. 단숨에 끊습니다. 끊는데 차례대로 끊는 것이 아니고 한꺼번에, 한 순간에 끊는다는 의미죠. 그래서 현장스님은 '능히 끊어버린다'는 경전의 원뜻에 좀더 가깝게 다가가기 위해서 능단이라는 말을 써서 〈능단금강반야바라밀〉이라고 경명을 붙인 겁니다.

프라즈나 | 그러면 무명업식을 이렇게 '벼락 치듯이' 돈단해 버린다는데, 무엇이 그렇게 한다고 생각하십니까? 그렇습니다. 프라즈나가 그렇게 한다는 겁니다. '프라즈나'를 소리나는 대로 한자로 쓴 것이 반야(般若)인데 반야는 지혜를 말합니다.

반야는 〈금강경〉에서는 무상(無相)으로 나옵니다. 무상이기 때문에 이름도 없고, 상도 없고, 그릴 수도 볼 수도 없는, 인위적으로 드러낼 수가 없는 것이에요. 그래서 법성게에서 '무명무상절일체(無明無相絶一切)'라고 했어요. 이름도 끊기고 모양도 끊기고 다 끊겨버렸다는 말이지요. 그러면 무엇으로도 드러낼 수 없고 보일 수 없는 이 반야를 어떻게 설명해야 하나? 그래서 구마라습이 이러한 반야의 속성을 이해시키기 위해서 금강, 즉 한없이 밝고 날카롭고 견고한 물질인 다이아몬드에 비유한 것입니다.

파라미타 | '파라미타'는 소리 나는 대로는 바라밀(波羅蜜)이라고 쓰고 '완성된 경지'를 뜻합니다. 이 바라밀은 뜻에 따라 도피안(到彼岸)이라고 번역하는데 '피안으로 건너간다'는 의미입니다.

피안은 '저 언덕'으로 깨달음, 열반의 언덕입니다. 산스크리, 답트어로는 '니르바나(Nirvana)'라고 하지요. 이 니르바나는 '불어서 끄다', 그리고 '불어서 꺼진 상태'를 뜻하기 때문에 불교적으로 말하면 '욕망의 불꽃이 꺼져버렸다', '자기중심적인 중생업식이 다 꺼져버렸다'고 말할 수 있습니다. 그래서 '프라즈나 파라미타' 즉 반야바라밀은 지혜의 완성 또는 완성된 지혜를 뜻하는 것입니다.

수트라 | '수트라'는 경(經)이라는 말입니다. 경은 '무엇을 하나로 꿰어 모은다'는 뜻이에요. 부처님 당시에는 종이도 문자도 없었어요. 그래서 부처님 말씀이 전부 다 암송으로 전해 내려왔지요. 그런데 몇 백 년 뒤에 문자가 생기면서 '패다라'라고 하는 나뭇잎에 부처님 말씀을 새기게 되었어요. 그리고 그 나뭇잎에 구멍을 뚫고 줄로 꿰어 하나로 묶어서 소쿠리에 담아 놓게 됩니다. 경이라는 말에는 이렇게 성인의 말씀을

바로 잘 보고 이해할 수 있도록 하나로 꿰어서 모아 놓았다는 의미가 있는 거에요.

한마디로 정리하면, 〈금강반야바라밀경〉은 우리가 지금 꽉 쥐고 있는 중생의 고집스러운 무명업식을 완성된 지혜로 벼락 치듯이 단번에 끊어버리는 경이라는 의미입니다.

대승경전 속에서의 〈금강경〉

교리 발달사적 측면에서 〈금강경〉을 알아보겠습니다.

서기 663년에 현장스님이 〈대반야경〉 6백 권을 번역했는데 〈금강경〉은 그 중 577권에 해당하는 경이에요. 이 6백 권 반야부 경전을 팔부반야(八部般若)로 분류하는데, 제1부는 10만 게송으로 된 〈대품반야경〉이 해당됩니다. 그리고 제2부는 2만 5천 게송으로 구성된 〈방광반야경〉, 제3부는 1만 8천 게송이 들어가 있는 〈광찬반야경〉, 제4부는 8천 게송으로 된 〈도행반야경〉입니다. 제5부는 4천 게송으로 된 〈소품반야경〉, 제6부는 2천 5백 게송으로 된 〈천왕문반야경〉, 제7부는 6백 게송으로 된 〈문수설반야경〉이며, 마지막 제8부는 3백 게송으로 〈금강반야경〉이 여기에 해당됩니다. 그래서 금강경을 '3백 게송경'이라고도 이야기를 합니다. 글자 수로는 5천여 자가 되죠.

그런데 선종에서는 이 많은 반야부 경전 중에 왜 하필이면

〈금강반야바라밀경〉을 소의경전으로 삼았을까요? 그 까닭은 모든 반야경이 공통적으로 전부 반야를 드러내고 있지만 오직 유일하게 〈금강반야바라밀경〉에 아상·인상·중생상·수자상의 4상을 철저하게 척파(斥破)하는 내용이 들어있기 때문입니다. 제8부 반야 중 앞의 제7부 반야는 상(相)을 완전하게 타파하지 못한 상태에서 반야라는 말만 붙였을 뿐이고, 마지막 8부 〈금강반야경〉에서만 완벽하게 상을 타파하였기 때문에 별도로 '금강'이라는 명칭을 붙인 것입니다.

선종에서 〈금강경〉을 소의경전으로 삼은 또 하나의 이유는 〈금강경〉에는 모든 선(禪)의 도리가 다 들어 있기 때문입니다. 따라서 이 경을 잘 배우면 선의 이치는 물론 조사어록 도리까지 다 볼 수가 있습니다.

〈금강경〉은 그 뜻이 너무나 심오하여 쉽게 이해하기가 어렵기 때문에 주석을 단 사람들이 참 많았습니다. 육조스님에 의하면 당나라 때인 서기 6백 년 경에 이미 8백여 분이 〈금강경〉에 주석을 달았다고 합니다. 그러니 그 이후로 얼마나 많은 주석이 달렸겠어요. 그러한 많은 주석서 가운데 백미라고 할 수 있는 것이 〈금강경오가해〉입니다. 〈금강경오가해〉는 고려 말에서 조선 초기에 사셨던 함허득통(涵虛得通) 스님이 다섯 분의 주석을 뽑아서 묶어 놓은 것에 다시 경문과 그 주석에 해설을 달아 놓은 책이에요.

첫 번째로는 양나라 무제 때 수행하시던 부대사(傅大士)라는 분이 제일 먼저 주석을 달았습니다. 부대사에 대한 일화가 하나 있어요. 한번은 양나라 무제가 그가 스승으로 모시는 지공스님에게 〈금강경〉을 강의해 줄 분을 추천하라 했는데 지공스님이 부대사를 추천했어요. 그 때 부대사는 법좌에 올라 〈금강경〉이 놓여 있는 법상을 한 번 들었다 놓고 내려 와서는 "다 설해 마쳤다."고 했다고 합니다. 〈금강경〉에는 이처럼 선적(禪的)인 도리가 들어 있어요.

두 번째로 주석을 다신 분이 육조스님이십니다. 육조스님의 주석을 육조구결이라고 하는데, 보통 관심석(觀心釋)이라고 부릅니다. 법을 들으면서 내 마음이 지금 어떻게 움직이고 있는지 항상 자기 마음을 관할 수 있도록 주석을 단 데 특징이 있습니다. 내면적으로 자기수행에 철저하게 들어가는 것이죠. 육조스님의 관심석은 아주 평이하면서 깊은 도리가 있어 〈금강경〉을 공부하는 분들이 굉장히 좋아하는 주석 가운데 하나입니다.

세번째로, 우리나라 스님들이 좋아하는 송나라 때 야부(冶父) 스님의 주석입니다. 야부스님은 〈금강경〉의 내용에 대해 착어(著語)를 던지거나 간단한 송(頌)을 붙였어요. 착어라는 말은 경문에 대해 긴 설명을 하는 대신 간단하게 '그것은 이것'이라고 한 두 마디로 자기 견해를 밝히는 것이에요. 탁 던지는 겁니다.

그런데 그 착어는 일반인들이 보통 생각할 수 있는 상식이라든지 불교의 교리적인 것으로는 접근이 안 됩니다. 완전히 격외도리를 이야기한 거죠. 그 격 밖의 소식을 던져 놓는 것을 착어라고 하는데 야부스님은 거기에다가 또 그 착어를 조금 더 설명하는 게송을 붙였어요. 그런데 그 게송 자체도 〈금강경〉의 사상과 공 도리를 완전히 달관한 사람이 아니면 이해하기 힘듭니다.

이 세 분 외에 종경스님과 규봉종밀 스님이 주석을 달았는데 이렇게 다섯 분의 주석을 모아 놓았다고 해서 〈금강경오가해〉라고 한 겁니다.

〈금강경〉의 핵심 정신 '공'

〈금강경〉에서 가장 중요한 것은 반야의 체득입니다. 그리고 반야를 말할 때는 공(空)이 항상 따르는데, 반야의 본성자리가 바로 공성(空性)으로 대표되기 때문이에요. 이 〈금강경〉이 드러내고 있는 것이 바로 공사상입니다.

우리는 교리적으로 〈금강경〉의 대의를 두 구절로 줄여서 '파이집(破二執) 현삼공(現三空)'이라고 표현합니다. 즉 두 가지 집착인 아집과 법집을 깨뜨려서 세 가지 공을 드러낸다는 뜻인데, 삼공에는 아공(我空)과 법공(法空) 그리고 구공(俱空)이 있습니다.

아공 | 아공은 '내가 공하여 없다는 것을 확실히 보았다'는 뜻입니다. '나(我)'라는 것은 오온이 인연 따라 화합하여 이루어진 것이기 때문에 참으로 '나'라고 할 만한 실체가 없다는 것이죠.

그럼 오온이 뭐죠? 색·수·상·행·식(色受想行識)이죠? 색은 물질적 현상이고 수·상·행·식은 정신작용이니까 결국 오온은 세상을 구성하는 모든 요소라고 할 수 있어요. 또한 이 오온은 모두 영원토록 불변하는 자기만의 고유한 개체성이 없지요. 오온은 자성이 없으며 항상 인연에 의해 생하고 인연에 의하여 멸하는 것이기 때문에 역시 공한 것입니다. 즉 나라고 하는 것도 연생연멸(緣生緣滅)하는 존재이기 때문에 공하다는 말입니다.

법공 | 법공은 아공에 대응하는 말입니다. 불교사전에는 법무아(法無我)라고 표현했어요. 모든 것은 연기(緣起)에 의해 일어나는 것으로 실체가 없다는 뜻이죠.

법이라는 것은 우리가 내면적으로 사고하고 생각하는 모든 정신 작용과 밖으로 부딪히는 모든 경계를 말하는 것이에요. 결국 세상의 모든 현상 또는 현상계를 말하는 것입니다. 그러나 이 법 역시 이것이 법이라고 할 자성(自性)이 없고 연생연멸(緣生緣滅)하기 때문에 공한 것입니다.

부처님께서 열반에 드시고 500년이 지나면서 교리와 계율의 해석을 달리하는 20개의 부파가 생겼습니다. 이를 부파불교시대라고 하는데 이때 학자들은 이 '법'에 대해서 결론적으로 뭔가가 있다고 여겨 '유(有)'를 세우게 됩니다. 그들도 색·수·상·행·식 오온이 다 연생연멸 한다는 것은 알고 있었지만 부처님이 설하신 연기법(緣起法)이라든지 그러한 법의 이치는 영원하다고 생각한 겁니다.

그런데 대승경전에 와서 부처님은 "그 법도 존재한다고 할 수 없다. 아뇩다라삼먁삼보리라는 그 진리는 무유정법(無有定法)이다."라고 했습니다. 정한 법이 없다는 말이죠. 그렇기 때문에 제행이 무상하다, 제법이 무아다, 열반적정이다 라고 하는 것들도 사실은 뗏목이기 때문에 강을 건너면 그것도 버려야 될 것이라며 법에 대한 집착을 철저하게 끊어주는 거에요.

법의 가장 근본 핵심은 공입니다. 그런데 〈금강경〉에는 이 공이라는 말이 안 나옵니다. 공이라는 말 대신 무상(無相)이라는 표현이 나와요. 그리고 나오지 않지만 무원(無願)이라는 말이 있어요. 왜 여기에 무원이 들어갈까요? 공이 될 때는 반드시 바람이 없는 상태인 무원이 된다는 거에요. 이 공과 무상과 무원을 삼해탈(三解脫)이라고 합니다.

그러니까 법에는 삼법인도 삼해탈도 다 들어 있되, 이 뜻을 있는 것이라고 붙들고 집착하는 것은 병이라는 겁니다.

구공 | 구공(俱空)은 아공, 법공을 다 초월하여 공했다는 생

각마저 없어져서 흔적이 없는 것을 말합니다. 수보리존자가 이 구공의 경지를 가장 잘 체득하였다고 해서 해공제일로 불립니다. 그러면 구공이 되면 허망하고 허무하고 아무 것도 없는 것일까요? 아닙니다. 구공이 되면 비로소 마음의 본성자리에 계합한 것이고 그 때 반드시 반야가 드러난다는 겁니다.

그럼 반야가 드러나면 어떻게 되는가? 반야는 반드시 원력(願力)을 동반합니다. 여러분들이 잘 알고 있는 법장비구의 사십팔원, 여래 십대발원 그리고 보현보살 십대원이 대표적인 보살의 원력이지요. 대승보살들은 전부 다 원력을 가집니다. 그 원력을 성취하지 않은 보살은 없습니다. 원력은 한마디로 보살의 근본정신인 이타행을 말하는 거에요.

아비달마에서 소승의 목적은 아라한인데 아라한은 홀로 열반에 들어가는 것을 최상의 공부 목적으로 삼습니다. 대신 다른 사람에게 이타행을 하지 않았기 때문에 부처님도 질타를 하셨던 겁니다. 이에 반해, 설령 자신은 성불하지 못할지라도 고통 받고 있는 일체 중생 모두를 먼저 성불의 길로 인도하겠다고 원을 세우는 것이 바로 보살의 정신입니다.

〈금강경〉의 보살사상

〈금강경〉에는 대승보살 정신이 잘 나타나 있는데 특히 우리가 체험해야 할 보살의 네 가지 마음이 나옵니다. 〈금강경〉

에 이러한 용어가 직접적으로 나오지는 않지만 보살의 네 가지 마음을 사종심(四種心)이라고 해서 광대심(廣大心), 제일심(第一心), 상심(常心), 부전도심(不顚到心)이 있습니다.

첫째, 광대심(廣大心)은 글자 그대로 아주 넓고 큰 마음입니다. 광대심은 이 모든 중생들을 나와 똑같이 생각하고 보호하겠다는 마음이고, 모든 중생을 차별 없이 이롭게 하겠다는 무연대비심이라 할 수 있어요.

여러분들이 보살심으로 일체중생을 제도하겠다는 마음 없이 불교를 안다는 것은 불교와는 전혀 상관없는 자기 만족의 불교밖에 안 되는 거에요. 이건 아주 중요한 얘기입니다. 결국 광대심이란 현실적으로 모든 생명은 상호 연관관계를 가졌기 때문에 둘로 나눌 수 없는 한 몸이며, 인간도 자연의 한 부분으로서 같이 동참하는 사고로 살아야 우리 후손들과 지구의 생명이 지속될 수 있다는 생명평화, 생명평등을 말하는 것입니다.

둘째, 제일심(第一心)은 보살심 중에서도 가장 심오한 마음입니다. 경문에 "모든 중생들을 모두 무여열반에 들게 하고 제도하리라."라고 되어 있어요. 여기에는 "나는 부처가 못 되더라도 모든 중생들이 먼저 열반락에 들어 부처의 세계에 들어갈 수 있도록 그들을 옹호하고 보호하면서 그들을 깨우쳐서 그들이 먼저 무여열반의 세계에 들도록 하겠습니다." 하는 제일 큰 원력이 실려 있는 거에요. 여기서 무여열반 즉, 남음이 없는 열반은 완전한 실상세계, 반야바라밀의 세계에 들어가는 것을 말합니다.

셋째, 상심(常心)은 글자 그대로 항상한 마음입니다. 무엇이 항상하다는 말일까요? 일체 중생이 한 몸이라는 연기적인 입장에서 평등하게 생각하고, 그들을 먼저 이고득락 시켜 열반에 들게 하겠다는 생각을 끊임없이 하는 거에요.

경문 중에 "이와 같이 한량없고, 헤아릴 수 없고, 끝이 없는 중생들을 제도하되 실은 제도를 받은 중생은 없느니라."고 하셨어요. 백천만 번 목숨을 버릴지언정 중생을 교화하고 제도하겠다는 원을 세우는 것이 보살의 정신이에요. 그래서 대승 경전이 대단한 경전인 겁니다. 소승에서는 찾아보기 힘든 생각들이죠. 이렇게 상심은 '항상 어떻게 하면 중생을 이고득락 시키고 열반에 들게 할까'를 발원하는 겁니다.

넷째, 부전도심(不顚到心)은 전도되지 않은 마음을 말합니다. 전도된 마음은 보살이 스스로 중생이라는 분별심을 내는 것인데 반해 부전도심은 정법(正法)과 연관이 있지요.

정법을 아는 사람은 모든 중생이 다 본래 불성이 갖추어져 있으며 나도 이 법을 잘 들음으로써 한순간에 도를 깨우칠 수가 있다는 믿음을 내기 때문에 전도된 마음을 갖지 않습니다. 부전도심은 보살이 중생이라는 분별심이 없어 자기 속에서 따로 중생을 보지 않는 것이에요.

　반야심경에 '원리전도몽상'이라는 말이 있습니다. '전도몽상을 멀리 여읜다'는 말이지요. 예를 들면 전도몽상은 중생이 항상 '나는 부처가 아니고 공부를 해도 부처되기 어렵다'고 하면서 자기 자신을 자꾸 비하하는 겁니다. 이것이 중생이 가지고 있는 가장 성불하기 힘든 걸림돌입니다. 그러니까 이 사상을 바탕으로 갖고 있는 사람만이 대승경전과 보살정신을 배울 수 있고 수행할 수 있는 거에요. 이게 대승보살의 가장 근본 덕목이고 자세입니다.

　우리 모두에게는 부처님과 똑같은 반야지혜의 불성이 있습니다. 그것이 있기 때문에 한순간에 성불할 수가 있는 것입니다. 무에서 어떻게 유가 되겠어요? 본래 있는 것이지요. 본래 있다는 것을 믿어야 합니다. 이것을 선가에서는 본래성불이라고 합니다. 따라서 우리가 대승경전인 이 〈금강경〉을 제대로 이해를 하려면 보살의 사종심인 광대심, 제일심, 상심, 부전도심이 우리 마음 속에서 철저하게 중심이 되어야 한다는 겁니다.

〈금강경〉이 지향하는 반야바라밀

〈금강경〉은 수보리가 부처님께 어떻게 마음을 항복받아야 되며 어떻게 그 항복된 마음을 유지해야 하는지에 대한 물음을 시작으로 계속 질문과 대답을 주고 받으면서 반야바라밀의 정신을 우리들에게 깨우쳐 주는 내용입니다. 〈금강경〉은 한마디로 반야바라밀의 세계입니다. 우리가 반야바라밀을 알아야 하는 이유이죠.

반야바라밀은 보살정신의 근본입니다. 대승불교의 수행덕목으로 육바라밀이 있는데 보시바라밀, 지계바라밀, 인욕바라밀, 정진바라밀, 선정바라밀, 지혜바라밀입니다. 이 중에서 제일 중요한 것을 들자면 보시바라밀이에요. 보시면 보시이지 거기에 바라밀은 왜 붙느냐? 우리가 조건을 붙이고 자기 이익을 생각해 되돌려 받고자 하는 바람으로 남에게 무엇을 준다든지 하면 그건 바라밀이라고 이름을 안 붙혀요. 주고받는 것은 바라밀이 아니에요. 바라밀이 붙지 않는 것은 그냥 일반적인 조건적인 베풂이고 조건적으로 주고받는 정(情)입니다. 하지만 바라밀은 몰종적이고 열반이고 바로 반야의 본성 자리이자 공의 자리이기 때문에 반야와 항상 함께 하는 동체입니다. 그래서 바라밀이 붙으면 반드시 '보살의 행'이며 '부처의 행'이라고 하는 거에요.

불교를 믿거나 불교의 진리에 맞춰서 수행하는 사람치고 이 〈금강경〉을 모르는 사람은 없을 것입니다. 그만큼 부처님의 가르침 가운데 〈금강경〉이 한국불교의 바탕이 되어 있죠. 우리 조계종단에서 〈금강경〉을 소의경전으로 삼고 있는 것만 보아도 알 수 있고, 이는 참선을 중시하는 선종에서도 마찬가지입니다.

그럼에도 불구하고 여러분 중에는 〈금강경〉의 본 뜻을 잘 모르고 오랜 세월을 보낸 분도 많을 겁니다. 부처님께서 45년 동안 설하신 법문을 팔만장경이라고 하는데 부처님께서는 그 가운데 반야부 경전을 21년간이나 설하셨습니다. 45년 가운데 21년이면 거의 반에 가까운 시간을 할애하신 것이죠.

부처님은 왜 그토록 오랜 시간 반야 경전을 설하셨을까요? 이해하기가 힘드니까 그렇습니다. 어떤 점이 그렇게 이해하기 힘들었느냐 하면 바로 〈금강경〉이 드러내고 있는 공사상입니다. 〈금강경〉에서 말하는 '진공'을 중생들에게 이해시키기가 그만큼 어렵고 힘들었다는 것이죠. 소위 공 도리(空道理), 공의 이치는 부처님 가르침 중에서도 대단히 이해하기가 어려운 사상이에요. 다시 말해서 중생들이 너무나 번뇌망상과 고정관념에 집착해 있어서 그것으로부터 자유로워진다는 것이 어렵다는 이야기입니다. 반면 이 '공'을 잘 이해하는 사람은 부처님의 경지에 들어갈 수 있는 실상반야를 깨쳤다고 보는 겁니다.

대체로 우리는 다음 세 가지 방법으로 〈금강경〉을 공부하고 있습니다.

첫번째, 법당에서 의식을 할 때 대중이 시간을 정해 놓고 그 시간 안에 완전히 독경하는 것입니다. 그래서 읽는 속도가 굉장히 빠르죠. 이것을 '의식독경'이라고 합니다.

두번째, 다라니식 독경 방법입니다. 아마 한국 불자들의 대부분이 이런 방식으로 금강경 수행을 하고 있을 겁니다. 다라니식 독경이란, 우리가 다라니 기도할 때 그 뜻을 모르고도 '신묘장구대다라니'를 계속 암송하지요? 그와 같이 〈금강경〉도 그 뜻을 몰라도 반복해서 여러 번 읽는 것입니다. 이렇게 〈금강경〉은 많이 읽는 것만으로도 공덕이 수승해진다는 의미에서 '공덕경'이라고도 합니다. 게다가 그렇게 〈금강경〉을 반복해서 읽음으로써 마음의 고요를 얻게 됩니다. 쉽게 말해 선정력을 익힌다는 거죠. 그런데 선정의 힘만 가지고는 불교의 진리를 완전하게 깨쳤다거나 불교의 진리를 이해하고 체험했다고 이야기 할 수 없는 거에요. 그렇다면 마지막 방법이 무엇일까요?

세번째, 간경 독경입니다. 경전을 보되 경전에 담겨 있는 의미와 뜻을 깊이 이해하고 관조하면서 읽는 방법입니다. 〈금강경〉을 이렇게 읽으면 마음이 고요해지면서 경에 담겨 있는 깊은 뜻을 이해하게 되기 때문에 지혜가 돈발하게 됩니다.

이처럼 〈금상경〉의 모든 가르침은 반야바라밀을 체득하고 반야바라밀을 인격화하고 반야바라밀의 성품을 실현하는데 있습니다. 이것이 바로 부처의 모습이고 행이며 진정한 삶이라는 것입니다. 〈금강경〉의 뜻을 깊이 관하면 정과 혜를 겸할 수 있고, 그래서 우리 불자들에게 이 〈금강경〉 공부는 대단히 중요합니다.

제1분

법회인유분
法會因由分

법회가 열리게 된 인연

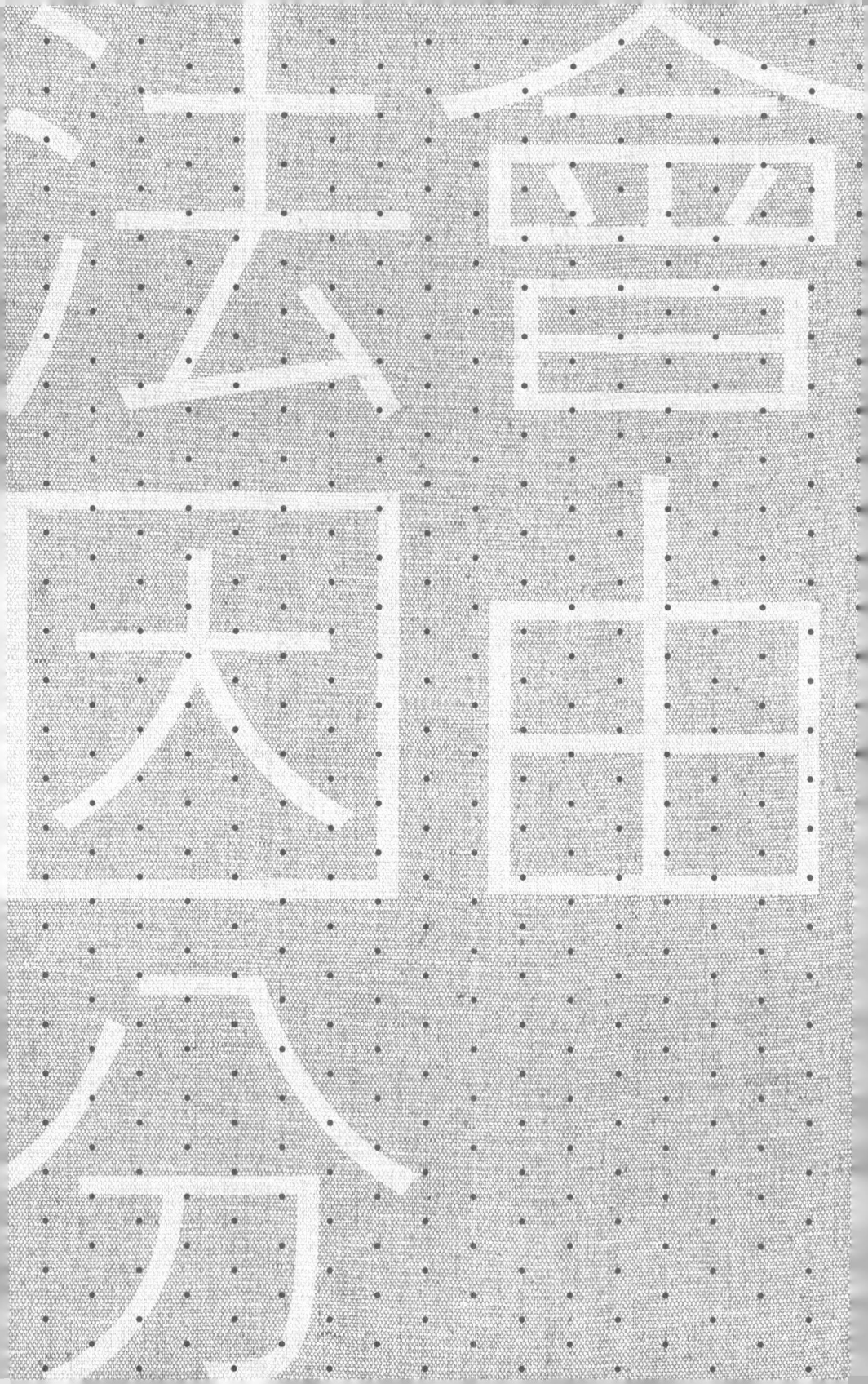

〈금강경〉 제1분 '법회인유분'은 서분으로서 이 경이 설해지게 된 동기를 밝힌 부분입니다. 글자 그대로 법회를 열게 된 사유, 인연을 먼저 밝힌 것이죠. 알려진 대로 이 법회는 수달다 장자라는 한 거사의 원력으로 열리게 되었습니다.

여시아문 일시 불 재사위국기수급고독원
如是我聞 一時 佛 在舍衛國祇樹給孤獨園

여대비구중 천이백오십인 구
與大比丘衆 千二百五十人 俱

이와 같이 내가 들었다. 한때 부처님께서는 사위국의 기수급고독원에서 큰 비구들 천이백오십 인과 함께 계시었다.

위 경문의 내용 중에서 '여시, 아문, 일시, 불, 재사위국 기수급고독원, 여대비구중'은 경전을 구성하는 여섯 요소로 이를 교리적으로는 육성취(六成就)라고 합니다. 육성취는 믿음(信), 들음(聞), 때(時), 설법한 자(主), 장소(處), 대중(衆)의 여섯 가지를 갖춘 것을 말하는데 여시는 믿음에 해당되고, 아문은 들음, 일시는 때, 불은 설법자, 재사위국은 장소 그리고 여대비구중은 대중에 해당되는 거에요.

신문기사가 '누가, 언제, 어디서, 무엇을, 어떻게, 왜'의 육하원칙에 맞춰 쓰여지듯 경전에서도 이런 틀을 취하는 것이죠. 이러한 원칙이 중요한 이유 중 하나는 그 경을 읽거나 듣는 모든 이에게 믿음을 심어 주기 위해서입니다. 믿음을 성취한다는 것이죠. 이 공부를 해서 마음을 변화시키는 데는 믿음이 가장 중요하기 때문입니다.

'여시아문'은 '이와 같이 나는 들었다'는 말입니다. 설법은 부처님이 하셨는데 내가 이와 같이 들었다는 거에요. '이와 같은 것'은 무엇을 말하는 겁니까? 〈금강경〉 전체의 내용을 말하는 것이겠죠? 그런데 내용보다 더 중요한 것은 그 내용의 뜻을 잘 아는 것이고, 뜻을 잘 아는 것보다 더 중요한 것은 내 마음이 그 뜻과 같아지고 지혜가 발현되어서 내 마음이 부처님 마음과 같아지는 것입니다. 그렇죠? 그러니까 '여시아문'은 수보리가 부처님과 같은 마음의 경지에서 부처님의 말씀을 들었다는 것으로 말할 수 있습니다.

불자 중에는 나름의 불교 상식이나 법의 이치를 갖추고 어떤 스님의 법문이 내가 생각하고 있는 것과 같은지 다른지를 비교해서 내 생각과 맞지 않으면 그 법문이 잘못되었다고 여기는 분들이 있어요. 그런데 여기 쓰인 '여시'는 자신의 잘못된 소견이라든지 집착을 다 비워버리고 그대로 일체가 된 마음으로 법문을 들을 때 쓰는 말입니다.

먼저, '여시(如是)'에서 시(是) 자는 '사실이 그렇다'는 말이에요. 믿음을 심어주는 것이지요. 사실이 그렇다는데 뭐가 그렇다는 것인가요? '여여(如如)함'이 그렇다는 거에요. 그렇다면 무엇을 '여여함'이라 할 수 있을까요? 이 마음이 탐·진·치 삼독심이나 세속의 오욕칠정에 따르는 감정의 기복 그리고 〈금강경〉에서 말하는 아상·인상·중생상·수자상의 사상(四相)에 덮여져 있을 때는 그 마음을 여여하다고 할 수 없어요. 그런 마음을 가지고 사는 사람은 색·성·향·미·촉·법의 육진경계가 오면 그 경계를 맞이하는 순간에 그 경계에 머물려 하고 그 경계를 붙들려고 하기 때문이죠. 한마디로 그 경계에 집착하는 겁니다.

그럼 어떤 결과가 오느냐? 화가 나면 그냥 화를 내는 거에요. 또 욕심이 일어나면 그냥 욕심을 부리죠. 미운 생각이 일어나면 그냥 증오합니다. 이렇게 중생의 무명심에 어두워진 마음을 '여여하다'고 할 수는 없는 거에요.

이 '여여하다'는 것은 육진경계가 나에게 주어지더라도 내 마음이 전혀 그 경계에 머물지 않고 속지 않는 겁니다. 우리들 중에 속는 사람들 많잖아요. 누가 그 사람 잘한다고 칭찬해주면 기분 좋아하고, 또 누구를 흉보기 시작하면 그냥 신바람이 나서 끊이질 않아요. 그게 다 우리가 육진경계에 속는 겁니다. 그래서 자기 스스로 어두운 마음에 속지 않는 것을 여여하다고 하는 거에요.

종교적으로 '여여하다'는 말을 쓸 때 그 대표적인 분이 바로 부처님입니다. 부처님을 여래라고 하지요? '여래'란 말은 '여여하게 오셨다' 또는 '여여한 분이 오셨다'는 말이거든요. 우리가 흔히 갈 거(去) 자를 같이 써서 '여래여거'라고 하지요. '여여하게 오시고 여여하게 가셨다'는 뜻입니다. 그래서 부처님을 부르는 열 가지 칭호(여래십호 如來十號) 가운데 '선서(善逝)'가 있습니다. '잘 가셨다, 잘 오셨다' 이런 말입니다.

그런데 여여한 분이 오셨다고 해서 온 일이 있느냐 하면, 사실 온 것이 없어요. 왜냐하면 여여는 비유하자면 허공과 같은 것이거든요. 허공이 어디서 온 것입니까? 허공이 어디로 갑니까? 허공은 어디서 오는 것도 아니고 어디로 가는 것도 아니에요. 여래는 이렇게 허공과 같아서 오고 간 일이 없어요. 하지만 때에 따라 실제로 오기도 하고 가기도 합니다. 그러면 언제 그렇게 오기도 하고 가기도 하는 것일까요? 중생이 무명에 덮여 중생의 욕심으로 스스로 자기 자신을 속이고 자기 자신에게 그렇게 속임을 당하면서 고통을 느낄 때, 그 때 여래가 간 거에요.

그런데 부처님 법문을 듣고 마음의 실체를 잘 알아서 '아! 그렇구나. 참으로 내 마음자리 그대로 맑은 하늘과 같이 아주 청정하고 맑은 것이구나' 하고 본래 그 자리를 깨닫고 보면 그 때는 여래가 온 겁니다. 부처님 입장에서 볼 때 여래는 오고 간 일이 없어요. 왜? 오고 가는 것은 상대적이잖아요. 예쁘고 미운 것, 화나고 즐거운 것도 다 상대적이지요. 그런 상대적인 마음을 가지고 있는 사람은 여래가 오고 가는 거에요. 그러나 부처님은 전혀 그런 것이 없기 때문에, 24시간 항상 밝음 그 자체의 마음으로 계시기 때문에 그대로 여여하신 겁니다. 그러한 마음을 '여시'라고 합니다.

그 다음 '아문(我聞)'은 내가 들었다는 말입니다. '내가 들었다'고 했는데 누가 들었다고 생각하십니까? 모든 대승경전에 '여시아문'이 나오죠? 다른 대승경전에서의 '여시아문'은 항상 아난이 들은 걸로 되어 있는데 반해 〈금강경〉은 부처님 십대제자 중 한 분인 수보리가 듣는 것으로 되어 있습니다.

'여시아문'에는 세 가지의 여시아문이 있어요. 발심의 여시아문과 보살행원력의 여시아문, 청정심의 여시아문입니다. 이 세 근기의 여시아문을 우리가 흔히 말하는 돈오돈수(頓悟

頓修), 돈오점수(頓悟漸修) 그리고 점수점오(漸修漸悟)에 대비할 수 있어요.

첫째, '발심의 여시아문'이란 근기가 하열한 중생이 부처님의 말씀을 들으면서 '나도 부처님과 같이 되고 싶다. 그러기 위해서 마음 닦는 공부를 하겠다'는 원을 세우는 것을 말해요.

요즘 우리는 주변에서 쉽게 '부자 되라', '대박 나라' 하는 식의 인사를 주고 받는 것을 봅니다. 자기 삶에서 물질에 큰 의미를 두고 있는 사람들이 많다는 것이겠죠. 그러한 생각을 가지고 살던 사람이 부처님의 이 마음 비우는 법문을 듣는 순간, '아! 부처님 말씀을 듣고 보니까 물질이라는 것이 항상 나를 지켜주고 나에게 완전한 행복을 줄 수 있는 것이 아니구나. 우리가 진리대로 산다면 굉장히 자유로워질 수가 있겠구나' 하는 생각을 갖게 됩니다.

그러면 그 사람은 마음 닦는 공부를 하려는 원을 세우겠지요. 바로 '이와 같이 들되 발심을 했다'는 것입니다. 그렇게 듣는 사람을 '발심의 여시아문을 한 사람'이라고 말해요. 여러분들도 그렇게 들어야 되겠죠? 발심의 여시아문은 그냥 타성에 젖어서 대충 듣는 것이 아니고, 들으면서 정말 깊이 발심을 하는 겁니다.

발심의 여시아문은 돈오점수에 해당됩니다. 돈오점수는 부처님의 불성세계, 반야성품의 세계에 들어갈 수 있다는 말을 듣는 순간 진리에 대해 확신을 가지고 가르침대로 그곳을 향해서 꾸준히 수행해 나가는 거에요. 그렇게 돈오해서 점차적으로 닦아나가는 근기로 볼 수 있습니다.

둘째, '보살행원력의 여시아문'은 부처님의 말씀이나 법문을 들으면서 '나도 한평생 보살만행을 보이신 부처님과 같이 항상 보살심으로 살겠다'는 원을 마음에 깊이 세우는 겁니다.

물이 위에서 아래로 흐르는 것이 당연한 이치이듯, 부처님 진리의 세계에 들어가면 반드시 보살행원이 나오게 되어 있습니다. 그러니까 내가 지금 당장 완전한 보살행원력을 갖추지는 못했지만 부처님의 말씀을 듣거나 경전을 보고 나서 점차적으로 보살행을 닦고 습을 들이고 마음을 길들여서 그것을 생활 속에서 체험하고 또 깨달으면서 마음을 변화시키는 것이죠. 이것을 수행의 측면에서 점수점오로 봐야 하는 것입니다.

경전의 말씀들은 다 점수점오를 이야기하고 있어요. 이렇게 점수점오는 마치 큰 수레와도 같아서 사람도 태워가고 근기 약하고 둔한 축생도 태워가고 근기 상관없이 모두 다 여래의 법성의 성품바다로 태워가는 거에요. 그러니까 아주 안전한 거죠. 그래서 '보살행원력의 여시아문'이라고 해요.

셋째, '청정심의 여시아문'이란 부처님의 마음과 똑같은 경지에서 부처님의 말씀을 듣는 것을 말합니다.

부처님 마음과 우리 마음이 조금도 차이가 없으며 부처님의 지혜와 우리의 근본 마음 바탕의 지혜가 똑같다고 확신하는 사람은 듣는 순간 바로 부처님의 불심세계로 들어가요. 이 근기의 사람은 모든 법문이나 경전을 보고 들을 때 바로 자기 마음을 지혜로써 보고 깨칠 수 있는 거에요. 일언지하에 바로 들어가는 것, 이것을 돈오돈수라고 하는 겁니다. 수보리는 지금 이러한 여시아문을 하고 있는 겁니다.

그리고 여기서 청정이라는 말은 깨끗하다, 더럽다 하는 상대적 차원이 아니고 참으로 공공적적하고 소소영영한 것을 말하는 거에요. '공공적적하다'는 말은 어떤 경계가 와도 내 마음이 그 경계에 휘둘려 속아서 감정의 기복을 나타내거나 고통의 바다로 들어가는 일이 없는 고요의 세계, 참으로 비어 있는 진공의 세계를 말하는 것입니다.

그렇다고 고요하기만 해서는 생명력이 없어서 안 되겠지요? 고요한 것을 바탕으로 해서 지혜롭게 깨어 있어야 하는데 깨어 있다는 것은 사실을 사실대로 알고 사실대로 행한다는 것이에요. 여기서 '사실'이란 연생연멸하는 연기적 이치를 말합니다. 즉 소소영영하다는 것은 연생연멸하는 연기적 이치를 지혜롭게 잘 아는 것이죠. 그래서 청정해지면 그 마음이 항상 고요해서 산은 산이고 물은 물이고 또 콩은 콩이고 팥은 팥이고 이렇게 분명하게 아는 지혜가 생기는 겁니다.

정리하자면 여러분들이 〈금강경〉을 듣고 보리심을 내면 그것은 '발심의 여시아문'이 되는 것이고, 반드시 이타행을 하여 모든 생명들에게 이로움을 주는 쪽으로 회향을 해야 되겠다는 원력을 세우면 '보살행원력의 여시아문', 부처님과 나의 마음의 경지가 둘이 아닌 하나의 불가사의한 경지에 들어가야 되겠다는 마음으로 듣는다면 '청정심의 여시아문'인 겁니다.

앞으로 여러분들이 〈금강경〉을 읽으면서 이런 것을 잘 관할 줄 알아야 법을 보는 안목도 넓어지고 지혜가 수승해집니다. 그래서 여시아문이 굉장히 중요하다는 것을 아셔야 합니다. 어떤 발심과 어떤 원력과 어떤 지혜로 법문을 듣고 경을 보느냐는 여러분 각자의 몫이겠지요?

'일시(一時)'라는 말은 한 때라는 말입니다. 그러니까 어떤 분이 법문을 하셨고 내가 그 법문을 들었다면 들었던 시간이 있을 것 아닙니까? 〈금강경〉에서는 언제 들었다고 봐야 되겠습니까? 부처님이 탁발하고 돌아오셔서 사시공양을 하시고 난 후 수보리와 이 법문대담을 하셨으니까 아무래도 오후에 들었다고 봐야 되겠죠?

그런데 '일시'를 어떤 시간적인 개념으로 정리한다면 그것은 교리적인 해석일 뿐입니다. 여러분들이 이런 법문을 듣는다든지 어떤 경계를 당했을 때 그때 일어나는 한 생각이 있죠? 그 한 생각이 바로 '일시'입니다.

예를 들어 가정에서 가족들 간에 서로 부딪힐 때, 마음에 기쁨이 일어나든 화가 나서 독한 마음이 일어나든 경계에 따라서 마음에 일어나는 불꽃같은 것이 있죠? 화가 나는 것은 내가 평소에 정법을 모르고 부처님의 연기실상을 모르기 때문이에요. 연기실상을 모르기 때문에 욕심이 나는 것이고 집착하는 것이고 고통이 일어나는 것이고 그리고 미움과 증오가 일어나는 겁니다. 모두 순간에 일어납니다.

그럼 그 순간에 나는 어떻게 됩니까? 화를 내면 독사가 되고, 미움이 생기면 아수라가 되고, 이기심으로 욕심을 내면 뼈다귀 하나 놓고도 어미 새끼 간에 다투는 축생이 되는 거에요. 천상에서 지옥으로, 지옥에서 아수라로, 아수라에서 축생으로 아주 힘 안들이고 가는 겁니다. 이게 바로 육도윤회하는 거에요. 그렇게 하는 업이 아주 숙달되어 있기 때문에 죽어서도 자연스럽게 그냥 가버리는 거에요. 이 순간에 익혀버렸거든요. 그걸 누가 익히라고 해서 익혔나요? 정법을 몰라서, 어리석어서 그런 겁니다.

그래서 우리는 그 한 순간에 한 생각을 다스릴 줄 알아야 한다는 것입니다. 여러분들이 이 내용 하나만 제대로 이해해도 몇십 년을 욕심과 이기심으로 종교를 갖는 사람보다 낫다 이 말입니다. 정법 알기가 그렇게 힘든 겁니다. 그래서 경계를 당해서 한 생각 일어나는 순간을 잘 관찰하여야 합니다. 그 마음을 잘 관하고 살필 때 불성종자가 살아날 수 있고, 여러분들이 비로소 정법을 공부하는 불제자가 될 수 있고, 불심이 영원히 퇴전하지 아니하는 힘이 거기서 나오는 거에요. 그 순간에 부처의 마음꽃이 확 피어나는 겁니다.

다음으로 '불 재사위국기수급고독원 여대비구중 천이백오십인 구(佛在舍衛國祇樹給孤獨園 與大比丘衆 千二百五十人 俱)'를 봅시다. 그러면, 들었는데 누가 법문을 하셨는지 주체가 있어야 될 것이고, 어디에서 들었다는 장소가 있어야 될 것 아니겠습니까? 불은 부처님을 말하는 것이고, 사위국은 법회가 열린 장소입니다. 그리고는 이 법문을 천이백오십 명의 비구들이 함께 들었다고 했어요.

부처는 발심의 여시아문과 보살행원력의 여시아문, 청정심의 여시아문이 완전히 자기화된 경지입니다. 이 경지에 가면 그냥 순수함 자체가 되고 착한 마음 그 자체가 되기 때문에 중생이다, 부처다, 생사다, 열반이다, 어두운 데서 밝은 데로 가야 되는 인위적인 닦음이나 수행법, 좋은 말과 좋지 못한 말 등 이런 상대적인 용어가 끼어들 수가 없어요.

발심하는 마음은 발심을 해야겠다는 결심이 인위적으로 들어간 마음이잖아요. 보살행원력의 마음은 보살 원력을 실천해야 되겠다는 의지가 들어가 있는 마음이지 자기화된 건 아니에요. 진정 착한 사람은 내가 착한 것을 모르듯이 그 자체가 된 사람 본인은 몰라요. 보살행을 열심히 하면서도 내가 보살행을 하고 있는지도 모르고, 나는 보살행을 해야겠다는 생각도 없어요. 자기화되어 버린 사람은 그 마음의 밝은 지혜의 빛이 영원토록 꺼지지 않아요. 그 마음은 핵폭탄이 와서 때려도 그때는 불매라 어두워지지가 않아요. 신광불매(神光不昧)라는 말이 있지요. 그런 경지가 된 사람을 부처라고 하는 겁니다.

그리고 부처님께서 사위국(舍衛國)의 기수급고독원(祇樹給孤獨園)에 계셨다고 했습니다. 사위국은 부처님이 태어나신 가비라국 옆에 있던 나라 코살라국의 수도 이름입니다. '기수'는 파사익왕의 아들인 기타태자가 소유하고 있던 동산의 숲을 의미하는 말이고, '급고독'은 불쌍하고 불행한 사람을 많이 도와주는 사람에게 붙여준 이름으로 수달다 장자의 다른 이름입니다. '기수급고독원'은 기수와 급고독을 합해서 부른 정사 이름인데 우리는 기원정사로 알고 있어요.

수달다 장자는 대단히 재력이 있는 사람입니다. 장자는 재물이 풍부하면서 학문도 깊고 어진 사람을 칭하는 말이에요. 수달다 장자는 자기의 재물을 풀어서 소외되고 외롭고 어려운 사람들을 많이 도와준 사람이에요. '급'이라는 말이 한문으로 줄 급(給) 자거든요. 그래서 급고독이라는 별명이 붙은 거에요.

수달다 장자가 크게 발심해서 부처님을 위한 정사를 짓게 된 일화를 들려드리겠습니다.

어느 날 수달다 장자가 특별한 볼 일이 있어 왕사성에 들렀다가 처가에 머무르게 되었어요. 그런데 처갓집에 갈 적마다 처가 식구들이 수달다 장자가 오면 훌륭한 사위 왔다고 대접이 좋았는데 그날따라 가족들이 수달다 장자가 왔는지 갔는지 신경 쓸 여력이 없이 음식을 장만하느라고 분주하였어요. 조금 서운하기도 하고 이유를 알고 싶어 물었습니다.

"장모님, 오늘 집안이 왜 이리 바쁩니까?" 하고 물으니 "내일 부처님이 여기 오신다네. 부처님을 맞이하려고 하니 음식도 준비해야 되겠고, 청소도 해야 되겠고, 그래서 이렇게 바쁘네." 그러거든요. 그래서 궁금해서 "부처님이라는 분이 어떤 분이에요?" 물었어요. "내일 오시니까 보면 알 거네. 부처님이 오시면 법문을 하실 테니 법문을 들어보면 알지." 그런단 말이에요.

다음 날 부처님이 오셨습니다. 그런데 부처님을 바라보는 순간 수달다 장자의 마음이 편안해지는 거에요. 게다가 지금까지 자기도 나름대로 많은 선행을 하고 덕을 베풀며 살았다고 생각했는데, 그것이 은연중에 자신이 남들보다 우월하고 복이 많다는 자만심이었다는 것을 느끼게 되었어요. 부처님 말씀을 듣고 보니 현재 자기의 재력이나 덕망은 스스로 잘나서 갖춰진 것이 아니고 많은 사람들과의 인연으로 인해서 복도 형성된 것이고 내 마음의 지혜도 넓어진 것이니, 오히려 내가 베푼 사람들에게 감사해야 되겠다는 생각이 들게 된 것이죠.

그 전까지는 선행에 있어 자만심과 자기의 상이 있었는데 그게 없어져 버린 겁니다. 지금까지 물질적인 베풂으로 보람을 느끼고 대단히 행복하다고 생각했는데, 그 물질에 대한 집착이나 애착, 자기 우월감과 같은 생각의 흔적을 마음에 남기지 않는 그런 정신세계가 있다는 것을 부처님으로부터 깨달은 겁니다. 지금까지 살아오면서 알지 못했던 완전한 행복의 길을 발견했고, 그 행복의 길은 멀리 있는 것이 아니라 내 마음에 있다는 것을 알게 된 것입니다.

나를 발견하게 된다는 게 뭡니까? 수달다 장자는 청정심의 여시아문, 부처님과 같은 입장에서 들은 거에요. 그래서 '많은 사람들이 부처님의 이러한 고귀한 말씀을 듣고 진정으로 행복해질 수 있다면 얼마나 좋을까. 부처님을 내가 사는 코살라국에 모셔야겠구나' 하고 원을 세웁니다. 그렇게 원을 세워서 부처님을 모시려고 하니까 부처님께서 거처하실 정사를 지어야 되겠다는데 생각이 미쳤고 적당한 장소를 물색하던 차에 마음에 드는 동산을 발견합니다.

하지만 그 동산은 파사익왕의 아들 기타태자의 소유로 되어 있었어요. 그래서 기타태자를 찾아가서 "제가 부처님을 모시고자 이 곳에 절을 짓고 싶습니다. 그러니 이 동산을 제게 파십시오."라고 청합니다. 기타태자는 그때만 하더라도 부처님에 대해서 잘 몰랐어요. 기타태자도 불법을 모르니까 '저 사람이 얼마나 돈이 많길래 나의 땅을 사려고 하는가' 싶었지요. 그래서 동산을 팔지 않으려는 생각으로 "금으로 그 동산을 전부 덮으면 팔겠다."고 했어요. 그런데 그 말을 듣고 이 수달다 장자가 자기가 가지고 있는 재산을 전부 털어서 금을 구해 그 동산에 깔기 시작하는 거에요.

수달다 장자는 왜 그랬을까요? 부처님께서 말씀하신 그 정신적인 진리가 눈 앞의 물질보다도 수천 수만 배로 가치 있는 일이었기 때문입니다. 그저 물질에 얽매여서 조금 손해 보면 손해 본다고 하루 종일 기분이 언짢고, 조금 이익 보면 이익 본다고 입을 벌리고 다니면서 그렇게 계속 지옥, 아수라, 축생을 윤회하고 있는 것이 우리 중생들의 모습이죠.

그런데 부처님의 법문을 듣고 보니 자신의 인색함과 아만, 집착이 다 사라지면서 너무나 자유롭고 행복한 사람을 만들어 주는 그 진리의 말씀이 물질의 가치에 비할 수가 없다 이 말이에요. 그러니까 내 물질 다 갖다 줘도 부처님 법문 한마디 듣는 것만 못하다 생각해서 금을 깔기 시작한 거에요.

그것을 보고 기타태자가 와서 물었어요. "도대체 당신은 무엇을 위해 이러느냐?" 수달다 장자가 말합니다. "사실은 제가 부처님의 말씀을 듣고 가진 것이 없어도 마음이 넉넉해지고 태산 같은 재물을 가지고도 얻을 수 없는 행복과 지혜를 알게 되었습니다. 그 지혜의 가치를 어찌 재물에다가 비유할 수 있겠습니까. 그래서 재물을 다 희사하려 합니다. 저는 이것도 부족하다고 여겨 처자식도 부처님에게 바치라고 하면 바치겠습니다. 왜냐하면 이것이 가치 있는 일이고 행복한 일이기 때문입니다."

수달다 장자의 대답에 기타태자가 감동을 받고 그 동산을 희사합니다. "내가 이 동산을 희사할 테니 당신이 그 금을 가지고 절을 지어라." 그렇게 기타태자와 수달다 장자가 힘을 합해 지은 절이 기원정사입니다. 그래서 여기에 '기수급고독'이라는 말이 들어가는 겁니다.

그런데 기타태자와 수달다 장자가 왜 〈금강경〉의 첫머리에 들어갔느냐에 대해 생각해 봐야 할 것 같습니다. 시주를 많이 하고 신심 있다고 이 대승경전에 이름이 올라갔을까요? 여기에는 깊은 뜻이 있습니다.

앞서 말했듯이 법문을 들을 때 세 가지 여시아문이 있는데 기타태자와 수달다 장자 이 두 사람은 부처님의 가르침을 듣고 그대로 청정심의 여시아문을 한 사람입니다. 아주 과거 전생으로부터 선근공덕이 많은 사람이었기 때문에 부처님의 말씀을 듣고는 바로 부처로서 부처의 행을 했던 것입니다. 돈오돈수입니다. 우리 모두는 부처의 성품을 가진 본래부처이며 부처가 부처로서 부처의 삶을 그대로 사는 겁니다. 다시 말해 진리를 바로 알고, 진리를 바로 보고, 진리를 바로 행하는 것이지요. 이것을 〈금강경〉에서는 여실지견(如實知見)이라고 했어요. 이와 같이 여여한 실다움을 그대로 그냥 깨달아버리는 겁니다.

　이렇게 기타태자와 수달다 장자는 아주 최상근기이고, 그 선근공덕이 수승한 사람이면서 바로 부처님의 행을 그대로 실천한 표본이 되기 때문에 이 대승경전에 모델로 올려놓은 겁니다. 두 사람이 대승경전의 첫머리에 언급되는 점을 그런 의미에서 깊이 한번 생각해 봐야 할 이유가 되는 것입니다. 여러분들도 부처님의 진리의 말씀을 듣는 순간에 바로 마음 문이 열리고 마음꽃이 확 피어서 그 마음 그대로 여래의 성품에 들어가기를 바랍니다.

　그렇다면 여래의 성품은 어떤 것이며 중생의 성품과는 어떻게 다를까요?
　중생의 성품을 먼저 얘기해 보지요. 우리는 가정이나 직장에서 일상의 삶을 지속하게 되는데 매순간이 경계로 다가옵니다. 그런데 중생은 경계를 접할 때 그 경계에 속게 됩니다. 왜 속습니까? 진리를 몰라서 속는 거죠. 그럼 진리가 무엇입니까? 연기법을 진리라 하고, 인연법을 진리라 하고, 연생연멸하는 법을 진리라고 합니다.

　바깥 경계를 육진(六塵)이라고 하잖아요. 육진은 색·성·향·미·촉·법을 말하는데 색깔과 소리와 향기와 맛과 촉감 그리고 그로 인해 일어나는 생각 등 모든 것이 다 이 안에 들어가는 것입니다. 그리고 이것을 다른 말로 '경계'라고 이야기하는 거에요. 이렇게 경계가 오는데 중생은 그것에 부딪힐 때마다 그 경계에 머물러요. 왜 머무르는가? 법을 모르기 때문에, 연생연멸법을 모르기 때문에 그 경계에 집착하는 겁니다.

　그러면, 머물면 어떤 결과가 일어날까요? 화가 나면 그냥 화를 내버립니다. 욕심이 나면 막 욕심을 부리지요. 또 미움이 생기면 1년이고 2년이고 계속 증오합니다. 그렇게 남을 미워하고 이기려는 마음으로 1년을 살면 1년 동안 자기는 지옥에서 사는 것과 마찬가지인 셈이거든요.

　지옥이 따로 있는 것이 아닙니다. 우리가 죽으면 자기가 지은 선근공덕과 행업에 따라서 육도를 윤회한다고 하잖아요. 그런데 육도를 윤회하는 것이 죽어서만 하는 거냐? 지금 하는 겁니다. 바로 지금 하고 있어요. 지금 하기 때문에 죽어서 가는 거에요. 화를 심하게 내는 사람은 한 일주일 몸살을 앓더군요. 화는 몹시 독한 놈이어서 얼굴색이 변해버려요. 새카맣게 탑니다. 그게 바로 독사 몸을 받은 것이나 같아요.

　그리고 욕심이 강한 사람은 굉장히 인색합니다. 인색하기 때문에 욕심이 많은 거 아니겠어요? 그런 사람은 죽어서 아귀지옥에 떨어져 아귀귀신이 된다고 했거든요. 왜 아귀귀신이 되느냐? 아귀는 배는 산더미만큼 큰데 목구멍은 바늘구멍처럼 좁아요. 그나마 그것도 스님네가 사다라니, 변식진언을 해준 음식이 아닌 음식을 먹으면 자기 업에 의해서 그 음식이 속에 들어가서 불이 된다는 거에요. 우리 업식이 그렇다는 것입니다.

또 계속 긴장하고 불안한 사람들은 죽으면 축생 몸을 받는다는 겁니다. 축생이라는 게 먹을 것을 앞에 놓고도 계속 불안하고 귀를 쫑긋쫑긋 세우고 그러거든요. 그런 것들이 다 익힌 습과 업으로 인해서 그에 맞게끔 몸의 형상을 만들어 나오는 것이기 때문입니다. 이것은 누구에 의해서 만들어지는 게 아니고 자업자득이거든요. 내가 짓고 내가 받는 거에요.

지금 누군가를 상대하거나 어떤 말을 들었을 때 화가 나면 나는 지금 바로 지옥 독사가 되는 것이고, 욕심이 끝없이 생겨서 인색함이 나를 묶어버리면 그냥 그대로 아귀지옥에 들어간 겁니다. 삼악도가 멀리 있는 것이 아니에요. 지금 이렇게 내가 익혔기 때문에 죽으면 미끄럼틀 타듯이 자연스럽게 가는 거에요. 전혀 장애 없이, 아주 자연스럽게 갑니다. 왜? 익힌 습관대로 그대로 가기 때문이죠. 그렇기 때문에 49재나 천도재로 영가 마음을 돌린다는 게 그것도 대단한 법의 힘이 아니면 어려운 거에요. 어리석은 중생은 진리를 모르기 때문에 경계가 오면 그 경계를 어리석게 붙드는 거에요. 붙들면 삼악도가 바로 만들어지는 겁니다. 이게 중생심이거든요.

그러면 여래의 성품은 어떤 것이냐? 여래라고 할 때 같을 여(如) 자를 쓰죠. 여여하다고 합니다. '여여하다'는 말은 생각이 어둡지 않고 생각과 마음에 붙들리지 않으면서 항상 자유롭게 활동을 잘 한다는 말이에요. 그래서 생각이 깨어 있다고 하는 것이죠.

여래의 성품이라는 것은 진리를 알기 때문에 그 경계가 오면 중생들처럼 그것에 부림을 당하거나 속아서 종이 되는 것이 아니고, 그 경계를 잡아서 쓸 수 있는 지혜가 있다는 것입니다. 경계를 잘 부린다, 잘 활용한다고 해서 여래십호에 '조어장부(調御丈夫)'가 들어가는 거에요. '조어장부'라는 것은 '말을 잘 부린다'는 뜻인데 말을 잘 부린다는 것은 '내 마음을 잘 부린다, 조절을 잘 한다'는 뜻입니다. 감정이 경계에 따라 흔들리고 마음이 뒤집어지는 것이 아니고 마음을 잘 관리한다는 말입니다.

그런데 그 관리가 그냥 의지와 바람만으로 잘 됩니까? 안 되죠. 진리를 알아야 된다는 것이죠. 그리고 진리를 알았으면 그 진리를 자기화해야 하는 거에요. 아는 것과 자기화하는 것은 다릅니다. 아는 것은 그렇게 되려고 노력하는 과정이 필요하거든요. 정진력이 필요해요. 그런데 자기화는 완성된 깨침이죠. 자기화한 사람은 마음이라는 물건에 속거나 끄달려 가거나 괴로워하거나 윤회하는 것이 전혀 없는 겁니다. 그래서 '마음을 깨친 자는 윤회에서 벗어난다'는 말이 나오는 겁니다.

사실 우리는 이 자기화라는 것을 잘 하기 위해서 〈금강경〉을 듣는 겁니다. 여러분들이 듣는 것, 머리불교는 중요한 것이 아니에요. 머리불교는 다만 손가락이에요. 이 손가락은 뭡니까? 저 달을 가리키기 위한 수단이잖아요. 우리가 계속 손가락만 보고 있어서는 안 되죠. 달을 보라고 손가락을 들고 있는 거잖아요. 달을 본다는 것은 진리를 듣고 진리를 자기 마음의 평화와 행복을 위해서 일상생활에서 실천을 해서 자기화하는 것을 말해요. 듣기만 하고 자기 마음이 인격적으로 변화가 없는 것을 '손가락불교'라고 하는 거에요. 저는 손가락불교를 '머리불교'라고 하고 달을 완전히 본 사람을 '가슴불교'라고 표현합니다.

머리불교는 계산적인 불교이고 타산적인 삶이기 때문에 절대 가슴이 편안해지지 않습니다. 그런데 이 가슴불교는 머리불교가 가슴으로 내려와 푹 뜸이 든 거에요. '뜸이 든다'는 말은 진리를 잘 들여다보아 마음이 안정되고 평화로워진다는 겁니다. 그래서 실천이라는 것이 그렇게 중요한 것이에요.

실천 가운데서도 대승불교에서는 보시바라밀을 으뜸으로 칩니다. 왜 그럴까요? 아무리 불교를 많이 알고 똑똑하고 인품이 있다고 해도 자기가 어렵게 모은 재물을 남에게 나누어 준다는 거 쉽지 않아요. 여러분들 한번 해보세요. 정말 쉽지 않습니다. 천만 억을 가진 사람도 가진 그 자체가 즐겁고 기쁠 뿐이에요. 그런데 남에게 나누어줌으로써 얻는 기쁨하고는 다르죠. 이 기타태자와 수달다 장자는 나눔으로써 기쁨을 얻은 사람이에요.

다른 기록에 보면 수달다 장자에 대한 일화가 또 있어요. 부처님 말씀을 실천하면서 수달다 장자가 어려운 사람만 보면 계속 나누어주다 보니까 그 풍족하던 곡식과 재물, 패물이 다 나가고 창고 안에는 유일하게 물레 하나만 딱 남게 되었어요.

그래서 수달다 장자의 부인이 "여보 내일 아침에 우리가 밥 먹을 형편이 못 될 정도로 창고가 다 비었습니다. 이제 남은 거라곤 물레 하나만 남았습니다." 그러니까 장자가 하는 말이 "그 참 다행스러운 일이오. 물레가 어째 남았을꼬." 그리고는 장자가 그 물레를 시장에 내다 팔아서 쌀을 세 말 샀습니다. 그렇게 쌀을 사서 짊어지고 돌아서는데 아난존자가 수달다 장자 앞에 나타나서 "거사님, 시장에 오셨습니까? 지금 조금 어려운 일이 있는데 그래도 장자님이라야 이 일을 도와주실 것 같습니다. 도와주실 수 있겠습니까?" 하는 겁니다. 그래서 아난존자에게 쌀 한 말을 주었어요.

다시 한참을 걸어오는데 가섭존자가 수달다 장자 앞에 와서

"장자 잘 만났네요. 이러이러한 일이 있다는데 가서 도와줘야 되지 않겠습니까? 그런데 제가 가진 것이 없어서 장자한테 찾아올 수밖에 없었습니다." 하면서 도움을 청하였어요. 그래서 또 쌀 한 말을 주었어요. 이제 남은 것은 쌀 한 말 뿐이지요. 그 한 말을 짊어지고 집에 들어가면서 '이 한 말 가지고 며칠은 살겠다'고 생각하는데 이번에는 부처님이 대문을 열고 들어오셔서 장자에게 도움을 청하시는 겁니다. 수달다 장자는 부처님께 남은 쌀 한 말을 드렸습니다. 이젠 아무 것도 남은 것이 없죠. 부처님께서 가시고 난 후 부인과 둘이서 '이제는 아무 것도 남은 것이 없구나' 하면서 창고 문을 여는데 창고 안에 금 은 보화가 가득 차 있었다고 합니다.

이것은 상징적인 이야기에요. 지금 여기서 말하고자 하는 뜻이 무엇일까요? 우리가 지금 창고 안에 보배라고 여기고 가지고 있는 이것들이 모두 탐·진·치 삼독심이고, 이기심이고, 인색함이고, 욕심이고, 미움이고, 자기만을 위하는 마음이에요. 그런 것들이 마음창고 안에 가득 차 있었는데 수달다 장자는 그렇게 물레 하나까지도 안 남기고 모조리 내보낸 거에요. 다 내보내고 나니까 내 마음속에 부처의 청정한 불세계가 환하게 꽃을 피운 겁니다.

그러니 여러분도 자기 안에 있는 중생업식들을 겁내지 말고 내보내라는 거에요. 다 내보내고 나면 그 자리에 영원히 시들지 않는 마음꽃이 확 피어납니다. 이것을 '불같은 용광로 속에 백련이 피어난다'고 하는 거에요. 용광로는 중생의 탐·진·치 불꽃을 말합니다. 탐·진·치 불꽃의 용광로에서 부처님 불세계의 흰 연꽃이 확 피어나는 도리를 이렇게 상징적으로 이야기 한 거에요.

마음을 잘 보는 사람은 참으로 영원한 행복을 발견합니다. 이 세상에는 명예나 재물 그리고 권력 같은 것들을 목표로 삼고 사는 사람들이 많아요. 권력이 있다고 해서 오래 행복하겠습니까? 오죽하면 화무십일홍(花無十日紅)이라고 하겠습니까? 꽃이 열흘을 못가요. 명예, 재물 다 똑같습니다.

우리가 지리산을 올라간다고 할 때 천왕봉에 올라가는 것만 유일한 목적이 되어서 달려가는 사람은 지리산을 잃어버려요. 지리산에는 천왕봉보다 아름다운 게 많거든요. 기암절벽과 아름다운 새들과 꽃들, 계곡의 물은 한 번도 못 보는 거에요. 오로지 한 가지 목적만 쫓아가다가 어느 날 갑자기 세상을 떠나게라도 되면 사는 거 참 무상하지요.

여러분들이 〈금강경〉 공부를 하면서 무상법문을 들어 마음에 변화가 오게끔 하는 것이 중요하지, 교리적으로 자꾸 새로운 이야기를 찾아 들어봐야 별 도움 안 됩니다. 큰 변화 없어요. 소금물을 마시는 것과 같아서 갈증만 자꾸자꾸 생길 뿐이에요.

저는 항상 그렇게 이야기합니다. 분별이라는 것은 또 다른 분별을 불러들이고 알음알이라는 것은 또 분별해서 더 알아야겠다는 알음알이를 불러들입니다. 하나를 해결하면 끝날 줄 알죠? 그렇지 않습니다. 우리가 깊은 지혜를 발견하고 마음의 문이 열리지 않는 한 학문적이고 철학적인 것들은 하나의 욕심을 채우고 나면 또 채워야 할 새로운 욕심이 생깁니다. 그래서 끝이 없는 무간지옥을 받는 거에요.

그게 다 어디서 이루어지느냐. 마음이라는 자리에서 이루어지는 겁니다. 지금 듣는 이 순간에 수달다 장자와 기타태자처럼 바로 깨어나셔야 합니다. 바로 마음이 열려야 해요. 그런데 이것을 얼마만큼 믿느냐 하는 것은 여러분 각자의 몫이에요. 믿음의 문제에 있어서는 그렇습니다.

자기가 옛날부터 지금까지 해오는 습관이라는 것이 별 겁니까? 욕심 내고 이기심 내고 그러다 보니 인색한 마음, 이익 보려는 마음, 사랑을 해도 손해 보는 사랑은 안하려는 마음 등이지요. 저는 그것을 '걸식사랑'이라고 해요. 만날 빌어먹는 사랑, 무엇이든지 달라고 하는 사랑, 자기에게만 이익 되게끔 상대방에게 요구하는 것들이죠.

그럼 우리는 무슨 사랑을 해야 될까요? 아낌없이 주는 사랑, 저는 그것을 '부처님 사랑'이라고 합니다. 부처님 사랑법은 조건도 없고 너와 나를 둘로 나누지 아니하고 그리고 걸식 사랑에 허덕이고 있는 사람을 보면 참 연민의 생각이 드는 거에요. 중생은 집착이 강해서 마음을 넓게 쓰고 더불어 사는 보시정신을 가지라고 하면 일단 겁을 내요. 그러니 실천하기 어렵죠. 그런데 그것을 실천하다보면 훨씬 수승한 정신세계를 갖게 됩니다. 우리가 정법을 알고 마음의 고향소식을 듣게 되면 대자유인의 삶을 살게 되고 마음이 행복해지는 겁니다.

이제 중요한 대목이 나옵니다. 그 자리에 비구 천 이백 오십 인이 함께 계셨다고 합니다. 비구 1,250명은 부처님이 성도하시고 제일 먼저 녹야원에서 제도하신 5명의 비구, 야사와 그의 친구들 50여 명과 가섭 형제가 이끌던 1,000명, 사리불과 목련존자가 부처님 제자가 될 때 데려온 200명 등으로 되어 있어요.

그런데 여기서 우리가 더 관심 있게 볼 것은 따로 있습니다. 〈금강경〉은 대승경전이에요. 대승경전은 보살행을 수행해 나가는 과정을 이야기한 것이기 때문에 대승경전에는 반드시 보살의 행이 나와야 합니다. 그런데 〈금강경〉의 첫머리에는 아라한이라는 대비구 이야기만 나오지 보살 이야기는 없거든요. 그렇죠?

이것은 〈금강경〉이 설해질 때만 해도 소위 말하는 소승의 수행법에 많이 치우쳐 있던 시대였고, 대승정신 보살운동이 막 일어나기 시작한 그 시절에 〈금강경〉이 이루어졌기 때문에 첫머리에 이렇게 승가 위주 비구 이야기만 나오는 거에요.

그런데 뒷장에 가면 바로 보살 이야기가 나옵니다. 이렇게 대승시대로 들어오면서 부처님께서는 소견이 좁고 자기 해탈만 추구하던 아라한들을 대승보살로까지 그 정신차원을 끌어올리려고 하시는 거에요.

그러다보니 부처님도 굉장히 힘이 드셨겠지요? 심지어 〈법화경〉에는 부처님이 대승일승법을 법문하고 있는데 오천 명의 비구가 설법장을 나가버리는 장면이 나옵니다. 유명한 이야기에요.

당시 부처님은 〈아함경〉의 법문을 〈방등경〉에서 〈반야경〉으로, 다시 〈반야경〉에서 〈법화경〉 세계로 제자들을 인도하고 있었습니다. 방편법을 써서 부처님의 정신세계로까지 끌어올리려 하는데 정작 아라한들이 볼 때는 다른 것이었죠. 이제 자신들도 부처님이 아라한으로 인가를 해주셨고 최종적인 열반의 세계를 얻었다고 생각했는데, 부처님은 〈법화경〉에 이르러서 '너희가 지금까지 공부한 것은 아무 것도 아니다. 실제로는 나의 이 일승법을 알아야 된다'고 하시거든요.

그러니까 그때 아라한들이, 평생 부처님을 스승으로 생각하고 부처님 은혜가 한량없어 그 은혜를 저버리지 않겠다고 맹세한 바로 그 제자들이 '왜 부처님은 전에는 우리가 공부를 잘한 아라한이라고 인정을 하셨다가 아니라 하고, 그래서 또 거기에 따라가면 또 아니라고 계속 거짓말을 하시느냐, 이제는 부처님 믿을 수가 없다'고 하면서 법석을 박차고 나간 거에요.

그때 사리불이 너무 놀라 눈물을 흘리면서 "부처님이시여, 저 어리석은 아라한들을 어떡하겠습니까? 그래도 부처님께서 붙들어야 되지 않겠습니까?" 그렇게 말씀을 드리죠. 그러니까 부처님이 "붙들지 말아라. 그들은 아집과 좁은 소견에 매여 있고 아직 부처님의 청정불심에 도달하지 못했는데 자기 스스로는 청정불심세계에 도달했다고 착각하고 있는 사람들이다. 그들은 증상만인이다."라고 하셨어요.

'증상만인'이라는 말은 아직 정법을 모르고 사법에 속아서 자기 자만과 머리불교에만 치우쳐서 부처님의 큰 대승법을 이해 못하고도 자기가 깨우쳤다고 착각하는 사람들이에요. 그러니까 머리불교를 해서 이치가 조금 돌아갔다고 해도 부처님 세계에서 볼 때는 전혀 아닌 거에요. 아는 그것이 가슴으로 들어가서 뜸이 푹 들어서 가슴으로부터 큰 자비가 나와야 하는 거에요.

이시 세존 식시 착의지발 입사위대성 걸식 어기성중
爾時 世尊 食時 着衣持鉢 入舍衛大城 乞食 於其城中

차제걸이 환지본처 반사흘 수의발 세족이 부좌이좌
次第乞已 還至本處 飯食訖 收衣鉢 洗足已 敷座而坐

그 때 세존께서 공양하실 때가 되어, 가사를 입으시고 발우를

드시고 사위성에 들어가시어 걸식하시었다. 그 성중에서 차례대로 걸식하시고 나서 본래의 처소로 돌아오시어 공양을 드셨다. 가사와 발우를 거두시고 발을 씻으신 뒤 자리를 펴고 앉으셨다.

 아주 현실적인 이야기, 사실적인 이야기가 지금 나오고 있습니다. 여러분들이나 부처님께서나 똑같지 않습니까? 맨발로 시내 나갔다 오니 발이 더럽잖아요. 그러니까 발 씻어야 되고, 또 밥을 빌어 왔으니까 먹어야죠. 그래서 잡수셨고, 밥을 잡수시고 나니까 좌복에 앉아야겠다고 해서 앉는 일입니다. 내용이 우리네 평범한 일상의 일 같지 않아요?
 때가 공양 시간이 되어 옷을 입으셨다고 했는데 이 옷은 가사를 말하는 것이에요. 부처님이 탁발을 하러 나가실 때 이렇게 가사를 두르시고 성중에 들어가셔서 걸식하셨는데 바로 차제걸이를 하셨다는 말입니다. 차제걸이는 순서대로 걸식했다는 뜻이에요. 왜 차례를 강조하는 것일까요?
 제가 태국에 갔을 때 태국스님들과 생활을 잠시 해본 적이 있었는데 그때 걸식을 다니면서 보니 공양 올리는 사람의 경제적 능력에 따라서 음식의 차이가 많이 나더군요. 가난한 사람은 비닐에 싸가지고 주는데 부유한 사람은 음식이 고급스러운 것은 물론 아주 깨끗한 데 담아 내어 옵니다. 어떤 집은 연꽃송이까지 곁들여 장엄을 해가지고 줘요. 이렇게 발우를 들고만 있으면 음식을 담아 줍니다. 그리고는 재가자는 거기서 무릎을 꿇고 합장하면서 짧은 기도와 함께 나름대로 발원을 해요. 스님은 받고서는 그 다음 사람한테 가지요. 그 다음 사람이 가난하고 가진 것이 없으면 음식이 좀 다르겠죠. 깨끗하지 못한 음식도 있을 것이고 좀 비린 음식도 섞여 있을 것입니다.

그러나 음식에 차이가 있을지언정 하나 공통점이 있습니다. 부처님, 스님께 올리는 공양이기 때문에 나름대로 최선을 다해서 정성스럽게 올린다는 거에요. 그래서 부처님은 당시에 제자들이 부유한 집에만 찾아 가서 공양을 받을 것을 염려하여 차제걸이, 즉 부유한 사람이나 가난한 사람이나 가리지 않고 차례대로 평등하게 일곱 집의 공양물을 받아 가지고 다시 절로 돌아오는 규칙을 정하신 것입니다.

그런데 여기서 우리가 눈여겨보아야 할 것이 있어요. 부처님이 저자거리에 들어가 탁발을 하시고, 공양을 드시고, 발을 씻고서 좌복에 앉는 평범한 일상의 일이 〈금강경〉의 경문으로 나왔다는 겁니다. 이런 내용이 다른 경전에는 없는데 유독 〈금강경〉에, 그것도 대반야부 경전 중에서도 가장 핵심이 된다는 이 경전의 첫머리에 들어가 있습니다.

그렇다면 그 의미는 무엇일까요? 부처님 같으신 분 정도면 탁발 안 나가도 되잖아요? 그렇지 않겠어요? 그냥 가만히 계셔도 얼마든지 대접받을 수 있는데 왜 부처님이 뙤약볕에 공기 탁하고 지저분한 시장거리에 나가시느냐. 이것이 여러분이 찾아야 하는 이 〈금강경〉의 특별함이고 위대함이에요. 부처님은 공양을 빌러 가지 않으셔도 될 분인데 왜 굳이 저잣거리에 나가셔서 걸식을 하셨는가?

복으로 말할 것 같으면 부처님 같이 큰 복을 가진 사람이 없습니다. 그런데 부처님이 때때마다 저잣거리에 중생들을 찾아다니면서 평등하게 탁발을 하신 이유는 무엇일까요?

첫째, 중생들 특히 가난한 사람들이 복을 지을 인연을 만들어 주기 위해서 그러신 거에요. 세상살이에 뭐니뭐니 해도 복이 있어야 해요. 내가 아무리 잘 살고 싶어도 지어 놓은 복이 없으면 그게 어렵더라고요. 머리 좋으면 잘 살 것 같아도 그렇질 못해요. 복 있는 사람은 따로 있어요.

그 복은 어디서 나오느냐 하면 머리에서 나오는 게 아니고 소견에서 나옵니다. 소견이 뭡니까? 지혜거든요. 마음 평수가 넓은 것, 마음에 깊은 지혜가 있는 것을 말하거든요. 그런데 그 복은 사실은 베푸는 것에서 생기는 겁니다. 아까도 말했지만 생명처럼 아끼던 재물을 어느 날 갑자기 아무 조건 없이 남에게 준다고 한번 생각해보세요. 대단한 용기와 진리에 대한 이해가 필요한 것입니다.

가난한 사람은 가난한 대로 어려움이 있어요. 내가 남에게 베풀고 싶어도 내 곳간에 물건이 있어야 베풀 게 아닙니까? 나 먹고 살기도 힘든데 남에게 베푼다는 건 더 힘든 일이잖아요. 더 큰 용기가 필요하지요. 그러니 더더욱 그 어려운 사람들이 복을 짓게끔 하기 위해서 부처님이 저잣거리에 나가는 거에요. 그러니까 우리는 가진 것이 없으면 없는 대로 형편에 맞게 정성스럽게 복을 지으면 되는 겁니다.

그런데 부처님이 어떤 분이냐. 부처님은 동쪽 지붕을 뜯어다가 서쪽에 새는 집을 이어주고, 서쪽 지붕을 뜯어다가 동쪽에 바람막이를 만들어주는 선행의 길을 가르치고 인도하는 분이지요. 부처님도 가진 것이 없잖아요. 그러니까 부처님은 법을, 진리를 무상으로 조건 없이 보시하는 거에요.

둘째, 사대육신이 불편한 사람들, 병으로 고통 받는 이들이 부처님의 삼십이상 팔십종호의 거룩한 모습을 보고 잠깐이라도 고통을 잊고 마음의 평안을 얻게 하기 위해서입니다.

그러니까 부처님이 발우를 들고 어려운 중생들에게 다가가실 때, 너무너무 가난하고 몸이 불편해 복을 못 짓는 사람들이 있어요. 그런 사람들은 부처님을 바라보는 순간에 '참 거룩하시다, 참 밝은 빛이구나, 나도 저런 복을 가져야 되겠구나, 생명세계에 왔다가 저런 장부의 몸을 가져야겠구나' 나름대로 동경의 대상으로 큰 희망을 주고 마음의 위안을 주기 때문에 그 사람들이 그 순간에 괴로움을 잊어버리는 거에요.

셋째, 완전히 깨달은 자의 모습을 몸소 보이시고자 한 것입니다. 당시의 수행자들은 중생에 대한 보살행은 뒷전으로 하고 오직 깨달은 경지에만 집중하고 있었습니다. 그러한 수행자들에게 완성된 진리의 모습은 중생과 함께 하고, 중생들이 복을 지을 수 있게 도우며 중생들을 좋은 길로 인도하는 것이라는 것을 몸으로 보이신 거에요.

불법이라는 것은 마음 안에 담아두고만 있으면 안 되고, 깨달은 사람은 마음 안에 갖추어진 지혜가 반드시 일상생활 속에서 보살행으로 드러나야 한다는 거에요. 그래서 완전한 부처는 완전한 중생으로 돌아갈 때야 비로소 완전한 부처가 된다는 것입니다.

진실로 완전한 진리에 들어간 사람은 부처라는 상이 전혀 없어요. 그대로 중생의 모습을 똑같이 나투는 거에요. 중생이 봐서 저 사람이 부처인지 중생인지 모를 정도로 자연스럽게 돌아간다는 것이지요. 이렇게 중생 속으로 스며들어 중생이 좋아하는 것이 무엇인지를 부처는 아는 거에요. 부처님은 그때그때 그것을 충족시켜 줍니다. 그러니 중생이 굉장히 기뻐할 것 아니에요? 그 중생은 부처님이 하시는 것을 보고 기쁘고 좋으니까 차츰차츰 따라오는 거에요. 이렇게 중생을 부처님의 세계로 인도하는 것입니다.

이와 같은 것을 무엇이라고 합니까? 부처님의 뛰어난 방편법이라고 하는 거에요. 그래서 부처님의 설법을 대기설법이

다, 근기설법이다, 방편설법이다 이렇게 이야기합니다. 그러니까 결국 공부를 한다고 해서 중생세계를 멀리하고 어느 특정한 장소에서 독야청청하는 것이 불법의 완성된 모습이 아니라는 것을 몸으로 보이신 거에요.

그러니까 부처님은 〈금강경〉 첫부분에서 일상의 생활과 공부가 둘이 아니라는 것을 보이신 겁니다. 중생들에게 그런 복도 지어주고, 고통스러운 사람에게는 마음에 잠시라도 평화를 주고, 모든 완성된 진리는 저잣거리에 중생으로 드러난다는 것을 보이신 거지요. 가사를 입고 성중에 걸식하러 들어가는 것이 부처님의 인격을 그대로 말하는 거에요. 그냥 저잣거리에 나와서 중생들하고 똑같이 하는 겁니다. 그런데 우리 불자님들을 보면 흔히 불교공부 따로 생활 따로 하기 쉽죠. 정법을 제대로 모르는 분들은 일상생활은 전혀 공부하고 상관없는 걸로 취급해버리는 폐단이 있습니다.

예를 들어 일주일 용맹정진한다고 선방에 들어가서 가부좌 틀고 앉았죠? 그 순간부터 공부 시작이에요. 그러니까 그것만 공부라 생각하기 때문에 3일이면 3일, 일주일이면 일주일 동안 진이 빠질 만큼 참선만 하는 거에요. 이 분들은 공부하러 가기 전에 집에서 설거지하고, 옷 갈아입고, 목욕하고, 차를 타고 절에 가는 건 공부가 아니라고 생각합니다. 절에 와서 부처님 앞에서 절하고 염주 돌리는 그 순간부터 공부에 들어가는 거라고 생각해요. 그렇지요? 중생에게는 공부가 그런 거에요. 부처님 앞에 섰을 때만 공부가 되는 거라고 착각하고 있습니다. 공부는 반드시 공부하는 장소에 가서 해야 되고 집에서 생활하는 건 공부가 아닌 걸로 생각하니까 우리 마음은 생활하고 공부를 완전히 분리시켜 버리는 거에요.

그럼 여기서 무엇을 알아야 하느냐. 일상생활과 공부는 절대 분리시키면 안 된다는 거에요. 절에서 법문을 들으면 법문 들은 것을 그대로 집에 가서 생활화해야 하고 사업이나 직장에서의 업무도 불교적인 사고로 항상 그 마음을 관조하면서 임해야 한다는 거에요. 봉사활동하고 절에 보시하고 어려운 사람 도와주는 생활 속에서 보살정신을 익혀야 하고, 선방이나 절에 가서 닦는 이 마음으로 집에서도 똑같이 여러분의 마음을 조복 받아야 하는 것입니다.

저희 집은 불교집안이다 보니까 출가 전부터 그런 걸 많이 봤어요. 어머니가 절에 기도를 가신다고 하면 며칠 전부터 몸을 아주 정갈하게 하십니다. 그때는 절에 쌀을 많이 갖고 가는데 우리 보살님이 상을 펴놓고 그 위에 시주할 쌀을 부어놓고서는 쌀을 하나하나 고르는 것을 참 많이 봤어요. 그 쌀 하나하나 고르시면서 계속 관세음보살 염불을 하시더라고요. 그러면서 쪼개지고 갈라진 것들은 빼놓고 좋은 것만 골라 절에 공양 올릴 준비를 하는 거에요. 그래서 한 말이면 한 말을 가지고 절에 가는데 그때는 절이 산에 다 있으니까 그 쌀을 머리에 이고 제가 어머니를 많이 따라다녔어요. 가다보면 다리가 아프고 힘들어요. 쉬려고 바윗돌에 앉을 때에도 쌀 포대를 무릎 위에 놓고 가슴으로 안았지 절대로 땅에 내려놓지를 않았어요.

그렇게 산에 올라가면 또 공양간으로 향하십니다. 그때 당시 산중 절은 공양주 구하기가 힘이 들었어요. 그래서 신도님들은 누구든지 절에 가면 부엌에 들어가서 쌀을 씻어 솥에 안치고 나물 무쳐서 부처님께 공양 올리고 신중단에도 올리고 했어요. 스님이 안 계셔도 상관없어요. 스님 계신다 안 계신다 전혀 개의치 않고 그냥 부처님 전에 절하고 신중단에도 절합니다.

그리고서는 마지밥을 내려와서 스님 돌아오시면 잡수실 수 있게 정리정돈 다 해놓고 나서는 먹을 만큼만 먹고 내려오는데 집에 내려올 때까지 다른 데 들리지를 않아요. 누구하고 만나서 허튼 이야기도 안 하고 누구 비방하는 이야기는 생각도 못하지요, 사람 자체를 안 만나니까. 그냥 앞만 보고 오시더라고요.

집에 오셔가지고는 계속 염불하고 좌선하셨습니다. 그 기운 그대로 흩어지지 않게 생활 속에 연결시키는 것이죠. 옛날 분들은 그렇게 지혜가 깊었어요. 아주 불심이 단정하고 깨끗했어요. 그렇게 실천을 잘했다 이 말이에요. 그러나 그때 사람의 마음이나 지금 사람의 마음이나 마음이라는 것은 변하는 게 아니거든요. 그 때 마음이 지금 마음이에요.

여러분들이 이 공부를 하는데 공부가 보살심으로써 부처님의 청정한 마음꽃을 피우기 시작하면 생활이 그대로 불법이고 수행이고 보살의 모습이고 부처의 모습이에요. 그래서 〈금강경〉의 첫머리가 가장 위대하다고 하는 겁니다.

부처님께서는 그렇게 차제걸이 하시고, 계시던 곳으로 돌아오셔서 공양을 드시고, 발우를 거두시고, 발을 씻고 좌복 위에 앉으셨어요. 왜 좌복 위에 앉으셨을까요? 여러분들이 이것을 보셔야 해요. 부처님이 더 닦아야 할 것이 있어서 좌복 위에 앉는 것은 아니잖아요? 부처님은 앉으나 서나 상관없는 분이에요. 그런데 제자들을 위해서, 중생들을 위해서 공부하는 법을 보이시는 겁니다.

그리고 왜 앉아야 되느냐. 돌아다닐 때보다는 앉아서 있는 시간이 고요한 경계에 들어가기가 쉽거든요. 좌복 위에 앉는 것은 정(定)에 들기 쉽기 때문이에요. 내 마음의 고요한 경계, 삼매의 경계를 체험을 했을 때 내 업식이 녹아나는 것이지 머리불교만 가지고는 안 되는 거에요. 고요히 참선을 해야 하는 겁니다.

비유를 들면 태양열이 쏟아진다고 해서 바로 종이에 불이 붙지 않습니다. 그런데 돋보기로 태양의 열 기운을 모아 쏘이면 종이에 불이 붙습니다. 그와 같이 우리는 염불을 하든지 기도를 하든지 참선을 하든지간에 일념으로 들어가야 하는 거에요. 딱 일심 정(定)에 들어가야 합니다. 그것을 삼매라고 하는데 삼매는 이렇게 돋보기와 같은 겁니다. 삼매에 들어갔을 때 우리가 가지고 있는 업식이 타버리거나 녹아내리는 겁니다. 돋보기를 가지고 오늘 일어났던 분별망상을 다 태우는 것이 부좌이좌에요. 딱 앉는 거에요.

여러분들이 살아가는데 가장 1순위로 삼아야 할 것은 내가 내 마음을 믿어야 한다는 것입니다. 내가 내 마음을 믿지 못하면 항상 괴롭고 불안합니다. 내가 내 마음을 믿을 수 있으려면 여러분 스스로가 이 마음 바꾸는 공부를 굉장히 가치 있게 생각해야 하고, 이 공부에 깊은 의지를 가져야 합니다. 그리고 일상생활에서 계속 공부가 연결이 되어야 합니다.

〈비유경〉에 나오는 이야기입니다. 부처님이 어느 날 시중에 탁발하러 나가는데 똥 푸는 사람이 부처님을 보고서는 피해버려요. 부처님이 그걸 보시고는 그 사람을 찾아 갑니다. 찾아 가니까 그 사람이 계속 부처님을 피하는 거에요. 그래서 나중에는 부처님이 지름길로 가서 그 사람 앞을 막았어요.

그러니까 그 사람이 하는 말이 "성인이시여, 당신은 부처님이십니다. 저같이 힘없고 복도 없고 베풀 것도 없는 사람의 앞을 왜 막습니까? 저는 부처님에게 올릴 것이 아무 것도 없고 베풀래야 베풀 복이 없습니다. 제 몸에는 지금 똥냄새가 나고 더럽습니다. 깨끗한 분 옆에 갈 수가 없습니다. 길을 열어주세요." 그런 거에요.

그러니까 부처님이 "네가 생각을 잘못하고 있다. 너는 비단 옷을 걸치고 벼슬을 하면서 살아야 인생을 살 만한 보람이 있고 장부답다고 생각할지 몰라도 전혀 그게 아니다. 세상 사람들이 제일 하기 싫어하는 일이 똥 푸는 일이다. 그런데 너는 세상 사람들이 가장 하기 싫어하는 일을 하고 있다. 이 세상에서 가장 힘들고 가장 낮은 일을 하고 있기 때문에 너야말로 대단히 훌륭한 사람이다. 작으면 작은 대로 나에게 복을 지어라. 너는 다음 생에 큰 복인이 될 것이다. 네가 전생에 복을 못 지어서 그런 것은 도리가 없는 것이고 금생에 네가 하고 있는 일에 큰 의미와 가치를 느껴야 될 것이다."라고 말씀을 한 거에요.

그러니까 이 사람이 바로 갠지스 강에 들어가서 몸을 씻고 옷을 갈아입고서는 꽃을 사고 과일을 사서 아주 기쁘고 즐거운 마음으로 부처님께 갑니다. "부처님, 제 공양을 받으세요. 제가 부처님을 만나서 그 법문을 듣지 못했더라면 저는 평생 자신을 저주하고 비하하면서 괴롭게 살았을 텐데 부처님 말씀 그 한마디가 너무너무 감사하고 기쁘고 내 삶이 행복합니다. 그래서 이렇게 꽃도 사고, 과일도 사고, 부처님 앞에 기쁜 마음으로 찾아왔습니다." 그러니까 부처님이 똑같이 기쁜 마음으로 그 공양을 받은 거에요.

이 얘기는 부처님의 법문을 통해서 우리의 정신세계가 새롭게 창의적으로 거듭나야 한다는 걸 말하고 있어요. 낮에는 밖에서 만나는 모든 사람들에게 베풀면서 좋은 마음으로 격려해주고, 저녁에는 집이나 절에 와서 염불, 기도, 또는 마음을 다 내려놓고 좌복에 고요히 앉아서 명상을 하세요. 인생 별것 아니에요. 자기 나름대로 자기가 하고 있는 일에 가치를 두고 기쁘고 즐겁게 살면 그 사람은 잘 사는 거에요. 거듭 말하지만 완성된 진리의 모습, 완성된 부처의 모습, 완성된 수행의 모습은 중생과 함께 생활 속에서 드러나는 겁니다. 우리 모두 생활 속의 부처가 되도록 합시다.

고갱이 | 진리에 들어간 사람은 부처라는 상이 없습니다. 중생의 모습을 똑같이 나툽니다. 그래서 완전한 부처는 완전한 중생으로 돌아갈 때 비로소 완전한 부처가 됩니다.

제2분 善現起請分 선현기청분

수보리가 법을 청하다

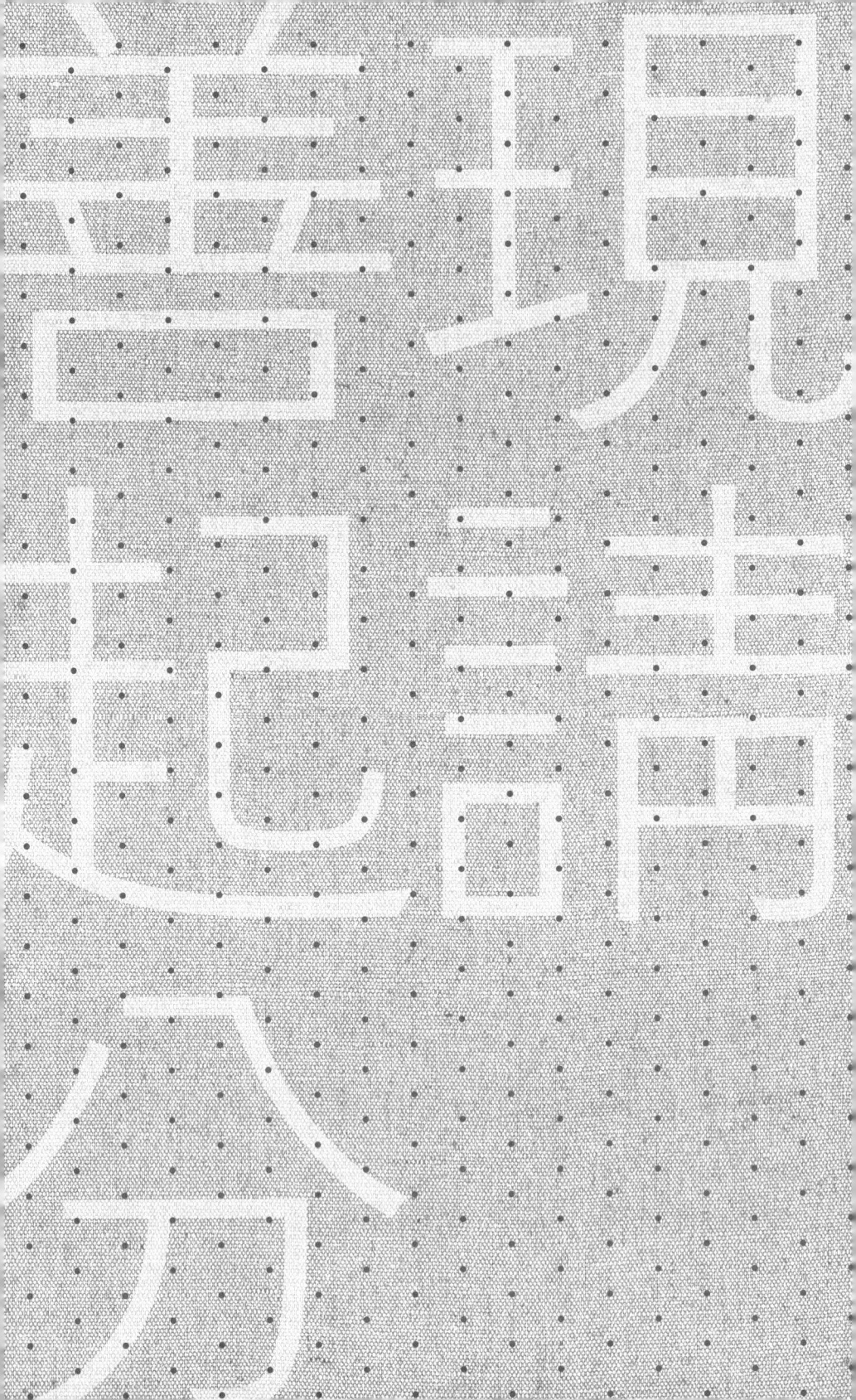

제2분 '선현기청분'입니다. '선현이 법을 청한다'는 말이죠. 여기서 선현은 수보리를 말하는 겁니다.

수보리는 별명이 여러 가지 됩니다. 착할 선(善) 자, 드러날 현(現) 자 선현이라고도 하고, 또 빌 공(空) 자, 날 생(生) 자 공생이라고도 그럽니다. 수보리의 모친이 수보리를 낳을 때 방이 텅 비어 있는 꿈을 꾸었데요. 텅 비어 있는 곳에서 낳으셨다고 공생이라고 부릅니다. 불교 이치적으로 보면 마음의 공적한 자리를 의미하기도 해서 부처님께서 말씀하신 공공적적한 마음의 심성자리를 누구보다도 잘 체험을 했고 또 그러한 이치를 잘 드러내는 사람이라 해서 공생이라고 부릅니다.

또 다른 말로 해공제일이라고도 하는데 알 해(解) 자, 빌 공(空) 자, 공을 잘 안다는 뜻이지요. 그리고 부처님께서 수보리를 무쟁삼매(無諍三昧)를 잘 즐기는 자라고 하셨는데 인도 말로는 아란나 행자라고 해요. 무쟁이라고 하면 다툼이 없다는 말이죠. 여기서 다툼이 없다는 것은 공공적적과 같은 말입니다. 마음에 전혀 갈등이 없고 마음이 고요한 적멸의 자리를 말하는 거에요. 그리고 마음이 고요한 적멸을 체험한 경지를 삼매라고 합니다. 그렇다면 우리는 어떻게 이 경지에 들어갈 수 있을까요? 삼매를 체험하려면 어떻게 해야 할까요? 그것은 오로지 무아의 실천을 행했을 때 가능한 것입니다.

그럼 무아는 어떻게 설명할 수 있을까요? 무아는 〈금강경〉에서 말하는 아상, 인상, 중생상, 수자상의 사상이 텅 비어 실체가 없이 멸해버린 것입니다. 그런데 사실 무아는 어떤 말로도 드러낼 수 없습니다. 무아라는 것은 이미 언어의 힘을 빌려서 드러낼 수 있는 자리가 아니기 때문입니다. 그래서 한문으로는 '언어도단 심행처멸(言語道斷 心行處滅)'이라고 하지요. 언어가 미칠 수 없고 마음 가는 길이 끊어진 자리를 무아의 세계라고 합니다. 그리고 그 자리를 체험한 사람을 무쟁삼매를 즐기는 사람이라고 하는 겁니다.

우리는 항상 마음으로 다툼이 많습니다. 왜 다툼이 많을까요? 나라는 상(相)이 있어서 그렇습니다. '나'라는 상이 있으면 언제나 이기적이고 자기 위주로 세상 모든 일을 바라보기 때문에 그것이 항상 시비를 불러오고, 괴로움을 불러오고, 마음은 요동치고 또 스스로도 마음이 편치 못한 고통을 겪게 마련이에요. 우리가 수행을 하고 부처님 공부를 하는 것은 이 무쟁의 도리를 잘 알아서 무쟁을 잘 실천하기 위한 겁니다.

시 장로수보리 재대중중 즉종좌기
時 長老須菩提 在大衆中 卽從座起

편단우견 우슬착지 합장공경 이백불언
偏袒右肩 右膝着地 合掌恭敬 而白佛言

그 때 장로인 수보리가 대중 가운데 있다가 자리에서 일어나 오른쪽 어깨에 옷을 벗어 메고, 오른쪽 무릎을 땅에 꿇고 합장하여 공경히 부처님께 아뢰었다.

여기서 '그 때'라고 하는 것은 수달다 장자의 원으로 기수급고독원 즉 기원정사가 완공이 되어서 그곳에서 많은 사람들이 모여 부처님을 모시고 법회를 연 그 때를 말하는 것이지요. 그 때 모두가 고요히 앉아 있고, 부처님 역시 아무 말씀 안 하시고 고요히 앉아 계십니다. 이렇게 많은 사람들이 마음을 닦고자 한 자리에 모였으니 세상 어떤 꽃이 그 자리에 피어난 마음의 꽃보다 더 아름답겠습니까?

장로 수보리가 '자리에서 일어나서 오른쪽 어깨에 옷을 메었다'는 것은 스님들이 가사 두르는 모양을 생각하시면 됩니다. 인도에서 수행자들이 가사 두르는 것은 하나의 의식이고 옷차림이죠. 그리고 '오른쪽 무릎을 땅에 꿇고 합장한다'는 것은 종교를 떠나서 존경하는 분, 공경하는 분에게 최고의 예의를 표하는 겁니다.

그럼 수보리가 우슬착지 합장공경한 의미가 무엇일까요. 그 나라의 예절문화이기보다는 종교적으로 봐야 됩니다. 수보리가 아뇩다라삼먁삼보리의 세계가 어떤 것인지를 알고 싶어 부처님께 법을 청하기 위해서 이렇게 예의를 갖추는 거에요. 법이 그만큼 귀하고 가치 있는 일이고 수보리로서는 그 법을 듣는다는 것에 대단한 의미를 두었기 때문에 최고의 공경을 표한 겁니다. 우리가 세상살이 같은 일반 이야기들은 얼마든지 정보를 접할 수 있죠. 하지만 참 마음 닦는 법을 배운다는 것은 정말 대단히 어려운 일이고 귀한 일입니다.

다음의 이야기가 경전에 나옵니다.

여러분들, 설산동자 이야기 잘 아시지요? 부처님께서 성불하시기 전에 비구로 설산에서 공부를 하시는데, 부처님의 수행의 근기를 가늠하기 위해서 범천왕이 신통을 부려 나찰의 몸으로 내려옵니다. 그렇게 부처님이 좌선하고 계신 앞을 지나가면서 '제행이 무상(諸行無常)하니 이것이 생멸법(是生滅法)'이라고 게송을 읊으면서 지나가요. 그 때 부처님이 공부를 하시다가 그 소리를 듣고서는 벌떡 일어나서 "그대가 지금 읊은 '제행 무상 시생멸법'이라는 구절은 나도 알고 있다."며 그 나찰을 붙잡습니다.

세상 모든 것이 다 무상한데 그것이 생멸법이라는 것이죠. 중생이 아집과 집착으로 전도몽상 되어서 아상, 인상, 중생상, 수자상을 자기라고 착각하고 붙들고 있기 때문에 그것으로 인해서 생멸법이 이루어진다는 말이에요.

부처님이 말을 잇습니다. "나는 생멸법이 없는 세계로 들어가고 싶다. 반드시 뒷구절이 가장 요지가 되고 중요한 뜻이 있을 거라고 생각하는데 그 뒷구절을 나에게 좀 일러달라."고 하셨어요. 그러니까 그 나찰이 "나는 지금 배가 많이 고프다. 네가 알다시피 나는 나찰이라 사람의 피를 먹어야 된다. 지금 배가 고파 그 이야기 할 기운이 없다."고 대답을 했어요. 그 말에 부처님이 "뒷구절을 이야기해 주면 몸을 바쳐 공양을 올리겠다."고 약속했습니다.

그래서 나찰이 그 뒷구절을 이야기해 주는데 "생멸멸이(生滅滅已)면 적멸위락(寂滅爲樂)이니라."라는 겁니다. 생멸이 다해 버리면 적멸이 낙이 된다는 말이거든요. 이 게송을 듣고 부처님은 나찰을 위해서 몸을 던집니다.

'제행무상(諸行無常)하니 시생멸법(是生滅法)이라. 생멸멸이(生滅滅已)면 적멸위락(寂滅爲樂)이니라' 이 게송은 〈열반경〉에 나오는 사구게입니다. 세상 모든 것이 다 무상한 것이다. 그 무상한 것은 왜 무상하냐? 본래 법이 나고 죽는 생멸법이기 때문에 무상하다는 것이죠. 어제 있었던 것이 오늘 없어지고,

오늘 약속했던 것이 내일 지킬 수 없는 상황이 되고, 또 어제의 꿈이 오늘 무너지는 일도 생기고 앞을 예측할 수 없이 무상한 일들이 벌어지는 거죠.

'나고 죽는 생멸법'은 무엇을 말하는가? '나'라는 아상이 있고 아집이 있으면 그로 인해서 항상 경계를 따라서 내 마음이 일어나고 멸하는 고통의 일을 만든다는 거에요. 그런데 '생멸멸이'면 즉, 생하고 멸하는 것이 다한다는 말이죠. 이것은 '나'라는 아상이 없어진 자리, 마음이 고요한 자리를 말하는데 공공적적하다, 진공이다 이렇게 이야기합니다.

'적멸위락'은 무엇을 말하는가? 생멸심이 끊어진 자리, 마음 안에서 옳다, 그르다, 나다, 너다 하는 일체 시비심이 다 끊어진 자리를 적멸이라고 하지요. 생멸이 다하고 나면 그 적멸이 즐거운 낙이 된다는 뜻입니다. 생멸이 다해 버리면 고요 적멸에 들어가는데, 고요 적멸이 그냥 적멸로서 머무는 것이 아니고 거기에서 많은 공덕을 살려내는데 그게 '낙'이라는 것이에요.

경전에는 이처럼 널리 알려진 사구게가 많습니다. '사구게'라는 것은 그 경전에 담겨져 있는 사상의 요지를 짧게 요약한 것을 말합니다. 글자가 구절의 요식을 갖췄다고 해서 모두 사구게가 아니고, 부처님의 연기 중도사상을 간략하면서도 완벽하게 잘 드러낸 구절을 말하죠. 사구게는 〈금강경〉에도 있고 〈법화경〉, 〈화엄경〉에도 있습니다.

〈금강경〉에 나오는 유명한 사구게는 '범소유상 개시허망 약견제상비상 즉견여래(凡所有相 皆是虛妄 若見諸相非相 卽見如來)'입니다.

그리고 〈법화경〉에 나오는 사구게는 '제법종본래 상자적멸상 불자행도이 내세득작불(諸法從本來 常自寂滅相 佛子行道已 內世得作佛)'입니다. 제법이 본래부터 항상 적멸한 상을 여의지 않았으니 적멸의 자리에서 떠나지 않았다는 뜻이에요. 불자가 지금 마음의 생멸을 여의고자 하는 수행을 하면 내세에 부처를 이루리라는 뜻입니다. 여기서 내세라는 것은 다음 생을 말하는 것이 아니고 법의 정견의 안목을 갖추어서 반야지혜가 드러나는 그 순간을 말하는 거에요.

그리고 〈화엄경〉에 나오는 사구게는 '약인욕요지 삼세일체불 응관법계성 일체유심조(若人慾了知 三世一切佛 應觀法界性 一切唯心造)'입니다. 만약 사람들이 삼세 일체 부처님을 알고자 한다면 이 모든 법계의 성품을 보라, 모든 것은 마음이 만드는 것이라는 뜻입니다.

그런데 이 모든 사구게들이 각기 글은 달라도 뜻은 서로 통합니다. 왜 같을까요? 그 사구게들의 핵심이 되는 요지는 바로 〈금강경〉에서 말하는 아상, 인상, 중생상, 수자상이 다 비워진 공공적적한 마음을 드러내는 것이며, 그 마음을 다른 말로는 '일심'이라고 합니다. 그 일심세계를 드러낸 것이기 때문에 다 같다는 거에요. 부처님은 이렇게 법의 한 구절을 듣기 위해서 당신의 몸을 나찰에게 던졌어요.

이런 이야기들을 듣고 여러분들은 그런 일이 어떻게 현실적으로 가능한지에 대해 반문할 수도 있습니다. 그러나 저는 현실적으로 이런 일이 가능하다고 생각하는 사람입니다. 한 구절의 법을 듣기 위해서 몸을 던졌다는 것은 부처님이 얼마나 간절하게 법을 구하였으며 그 법을 얼마나 믿었는지 보여주는 것입니다. 그만큼 법을 귀하게 여기고, 법을 위해서 몸을 던질 수 있는 발심과 신심이 있어야 한다는 거에요. 법을 그리워하고, 법을 체험하기 위해서 그 몸을 버릴 수 있는 사람을 발심을 크게 한 사람이라 할 수 있습니다.

희유 세존
希有 世尊

"희유하십니다, 세존이시여."

수보리가 우슬착지 합장공경 하면서 "희유하십니다 세존이시여, 여래께서는 모든 보살들을 잘 호념하시며 모든 보살들에게 잘 부촉해주십니다." 이렇게 이야기를 합니다.

'희유하다'는 말은 참 귀하다는 말이죠? 흔하게 볼 수 없는 일이라는 겁니다. 그런데 여러분들이 '법회인유분'에서 보셨다시피 부처님은 저잣거리에서 탁발해 오셔서 공양을 잡수시고 발을 씻으시고는 좌복 위에 조용히 앉으셨어요. 부처님은 그때까지 한 말씀도 안하셨거든요. 그런데 수보리가 느닷없이 자리에서 우슬착지 합장공경하면서 "부처님, 참 희유하십니다."라고 하는 거에요. 뭐가 그렇게 희유할까요? 왜 희유하다는 말을 했을까요? 부처님은 전혀 말씀을 안 하고 계셨거든요. 거기엔 여러 가지 뜻이 있겠습니다만 크게 두 가지를 말할 수 있어요.

첫번째 희유한 까닭은, 수보리가 생각할 때 부처님은 정반왕의 태자로 태어나셔서 한 나라의 임금이 될 수가 있는 분인데 그 자리를 마다하고 명예와 권력, 재물과 여색 모든 것을 다 버렸어요. 왜 버렸습니까? 법이 귀하기 때문에 그렇습니다. 그렇게 발심해서 도를 성취한 것이 수보리가 볼 때 희유하다는 거에요.

초기경전인 〈오분율〉에 보면 부처님이 "나는 하늘에 태어나기를 원치 않는다. 많은 중생이 삶과 죽음의 고통 속에 있지 아니한가. 나는 이를 구제하기 위하여 집을 나가는 것이니 위없는 깨달음을 얻기 전에는 결코 돌아오지 않으리라."라고 하면서 부인 야쇼다라와 아들 라후라를 두고 출가하는 장면이 나와요.

부처님이 주무시다가 야반삼경에 문을 열고 나옵니다. 그리고는 평소에 데리고 다니는 마부 잔타카를 부릅니다. "잔타카야, 말에 안장을 얹도록 해라." 그러니까 잔타카가 "태자님이시여, 이 밤중에 어디를 가시려고 그럽니까?" 부처님이 하시는 말씀이 "너는 보이지 않느냐. 삼계가 지금 불타고 있느니라." 이렇게 이야기를 했어요. 잔타카가 "지금 세상은 고요한 밤이고, 하늘에는 달이 저토록 밝고 별이 저토록 영롱한데 어찌 이 세상이 불타고 있다고 하십니까?"라고 해요.

부처님이 말씀하시는 '이 세상이 불탄다'는 표현은 중생들의 마음 속에 있는 '나'라는 아집으로 인해 탐·진·치 삼독심이 일어나고, 그 삼독심으로 인해서 스스로 몸을 태워 버리는 번뇌의 불이 불타오르고 있다는 의미입니다. 그것을 이야기하는 거에요. 중생은 지금 마음에 번뇌의 불로 스스로를 태우고 있다는 거에요.

이것을 〈법화경〉에서는 화택에 비유를 했어요. '삼계가 화택이니라' 라는 말이 있죠? 〈법화경〉에서는 유명한 비유입니다. 그러니까 부처님이 그것을 보신 거에요. 그러니까 내 마음이 불타면 세상이 다 불타고 있다는 거에요. 세상과 내가 둘이 아니거든요.

만약 여러분들이 세상에서 존중받는 직책을 약속 받았다고 했을 때, 여러분들은 그 자리를 포기하고 도 닦으라고 하면 그대로 따르겠어요? 현실적으로 불가능한 이야기라는 생각이 들겠죠? 그것은 여러분들의 법에 대한 가치관과 믿음이 약해서 그런 겁니다. 그래서 발심이 굉장히 중요하다는 것이에요. 여기에는 법에 최고의 가치를 둔 발심자만이 성인의 길로 들어갈 수 있다는 의미도 내포되어 있는 거에요.

 이 발심은 여러분들이 생각하는 보통 그런 정도의 발심을 말하는 것이 아닙니다. 이러한 깊은 발심이 있을 때에야 비로소 무아의 세계에 들어갈 수가 있고 진리의 법의 세계를 접할 수가 있지, 그렇지 않고서는 모든 가르침이 머리에서 맴돌 뿐 여러분의 가슴 속에는 전혀 들어갈 길이 없는 겁니다. 그걸 아셔야 해요. 그래서 수보리가 생각할 때 부처님이 태자의 자리를 버리고 이 법의 귀함을 보시고 그렇게 출가를 하신 것은 세상에서는 있을 수 없는 일이고 그래서 희유하다는 겁니다.

 두번째 희유한 까닭은, 부처님이 출가를 하셔서 대도를 성취하시고 부처님이 되셨잖아요. 세상에서 가장 존귀한 분, 세존(世尊)이 되셨죠. 그런데 세존이 제자들과 똑같이 발우를 들고 저잣거리에 나가셔서 차례대로 평등하게 중생들에게 공양을 받습니다. 그리고 편안한 마음으로 다시 절에 돌아와서 그냥 밥 잡숫고, 발 씻고, 좌복에 앉고 하는 모습이 중생들과 똑같은 거에요. 세존 정도 되시면 가만히 앉아 계셔도 세상 사람들이 알아서 찾아와 친견하고 존경을 표하고 모든 것을 바칠 텐데 '내가 부처'라는 상이 티끌만큼도 없이 저잣거리에 나가 그대로 중생세계에 법을 편다는 말이지요.

요즘은 스님이나 공부가 조금 익었다고 하는 재가자들이 자신을 남에게 드러내고 싶고 또 존경받고 싶어 몸살을 합니다. 그게 벌써 내가 내 마음의 생멸심에 속는 거에요. 많은 사람들이 자기 마음 속에서 아상, 인상, 중생상, 수자상이 훨훨 불타고 있는데 공부가 다 된 것처럼 어리석은 착각 속에 살고 있어요. 그게 우리 중생의 마음인데 부처님은 부처가 되셨어도 부처나 도인의 상을 전혀 안 내시는 거에요. 중생들하고 똑같이 하는 거에요.

앞서 그런 이야기를 했죠. 완전한 부처는 완전한 중생의 모습으로 돌아갈 때 완전한 부처의 모습을 드러낸다. 부처는 겉모습은 중생이지만 마음의 경계는 적멸의 공공적적한 무심의 그 자리를 떠나지 아니하신 분이에요. 그러니 수보리가 보고서 "세상에, 어떻게 수행력이 그렇게까지 오를 수가 있습니까?" 하고 찬탄하는 거에요. 그래서 "부처님이시여, 참 희유하십니다."라고 한 것입니다.

여래 선호념제보살 선부촉제보살
如來 善護念諸菩薩 善付囑諸菩薩

"여래께서는 모든 보살들을 잘 호념하시며 모든 보살들에게 잘 부촉해 주십니다."

여기 '호념'이라는 단어와 '부촉'이라는 단어가 나오죠? 부처님의 수기설법이 상대의 근기와 수행력에 따라서 조금씩 다르다는 의미를 수보리가 '잘 호념하시기도 하고 잘 부촉하시기도 합니다'라고 하는 겁니다.

그러면 호념은 무엇이며 부촉은 무엇일까요? 수행을 하는데 수보리처럼 마음의 갈등이 없고 '나'라는 아상에 대한 집착 없이 상당한 공의 경지를 체험한 사람, 그러면서 경계를 대함에 있어 항상 마음이 고요한 사람이 있습니다. 상당한 수행의 경지에 있는 거죠. 이런 사람에게 부처님이 법을 가르칠 때 '호념하신다'고 하는 겁니다. 이 호념 정도가 되면 발심이 잘 되었다고 보시면 됩니다.

여기서 말하는 '발심이 잘 되었다'는 것은 공공적적한 마음자리를 볼 수 있는 아뇩다라삼먁삼보리의 발심이 잘된 것을 말하는 거에요. 세상의 재물이나 명예를 구하거나, 남에게 나를 드러내기 위한 수단으로 공부를 하거나, 또는 자기 나름대로 공부했다고 하면서 아상, 인상, 중생상, 수자상에 젖어 공부를 이야기하는 사람은 발심이 안 된 사람이에요.

부처님이 상상근기를 가르치는 방법을 호념이라고 한다고 이해하면 되겠습니다. 부처님은 이런 호념 경지에 들어가 있는 사람에게는 전혀 방편을 쓰지 않으시고 바로 그 자리를 볼 수 있게 도를 보이셨습니다.

그럼 부촉은 무엇이냐. 근기가 약한 사람, 믿음이 약한 사람, 그리고 아직도 세상의 오욕락에 미련이 있고 마음의 상이 자리 잡고 있는 사람, 이런 사람은 아직 공부가 좀 덜 된 사람이지요? 아직도 마음 속에 번뇌의 풀이 무성한 사람입니다. 이런 사람은 무엇을 하나 알면 그 아는 상이 생겨버려요. 그래서 아는 것을 자꾸 드러내고 싶어 하고, 자꾸 뭔가 자기 상을 만들려고 하는 집착심이 강한 사람입니다. 아직 발심이 미비하고 수행력이 약한 거죠.

이를 두고 임제스님은 "아직 거친 풀에 호미질도 안한 상태로구나."라고 말씀하셨어요. 선가에서는 "거친 번뇌의 망초에 호미질도 아직 못한 주제로구나."라고도 하구요. 이런 사람들을 불러다가 할아버지가 어린 손주 달래듯 칭찬도 하고 달래기도 하고 어르기도 하면서 거친 번뇌를 다스리고, 그 마음을 항복시켜 호념의 경지까지 갈 수 있도록 여러 가지 방편을 써서 이끄는 것을 부촉이라고 그래요.

비유를 하자면 이렇습니다. 지금 이곳에 먼지가 당연히 있겠지요? 그런데 마음수행이 약한 사람은 먼지가 없다고 하는 거에요. 왜냐하면 먼지를 볼 수가 없거든요. 무명이 우리 눈을 가리고 있기 때문에 미세한 먼지를 볼 수 없는 거에요. 마음의 생멸번뇌 먼지를 볼 수가 없다는 말이죠. 이런 지경에 있는 사람을 부처님이 불러다가 가르치는 것을 부촉한다고 합니다.

하지만 호념 단계에 있는 사람은 지금 이곳에 먼지가 있다는 것을 아는 사람이에요. 어떻게 아느냐, 창틈으로 햇빛이 들어오면 먼지가 이렇게 뜨는 게 보이죠? 그것까지 본 사람이에요. 이렇게 차원이 다르죠. 그래서 미세한 마음까지 잘 다스리는 수행의 경지에 있는 사람에게 부처님이 가르치는 것을 호념이라고 하는 겁니다.

부처님 당시에 한 외도가 부처님을 찾아왔어요. 부처님께 우슬착지 합장공경을 하고 드리는 말씀이, "부처님이시여, 저는 말이 있는 경지도 묻지 아니하고 말이 없는 경지도 묻지 않습니다."고 했어요. 유무를 떠나서 한 말씀 일러 달라는 말이에요. 그런데 부처님이 아무 말씀 안하셨어요. 양구하셨어요. 그러자 그 외도가 부처님에게 크게 감사의 절을 하고 떠나갔습니다.

그 때 옆에 있던 아난이 부처님께 "부처님은 전혀 아무 말씀도 안하셨는데 저 외도가 왜 저렇게 크게 감사하며 떠납니까?" 하고 물었어요. 부처님께서 아난을 바라보면서 하시는 말씀이 "아난아, 영리한 말은 채찍 그림자만 봐도 천리를 달리고, 우둔한 말은 엉덩이에 피가 나야 달린다."고 하셨어요. 여기서 그 외도와 부처님이 주고받은 법문이 바로 호념법문이에요. 그리고 부촉법문은 엉덩이에 피가 나야 달리는 둔한 말에게 하는 법문입니다.

세존 선남자 선여인 발아뇩다라삼먁삼보리심
世尊 善男子 善女人 發阿耨多羅三藐三菩提心

응운하주 운하항복기심
應云何住 云何降伏其心

"세존이시여, 선남자 선여인이 아뇩다라삼먁삼보리심을 내고는 마땅히 어떻게 안주하여야 하며 어떻게 그 마음을 항복 받아야 합니까?"

이 구절이 '선현기청분'에서 가장 중요한 대목이자 〈금강경〉에서도 대단히 중요한 구절 중 하나입니다. 〈금강경〉이 설해지게 된 동기가 바로 여기서 드러나거든요. 수보리가 경의 전체 대의를 드러낼 수 있게끔 요지를 정리해서 묻는 거에요. 이 물음에 대해서 부처님이 법문을 하시지요. 〈금강경〉은 이렇게 만들어진 거에요. 그래서 이 물음이 대단한 물음인 것이죠. 수보리가 이렇게 묻지 않았다면 〈금강경〉 자체가 성립될 수 없었을 겁니다.

먼저 '선남자 선여인'이라고 했거든요. 여기서 '선'은 착할 선(善) 자를 썼어요. 그러면 '착한 남자여, 착한 여인이여'라는 해석이 당연할 테지만, 여기서 착하다는 말은 현실적으로 '복을 갖추었다'는 의미로 쓰였습니다. 내가 지어 놓은 업이 깨끗하고 착해서 복을 많이 받은 사람을 우리는 '착하다'고 합니다. 여러분들이 모두 선남자, 선여인이에요.

　착할 선을 수행실천 면에서 말씀드리겠습니다. 수행실천은 여러분들이 마음세계를 실제로 체험할 수 있는 길을 말하는 거에요. 앞장에서 '여시아문'을 세 가지로 나눠서 말씀 드렸듯이 이 선도 세 가지로 나눌 수 있습니다.
　착할 선에는 초선, 중선, 구경선이 있습니다.
　초선은 무엇이냐? 우리 중생은 상이 있어서 항상 세상을 자기 위주로 봅니다. 전체를 생각하는 것이 아니고 늘 자기 쪽에서만 생각하는 거에요. 그런 사람은 마음이 좀 착해질 필요가 있겠죠? 그래서 착하게끔 선도하는 거에요. 착해지려고 공부를 하다보면 그 사람이 그래도 불법을 만나 과거에 비하면 마음이 많이 착해졌고 마음의 고요함을 체험했다고 생각한단 말이죠. 처음보다 많이 좋아졌다고 생각하겠죠? 착해졌지만 이 단계는 아직 어린 거에요.
　또, 깊은 지혜가 있는 것도 아니면서 자신을 드러내는 사람이 있거든요. 그것 또한 아직 어린 겁니다. 정말 지혜가 깊은 사람은 전혀 그런 과시 없이 아주 편안해요. 그러니까 아직 어린 착함이라는 의미에서 '초선'이라고 합니다.

　그렇다면 중선은 무엇이겠습니까? 그렇게 공부를 자꾸 해서 마음 평수가 넓어지고 지혜가 깊어지면 그때는 '내가 과거에 비해 많이 착해졌다, 내 착함을 남이 알 수 있겠다' 하는 관념적인 착한 상이 없어져요. 자기가 착한 행위를 하고 착한 생각을 하고 착한 행업을 하는 것이 그저 감사하고 즐거울 뿐입니다. 그 즐거움을 알지만 남에게 내가 착한 일을 하기 때문에 즐겁다는 생각을 하는 게 아니고 그냥 그 자체를 즐길 뿐이에요. 내가 스스로 착한 것을 전혀 모르는 것이죠. 아까보다는 상당히 차원이 높아졌죠? 깊은 세계에 들어간 거에요. 이런 사람은 법문을 들어도 호념의 가르침을 듣는 겁니다. 그래서 중선이라고 하지요.

마지막으로 구경선은 착함 그 자체를 모른다는 것까지도 꼭지가 떨어져버린 거에요. 내가 착하다는 생각, 내가 선한 업을 하니까 즐겁다는 생각까지도 끊어진데다, 그 끊어졌다는 것조차 모르는 겁니다. 그러니까 전혀 흔적이 없는 것이지요. 이것을 선(禪)에서는 몰종적(沒蹤跡)이라고 합니다. 새가 하루 종일 하늘을 날아다녀도 허공에 흔적을 남기지 않듯 종적이 없다는 말이지요. 그와 같이 하루 종일 선한 업을 해도 전혀 내 마음에 착한 행업에 대한 상이 남지 않습니다.

그러면 이 마음의 세계에 흔적을 남기지 않으려면 어떻게 하면 좋을까요? 어떻게 그런 경지까지 갈 수 있을까요? 그건 내가 없으면 갈 수 있어요. 내가 없다는 말은 무아지요? 바로 무아의 경지에 이르면 되는 거에요. 그리고 그런 경지에 들어가려면 5분짜리 삼매든 24시간짜리 삼매든 여러분들이 삼매를 체험해야 하는 겁니다. 그러면 어떤 현상이 일어나느냐. 이 물 보이시죠? 1급수입니다. 하루 종일 흔들어도 맑아요. 아예 앙금이 없습니다. 흙탕물도 가만히 두면 앙금이 가라앉아 맑아지기는 합니다. 하지만 다시 흔들거나 충격을 주면 가라앉았던 앙금이 금새 올라오면서 도로 흙탕물이 되지요.

삼매의 체험 없이 이치적으로 아는 사람은 흙탕물을 잠시 가라앉히는 정도에 불과합니다. 그러다가 경계가 오면 이 마음이라는 것이 동요가 되지요. 이런 사람을 선가에서는 '병든 여우'라고 해요. 왜 병든 여우라고 하냐면 여우가 영리하잖아요. 여우처럼 영리하고 뭘 많이 알아도 경계가 오면 마음이 동요가 되기 때문에 그래서 병든 여우라고 하는 거에요. 제대로 알면 하루 종일 흔들어도 1급수입니다. 앙금 자체가 없어요. 그래서 삼매가 중요하다는 거에요.

다음으로 '선남자 선여인이 아뇩다라삼먁삼보리심을 내고는…' 했어요. 여기서 아뇩다라삼먁삼보리는 산스크리트어인 '아눗타라삼먁삼보디(Anuttara-samyak-sambodhi)'를 소리나는 대로 한자로 적어놓은 거에요. 이 아뇩다라삼먁삼보리를 한문으로 번역하면 '무상정변지(無上正遍知)'가 됩니다. 그런데 아뇩다라삼먁삼보리는 어떤 말을 가지고도 설명할 수가 없어요. 왜일까요? 결론부터 말하자면 아뇩다라삼먁삼보리는 말과 언어의 세계를 떠난 자리이기 때문에 말로는 드러낼 수가 없는 겁니다. 여러분들의 이해를 돕기 위해서 무상정변지에 대해서 설명드리겠습니다.

먼저 무상(無上)이라는 말을 이해하셔야 합니다. 여러분들, 무상을 어떻게 정리할 수 있을까요? 우선 무상이라는 말은 '없을 무(無) 자, 윗 상(上) 자'를 쓰지요. 글자 그대로 하면 제일 높다, 더 이상 높은 것은 없다는 말이거든요. 이때 제일 높다는 것은 그 높은 것하고 짝을 이룰 수 있는 대상이 없다는 의미도 됩니다. 그리고 짝을 이룰 것이 없다는 것을 다른 말로 하면 상대성이 끊어졌다고 하죠. 그렇죠?

예를 들어 볼까요? 허공을 큰 허공, 작은 허공으로 말할 수 있습니까? 허공은 그냥 허공 그 자체잖아요. 허공보다 더 큰 허공은 없지요. 그렇게 생각하시면 됩니다.

그리고 '상대성이 끊어졌다'는 말은 절대적이라는 것이죠. 이 말은 부처님께서 말씀하신 '천상천하 유아독존'과도 같은 뜻입니다. 무상의 자리는 바로 우리 마음의 본래 근본 자리이기 때문에 절대적인 자리이고, 상대가 끊어진 자리이고, 언어가 도단하고 심행처멸한 자리기 때문에 어떤 말로도 그 자리를 드러낼 수가 없습니다.

그러면 '어떻게 하면 무상의 정신세계를 이해할 수 있는 구체적인 이미지를 그려볼 수가 있을까?' 이런 생각이 자연스럽게 들지 않으십니까? 우리 중생들은 눈으로 봐야 믿고, 귀로 들어야 이해를 하고, 서로 몸으로 부대껴야 정감이 가는 이게 우리 중생들의 세계잖아요. 그렇죠? 그러니 어쩔 수 없이 어떤 방식으로든 이야기를 해야겠죠?

그 이야기는 비유를 하자면, 내가 대들보를 한번 울려야 하는데 대들보에 손이 미치지 않아서 칠 수가 없어요. 대들보를 울릴 방법은 오직 기둥을 치는 수밖에 없어요. 기둥을 치면 기둥이 울리면서 대들보가 울리게 되는 것이지요. 이것을 비유법이라고 하고, 방편법이라고 하는 겁니다.

무상의 정신세계를 좀더 알아보겠습니다.

첫째, 무상의 세계는 불생불멸의 세계다. 이렇게 정리해두셔야 해요. '불생불멸'이라는 것은 다른 말로 표현하면 무생(無生)이라고도 하고 무생법인(無生法忍)이라고도 합니다. 무생은 사람 마음을 두고 이야기하는 거에요. 생멸심이 없는 경계를 말하거든요. 그런데 우리는 항상 생멸심에 속아서 자꾸 자기가 자신에게 속는 거에요. 속다보니까 화도 나고, 탐욕도 부리고, 턱없이 자기를 자꾸 드러내고 싶어하는 어리석음을 범하기도 하고, 허덕이기도 하고, 갈증도 느끼고 하거든요. 그런데 왜 생멸심에 속느냐 하면 연기법칙을 몰라서 그런 거에요.

예를 들어 여기 전단향 나무가 하나 있다고 합시다. 이 전단향 나무를 가지고 책상을 하나 만들었어요. 본래 모습은 원목이었죠? 그 원목을 가지고 책상을 만들었더니 원목은 없어지고 책상이 남아 있죠? 그렇죠? 그러면 중생은 이것을 가지고 '원목이 죽었다'고 생각해요. 그리고는 원목에 대한 미련을 버리지 못하고 이것에 대해서 힘들어 하면서 자기가 자기를 괴롭히는 겁니다. 하지만 그 원목은 죽은 것이 아니고 무상(無常)의 법칙에 의해 책상으로 변한 것일 뿐이지요.

그런데 용도에 따라서 이 책상을 다시 의자로 만들었습니다. 그러면 중생은 또 '책상이 없어졌구나' 하면서 굉장히 슬퍼하고 괴로워하지요. 우리 육신은 이렇게 업에 따라서 이런 모양도 받고 저런 모양으로도 태어나기 마련입니다.

그러나 우리의 업을 떠나 무상(無常)의 법칙에 영향 받지 아니하는 아뇩다라삼먁삼보리의 반야지혜의 자리는 불생불멸의 자리이기 때문에 죽고 사는 생멸이 없습니다. 전단향 나무로 얘기하자면 원목이 되었든 책상이 되었든 의자가 되었든간에 그 향기는 살아있는 거에요. 무상의 세계는 이렇게 불생불멸의 세계라는 것을 아시면 됩니다.

둘째, 무상의 세계는 항상 밝다는 것입니다. 어두워졌다 밝아졌다 하는 것이 아니라는 거지요. 마음은 밝고 어두운 명암을 떠났다는 것을 아셔야 해요.

우리의 본성 자리를 허공에 자주 비유하지요? 허공에 어디 밝은 허공이 있고 어두운 허공이 있습니까? 그런 허공은 없지요. 허공 자체는 밝고 어두운 게 아니에요. 인연 따라서 환경과 조건이 어두워지면 허공이 어두운 것처럼 보이고 밝아지면 그렇게 보이는 것이지, 허공 자체가 어두워지고 밝아지는 경우는 없습니다. 우리 본성이 그렇다는 거에요. 중생이 아집에 의해 무명에 덮여 있어서 그 무명에 의해서 어둡게 보고 밝게 보고 죽음으로 보고 생으로 보고 그렇게 분별을 일으키는 것이지 반야지혜의 자리는 그런 게 없다는 겁니다.

셋째, 이 자리는 처염상정(處染常淨)한 자리다. 즉 물드는 자리가 아니라는 거에요. 허공이 물듭니까? 허공은 물들일 수가 없어요. 어느 곳에서도 항상 청정하다는 것입니다. 제가 여러분들에게 비유하면서 말씀을 드리는 것은 무상이라는 정신세계의 이미지를 그나마 비슷하게라도 한번 상상해보라는 거에요. 그냥 무상세계라고 하면 그게 어떤 세계인지 이해가 잘 가지 않지 않습니까?

넷째, 그 세계는 무소유한 세계다. 무소유 아시죠? 무소유는 법정스님께서 하신 것처럼 세상에서 물질을 많이 욕심내지 않고, 필요 없는 것은 가지지 않는 의미가 있지요. 그런데 제가 지금 말하는 무소유는 그런 차원이 아니에요. 내가 없는 세계를 무소유라고 하는 겁니다. 내가 없어야 공적해지잖아요. 그래야 시비가 없어지고 그렇게 내가 없어야 반야지혜가 나오거든요. 아상, 인상, 중생상, 수자상이 없는 세계, 그 세계가 바로 무소유의 세계이지요.

그리고 무소유의 또 다른 뜻이 있습니다. 이 세계는 바로 우리의 본질, 우리의 본성, 부처의 성품자리를 말하는 거에요. 이 성품자리 또한 허공과 같습니다. 여러분들이 허공에다가 명예를 올려놓고 싶다고 해서 올려놓을 수 있나요? 여러분들이 권력을 좋아한다고 허공에 권력을 올려놓을 수 있어요? 재물은 또 어떻습니까? 내가 아무리 최고의 가치를 부여하는 그 어떤 대단한 것이라도 허공에는 올려놓을 수가 없어요. 심지어 부처나 열반, 해탈, 세상에서 말하는 그 어떤 아름다운 것도 모두 마찬가지입니다. 허공에는 아무 것도 남겨놓을 수가 없어요. 그래서 무소유의 세계인 겁니다.

'무상정변지'의 '무상'에 대해 설명을 마치고 '정'을 말씀드리 겠습니다.

정은 반야지혜로써 일체를 바로 보고, 바로 알고, 바로 사는 것을 말합니다. 반야지혜를 체득하겠다는 원을 세운 것을 발심이라고 하잖아요. 그런데 발심을 하려면 먼저 법에 대한 의미를 알아야 하겠죠? 의미를 알아야 그것이 가치가 있는 일인지 없는 일인지 이해가 되잖아요? 이것부터 정리가 되어야 하는 겁니다. 법에 대한 의미를 잘 모르면 그 법에 대한 가치관이 서지 않아 확신이 안 가는 것이죠.

 법에 대한 의미를 잘 아는 것을 팔정도에서는 '정견'이라고 합니다. 이 때문에 설산동자가 몸을 던질 수 있었고 부처님이 태자 지위를 버릴 수 있었던 것입니다. 법이 세상의 어떤 오욕락이나 일보다도 더 가치가 있다는 것을 확신하는 정견을 말하는 거에요. 여러분들이 정견을 알아야 바른 발심을 할 수 있고 또 발심이 되었을 때 절대 퇴전하지를 않아요. 그리고 정견이 선 사람은 공부를 하는 데에도 장애가 없습니다.

 무상정변지의 변은 '두루 편(遍)' 자입니다. 무상정의 반야지혜가 누구에게는 있고 누구에게는 없는 것이 아니라 누구에게나 보편적으로 다 있다는 거에요.

 지는 안다는 것이죠. 알면 무엇이 이루어지죠? 알면 믿는 거에요. 믿음이 형성됩니다. 중생은 몰라서 못 믿습니다. 알아야 이해가 가고 이해가 가야 믿음이 설 것 아닙니까? 그래서 믿음이 형성됨으로써 발심을 할 수가 있고 또 그 법에 스스로 마음을 의지할 수 있고 평화를 얻을 수 있는 것이죠.

 한 가지 물어볼게요. 여러분은 자기 자신을 믿는 사람이 몇이나 있습니까? 자기 자신을 100% 믿을 수 있나요? 못 믿습니까? 그러면 왜 못 믿습니까? 그것은 곰곰이 생각해보면 자기 자신이 이미 아상, 인상, 중생상, 수자상의 중생심으로 꽉 차 있다는 것을 알기 때문이에요. 그래서 이런 말들이 쉽게 나올 수밖에 없는 거에요. '나도 나를 잘 모르겠어, 나도 나 자신을 잘 못 믿어.' 왜? 중생 무명업식에 덮혀 있으니까요.

그런데 무상정변지의 앎을 얻게 되면 그때는 내가 나를 믿을 수 있는 거에요. 그것을 신심이라고 하는 겁니다. 그 때 비로소 믿을 신 자, 마음 심 자. 내가 내 마음을 믿는다는 거에요. 우리가 '신심 있다, 신심 없다'라는 표현 많이 하죠? 여러분들이 평소에 입버릇처럼 쉽게 말하지만 이렇게 깊은 의미가 있습니다. 내가 내 자신을 믿을 수 있을 때 신심이라고 하는 거에요.

다음으로 "마땅히 어떻게 안주하여야 하며 어떻게 그 마음을 항복 받아야 합니까?"라고 수보리가 부처님께 여쭙지요? 이것은 '지금 일상생활을 어떻게 해야 반야바라밀에 맞는 생활을 할 수 있습니까?' 하고 묻는 것입니다.

어떻게 안주해야 될까요? 무아의 경지에 안주해야 됩니다. 무아는 무엇이라고 했죠? 아상, 인상, 중생상, 수자상과 '나'라는 아집, '자기'라는 집착에서 완전히 자유롭게 벗어난 것을 무아라고 하죠? 그 무아의 경지를 말하는 거에요.

그런데 여기서 '무아의 경지'라고 하니까 또 여러분들은 '무아의 경지가 어떤 것일 것이다'라는 그림을 그리면서 그 상을 만들려 하겠죠? 무아는 그렇게 만들어지거나 그려지는 것이 아닙니다. '나'라는 아집성이 없으면 무아의 지혜는 그대로 드러나는 것이지요. 그 세계는 반야지혜의 세계이기 때문에 말이나 생각이 아니라 오로지 체험을 통해야 알 수 있습니다.

그럼 어떻게 그 마음을 항복 받아야 됩니까? 또 '그 마음'은 도대체 어떤 마음을 말하는 걸까요? 여기서 말하는 '마음'이란 아상, 인상, 중생상, 수자상이 가득 차 있는 중생심을 말하는 거에요. 그 중생심을 항복 받아야 된다니, 그럼 어떻게 항복을 받아야 하는지가 상당히 중요하겠죠?

우리는 아뇩다라삼먁삼보리의 세계를 성취해야 합니다. 그것을 이루려고 하다보니까 그 이전에 있는 것들을 다 항복 받아야겠죠? '그 이전에 있는 것'은 중생심, '항복 받는다'는 말은 없앤다는 말이에요. 왜 없애야 합니까? 그건 너무나도 나를 괴롭히고 여러 사람들을 괴롭히니까 없애야 한다는 것이죠. 그렇죠? 그래서 '항복 시킨다'고 하는 겁니다. 여기서 항복 받아야 한다는 것은 사상적으로는 연기법을 말하는 것이고 실천행으로는 보시행을 말하는 겁니다. 〈금강경〉에서 말하는 무주상 보시를 말하는 거에요. 상에 머무름이 없이 보시를 행한다는 것이죠.

보시에는 정신적인 보시와 물질적인 보시 그리고 법보시까지 다 들어갑니다. 법보시는 도를 깨친 자가 부처님과 같이 법을 전하는 것입니다. 우리가 물질적인 보시를 말할 때 '삼륜청정'이라는 말을 합니다. '삼륜이 청정하다'는 것은 보시하는 자와 받는 자, 보시물이 모두 청정해야 한다는 의미에요. '청정하다'는 말은 머묾이 없고 고요하다는 뜻이지요. 이 역시 무주상과 같은 의미입니다.

그리고 깨끗한 정신, 고요한 정신, 사랑이 충만한 정신을 나누어줄 때 상대는 그 사람으로 인해서 편안함을 느끼고 자유로움을 느끼고 평화를 느끼게 됩니다. 정신적인 보시를 말하는 거에요.

불언 선재선재 수보리 여여소설 여래 선호념제보살
佛言 善哉善哉 須菩提 如汝所說 如來 善護念諸菩薩

선부촉제보살 여금체청 당위여설
善付囑諸菩薩 汝今諦聽 當爲汝說

부처님께서 말씀하셨다. "훌륭하고 훌륭한 일이다. 수보리야, 너의 말과 같이 여래는 모든 보살들을 잘 생각하고 보호해 주며 모든 보살들을 잘 부촉해 준다. 너는 자세히 들어라. 마땅히 너를 위하여 말하리라."

원문에 보면 "선재선재라 수보리야."라고 되어 있습니다. 글의 의미를 봐서는 '착하고 착하도다' 이렇게 해석해야 하겠지만, 수보리가 나이가 많은데 착할 선 자를 썼다고 해서 '착하고 착하다'라고 한다면 좀 어색하겠죠? 그래서 '참 훌륭하고 훌륭한 일이다'라고 번역하는 거에요. 부처님 앞에서 이름을 부르다 보니 '수보리, 수보리' 했지만 실은 수보리 존자는 위대한 사람입니다.

마지막으로 모든 보살들을 잘 생각하고 보호해준다고 했습니다. 여기서 '잘 생각한다'는 말은 호념을 말하는 것입니다. 호념과 부촉에 대해서는 앞에서 설명했습니다.

선남자 선여인 발아뇩다라삼먁삼보리심
善男子 善女人 發阿耨多羅三藐三菩提心

응여시주 여시항복기심 유연세존 원요욕문
應如是住 如是降伏其心 唯然世尊 願樂欲聞

"선남자 선여인이 아뇩다라삼먁삼보리심을 내고는 응당히 이와 같이 머물고 이와 같이 그 마음을 항복받아야 하느니라."
"예, 그렇게 하겠습니다. 세존이시여, 원컨대 듣고저 하옵니다."

여기서 잠깐 뭔가 이상하지 않습니까? 경문이 좀 바뀐다는 생각 안 들어요? 경을 자세히 보세요. "세존이시여, 선남자와 선여인이 아뇩다라삼먁삼보리심을 발한 사람은 어떻게 마음을 머물며 어떻게 그 마음을 항복 받아야 합니까?" 하고, '선남자 선여인'으로 물었습니다.

그런데 부처님 대답은 어떻게 나옵니까? 부처님이 말씀하시기를, "수보리야, 너의 말과 같이 여래는 모든 보살들을 잘 생각하고 보호해주며 모든 보살들을 잘 부촉해준다." 하면서 경문이 '선남자 선여인'에서 '보살'이라는 말로 바뀌어버렸습니다. 그렇지요? 이런 것을 잘 봐야 하는 거에요.

그럼 여기서 수보리는 '선남자 선여인'으로 물었는데 부처님은 왜 '보살'이라는 말을 썼을까요? 불교 역사상 가장 아름다운 변화가 있었다고 한다면 소승에서 대승불교로의 전향이라는 소견이 있습니다. 바로 이 〈금강경〉이 대승초기 경전이거든요.

대승불교는 보살사상을 주 사상으로 삼았고, 대승의 수행에서는 보살의 원력, 보살행과 보살정신이 가장 아름다운 꽃이라고 할 수 있습니다. 때문에 여기서 부처님이 결론적인 이야기부터 하신 거에요. '이제 너희들은 소승의 수행에서 머물 것이 아니고 대승의 수행을 해야 한다'고 보살 쪽으로 말을 바꿔버린 거에요. 그래서 보살이라는 말이 '선현기청분'에서 나오는 겁니다.

한마디 더 보탠다면, 일상 생활을 하면서 아뇩다라삼먁삼보리가 여러분의 심성에 완벽하게 인격화되고 자기화되면 얼마나 좋겠습니까? 그러나 금생에 그렇게 못한다면 우리는 그런 습관이나 생각이라도 비슷해지게 자꾸 길들여야 합니다. 그런 의미에서 스님들이 '생활 속에서 보살행을 해라, 어려워도 보시해라, 함께 가자'고 가르치는 거에요. 보살행을 궁극적인 불교의 정신으로 삼으라고 강조해서 말하는 거에요.

우리는 여래가 되기 위해서 공부를 합니다. 그리고 여래가 되면 여래의 속성은 항상 보살행으로 드러나기 마련입니다. 진리이고 순리에요. 그래서 완전하게 수행을 갖춰서 보살만행이 나오는 것도 좋지만, 우리가 그런 경지에 도달하지 못했더라도 일상생활 속에서 여러분들이 의식적으로 보살행을 실천하시라고 누차 당부합니다. 공부 방법은 천 길, 만 가지가 있지만 그냥 보살행을 하다보면 안개에 옷 젖는 줄 모르듯 어느새 내가 보살이 되어 있을 것입니다.

대승불교 보살정신을 바탕으로 단순화시키고 간략화하여 표현하는 것을 선(禪)이라고 합니다. 선이라는 것이 대승불교의 보살정신하고 전혀 상관 없는 게 아니에요.

이제 어떻게 머물러야 하고 어떻게 그 마음을 항복받아야 하는지에 대해 부처님이 설명하십니다. 그런데 부처님의 말씀을 이해하시겠습니까? 설명을 해주신다고 해놓고는 "응당 이와 같이 머물고, 이와 같이 그 마음을 항복받아야 하느니라."라고만 하십니다. 더 이상 설명이 없지요? 구체적인 내용이 없습니다. 다음 분인 '대승정종분'에 보살이 그 마음을 어떻게 항복받아야 하며 머물러야 되는지에 대한 구체적인 말씀이 나옵니다. 여기선 제가 미리 조금 설명하는 것으로 대신하겠습니다.

부처님은 '이와 같이'라고만 하셨어요. 그랬을 때 수보리가 "예 그렇게 하겠습니다. 세존이시여, 참으로 원컨대 듣고저 합니다."라고 대답하지요. 이것은 정법을 알고 정견이 서 있는 사람은 벌써 부처님이 무슨 말씀을 하시려고 하는지를 안다는 거에요.

부처님께서 '선남자 선여인은 이와 같이 머물러야 한다'고 했습니다. 그러면 지금 중생은 어디에 머물고 있습니까? 육진의 경계에 머물고 있습니다. 육진이 뭐죠? 색·성·향·미·촉·법을 말하는 거죠.

육진의 경계는 생명이 존재하고 있는 한 계속 오는 것입니다. 세상의 모든 자연 현상이 다가오는 것을 누구도 막을 수 없어요. 경계는 항상 오게 되어 있어요. 다만 그 오는 경계를 어떤 의미로 받아들이느냐는 나에게 달려 있어요. 그 경계에 집착하면 그 경계에 머문다는 말인데, 머물게 되면 반드시 고통이 뒤따릅니다. 경계를 받아들인 업에 따라 축생의 업을 만들면 축생의 고통을 받게 되고, 아수라의 업을 만들면 아수라의 고통을 받게 되고, 아귀의 업을 만들면 아귀지옥의 고통을 받는 거에요. 그래서 만들어진 그 세계를 다른 표현으로 법이라고도 하는 거에요.

그럼 육진경계에 머물지 않으려면 어떻게 해야 될까요? 그건 바로 부처님께서 가르쳐주신 연기법을 알아야 한다는 겁니다. 연기법을 믿고 확신할 수 있어야 합니다. 믿고 확신하는 것을 '정견'이라고 했습니다. 그러면 부처님 연기법의 요지는 뭐냐? 모든 일어나는 물질이나 현상들은 다 인연에 의해 드러난다는 거에요. 다시 말하면 무엇이든지간에 이 세상의 물질이나 현상들은 다른 것에 의지해서 그것이 드러나게 되어 있지, 어떤 불변하는 한 개체가 평지에서 돌출해 일어나는 것은 전혀 없다는 것입니다.

이에 대한 이해를 돕기 위해 물리학 이론으로 설명해보겠습니다. 지금 제가 여기서 물리학적인 비유를 드는 것은 여러분이 마음 세계의 이미지를 그려보시라고 대들보를 울리기 위해 벽을 치듯이 방편으로 하는 이야기이지 마음 세계가 딱 그렇다고 말하는 것은 아니라는 걸 아셔야 해요. 물리학은 어디까지나 물리학이지 물리학이 마음은 아니잖아요. 마음은 이렇게 저렇게 정할 바가 없는 거에요.

이 육체를 이루는 최초물질은 어떻게 형성되었느냐. 이런 문제에 대해서 물리학에서 이야기할 수가 있겠지요. 하지만 물리학의 궁극적인 소립자 그 자체가 우리의 공공적적인 마음의 공성의 자리라고 딱 붉어버릴 수는 없는 거에요. 마음은 마음이지 마음이 어찌 물질과 같겠습니까.

모든 물건들을 구성하는 가장 작은 소단위를 소립자라고 합니다. 물리학에서 물질의 특성을 가지는 가장 작은 입자를 분자라고 합니다. 18세기까지는 분자가 가장 작은 소립자라고 생각해서 그 이상은 더 쪼갤 수가 없다고 생각했는데, 분자도 여러 개의 원자가 모여 이루어진 것이라는 사실이 밝혀졌어요. 그럼 원자가 어느 정도 크기냐 하면 우리 머리카락의 1조분의 1에 해당하는 크기에요.

그 이후 19세기에 들어서면서 많은 화학자와 물리학자들이 다시 원자의 정체를 연구하기 시작했어요. 그 중에 영국의 화학자이자 물리학자인 존 돌턴이라는 사람이 원자는 더 이상 쪼개질 수 없다는 원자설을 발표했지요. 그런데 이후 다른 과학자들이 다시 연구를 해보니까 원자는 원자핵과 전자로 이루어져 있다고 했죠. 원자핵과 전자가 있다는 것은 타(他)에 의해 하나의 원자가 성립되었다는 말이에요.

그리고 20세기 들어오면서 원자핵을 다시 쪼갠 거에요. 그랬더니 핵은 중성자와 양성자가 결합하여 이루어진 것이었어요. 그러면 원자핵도 홀로 독존하는 게 아니라는 말이지요. 역시 중성자와 양성자라는 타에 의지해서 원자핵이 이루어진 것입니다.

그러면 원자핵을 이루는 중성자와 양성자가 가장 작은 소립자인가? 양성자와 중성자 역시 쿼크라는 입자로 이루어진 겁니다. 쿼크는 쿼크라는 물리학자가 발명했다고 해서 붙여진 이름인데, 이 쿼크가 20세기 이후 지금까지는 물리학계에서 가장 작은 물질이라고 인정을 받고 있는 거에요. 그런데 최근에 와서는 쿼크 역시 가장 작은 소립자가 아니라고 합니다. 이 역시 여러 입자가 결합 되어서 이루어졌다는 거에요. 아직 정설로 나와 있지는 않지만 그 입자를 힉스라고 해요. 현재 생명의 근원을 궁금해하는 많은 사람들이 초미의 관심을 갖고 있는 이 힉스라는 것은 쿼크보다 더 작은 입자인데 이것은 물질도 아니고 기체도 아니라고 합니다.

힉스 입자는 1964년 영국 이론 물리학자 힉스가 주장한 것으로 그의 이름을 따서 '힉스 입자'라고 명명되었어요. 힉스 입자는 일종의 에너지 덩어리인데 일부 학자들은 힉스 입자 외에 우리가 알지 못하는 미지의 입자들이 계속 출현할 가능성이 크다는 이론도 제시하고 있습니다.

제 말의 요지는, 그렇게 최소 단위까지 내려가는 힉스라는 입자도 알고 보면 홀로 존재하는 게 아니라는 거에요. 그것 또한 다른 입자가 연기되어 일어난 것이라는 이 한마디 하는데 여러분들에게 믿음을 주기 위해서 물리학 이론까지 동원해서 설명했습니다. 부처님의 연기법을 여러분들에게 이해시키기 위해서 말이죠.

물리학이 계속 발전하면 할수록 불교는 합리적이고 과학적인 종교로 자리 잡게 됩니다. 그래서 지금 유럽이나 미국에서는 불교의 선이 붐을 이루고 있어요. 왜? 너무나도 과학적이고 그 정신세계가 정말 심오하다는 것이죠. 현대물리학에서 볼 때도 영원도록 존재하는 하나는 없다는 거에요. 부처님은 하나를 세우지 않았어요. 모든 것이 다 결합되어서 하나로 이루어졌다는 것이죠. 연기를 말하는 것입니다. 세상의 모든 진리는 홀로 설 수 있는 진리가 아니고, 다 인연으로 화합해서 존재해 나가는 것이에요. 그래서 우리는 서로 화합하고 서로 결속하면서 존재해 나가고 진리를 펼쳐나가야 합니다.

고갱이 | 〈금강경〉은 "어떻게 마음을 텅 비워야 하며, 어떻게 반야의 마음으로 머물고, 어떻게 반야의 삶을 살아가야 하는가?"에 대한 답입니다.

제3분 大乘正宗分 대승정종분

대승의 바른 가르침

제3분 '대승정종분'은 대승의 바른 종지를 드러내는 분입니다. 대승이라는 말은 산스크리트어로 마하야나입니다. 그 반대되는 개념은 소승이겠지요? 소승은 산스크리트어로 히나야나입니다. 부처님 당시에는 대승, 소승의 구분이 없었습니다. 부처님이 열반하시고 바로 그 해에 오백 명의 아라한이 왕사성에서 처음으로 부처님께서 법문하신 내용들을 외워내면서 부처님의 말씀을 정리하기 시작했어요. 그리고 백 년 동안 아무 문제가 없었습니다.

　그런데 그 후 백년이 지나면서부터 부처님의 말씀을 이해하는 방식에서부터 차이를 드러내기 시작하더니, 지역이 워낙 넓다 보니까 각 지역의 경제, 예술, 문화의 영향을 받아 부처님이 가르치신 바를 현재 생활 속에서 활용도 하고 응용도 하면서 조금 변형시키면 좋겠다는 수행자들이 나오게 됩니다. 특히 상업도시인 바이샬리에 거주하는 수행자들 중에는 계율

면에서 조금 변화를 시켰으면 좋겠다고 생각하는 수행자들이 있었는데 그들을 대중부(大衆部)라고 했어요. 대중부의 근본 취지는 부처님 가르침의 근본 정신을 어기자는 것이 아니라, 계율을 현실에 맞게 좀 더 보완 발전시켜서 현재 생활에 잘 적응하도록 변화를 가져보자는 움직임이었습니다.

이에 반해, 여전히 부처님의 정신계율은 조금도 어겨서는 안 되며 변형시켜서도 안 된다고 주장하는 완고한 수행자들이 또 있었거든요. 그들을 상좌부라고 합니다.

이렇게 상반되는 두 무리의 부파들이 훗날에 와서 상좌부는 소승, 대중부는 대승으로 불리게 되었습니다.

'대승'이라는 말 자체는 큰 수레를 의미합니다. 그런데 아무리 큰 수레라도 그 크기가 정해져 있기 마련이죠? 얼마나 많은 사람이 탈 수 있어야 그 수레가 크다고 할 수 있을까요? 한 백만 명 정도 탈 수 있으면 큰 수레입니까? 하지만 아무리 백만 명이라 하더라도 수가 한정되어 있긴 마찬가지군요.

여기서 말하는 '대승'은 그렇게 한정된 의미를 가지고 하는 말이 아니라, 많고 적음, 크고 작음의 상대성을 모두 초월한 절대적인 의미를 가지고 있습니다. 그래서 무한정의 의미가 있는 거에요. 그러면 무한하게 끝도 없이 사람을 태우려면 어떻게 해야 될까요? 배로 말할 것 같으면 무한한 사람을 태울 수 있는 배는 어떤 배가 있을까요?

선가에서는 '밑 없는 배라야만 무한한 사람을 태울 수 있다'
고 합니다. 선가에서는 이런 표현들을 아주 잘 씁니다. 어디
서 이런 말이 나왔을까요? 보살이 궁극적으로 실천하고 실행
하고자 하는 진리의 세계, 다시 말해서 우리의 자성자리에서
는 무한한 묘용이 나오는데, 그 묘용을 잘 표현한 말 중에 하
나가 바로 '밑 없는 배를 타고 생사바다의 중생을 제도한다'는
말입니다. 그것을 '무저선(無底船)'이라고 하지요. 사실 배에
밑바닥이 없는데 사람이 탈 수 있습니까? 여러분들은 아마도
제가 상식적으로 이치에 맞지 않는 말을 하고 있다고 생각할
지도 모릅니다. 하지만 여러분들은 마음공부를 열심히 해서
이 '밑 없는 배'에 오를 줄 알아야 하는 것입니다.

이렇게 '대승'이라는 말에는 상근기가 되었든 하근기가 되
었든 어떤 근기라도 이 대승의 법에 들어오면 다 제도를 받을
수 있다는 의미가 들어 있어요. 그래서 믿음이 약한 사람이나
믿음이 아주 뛰어난 사람이나 모두 다 제도를 받을 수가 있다
는 겁니다. 또 지혜가 뛰어나서 법문 한마디 듣고 깨우치는
돈오돈수의 근기와 점점 닦아서 점점 깨닫는다는 돈오점수의
근기, 그리고 점수돈오의 근기들이 모두 이 대승 안에서 공부
할 수 있다는 것이에요. 다시 말해 대승이라는 말에는 모든
근기들이 다 구경정각을 이룰 수 있다는 의미가 담겨 있는 겁
니다.

정종이라는 말은 '바른 종지'라는 말입니다. 여기서 말하는 바른 종지는 부처님께서 팔만장경을 설하시게 된 근본정신을 말합니다. 부처님께서 깨달으신 연기법을 바른 법이라고 합니다. 이 바른 법을 잘 보아 실상을 바로 깨치는 것이 근본정신입니다. 그럼 이 바른 법을 무엇으로 어떻게 봅니까? 마음을 통해서 보는 것 아닙니까? 그렇죠? 그래서 선가에서는 '직지인심 견성성불'이라고 했습니다. '마음을 바로 가리켜 성품을 보아 성불한다'는 뜻입니다. 결국 우리는 마음 다스리는 공부를 하기 위해서 지금 〈금강경〉을 배우고 있습니다.

그런데 여러분들이 생각할 때 '〈금강경〉은 부처님께서 약 삼천 년 전에 하신 말씀인데 지금 현대를 살아가는 우리에게 과연 어떤 의미가 있는 것일까?' 이런 생각 들지 않으세요? 제가 언젠가 간화선 강의를 갔을 때 어떤 사람이 저에게 "스님, 화두라는 것이 천 몇백 년 전 그때 당시 마음 다스리는 교육방법으로서 출현한 것인데, 이 화두가 2500년이 지난 이 시점에 와서도 정말 마음 다스림에 영향력이 있다고 생각하십니까?" 하고 물어요.

그래서 내가 그런 말을 했어요. 그때 마침 찻잔이 보이길래 "이 찻잔을 삼천 년 전에 만들어진 것이라고 한번 생각해봅시다. 삼천 년 전의 찻잔이지만 지금 내가 물을 부어서 마시는 데 전혀 불편하지 않고 좋아요. 마찬가지로 삼천 년 전의 마음이라고 따로 정해진 마음이 있고, 현재의 마음이라고 따로 정해신 마음이 있습니까? 마음이라는 세계는 정해진 것이 아니에요. 마음은 언제나 어떤 인연이 상황이나 조건과 화합 되면 일어나게 되는 것이지, 마음에 삼천 년 전의 마음이 있고 현재의 마음이 있고 그런 게 아니에요."라고 말해 주었습니다. 그래서 부처님께서 말씀하신 연기중도를 잘 아는 것을 종지라고 한다고 이렇게 알아두시면 됩니다.

불고수보리 제보살마하살 응여시항복기심
佛告須菩提 諸菩薩摩訶薩 應如是降伏其心

부처님께서 수보리에게 말씀하셨다. "모든 보살마하살은 응당 이와 같이 그 마음을 항복받을지니라."

'선현기청분'에서 수보리가 부처님께 "착한 선남자 선여인이 아뇩다라삼먁삼보리심을 내고는 어떻게 그 마음을 머물러야 하며 어떻게 그 마음을 항복받아야 합니까?" 이렇게 물었을 때 부처님께서 "선남자 선여인이 아뇩다라삼먁삼보리심을 내고는 응당히 이와 같이 머물고 이와 같이 그 마음을 항복받아야 하느니라."라고만 답하셨지요?

아뇩다라삼먁삼보리심이라는 말은 발보리심이거든요. 보리라는 말은 반야, 지혜라는 뜻이고, 반야는 공(空)을 말하는 것입니다. 그러니까 "보리심을 발한 사람은 어떻게 마음을 머물러야 되며 어떻게 마음을 항복받아야 합니까?"라고 물은 것은 쉽게 말하면, "어떻게 마음을 텅 비워야 되며 어떻게 반야의 마음으로 머물고 반야로서 삶을 살아가야 합니까?"라고 물은 거에요.

그리고 여기 '보리심을 일으킨다'고 했습니다. 보리심을 일으켰다는 것은 마음공부를 하고자 하는 마음을 일으킨 것이지요? 제가 느낀 바로는 사실 착한 사람이라야 이 공부를 할 수 있는 인연이 됩니다. 마음공부를 하려면 복도 있어야 하고 선근도 있어야 합니다. 마음에 착한 심성의 뿌리가 있어야 한다는 이야기죠. 왜냐하면 믿음이 있고 선근이 있어야 부처님의 가르침을 바로 받아들이면서 스스로 자기 마음의 변화를 일으킬 수 있기 때문입니다.

아무리 좋은 부처님의 정법을 일러주어도 본인 스스로의 선근이 없으면 그것이 제대로 받아들여지지 않는 것을 많이 보았습니다. 중생의 업이 지중하고 두터우면 그리고 스스로 발심이 되어 있지 않고 신심이 갖춰있지 않을 때는 아무리 좋은 법문을 들려주고 아무리 큰 하늘과 땅에 가득 찰 만큼 단비를 내려줘도 자기 업에서 못 벗어나기 때문에 자기 업대로 해석하고 분별하기 마련입니다. 그러니 스스로 받아들이는 것이 조그마한 종재기만큼 담아가는 것도 어렵겠다는 것을 아셔야 합니다.

'법성게'에 보면, '우보익생만허공 중생수기득이익 시고행자 환본제 파식망상필부득'이라는 구절이 나옵니다.

우보익생만허공(雨寶益生滿虛空): '중생을 이롭게 하는 보배비가 허공에 가득하니'라는 뜻이니까 이 하늘에서는 감로법의 비가 어느 곳이나 똑같이 내린다는 말이에요.

중생수기득이익(衆生隨器得利益): '중생들은 그릇에 따라 이익을 얻는다'는 뜻으로 중생들은 스스로 믿음과 근기와 선근에 따라서 그 진리를 받아간다는 거에요.

시고행자환본제(是故行者還本際): '그러므로 수행자는 마음자리에 돌아와서'인데 그건 바로 마음고향으로 돌아간다, 즉 우리 본래 진여자성 성품을 본다는 뜻이거든요.

파식망상필부득(叵息妄想必不得): '수행자가 본래의 고향으로 돌아가려 하면 망상을 쉬지 않고는 반드시 불가능하다'라는 뜻입니다. 이 말은 진리의 비가 내리는데 믿음이 돈독하고 선근이 있는 사람은 부처님의 진리를 듣는 그 순간에 고정관념이나 중생업식, 탐진치와 같은 자기 그릇에 담겨 있는 것들을 비워버리고 부처님 진리의 법문을 그 그릇에 모두 담아간다는 거에요.

알고 보면 우리가 긍정적인 성품으로 변하기 위해서 이 공부를 하는 것입니다. 그러나 항상 고정관념에 매여 있고 매사가 부정적이고 자기 것을 비울 생각이 없는 사람에게는 그 법보 단비가 들어갈 자리가 없어요. 그래서 자기 그릇을 비우지 않은 사람은 작은 종재기 만큼도 받아갈 수 없는 입장이 되는 거에요. 반대로 선근이 있고 착한 믿음이 있는 사람들이 자기 그릇을 자주 비운다고 하는 것도 같은 이유입니다. 그래서 선근이 있고 착한 믿음이 있는 사람을 선남자 선여인이라고 할 수 있습니다.

그 선남자 선여인이 불법에 인연을 맺어 정법을 듣고 정견이 열리게 되면 이 사람을 뭐라고 합니까? 보살이라고 하는 겁니다. 육조 혜능스님께서는 "전념(前念)이 청정하고 후념(後念)이 청정한 것을 보살이라고 한다."고 말씀하셨어요. 이것은 관심석으로 해석한 것입니다. 관심석은 자기 마음을 항상 관조하면서 자기의 업성을 비우는 것이지요.

'전념이 청정하다'는 것은 지금 현재 마음이 청정하다는 거에요. 미혹한 중생은 지금 현재의 생각이 늘 부정적이고 자기의 업의 습관에 의해서 그 마음이 열려 있지 못하고 항상 어둡습니다. 그래서 마음이 청정하지 못하죠. 항상 마음이 뭔가에 구속을 당한다든지 환경이나 욕망이나 관계의 지배를 받고 있습니다.

중생심이라고 하는 것은 내가 지금 내 마음이라고 붙들고 있고 집착하고 있는 그 마음이 사실은 허공의 아지랑이와 같이 실체가 없는 것인 줄 모르고 거기에 매달려서 스스로 고통을 받고 괴로움을 받으면서 윤회하는 것을 말합니다. 그런데 부처님의 정법을 듣고 불법의 정견이 탁 열리게 되면 그 업에 의해 이루어지는 마음이라는 것은 본래 실체가 없다는 것을 알게 됩니다.

교학적으로는 '중생심은 무성', 즉 중생의 업식은 성품이 없다고 합니다. 이것을 아는 것을 '청정'이라고 하지요. 불가에서 말하는 '청정'은 깨끗하거나 더러운 상대적인 의미에서의 청정을 말하는 것이 아니고 마음의 공성을 말하는 거에요. 성품이 완전히 텅 빈 것을 말하는 거에요. 그래서 청정을 선가에서는 '무심'이라고 합니다.

그런데 전념, 즉 앞생각이 청정함과 동시에 계속 청정함이 유지되어야 하지 않겠어요? 그러면 후념, 즉 뒷생각이 또 청정해야겠죠? 그래서 앞생각, 뒷생각이 청정하면서 계속 지속이 되는 사람을 우리는 '보살'이라고 합니다.

그 다음에 "모든 보살마하살은 응당 이와 같이 그 마음을 항복받을지니라." 하셨어요. 보살마하살에서 '마하살'은 큰 보살, 대보살을 말하는 것이죠. 여기서 말하는 대보살은 앞생각이 청정하고 뒷생각도 청정한 것이 끊임없이 지속되면서 물러서지 않는 신심과 근기를 말하는 것입니다. 그런 신심과 근기가 바로 청정한 생각이죠. 그 청정한 마음이 생각생각 끊이지 아니하고 물러나지 아니해서 비록 저잣거리나 티끌 속이나 지옥에 들어간다 하더라도 그 청정한 것을 조금도 오염시키지 아니하고 버리지 않고 유지하는 것을 마하살이라고 하는 거에요. 그러니까 항상 시간과 공간을 초월하는 정신세계를 말하는 것이고, 어떤 공간에 처했다 하더라도 그 환경에 영향을 받지 않고 중생을 지혜로써 교화하는 것이죠.

보살은 마음이 청정할 뿐만 아니라 중생을 교화하기 위해 그곳이 지옥이든 극락이든 육도 어디라도 마다않고 찾아갑니다. 이러한 보살의 마음이 '보현행원품'에 아주 잘 표현이 되어 있어요. 보현행원은 "허공계가 다하고 중생계가 다하고 중생의 업이 다하고 중생의 번뇌가 다하여도 나의 이 원은 다함이 없어 생각생각 상속하고 끊임이 없되 몸과 말과 뜻으로 짓는 일에 지치거나 싫어하는 일이 없나니라."로 보살의 마음을 보이고 있어요. 이런 원을 가지고 중생을 교화하는 보살을 마하살이라고 합니다.

보살의 한량없는 마음에는 네 가지가 있습니다. 이 보살의 마음을 우리는 자비희사(慈悲喜捨) 사무량심(四無量心)이라고 합니다.

'자'는 중생을 아주 편안하게 해주고 기쁨을 주는 마음이에요. 중생을 행복하게 해주고 중생의 근기와 입장에 맞춰서 아무 조건 없이 이해해주고 챙겨주는 겁니다.

'비'는 그 중생이 무슨 고민을 하고 있고 어떤 고통을 가지고 있는지를 살펴서 그 괴로움을 없애주는 거에요. 그러면 같이 기쁘고 즐거워지겠죠?

'희'는 중생에게 좋은 일이 있으면 함께 기뻐하고 좋아하는 것입니다. 남이 잘 되는 것을 보고 기뻐하는 것이지요. 보살은 동체대비(同體大悲)의 마음으로 중생이 고통을 여의고 기쁨을 느끼도록 하며, 그들의 기쁨을 진정으로 함께 나누는 마음을 지니는 거에요.

'사'는 모든 중생을 평등하게 보고 어여삐 여기는 마음이에요. 즉 탐욕이 없음을 근본으로 하여 모든 중생을 평등하게 보고 미움과 가까움에 대한 구별을 두지 않는 마음이에요. 보살은 이와 같이 차별심을 버리고 모든 중생을 평등하게 여깁니다. '탐욕이 없음을 근본으로 한다'는 것은 내 속의 욕망이나 번뇌망상이 생기면 계속 버린다는 것이에요. 그렇게 하면서 기쁨도 함께 하고 상대나 자신이 가지고 있는 번뇌를 미련 없이 두려움 없이 잘 버릴 수 있는 그런 법의 힘으로써 중생을 교화한다는 말이죠.

더 깊이 들어가면 보살은 상대적인 세계를 완전히 벗어난 정신세계에 있는 사람들입니다. 상대적인 세계라고 하면 사랑한다, 미워한다, 또는 내가 있다 없다, 나와 타인을 나누는 것인데 그런 생각에서 완전히 벗어난 경지를 보살이라고 합니다. 그래서 어떤 경계가 와도 여여한 진여의 마음으로 대하는 것을 보살이라고 할 수 있는 거에요. 여기서 '여여'라 함은 안으로 흔들림이 없고 동요됨이 없이 항상 깨어있다는 것이고 '진여'는 밖으로 거짓됨이 없이 항상 말과 행동이 일치가 되는 것이에요.

'그러한 보살마하살은 응당 이와 같이 그 마음을 항복 받을 것이니라' 했는데 그 마음은 무슨 마음이죠? 중생심 그리고 애착과 집착으로 인해서 고통을 받고 있는 그런 번뇌심을 말하는 것이죠. 그럼 그 마음을 어떻게 항복을 받아야 하는지 구체적으로 보겠습니다.

소유일체중생지류 약난생 약태생 약습생 약화생
所有一切衆生之類 若卵生 若胎生 若濕生 若化生

약유색 약무색 약유상 약무상 약비유상비무상
若有色 若無色 若有想 若無想 若非有想 非無想

아개영입무여열반 이멸도지
我皆令入無餘涅槃 而滅度之

"세상에 있는 일체중생의 종류인, 알에서 태어난 것, 태에서 태어난 것, 습기에서 태어난 것, 변화로 태어난 것, 형색이 있는 것, 형색이 없는 것, 생각이 있는 것, 생각이 없는 것, 생각이 있는 것도 아니고 생각이 없는 것도 아닌 것들을 내가 다 무여열반에 들게 하고 제도하리라."

세상에 있는 일체중생의 종류인 '알에서 태어난 것, 태에서 태어난 것, 습기에서 태어난 것, 변화로 태어난 것, 형색이 있는 것, 형색이 없는 것, 생각이 있는 것, 생각이 없는 것, 생각이 있는 것도 아니고 생각이 없는 것도 아닌 것들'을 구류중생이라고 합니다. 알에서 태어난 것이나 태로 태어나는 것은 잘 아실 테고, 습한 곳에서 태어나는 것은 곰팡이나 균류를 말합니다.

그런데 변화로 태어난 것은 좀 이해하기가 어렵죠? 어떤 것이 '변화로 태어나는 것'일까요? 부처님 법은 오로지 심법이기 때문에 마음을 가지고 이야기하고 있다는 것을 상기시켜 주시기 바랍니다. 마음이라는 것을 잘 쓰면 천상의 마음이 될 수가 있지요? 그 천상의 마음에 집착하거나 머물지 않으면 극락심도 가질 수 있고, 또 극락심마저도 우리가 집착하지 않을 때 우리는 그 사람을 '부처'라고 합니다.

이렇게 오직 이 마음 하나 가지고 하는 일이다보니 마음이라는 것으로 업을 짓기도 하고, 지옥에도 들어가고, 천상 극락도 다 우리 마음이 만드는 것입니다. 〈화엄경〉에 '일체유심조'라는 말이 있잖아요. 결국은 이 마음 문제거든요. 〈금강경〉에서 가르치는 중심 내용도 마음공부입니다. 이 대승의 심지법문은 마음에 속아서 그 마음에 걸려 넘어지고 그 마음 때문에 고통 받는 중생이 되지 말고, 본래 청정한 자성자리를 알아서 마음에서 자유로워지고 그 생각에서 해탈되어 자유롭게 살라는 것이거든요. 어떤 경계가 오더라도 그 경계를 내가 긍정적으로 받아들여서 스스로 평화롭고 자유롭게 내 마음을 움직일 수 있게 가르치는 겁니다.

그래서 어떤 경계를 대할 때 내가 괴롭고 고통스러운 쪽으로 그 경계를 대하면 그 자리에서 나는 굉장히 고통스러운 지옥을 만드는 겁니다. 내가 지금 사람 몸을 가지고 있지만 마음은 이미 지옥에 들어간 거에요. 그러니까 지옥으로 화생(化生)해버리는 것이죠. 변해서 지금 지옥에 태어난 거에요.

그리고 설령 지옥에 있다고 하더라도 어떤 경계를 대할 때 긍정적으로 보고 마음 조절을 잘해서 찾아온 경계는 영원한 것도 없고, 불변하는 경계도 아니고, 그저 잠깐 스쳐가는 바람과 같은 것이라는 것을 직관해 볼 수 있는 지혜가 있는 사람은 그 자리에서 바로 안락해지니까 또 극락으로 화생을 한 거에요. 이게 화생입니다. 바로 보자면 이게 화생인 거에요.

이렇게 우리가 육도에 윤회하느라 그 업에 의해서 몸을 받는 것도 화생이지만 지금 이 순간 오는 경계를 맞이할 때 내가 취하는 태도에 따라 내 마음이 여기서도 육도로 화생을 하는 거에요. 그렇기 때문에 여러분들이 정신 차리고 긍정적인 쪽으로 마음을 잘 길들이고 제어할 필요가 있다는 것이죠. 이것이 바로 인과법칙입니다.

콩 심으면 콩 나고 팥 심으면 팥이 나는 겁니다. 이게 전부

다 화해서 나는 거에요. 어디서 화해서 나느냐. 생각이 화해 가지고 그게 윤회하는 거에요. 생각에서 윤회하는 거에요. 그래서 조금 전에 축생에서 막 헤매던 여러분이 지금 제 얼굴 쳐다보고 기쁘게 웃으니까 천당으로 화해버린 거죠. 저도 조금 전에는 약간 피곤했는데 여러분들 밝은 모습 보니까 기운이 이렇게 솟잖아요. 그러니까 나도 천당으로 지금 올라온 거에요. 이것을 '화해서 난다' 이렇게 이해하면 됩니다.

그리고 약유색, 약무색, 약유상, 약무상, 약비유상비무상이라고 했어요. 글자 그대로 해석을 하자면 유색은 형체가 있는 중생이고, 무색은 형체가 없는 중생, 유상은 생각이 있는 중생, 무상은 생각이 없는 중생, 비유상비무상은 생각이 있는 것도 아니고 없는 것도 아닌 중생으로 해석되지만 이것도 어려운 말이에요. 굉장히 어렵습니다. 이것을 육조 혜능스님께서 관심석으로 잘 표현해주셨는데 제가 조금 풀어서 말씀 드리겠습니다.

유색 | 유색은 불법에 인연이 없어서 대승의 바른 종지, 정법, 정견을 알지 못하고 오로지 물질만이 나를 지켜줄 수 있고 행복을 주며 내가 살아가는데 절대적으로 중요하다고 집착한다는 의미의 '유'를 말합니다. 그런 사람은 물질이라는 것이 영원한 것이 아니며 인연에 따라 밀물썰물 같이 오고가는 것

이라는 사실을 알지 못하고 집착합니다. 그러다보니 물질에 의해서 번뇌를 일으키게 되고, 또 번뇌라는 것 역시 연생연멸이고 실체가 없다는 것을 모르기 때문에 그 번뇌를 닦느라고 애를 쓰는 것이죠. 정법을 모르기 때문에 자기 업식을 가지고 닦겠다고 고생하는 거에요.

예를 들어 오염이 되어 있는 더러운 곳을 더러운 걸레로 닦으면 어떻게 될까요? 그 자리가 그 자리겠죠? 그렇게 마음을 닦고 있다는 말입니다. 게다가 모든 것이 자기 이기심에서 벗어나지 못했기 때문에 시비가 됩니다. 이렇게 본래 〈금강경〉에서 말씀하시는 무상(無相)의 이치를 모르는 미혹에서 오는 것이기 때문에 이것을 '유색'이라고 하는 겁니다.

즉 연기법의 진리를 이해 못하고 물질이 가장 우선이고 물질만이 모든 것을 해결할 수 있다는 집착에 사로잡혀 있는 사람들을 '색'이라고 합니다. 그리고 그런 사람에게는 아무리 이 마음공부라는 것을 알려줘도 이해하기가 상당히 어렵다는 거죠. 그래서 선근이 중요하다고 하는 거에요.

무색 | 무색은 '나는 정직하고 올곧다. 내가 올곧고 내 마음만 정직하면 되지 종교적인 진리가 무슨 의미가 있겠느냐' 이런 고집으로 복과 혜를 전혀 닦지 않는 사람을 말합니다. 특히 학자들이나 교육수준이 높은 분들에게서 많이 나타나는 현상인데 이런 사람들은 대부분 어떤 경계에 부딪힐 때 곧잘 이

기적인 방향으로 돌아간다는 거에요. 자기 마음은 늘 곧고 정직하다고 생각하지만 그 사람은 항상 상대를 판단하기 때문에 항상 이것은 나쁜 것이고 저것은 옳다는 상대적인 마음으로 사물을 바라본다는 것이죠.

그래서 나쁜 것은 항상 나쁘게 취급하고 옳은 것은 항상 옳은 것으로 보다 보니까 본인에게 어떤 경계가 왔을 때는 반드시 자기는 항상 옳다는 쪽으로 자연스럽게 결론을 짓는 거에요. 이런 사람은 아집과 고집이 강하기 때문에 상대를 배려하지 않고, 어려운 사람에게 베푸는 마음 그리고 모든 부처님에게 공덕을 짓는 마음 즉 보살정신이 없다는 거에요. 이런 사람을 무색이라고 합니다.

유상 | 유상은 교리나 이치적으로나 불교의 상식적인 공부에는 굉장히 능하지만 자기 마음에 변화가 없는 것을 말합니다. 불교와 인연을 맺어서 부처님의 연기법을 배우고 대승의 공부를 하면서도 대승의 바른 종지 다른 말로 하면 연기중도를 모르고 안으로 자기 심성이 변화된 것이라고는 아무 것도 없습니다. 그렇기 때문에 이런 사람은 복을 짓거나 남에게 보시를 하거나 또는 타인을 사랑하거나 자비를 베푸는 일들이 전혀 생활 속에서 드러나지 않는 거에요.

제가 항상 말씀을 드리지만 공부하는 것은 내 마음의 인성의 변화를 위해서입니다. 교리적인 이야기를 아무리 많이 한다고 하더라도 그것은 철학적으로나 교리적으로나 여러분들의 머리에 자리 잡는 하나의 지식인 것이지 여러분들의 가슴 속에 변화를 일으키는 공부가 못 된다는 것이죠.

이런 사람이 교리적으로 아는 머리불교의 수준을 불법인 줄 잘못 알고 집착하다 보면 자기가 가질 수 있는 것은 법상 뿐이겠지요. 법상이라는 것은 법에 대한 아만이 생기는 것을 말하는 거에요. 그렇게 법상이 생기면 항상 내가 불법을 안다고 말하지만 자기 스스로는 마음의 변화가 조금도 없어서 늘 번뇌와 괴로움에 잠 못 이루는 그런 유들을 유상이라고 합니다.

무상 | 무상은 이 사람 역시 유상과 같이 불교에 입문해서 발심은 했어요. 그래서 나름대로 불교공부를 합니다. 그런데 예를 들자면 참선을 한다고 할 때 연기중도라든지 대승의 바른 종지에 대한 정견이 열리지 못하고 항상 자기 마음에 일어나는 번뇌 망념만 자꾸 없애려고 하고 있는 거에요. 자기 마음에 일어났다 멸하고, 멸했다가 일어나는 번뇌 망념에 집착되어 혼자서 스스로 번뇌를 일으켰다가 또 일으킨 번뇌를 가라앉히면서 시간만 흘려버린다 이 말입니다. 그러니까 어떻게 보면 없는 분별망상을 홀연히 일으키는 거에요.

비유를 하자면 여기 거울이 있습니다. 지혜가 열려 있는 사람은 거울을 봤을 때 내 모습이 거울에 드러나도 전혀 놀라거나 긴장하거나 거울에 비친 자기를 없애려고 노력하지 않습니다. 그리고 비켜섰을 때 거울에서 내 모습이 없어졌다고 해서 불안하거나 괴로워하지도 않아요. 거울에 비친 자기 모습은 실상이 아니요, 실체가 있는 것도 아니라는 사실을 알기 때문이죠.

이처럼 대승의 바른 종지를 아는 사람은 일상의 경계에 그렇게 지혜롭게 대처를 잘 한다는 것이죠. 그런데 지혜가 없는 개나 고양이 같은 축생은 거울에 자기 모습이 보이면 깜짝 놀라요. 놀라면서 그걸 경계하고 없애려고 합니다. 거울에다 대고 공격을 하기도 해요. 부처님이 말씀하신 연기법을 모르고 또 지혜가 없기 때문에 거울에 있는 그것이 실제로 있는 줄 아는 겁니다. 그러면 경계하고 공격한다고 해서 거울에 비친 그 모습이 실제로 있는 겁니까? 아니죠? 그게 없어졌다고 해서 실제로 없어진 겁니까? 아니죠? 그러면 없어진 것이 내가 노력해서 없어진 겁니까? 아니죠? 원리가 그렇게 되어 있는 거죠.

이렇게 지혜가 없으면 공부를 하더라도 자기가 일으킨 번뇌망상에 자기가 속아서 계속 괴로움을 당하면서 없애려고 애를 쓰고 또 그게 없어지는가 싶으면 다시 또 번뇌가 일어나는 거에요. 또 일어나서 또 없애려고 하다 보면 또 일어나고 그래서 마치 늪에 빠진 사람이 늪에서 나오려 허우적거리듯 계속 그 번뇌를 없애려고 하는데, 없애려고 하는 그 자체가 번뇌인 줄을 모른다는 거에요. 본래 마음은 허공과 같아서 그런 것들이 없는 것인데 지혜가 없다 보니 자꾸 자기 자신이 일으킨 번뇌에 속는 것이죠.

그러면서 좌선에서 일어나서 일상생로 돌아와서는 그동안 보살이 해야 할 자비희사의 지혜로운 방편은 조금도 배우지 않아서 생활 속에 전혀 실행하지 못하고 목석이나 절구통 같이 가만히 앉아있는 것을 무상이라고 합니다. 비유상은 두 가지 법상 즉, 유상이나 무상에 집착하지 않는 것을 비유상이라고 합니다. 또 비무상이 있죠. 중생식심으로 구경의 이치를 구하는 마음이 있기 때문에 무상이 아니라는 말입니다.

그 다음에 이 구류중생을 '다 무여열반에 들게 하고 제도하리라' 했습니다. 이 구절에는 일체중생을 내 몸과 조금도 다르지 않은 한 몸이라고 생각한다는 보살의 마음이 들어 있어요. 앞에서 여러분은 보살의 사종심, 즉 보살이 반드시 지녀야 할 네 가지 마음에 대해 배웠습니다. 그 가운데 광대심이 여기에 해당합니다. 보살은 먼저 이 광대심이 자리를 잡아야 한다는 것이죠. 광대심이 없으면 보살 경지에 들어가기 어렵다는 거에요.

그리고 '무여열반에 들게 하고 제도하리라'에서 이 '무여'라는 말은 남음이 없다는 말이거든요. 남음이 없다는 말은 대승의 밝은 종지를 확철히 깨달아서 습관이라든지 분별심 같은 것들이 전혀 마음에 남아 있지 아니하고 그대로 언행의 일치가 되며, 전념도 청정하고 후념도 청정하고 그 청정함이 계속 지속하여서 물러남이 없는 것을 말하는 거에요. 그러므로 '남음이 없는 열반'이라는 것은 중생의 모든 업식이 다 녹아 없어져 버린 경지를 말하는 것이지요.

그러니까 '모든 중생을 무여열반에 들게 하고 제도하리라'는 말은 모든 중생들이 나보다도 먼저 성불하게 하겠다는 원력이에요. 이게 보살의 본원입니다. 나는 부처가 못되더라도 중생들이 모두 먼저 부처가 되게 하겠다는 원을 세우는 것입니다. 이것이 마음 중에서도 가장 훌륭하고 뛰어난 마음이라고 해서 제일심이라고 하는 거에요.

여시멸도 무량무수무변중생 실무중생 득멸도자
如是滅度 無量無數無邊衆生 實無衆生 得滅度者

"이와 같이 한량없고, 헤아릴 수 없고, 끝이 없는 중생들을 제도하되 실은 제도를 받은 중생이 없느니라."

경문에서 '이와 같이 한량이 없다'는 것은 끝이 없다는 것이고, '헤아릴 수 없다'는 것도 끝이 없다는 이야기죠. 그렇죠? 이 말에는 일체중생이 성불할 때까지 영원히 책임진다는 뜻이 들어 있어요. 이것을 상심(常心)이라고 합니다. 항상된 마음이라는 것이죠. 그런데 중생들을 다 제도하되 실은 제도를 받은 중생은 없다는 거에요. 중생이 부처님 법문을 듣고 다 제도를 받았는데 어찌 제도 받은 중생이 없다고 할 수 있을까요?

여기 멋진 비유가 있습니다.

옛날에 무학대사와 태조 이성계가 이런 농담한 적이 있어요. 태조가 무학대사를 보고 하는 말이 "대사를 보니까 꼭 돼지같이 생겼네요." 그랬거든요. 그러니까 무학대사는 태조를 보고 "저는 임금님이 부처님으로 보입니다." 했어요. 그 때 태조가 무학대사에게 "대사께서는 내가 돼지 같다고 하는데도 화가 나지 않습니까?"라고 되묻지요. 무학대사는 "돼지의 눈에는 모든 것이 돼지로만 보이고, 부처의 눈에는 모든 것이 부처로만 보입니다."라고 답을 했어요.

여기에 상당히 철학적인 의미가 있습니다. 내가 중생의 어리석은 욕망에 빠져 있으면 일체 모든 생명이 다 어리석은 욕망에 빠진 중생으로 보이고, 내가 부처가 되었을 때는 전체가 다 부처로 보인다는 것이죠. 다른 말로 하면 부처의 눈으로 볼 때는 중생이라고 할 중생이 없다는 거에요.

〈화엄경〉에 보면 부처님이 성불하시는 그 순간에 일체중생이 모두 다 성불했다는 구절이 나와요. 본래 우리에게는 다 부처의 불성이 있고, 중생이 스스로 어리석고 착각해서 어둠에서 헤매고 있을 뿐이지 본래 그 어둠은 없었던 것이라는 말이에요. 그런 입장에서 볼 때는 성불한 것도 없고 제도한 것도 없게 되는 것이죠. 이미 중생과 부처는 둘이 아니라는 거에요. 다시 말해 중생과 부처 그리고 보살을 달리 보지 않는다는 겁니다. 그리고 이런 마음이 언제까지 지속된다는 거에요? 보살의 청정한 마음이 어느 때는 있고 어느 때는 없고, 어느 때는 해태해지는 그런 게 아니라 항상한다는 것이죠. 그래서 상심이라고 하는 겁니다.

하이고 수보리 약보살
何以故 須菩提 若菩薩

유아상인상중생상수자상 즉비보살
有我相人相衆生相壽者相 卽非菩薩

"왜냐하면 수보리야, 만약 보살이 아상이나 인상이나 중생상이나 수자상이 있으면 보살이 아니기 때문이니라."

아상이 뭡니까? '나'라는 것이 있다고 고집하는 것이죠. '나'라고 할 수 있는 고정된 마음이 있어서 내가 남에게 안 좋은 말을 들으면 그 놈이 화를 낸다는 거에요. 실제로는 화내는 실체는 없는데 '나'라는 것이 있어서 화를 낸다, 이것을 아상이라고 하고 아집이라고 합니다.

인상은 나와 남을 분별하고 갈라놓는 거에요. 내가 있으니까 상대가 내 뜻대로 안 따라주면 화가 나죠? 그건 내가 아닌 남이라고 생각을 하니까 진심(嗔心)이 나는 거에요. 남한테 열 번 성낸다 하면 자기 자신한테 성내는 것은 한 번 낼까말까 하잖아요. 거의가 다 남 때문에 화가 나는 거에요. 그래서 그 것을 인상이라고 합니다.

중생상이라는 것은 어리석은 것을 말합니다. 전부 다 자기 만 옳고 상대방은 잘못되었다는 것이죠. 그리고 잘된 것은 다 내가 잘나서 그런 것이고 잘못된 것은 네가 못나서 일을 그르 친 것이라고 그렇게 상대를 원망하고 상대 탓으로 돌린다 이 말입니다. 이것을 중생상이라고 해요.

수자상 역시 아상으로부터 나온 것입니다. 목숨 수(壽) 자, 오래살기를 바란다는 것인데 왜 그렇습니까? '나'라는 것이 있기 때문에 오래 살기를 바라는 거에요. 오래 살기를 바라니 까 어떻게 해야 되겠어요? 좋은 음식은 내가 다 먹어야죠. 땅 속의 지렁이도 몸에 좋다면 어떻게 해서든 먹어야 하는 겁니 다. 그래서 수자상은 '나'라는 아상이 없어지면 저절로 없어지 는 것입니다.

내가 있기 때문에 괴로운 것은 피하고 항상 즐겁고 좋은 것 만 구하게 되니 이것은 사랑 애(愛), 나를 항상 지속시켜야 하 고 나는 항상 살아야 하며 내게 좋은 건 무엇이든지 취하고 싶으니 취할 취(取), 그리고 취한 다음에는 지키려고 애를 쓰 니까 있을 유(有)가 되겠지요? 이것을 '애취유(愛取有)'라고 하 는 겁니다.

이 애취유가 어디에 들어가죠? 십이연기에 들어가지요? 이 애취유로 인해서 우리가 과보를 받고 다음 생에 그 업에 걸맞는 옷을 입고 윤회하는 겁니다.

결국 아상, 인상, 중생상, 수자상 사상(四相)이 있으면 중생이라는 말이잖아요. '내가 중생을 제도했다'든지 '저 중생을 깨우치게 했다'든지 그런 나와 중생을 분별하는 생각이 있다는 것이죠. 마음에 차별심을 일으켰기 때문에 이것을 전도심이라고 합니다.

그런데 이 경문을 보면 '보살에게는 사상이 없다'고 했습니다. 사상이 없다는 것은 중생이라는 생각이나 분별심이 없다는 의미인데 이렇게 나와 중생의 차별을 두지 않는 것을 부전도심이라고 합니다.

반야심경에 '원리전도몽상(遠離顚到夢想)'이란 구절이 있잖아요. 원리전도몽상을 다른 말로 하면 부전도심이라고 할 수 있어요. 무엇이 전도된 몽상입니까? 중생업식으로 자기 상에 자꾸 집착하면 그게 전도된 몽상이죠. '내가 중생을 제도했다', '내가 중생을 교화했다' 또는 '나로 인해서 저 사람이 깨우쳤다'고 생각하면 그건 상이 일어난 겁니다. 이것도 전도몽상이지요? 그러니까 원리전도몽상은 중생업식과 상을 멀리 여의라는 말입니다. 멀리 여의었다는 것은 이미 중생의 마음이 없다는 것이고 그건 다시 중생이 없다는 것이잖아요? 중생이 없다는 건 또 사상이 없다는 거죠. 원리전도몽상 해서 중생이 없고 사상이 없는 것을 부전도심이라고 하는 겁니다.

 이 '대승정종분'의 가르침은 보살은 반드시 사종심을 갖추어야 하고 재가든 승가든 부처님의 대승보살도를 닦으려는 사람이라면 반드시 사종심이 갖추어져야 한다는 거에요. 사종심이 갖추어질 때 모든 생명들에게 끝없는 사랑과 행복을 줄 수 있게 되고, 이것이 잘 갖추어져야만 원만한 수행의 길로 들어갈 수가 있다는 것입니다.

고갱이 | 대승의 정신은 연기중도를 아는 것이고 이런 정견이 열린 사람을 보살이라고 합니다. 보살은 동체대비의 마음으로 모든 중생의 교화를 첫번째 원으로 세웁니다.

제4분 묘행무주분 妙行無住分

묘행은 머무르지 않는다

제4분 '묘행무주분'은 '묘행은 머무르지 않는다'입니다.

부차수보리 보살 어법 응무소주 행어보시
復次須菩提 菩薩 於法 應無所住 行於布施

소위부주색보시 부주성향미촉법보시
所謂不住色布施 不住聲香味觸法布施

수보리 보살 응여시보시 부주어상
須菩提 菩薩 應如是布施 不住於相

하이고 약보살 부주상보시 기복덕 불가사량
何以故 若菩薩 不住相布施 其福德 不可思量

"또 설명하겠다. 수보리야, 보살은 모든 법에 안주하지 말고 보시를 행하라. 이른바 물질에 안주하지 말고 보시를 하라. 소리와 향기와 맛과 감촉과 일체 작용에도 안주하지 말고 보시를 하라. 수보리야, 보살은 마땅히 이와 같이 보시하여 상에 안주하지 말지니라. 왜냐하면, 만약 보살이 상에 안주하지 않고 보시를 하면 그 복덕은 가히 생각하여 헤아릴 수 없느니라."

'묘행'은 불가사의한 행을 말합니다. 불가에서는 '묘할 묘(妙) 자'가 대단히 중요합니다. '묘'는 불가설 불가설이라 말로서 접근할 수 없는 것을 말합니다. 보살의 경지는 언어로서도 미칠 수가 없고 마음으로서도 들어갈 수가 없으며 자연스럽게 아주 묘하게 지혜가 드러나는 곳이기 때문에 묘할 묘 자를 쓰는 거에요.

경문을 보면 부처님께서 수보리에게 "보살은 모든 법에 안주하지 말고 보시를 행하라."고 말씀하셨습니다. 그리고 다음에는 구체적으로 "물질에 안주하지 말고 보시를 하라. 소리와 향기와 맛과 감촉과 일체 작용에도 안주하지 말고 보시를 하라."고 하셨어요.

'안주하지 말라'는 말은 집착하지 말라는 뜻입니다. 집착하지 말고 보시하라는 겁니다. 그러니까 집착하지 말고 보시를 하는 것이 묘행이 되는 것이고 이건 곧 무주상보시를 말하는 거에요. 그리고 이 무주상보시를 잘 하는 것을 반야바라밀을 잘 행하는 것이라고 생각하면 됩니다. 〈금강경〉은 반야바라밀을 잘 실행하게 해주는 경전인데 그 반야바라밀을 잘 실행할 수 있으려면 무주가 되어야 한다는 것이죠.

그런데 과연 참으로 그렇게 머무름이 없는 청정한 마음으로 무주상보시를 행하는 것이 가능할까요? 머묾이 없는 것을 무주라고 합니다. 그런데 만약 어떤 하나의 불변하는 개체가 모든 것을 이렇게 만들어낸다고 한다면 그것을 무주라고 할 수 없겠죠. 연기법이라고 할 수도 없죠. 하나가 정해져버리면 다른 것과의 화합이나 결속이 안 되잖아요. 그렇잖아요? 연기가 안 됩니다.

앞에서 중생심은 무성(無性)이라 정해진 성품이 없다고 했어요. 없기 때문에 모든 것이 와서 다 같이 조화를 이루고 전부 다 원융하여 아름다운 세상을 만들어낼 수 있는 거에요.

스님들이 입고 있는 이 승복 색깔도 원색이 아니라 여러 가지 색깔이 어울려서 낸 괴색입니다. '괴'란 원색이라는 색깔을 부수어버린다는 거에요. 부수어 가지고 하나의 어떤 확정된 색깔이 아니고 회색이 나오게 되는데, 이 회색은 여러 가지가 다 이렇게 원융하여 나오는 거에요. 연기중도 사상을 드러내기 위해 승복도 그런 색깔로 입는 겁니다.

첫 서두가 '보살은 마땅히 법에 머무는 바 없이 보시를 행하라' 이렇게 나오죠. 대승에서 가장 큰 수행덕목이 되는 사상이 바로 육바라밀입니다. 대승경전 중에서도 가장 중요한 경전으로 꼽히는 이 〈금강경〉의 중심사상 또한 마찬가지입니다.

〈금강경〉에서는 모든 선행과 공덕 짓는 것을 전부 육바라밀에 종합시킵니다. 특히 보시에는 육바라밀이 다 들어 있습니다. 보시바라밀의 한 가지 뜻에 다섯 가지 바라밀이 포함되어 있기 때문이에요. 그리고 나머지 다섯 가지 바라밀에는 모두 보시의 뜻이 포함되어 있어요. 때문에 보시바라밀 속에는 육바라밀이 모두 구비되어 있다고 하는 겁니다.

육바라밀에는 자생(資生) 보시와 무외시, 법시의 세 가지 보시의 뜻이 있습니다. 자생보시는 재시(財施)라고도 하는 물질보시를 말해요. 무외시는 두려움을 없애주고 모든 불안과 초조한 마음에서 벗어날 수 있도록 돕는 것이지요. 이 두려움이 없는 보시는 차원이 조금 높아요. 이미 지은 악과 아직 짓지 않은 악에 있어서 두려움을 내지 않기 때문이지요. 여기에는 지계바라밀과 인욕바라밀이 있습니다. 법시에는 정진바라밀, 선정바라밀, 반야바라밀이 있어요.

자생보시는 물질을 보시하는데 있어 어떤 상황이나 인연에 의해서 내가 베푼 만큼 다시 받아야 한다는 생각이 들어 있습니다. 즉 대가를 기다리고 하는 보시를 자생보시라고 합니다. 중생 이기심에서 무조건 그냥 주는 것은 거의 불가능하죠. 무엇을 해도 대가를 돌려받기 위해서 하는 것입니다. 결국은 몸뚱이에 대한 집착에서 벗어나지를 못했기 때문에 몸을 이롭게 하기 위한 방법으로 이 자생보시가 이루어진다는 거에요.

우리가 아무리 조건 없이 보시한다고 해도 항상 이 머릿속에 보시한 것이 남아 있어요. 그리고 그 사람이 나에게 특정 인물로 기억되고 있지요. '저 사람이 언제 나에게 도움을 받았고 내가 베푼 사람이다.' 그런데 저 사람이 은연중에 나의 뜻을 모르고 나에게 서운하게 했다 하면 전혀 인연 없는 사람보다도 화가 더 나요. 그렇죠? 자생보시는 보시를 하고서도 항상 고통과 괴로움을 만들고 또 겪게 되요.

조건이 따르기 때문에 조건적인 자생보시라고 하는 거에요. 그렇기 때문에 여기에는 '바라밀'이라는 걸 못 붙입니다. 그냥 보시라고 하는 거에요. 그런데 전혀 조건이 없고 베풀었다는 생각마저 무주상보시가 되면 그때는 바라밀을 붙여줍니다.

바라밀은 '저 언덕에 이른다'는 말인데, '저 언덕'은 열반을 말하는 것이고 부처님의 성품을 말하는 것이거든요. 부처님의 성품 경지에 내가 들어갔다는 것이죠. 부처님께서 베푸는 마음과 같은 마음으로 했다는 뜻입니다. 계속 무주상보시 얘기가 나오지요?

여기서 잠깐 무주상보시와 보살의 마음을 드러낸 재미난 얘기 하나 해드릴께요.

옛날에 전라도와 강원도에 각각 효자로 소문난 자식이 있었어요. 그래서 한 선비가 전라도에서 효자로 소문난 자식은 어떻게 효도하나 보러 갔습니다. 전라도 효자는 아버님이 저녁에 주무실 때가 되면 아버님 방에 와서 이부자리를 펴고, 그 밑에 손을 넣어보면서 방이 주무시기에 알맞은가 보고, 또 아버님이 주무시면 침상을 정리정돈해서 밖에서 기다리다가 아버님이 코고는 소리가 나면 자기 방으로 간다는 거에요.

아침이 되면 아버님이 일어나시기 전에 문 앞에 와서 무릎 꿇고 아버님이 기침하실 때까지 기다립니다. 기침을 하고 나면 얼른 물을 떠다가 아버님께 갖다 드리고 화장실 가신다고 하면 모셔다드리고 침구도 개어서 올려드리고 이렇게 아주 정성으로 잘 하는 거에요. 우리가 보통 말하는 효자에요. 전형적인 선비 타입의 효자 모습이에요.

그런데 강원도 효자는 부모한테 효도를 한다는 것이 좀 다르다는 거에요. 그래서 이 전라도 효자가 강원도로 선비와 함께 구경을 갔습니다. 가서 보니까 강원도 효자는 장날이 되었는데 방에서 가만히 드러누워 있다가 아버지가 아무개야 장에 가자 그러니까 "예." 하고 나오는 거에요. 아버지가 소고삐를 쥐고서는 달구지에 타라고 하니까 "예." 하면서 달구지에 타고, 아버지는 달구지를 끌고 걸어가시고 아들은 달구지에 누워서 자는 거에요.

시장 볼일을 다 보고 집에 오니까 또 어머니가 "아이고 내 새끼 왔냐?" 하면서 마루에 앉으라고 하고 발을 씻겨주시는 거에요. 그러니까 아들이 가만히 앉아 있더랍니다. 전라도 효자가 볼 때 어이가 없었죠. '세상에 저런 쌍놈이 있나. 아무리 그래도 아버지가 소를 몰고 가시게 하고 자기는 달구지에서 잠을 자고, 또 집에 돌아와 늙은 모친이 자식 발을 씻겨주시는데 가만히 그렇게 있고, 아버지가 주무시는데도 전혀 방이 따뜻한지 어떤지 들여다 볼 생각도 안하다니' 하고 말입니다.

그러니까 정반대잖아요. 그래서 전라도 효자가 "내가 볼 때 당신은 효도를 전혀 안하는데 어떻게 효자소리를 듣습니까?" 하고 물었답니다. 강원도 효자가 하는 말이 "나는 효자라는 생각을 안 해 봤어요." 하는 거에요. "그런데 어떻게 효자소리를 듣습니까?" "모르겠어요. 나는 효자라는 생각이 없는데 남들이 나를 효자라고 부르는군요."

이 이야기의 요지를 아시겠어요? 강원도 효자는 상대를 아주 편안하게 해주었다는 겁니다. 상대를 즐겁게 하고, 상대가 하고 싶어 하는 일을 배려해주고, 상대의 뜻을 티끌만큼도 거스르지 않고, 내 틀에 잡아 넣으려고 하지 않는다는 거에요.

반면 전라도 효자는 틀에 박힌 효행을 하고 있는 겁니다. 아침에 문 앞에서 기침을 할 때까지 기다리니까 아버지가 좀 늦잠을 자고 싶어도 자식놈이 앞에 기다리고 있으니 일어나야 하잖아요. 그렇잖아요? 그런데 이 강원도 자식은 전혀 효자라는 관념이 없고 상대를 그저 편안하게 해주는 거에요. 편안하게 해주면서도 그 과정에 자기가 할 일은 다 알아서 하고 상대를 자유스럽게 해방시켜 주는 것이죠. 보살이 하는 일이 그렇습니다. 이 경지에 가면 상대를 편안하고 자유롭게 해주면서 사랑이 깊어져요. 서로가 서로를 이해하고 아주 편안하게 해주는 거에요.

사실은 우리가 공부한다는 게 이런 마음의 경지에 이르기 위해서 공부하는 것입니다. 여러 가지 교리를 많이 아는 게 중요한 게 아니에요. 가장 가까운 가족 관계에서부터 한번 생각해보자구요. 나는 지금 남편을 어떻게 대하고 있으며 나는 지금 부인을 어떻게 대하고 있는가. 사랑이라는 이름을 가지고 자꾸 서로 간섭을 하고 얽어매고 자기 틀에다가 상대를 잡아넣으려고 하는데 상대는 거기에 안 들어가려고 애를 쓰고 그러다보니 서로 괴로운 거에요.

어쨌든 여러분들이 마음에 편안한 자유로움을 갖기 위해서 이 대승공부를 한다고 생각하면 다른 거 복잡하게 생각하지 말고 무주상보시, 즉 아무 바램도 조건도 없이 상대를 편안하게 해주는 것, 이것 하나만 해도 여러분들 금생에는 부부간에 굉장히 깊은 사랑과 깊은 자유로움과 깊은 해방이 서로에게 주어지는 겁니다.

두번째 무외시에는 지계바라밀과 인욕바라밀이 들어간다고 했습니다. 무외시, 두려움이 없는 보시 이게 굉장히 중요하거든요. 지계바라밀에서 지계는 여러분들이 받은 5계, 10계 그리고 48계, 스님들의 250계나 348계를 잘 지키는 것으로 생각할 수 있지만 지금 말하고자 하는 이 지계바라밀은 그런 입장에서 생각하는 것보다 더 차원이 높습니다.

우리는 본래 마음이 부처님과 똑같은 불성을 가졌다고 했죠? 불성을 가졌으니까 부처님도 부처고 우리도 부처고 다 부처님이라고 할 수 있죠? 그런데 자신을 돌아보니까 부처님은 부처님이고 우리는 중생이에요. 그렇죠? 왜 그럴까요? 계를 어겨서 그런 거에요. 어떤 계를 어겼습니까? 우리 자성청정심의 계를 어긴 겁니다.

예를 들자면 어떤 경계가 나에게 왔을 때 보살정신으로 그리고 무주상보시하는 마음으로 그 경계를 맞이해야 하는데 우리는 어떻습니까? 그 경계가 이해관계에 물려있다든지 또는 나에게 칭찬이나 비방 등 여러 가지 관계가 되어 있다든지 했을 때 그 경계를 이기심이나 습관이나 고정관념 혹은 자기에게 이익 되는 쪽으로 변형시키려고 하는 거에요. 알겠습니까? 문제는 본성대로 안하고 변형시키는데 있는 거에요.

사람은 자신에게 이익이 되는 쪽으로 방향키를 마음대로 돌립니다. 그러면 욕심세계로 들어가는 것이죠. 욕심세계 다음에는 무슨 세계로 이어집니까? 생멸심의 세계로 이어집니다. 생멸심의 세계는 또 다시 삼악도 지옥의 세계로 연결이 되고, 삼악도 지옥의 세계는 결국은 고통을 받는 세계로 연결이 되는 거에요.

그러나 사람은 그걸 모르는 겁니다. 꿈꿀 때 꿈꾸는 것을 모르듯이 자기 성격에 젖어 있으면 그걸 모른다 이 말이에요. 경계가 왔을 때 그 경계가 자유롭고 편안하게 잘 해줘야 하는데 그렇게 하라고 하니까 우리는 두려워서 못해주는 거에요. 왜? '이렇게 되면 내가 손해 보는 게 아니냐. 이렇게 되면 나만 바보 되는 거 아니냐. 이렇게 되면 나만 시대에 뒤처지는 게 아니냐. 이렇게 되면 나만 왕따 당하는 게 아니냐.' 이런 식으로 자기 나름대로 두려움을 느끼는 거에요.

겁이 나서 내가 그 순간에 중생심으로 전향한 겁니다. 겁이 안 나면 부처 불성 그대로 해탈의 모습을 보일 텐데 겁이 났기 때문에 내가 돌린 거에요. 내 본성을 배반한 거죠. 그렇잖아요? 내가 가지고 있는 본래 본성, 자비로운 본성 있잖아요. 그 불성에 위배되는 쪽으로 조작을 해버린다 이 말입니다. 그러니까 이게 근본계율을 어긴 거에요.

내가 마음을 조작시키는 이것을 근본무명이라고 하는 겁니다. 그런데 나는 이 근본무명이 일어난 줄을 전혀 몰라요. 내가 아는 것 같으면 그렇게 안하죠. 근본무명이 일어나는 줄 모르기 때문에 무명업식에 속는 겁니다. 대단한 밝은 지혜가 아니면 근본무명의 업식을 알아차리기 어렵습니다. 너무나도 잘 익혀져 있고 잘 익은 습관이기 때문에 자연스럽게 돌아가

버린다는 거에요. 상대를 내 틀에 잡아넣어야 하고, 나에게 이익이 되도록 내가 상대를 이용해야 하고, 상대가 나에게 모든 것을 맞춰주도록 머리를 아주 순발력 있게 돌린다는 거에요. 그러면서 내가 본래 가지고 있는 불성의 마음을 배신하고 저버린다는 말입니다.

그런데 지혜가 있는 사람은 경계가 오면 그 경계를 그대로 편안하게 해줍니다. 어떠한 경계가 왔을 때 내 본래 청정한 생각 그대로 경계를 대했을 때는 자성청정의 계를 어기는 게 아니죠.

우리가 자성청정의 마음을 속이지 아니하고, 내 자성청정을 그대로 잘 보존하고 지키게 되면 그건 내가 나를 위하는 일이면서 내가 가지고 있던 중생심을 전부 다 없애버리는 게 되는 겁니다. 그 순간에 녹아 없어져버리는 거에요. 그래서 불성의 청정한 생각을 가지고 상대를 위하고 법을 설해주고 하는 거에요. 이렇게 자성청정의 계를 잘 지키게 되면 두려움 없이 보시를 잘 행할 수 있습니다.

다음은 인욕바라밀입니다. 인욕바라밀이라고 할 때 이 '인욕'을 어떻게 생각합니까? 세상에서 말하는 인욕은 이기심으로 우리가 끝까지 만족하지 못하고 자기가 원하는 대로 모든 상황이 돌아가지 않을 때, 역경계를 당하면서 화가 나는 것이 있는데 그걸 참는 것을 말합니다. 화가 났을 때 참는 것이 인욕이죠? 그렇게 참았기 때문에 우리는 화병이라는 선물을 받았습니다. 그것을 '적'이라고 그래요.

적(積)이라는 말 들어봤습니까? 성격이 좀 내성적인 사람들에게 많이 생기는 화병을 말합니다. 목까지 치밀어 올라온 화를 참으려고 애를 쓰다보니까 그게 속에 들어와 전부 다 불덩이가 되는 것이죠. 속에서 불덩이가 되니까 옆에 있는 오장육부가 데이고 타고 속이 다 절단이 나버리는 거에요. 그것을 세상에서 말하는 인욕이라고 하는데 불교에서 말하는 인욕은 그런 게 아닙니다.

불교의 대승법에서 말하는 인욕은 참을 것이 없는 인욕을 말합니다. 그래서 여기서 우리가 받아들여야 될 부처님 사상은 '나에게 다가오는 모든 경계는 환생환멸하는 것'이라는 겁니다. '환생환멸'은 다른 말로 하면 '연생연멸' 혹은 '찰나생 찰나멸'입니다. 이것을 연기법이라고 하는 것이죠.

법을 넓게 이야기할 때는 아뇩다라삼먁삼보리, 근본진리, 당체만 법이 아니고 우리가 경계를 맞이했을 때 일어나는 생각의 상(相)도 법이라고 하는 거에요. 내 마음과 바깥의 어떤 경계가 만났을 때 선한 생각이든 악한 생각이든 또 보리의 생각이든 번뇌의 생각이든 일어나는 그 자체를 우리가 넓게 말하면 다 법이라고 하지요.

그러면 이 연기법의 원리는 뭐냐 하면 '항상 홀로는 발생하지 못한다' '항상 대상을 의지해서 일어난다'이지요. 그래서 항상 대상을 의지해서 일어난다고 해서 유식에서는 의타기성(依他起性)이라고 합니다. 그리고 이 의타기성을 모르는 것을 변계소집성(遍計所執性)이라고 합니다. '변계'라는 말은 경계가 왔는데 근본무명이 덮어버린 거에요. 근본무명은 이기심이고 항상 뭔가 욕심을 가지고 판단하려고 하는 분별심이잖아요. 그건 항상 자기가 살아온 경험에 의해서 모든 것을 판단하는 걸 말합니다.

비유를 하자면 어두운 길에 새끼줄이 놓여져 있는데 '어둡다'는 말은 무명이라 새끼줄이 뱀으로 보이는 거에요. 왜 뱀으로 보입니까? 자기가 익혀온 업과 경험에 의해서 부정적으로 보기 때문에 새끼줄을 뱀으로 볼 수밖에 없는 거에요. 긍정적으로 볼 수 있는 지혜가 없기 때문에 새끼줄로 못 보는 겁니다. 새끼줄을 새끼줄로 보면 바로 보는 것이죠. 선근이 부족하니까, 긍정적인 힘이 부족하니까, 자기 업식에 의해 부정적으로 보니까 계속 뱀으로밖에 안 보이는 거에요.

이것을 변계소집성이라고 합니다. 그러니까 이 사람은 근본무명이 덮여지는 순간에 그걸 부정적으로 보고 항상 새끼줄 주위는 안가겠죠? 이것을 '착각'이라고 하는 거에요. '무명의 착각'이죠. 그러면 이 사람이 평생 새끼줄 있는 곳을 안가고 계속 다른 데로 둘러 다닌다고 해서 새끼줄이 뱀으로 변합니까? 안 변합니다.

그러니까 나에게 오는 모든 것들이 어떤 불변하는 실체가 있어서 그것이 나에게 와서 괴롭히는 것이 아니고, 내가 지금까지 살아왔던 어떤 인연으로 인해 그것이 지금 나에게 노래한 것입니다. 그래서 항상 의타기성, 연기법이라는 것을 잘 알아서 어떤 경계가 오더라도 '연생연멸이고, 찰나생 찰나멸이고, 잠깐 조건에 의해서 이루어졌다가 지나가는 것'이라는 것을 알게 되면 거기에 내가 그렇게 화가 난다든지 고통스러워하지는 않는다는 것이죠.

여러분들이 이것을 가족관계에서도 응용해보세요. 부부간에 싸우면서 살잖아요. 그런데 싸우는 내용을 들어 보면 별것도 아닌 걸 가지고 일주일씩 전투를 하더라고요. 그러니까 부부지간에 싸우다가도 누구 한 사람이 마음법문을 듣고 '이게 모두가 내가 지어온 업성에 의해 벌어진 일이구나. 이건 실체가 있는 게 아니니까 내가 여기서 이 꿈과 같은 일에 속아서 스스로를 지옥으로 만들면 안 되겠구나'라는 생각이 들면 화가 나다가도 싱거워집니다. 저도 어쩌다 화가 나려 하다가도 10초 내지 20초 사이에 마음을 탁 돌려버립니다. '아! 이거 연생연멸인데 내가 속을 뻔했네' 그러고 맙니다. 그러면 마음이 이렇게 올라오다가 싹 내려가는 게 아주 미꾸라지 헤엄치듯이 잘 내려갑니다.

　대개 싸울 때 보면 '뭔가가 꼬투리가 있어 저게 저렇게 하는 구나' 싶어서 흘러가는 마음을 못 흘러가게 딱 그 목을 비틉니다. 그런데 마음을 비튼다고 그 마음이 비틀려지나요? 아니에요. 마음은 허공이에요. 허공을 비틀려고 작정을 하고 한 번 비틀어 봐요. 허공이 뭐라고 합니까? 허공은 무심해요.

　마음이라는 것은 흐르는 물과 같고 지나가는 바람과 같습니다. 항상 폭포수 물과 같이 흘러가는 것이기 때문에 그냥 그 경계를 딱 일회용으로 쓰고 나면 그 마음은 지나가 버립니다. 가면 또 새로운 마음이 일어나고 새로운 경계가 오면 또 일어나는 거에요. 지금 일어나는 마음은 먼저 일어났던 마음하고 전혀 상관없는 것이죠. 이 마음은 또 저 낙동강까지 흘러간 거에요. 흘러갔기 때문에 마음이라는 것은 잡을 수가 없어요. 이것을 '과거심도 불가득이요 현재심도 불가득이요 미래심도 불가득'이라고 하는 겁니다.

　다 우리가 마음 가지고 살아가는 일들이거든요. 그렇다고 '마음은 흘러가는 것이니까 아무 것도 없다'고 생각을 하면 어떻게 되겠어요? 생각이 머물 자리도 없고, 성낼 일도 없고, 과보 받을 것도 없고 그러니까 공덕 지을 것도 없고 선행을 할 것도 없고 복을 지을 것도 없는 것 아닌가 생각하기 쉽습니다. 그러면 해태굴에 빠진 사람이 되는 거에요.

'해태굴에 빠진 사람이 된다'는 말을 옛날 선지식들은 '지옥에 화살처럼 들어간다'고 했어요. 모든 것이 없다는 허망한 데 빠져 있기 때문에 이 사람은 복도 전혀 지을 수 없고, 선한 인연도 전혀 맺을 수 없고, 노력이라는 것이 없기 때문에 이 사람은 가난보를 받을 수밖에 없는 거에요. 그래서 다음 생에는 축생에 떨어지든지 사람으로 태어난다고 해도 아주 가난한 보를 받는다든지 또는 뭔가 자기가 원하지 않는 엄청난 삶을 괴로워하면서 살 수밖에 없는 거에요. 바로 소견이 좁고 지혜를 증장시키지 않았기 때문에 그렇습니다.

이와 달리 마음은 흘러가는 거니까 흘러가도록 두고, 그러면서 허망하고 허무한데 빠지지 않고 보시하는 것을 지행보시(智行布施)라고 합니다.

반면 내가 있다고 생각하고서 대가를 바란다든지 뭔가 조건을 붙인다든지 뭔가 내 이익을 생각하고 보시하는 사람들은 보시를 해도 조건적인 보시가 되기 때문에 이것을 정행보시(情行布施)라고 합니다. '인정 정(情)' 자에는 중생의 업식, 망상, 욕심 등이 다 들어가거든요.

그래서 〈임제록〉에서 임제스님은 이것을 '정생지격(情生智隔)'이라고 했습니다. 이 격 자가 '막힐 격(隔)' 자에요. 정이 일어나는 중생심으로서 보시를 하면 지혜가 막히는 겁니다. 그래서 보시를 해도 정행보시를 하지 말고 지행보시(智行布施)를 해야 한다는 말입니다.

'지행'은 연기법을 잘 아는 것을 말해요. 연기법을 잘 알아서 보살행을 실천하는 것을 '정법'이라고 합니다. 내가 보살 지위에 들어가는 거에요. 관세음보살님의 대자대비하신 위신력을 빌려서 계속 관음주력을 함으로써 내가 관세음보살님과 하나가 되는 것이고, 또 지장보살님을 열심히 불러서 지장보살님의 큰 원력을 내가 자꾸 닮아서 지장보살님의 경지에 들어가는 것을 말합니다. 내가 부처가 되고 내가 보살이 되어가는 그런 신행생활을 해야 한다는 것이죠.

그런 정법을 앎으로써 우리는 더욱 더 공덕을 지어야 하고, 선행을 해야 하고, 반야바라밀을 실행해야 하는 것입니다. 그렇게 해야 복과 혜를 갖출 수 있고, 관음보살이 될 수 있고, 지장보살이 될 수 있고, 문수보살이 될 수 있고, 보현보살이 될 수가 있고, 우리의 종자가 부처꽃으로 피어날 수 있어요. 그렇지만 우리가 지금은 그렇지 못하니까 부처님을 찬탄해야 하고, 관세음보살님의 명호를 열심히 부르면서 그리워하고, 지장보살님의 대원력을 계속 그리면서 내가 그 가피를 입어서 그렇게 지장보살이 되고 관음보살이 될 수 있는 마음의 변화를 일으켜야 한다 이 말이죠.

결국 마음 이야기에요. 그러니까 연생연멸인 줄 알면 인욕이 아주 쉬워지는 겁니다. 싸울 일이 별로 없어요. 그렇다고 무관심은 전혀 아닙니다. 더 깊이 사랑하고 더 배려하고 편안하게 하고 더불어 자기도 안락해지는 거에요. 불가에서 말하는 인욕은 연생연멸을 알면 인욕할 게 없는 인욕을 알게 된다는 것입니다.

법시에는 성신바라밀, 선성바라밀, 반야바라밀이 있습니다. '정진'이라는 것은 일상생활 속에서 우리가 연기법을 잘 사유하면서, 참선하는 사람은 화두를 열심히 들고 기도하는 사람은 열심히 기도하는 것을 의미합니다. 정진바라밀이라고 할 때 우리는 보통 좌선하고 염불하고 기도 참회하는 것만 생각하기 쉬운데, 정진은 그런 것에 국한되는 게 아니고 항상 마음을 잘 관조하면서 부처님 가르침대로 불교적 사고를 갖고 일상생활을 하는 것을 말하지요.

정진의 근본 목적은 자신의 깨달음과 더불어 우리 마음이 보살심으로 변화되는 데 있기 때문에 결국 '자리이타를 실천하는 것'을 정진바라밀이라고 할 수 있습니다.

그렇다면 일상생활에서 우리가 어떻게 마음을 써야 할까요? 그건 모든 것이 연생연멸임을 알고 일상에서 인격의 변화를 가지도록 노력해야 합니다. 그 노력이 바로 화두를 드는 것이고, 염불하는 것이고, 기도하고 참회하고 봉사하는 것이에요.

보살의 정진 중에서 가장 아름답고 가장 중심이 되는 방법은 보시바라밀, 무주상보시라고 말씀드렸습니다. 보살이 될 수 있는 길은 보시바라밀을 행하지 않고서는 안 된다는 거죠. 제 아무리 팔만장경을 머리에 다 외우고 불교 교리에 밝다고 하더라도 마음을 열고 남을 위해서 아픔을 같이 나누고 기쁨도 같이 나누고 물질이나 법 모든 것을 나누는 그 나눔의 정신에 자유롭지 못한 사람은 절대 보살의 경지는 불가능한 것입니다. 무주상보시를 실천하지 않고서 보살이 되는 건 절대 불가능해요. 육바라밀에서 무주상보시가 으뜸으로 들어가는 이유에요. 그래서 육바라밀을 무주상보시에 다 묶어버리는 겁니다.

정진을 생각할 때 또 알아야 할 게 있습니다. 우리가 참선, 염불, 기도, 봉사 등 여러 가지를 하는데 사실은 그런 것은 마음의 정(定念)을 일으키기 위해서 하는 일입니다. 우리가 가지고 있는 판단력, 순발력, 정보 등에는 순기능과 역기능이 함께 있다는 것을 알아야 해요. 그 정보와 상식들은 내가 생활하는데 편리함도 있는 한편 그런 것들은 모두 이기심에서 얻어진 것이기 때문에 어느 날 갑자기 자기를 해치는 칼날이 되어 돌아오는 겁니다. 그래서 여러분들이 이 정진을 할 때는 참선을 하든 염불을 하든 봉사를 하든 참회를 하든 인연 따라서 하시되 고요한 마음의 경지에 갈 수 있는 삼매의 체험을 익혀야만 그 지식이 여러분을 행복하게 해주고 안락하게 해주는 지식이 되고 지혜가 되는 겁니다.

이같은 '고요한 마음'을 선정바라밀이라고 합니다. 그런데 그 고요한 마음은 만들어서 되는 것이 아니에요. 보시바라밀이 잘 된 사람은 선정이 저절로 되는 것이죠. 그래서 보시바라밀과, 청정한 자성자리를 배반하지 아니하고 경계가 왔을 때 본래 성품대로 자성청정계를 잘 지키는 지계바라밀, 인연법을 잘 알아서 경계에 매이거나 괴로움을 당하지 않고 화를 내지 않는 인욕바라밀, 그리고 항상 연기법을 관하면서 염불이나 참선이나 봉사를 일상생활 속에서 잘 하는 정진바라밀이 잘 어우러졌을 때 선정이 자연스럽게 드러나는 것이지 선정이라고 따로 만들 수 있는 게 아니에요.

그러므로 반야바라밀은 보시바라밀, 지계바라밀, 인욕바라밀, 정진바라밀, 선정바라밀 전체가 잘 어우러졌을 때를 말하는 겁니다.

수보리 어의운하 동방허공 가사량부 불야 세존
須菩提 於意云何 東方虛空 可思量不 不也 世尊

수보리 남서북방사유상하허공 가사량부 불야 세존
須菩提 南西北方四維上下虛空 可思量不 不也 世尊

수보리 보살 무주상보시복덕 역부여시 불가사량
須菩提 菩薩 無住相布施福德 亦復如是 不可思量

수보리 보살 단응여소교주
須菩提 菩薩 但應如所教住

"수보리야, 너의 생각이 어떠냐. 동쪽에 있는 허공을 생각하여 헤아릴 수 있겠느냐."

"헤아릴 수 없습니다. 세존이시여."

"수보리야, 남쪽과 서쪽과 북쪽과 동서남북의 네 간방과 위와 아래에 있는 허공을 생각하여 헤아릴 수 있느냐."

"헤아릴 수 없습니다. 세존이시여."

"수보리야, 보살이 상에 집착하지 않고 보시하는 복덕도 또한 이와 같아서 가히 생각하여 헤아릴 수가 없느니라. 수보리야, 보살은 다만 이렇게 가르쳐 준 대로 안주할 것이니라."

부처님이 수보리에게 반야바라밀을 행하라고 일관성 있게 강조하십니다. 그리고 이 반야바라밀의 주된 내용은 무주상 보시입니다. 항상 보시하라는 것이죠. 보시는 하되, 돌려받고자 하는 대가를 바라지 말고 보시만 하라는 겁니다. 그러다보면 어느 날 여러분들은 보살이 되어 있는 스스로를 발견하게 된다는 거에요.

보시를 하지 않고서는 절대 보살경지에 들어가는 것이 불가능하다고 주석에도 달아놓았어요. 왜 그러냐. 남에게 보시하는 것만큼 아름다운 것이 없고 생명세계에 그 이상의 절대적인 가치는 없다는 거에요. 마음으로 베풀든지 물질로 베풀든지 베푸는 마음이야말로 최고의 보살정신이라는 것이지요.

게다가 반야바라밀까지 다 잘할 때 이 사람이 얻는 복덕에 대해서 부처님은 허공에 비유하신 거에요. 우리가 닮아야 할 부처님이 보이시는 보시바라밀의 정신은 마치 끝없는 허공처럼 주는 데만 집중하라는 것이 무주상보시입니다.

내가 저 어둠에 있는 사람에게 길을 밝혀주기 위해서 조건 없이 등불을 비춰준다고 합시다. 그러면 일단 내가 등불을 만드는데 돈이 들어가죠, 기름 들어가죠, 모든 게 다 비용이 발생합니다. 그러니 내가 손해보는 것 같지요? 하지만 여러분, 그 등불의 빛이 제일 먼저 비춰주는 사람은 누구입니까? 나를 먼저 비추는 거에요. 보시를 함으로써 내가 좋아지고, 내가 보살의 경지에 들어가 있게 되고, 내가 먼저 보살이 된다는 겁니다. 그렇게 내가 한번 긍정적으로 보시를 하고 또 밝은 생각으로 세상을 바라볼 때 나도 모르게 나를 보살정신세계에 들게 한다는 것이죠.

또 태양은 지구에 있는 생명들에게 생명력을 줍니다. 그 에너지로써 생명을 살려주잖아요. 봄이면 따스한 기운과 수분을 줘서 꽃을 피우게 하고, 여름이 되면 성장시키고, 가을이 되면 결실을 만들어주고, 겨울에는 모든 것이 정(靜)에 들어 쉬게 해주지요. 하지만 하늘과 땅이 어떤 계약조건에 의해 여러분에게 해준 건 아무 것도 없어요. 그냥 그것이 그대로 무주상보시가 되는 거에요.

하늘과 땅도 부처님의 진리인 연기법에 의거해서 생명을 살려내고 그렇게 영원토록 가는 것입니다. 그런데 이렇게 하는 것이 말로는 다 할 수가 없어서 '묘행'이라고 하는 거에요. 그 묘행은 바로 무주이며, 머무름 없는 마음을 그대로 흘러가게 두면서 육바라밀을 잘 실천하는 것을 말합니다.

고갱이 | 부처님 마음으로 대가를 바라지 말고 무조건 보시해 보십시오. 그러다보면 자신도 모르는 사이에 반야보살이 되어 있음을 알게 될 것입니다.

제5분 여리실견분 如理實見分

이치를 참되게 보다

知理 實見 真勿

제5분 '여리실견분'입니다. 여리실견은 '이치와 같이 실답게 본다'는 뜻입니다. '실답게 본다'는 말은 사실을 사실대로 볼 수 있는 눈을 갖춘다는 뜻입니다. 사실을 사실대로 볼 수 있는 눈을 우리는 정견이라고 하는데, 여기서 말하는 '사실'이란 항상 부처님이 말씀하시는 연기중도를 이야기하는 겁니다.

　'여리실견분'의 본문은 짧습니다. 문장이 간단합니다. 본래 명언이란 간단한 한마디에 깊은 뜻이 담겨 있는 법이지요. 이러한 '여리실견분'에는 〈금강경〉의 주요한 사상이 들어 있어요. 그 가운데에서도 특히 무주사상을 깊게 다루고 있는데 이해를 돕기 위해 앞서 '묘행무주분'에서 부처님께서 설하신 마음의 속성에 대해 다시 한번 짚고 넘어가겠습니다.

　부처님께서는 마음이라는 것이 참 심심미묘한 것이어서 언어로나 그림으로나 어떤 무엇으로도 그 정체를 드러내기는 참 어렵다고 말씀하셨어요. 마음은 무주이기 때문에 계속 흐르고, 어떤 것으로도 그릴 수가 없고, 무엇으로도 상으로 머물게 할 수가 없다는 것이죠. 그래서 무상관(無相觀)을 잘 해야 한다고 했어요. 무주와 무소유와 무염(無染)을 잘 알면 무상관이 되는 겁니다.

사실 마음이라는 것이 일찰나 사이에도 숫자를 헤아리기가 어려울 정도로 많은 생멸을 한답니다. 생멸을 하면서 마음은 흘러가고 있는 것이죠. 그 생멸하는 속도가 얼마나 빠른지 일찰나라고 하면 1초를 9백 번 나눈 것인데, 일찰나 속에서도 몇 천 번의 생멸이 일어난다는 거에요. 여름에 모기가 여러분들 귀에 와서 앉아 한번 쏘기 위해서 모기가 날갯짓을 하잖아요. 그 모기가 1초 상간에 날갯짓을 몇 번 정도 할까요? 한 천 번 정도 하는 걸로 알고 있어요. 우리 마음도 그렇게 계속 빠른 생멸을 하면서 흐르고 있다는 거죠. 부처님은 그걸 무주라고 하셨어요.

또 부처님께서는 마음이라고 하는 그 자리에는 아무 것도 남겨둘 수 없다고 하셨습니다. 지고지순한 선도 지고지순한 사랑도 어떤 악도 그 무엇도 마음자리는 조금도 소유할 수 없다는 거죠. 마음은 알고 보면 허공과 같아요. 여러분들은 허공에다가 물건을 올려놓거나 무엇을 보관하고 간직할 수 있나요? 없지요? 마음이 바로 그렇습니다. 그래서 마음은 무엇도 소유할 수가 없다고 하는 것이죠. 왜 그럴까요? 마음은 머무름이 없이 너무나도 빠른 찰나로 흘러가고 있기 때문에 거기에다가 뭘 올릴 수가 없다는 거에요.

마지막으로 마음은 물들일 수가 없습니다. 마음에다가 뭘 물들이려고 하는 사람만큼 어리석은 사람이 없어요. 거울에 경계가 와서 그것을 비춘다고 하더라도 거울에다가 그 형체를 물들일 수 있겠어요? 물들일 수가 없다는 것이죠.

여러분들이 이런 무주와 무소유와 무염의 이치를 알면 마음을 조절해서 쓰는데 굉장히 도움이 됩니다. 물론 체험을 하면 더할 나위 없는 힘을 얻겠지만, 설령 체험을 못하더라도 이런 이치를 믿는 것만으로도 여러분들 스스로 마음을 제어할 수 있는 힘을 가질 수가 있을 것입니다. 여기서 중요한 것은 일체 모든 것은 다 인연에 의해 연생연멸하고 드러나는 것이니 어떤 일이 있어도 상에 머무르면 안 된다는 사실입니다.

수보리 어의운하 가이신상 견여래부 불야
須菩提 於意云何 可以身相 見如來不 不也

세존 불가이신상 득견여래 하이고
世尊 不可以身相 得見如來 何以故

여래 소설신상 즉비신상 불고 수보리
如來 所說身相 卽非身相 佛告 須菩提

범소유상 개시허망 약견제상비상 즉견여래
凡所有相 皆是虛妄 若見諸相非相 卽見如來

"수보리야, 어떻게 생각하느냐. 몸의 형상으로써 여래를 볼 수 있겠느냐."

"아닙니다. 세존이시여, 몸의 모양으로는 여래를 볼 수가 없습니다. 왜냐하면 여래께서 말씀하신 몸의 모양은 곧 몸의 모양이 아니기 때문입니다."

부처님께서 수보리에게 말씀하셨다.

"모든 형상이 있는 것은 다 허망하다. 만약 모든 형상을 형상이 아닌 것으로 보면 곧 여래를 볼 것이니라."

첫머리에 부처님께서 "수보리야, 어떻게 생각하느냐. 몸의 형상으로써 여래를 볼 수 있겠느냐."고 물으셨어요. 부처님이 왜 수보리에게 이런 질문을 했을까요? 여러분들은 경을 보실 때 경문에 대한 의문을 가지고 여러분 스스로 여기에 대해서 사유를 하셔야 해요. '왜 부처님께서 수보리에게 느닷없이 이런 질문을 하셨는가?' 하고 말이죠. 그래야 여러분들이 경전의 내용에 좀더 깊이 들어갈 수가 있고 또 경을 보는 나름대로 지견이 생길 수 있습니다. 그냥 부처님이 물으셨나 보다 하고 단순하게 생각하시면 별 문제도 없고 시비할 일도 없고 그래요.

다시 묻겠습니다. 부처님이 왜 수보리에게 이런 질문을 했을까요? 그것은 수보리의 의심을 풀어주시고 정견을 드러내시기 위해 이렇게 서두를 꺼내신 겁니다.

수보리가 가만히 생각하기를 '부처님께서 〈묘행무주분〉에서 계속 마음이라는 자리는 무엇 하나 올릴 수가 없고 무엇 하나 얻을 수가 없다고 말씀하셨는데, 지금의 부처님은 32상 80종호의 원만구족상을 갖추셨다. 이상하다. 그동안 우리들에게는 모든 것에 집착하지 말라고 가르치시면서 정작 부처님은 공부하시면서 뭔가를 바랬든지 집착을 했든지간에 은근히 의지하셨던 무언가가 있었음이 분명하다. 거기에 다겁생래로 무주상보시와 보살인행을 많이 하셔서 이러한 32상 80종호의 훌륭한 몸을 갖추게 되신 것이 아닐까?' 하고 생각을 했거든요. 사실 부처님은 5백 생 동안 인욕보살로 계시면서 많은 보살인행을 하셨고 무주상보시를 하셨기 때문에 그런 상호를 얻으신 것이죠.

또 수보리는 '부처님께서는 〈금강경〉에서 말하는 반야바라밀이라는 법을 깨달으셔서 저렇게 훌륭한 형상을 갖추시게 됐나 보다' 하고 생각했어요. 그 때 부처님은 타심통으로 이미 수보리의 마음을 읽으셨습니다. 산 정상에 올라 본 사람은 산에 올라가는 사람이 무슨 생각을 하는지 알잖아요? 부처님께서 이렇게 물으실 때는, 부처님은 중생들의 근기를 너무나도 잘 알고 있기 때문이에요. 그리고 중생들이 가지고 있는 업이라는 것이 얼마나 벗어 버리기 힘든지 부처님도 잘 알고 계셨지요. 그래서 수보리와 그곳에 모인 청중들의 마음을 먼저 읽으시고 그 의심을 풀어주기 위해 "수보리야, 어떻게 생각하느냐. 몸의 형상으로써 여래를 볼 수 있겠느냐."고 물으셨던 겁니다.

그러자 수보리가 부처님의 이 물음을 듣고 '아, 부처님이 벌써 내가 이런 생각을 하고 있다는 것을 아셨구나, 내 마음을 읽으셨구나' 알아차린 거에요. 그때 수보리가 "아닙니다. 세존이시여, 몸의 모양으로는 여래를 볼 수가 없습니다. 왜냐하면 여래께서 말씀하신 몸의 모양은 곧 몸의 모양이 아니기 때문입니다." 이렇게 이야기한 거에요.

여기서 먼저 설명할 것이 하나 있어요. 경문 중에 '왜냐하면 여래께서 말씀하신 몸의 모양은 곧 몸의 모양이 아니기 때문입니다'란 구절은 한문으로 '여래소설신상 즉비신상(如來所說身相 卽非身相)'이에요. 여기서 '즉비'라는 말이 나오죠? 이 즉비란 단어는 〈금강경〉에서 가장 많이 나오는 단어 중 하나입니다. 이 경문은 '여래께서 말씀하신 몸의 모양은 곧 몸의 모양이 아니고 이름이 몸의 모양입니다'로 풀이됩니다.

〈금강경〉에는 이런 형식의 문장이 굉장히 많이 나오지요. 예를 들면 '반야바라밀이 반야바라밀이 아니고 이름이 반야바라밀이다' '일체법이 곧 일체법이 아니고 일체법이라 이름하느니라' 또는 '여래가 설한 마음은 다 마음이 아니요 그 이름이 마음이기 때문이니라' 등입니다. 이런 형식의 논법을 즉비논리(卽非論理)라고 하는데, 이 즉비논리는 부정을 통해 대긍정으로 돌아가는 거에요. 여러분들이 〈금강경〉을 어렵다고 하는 이유 중 하나는 이 즉비논리 때문일 겁니다.

논리 얘기가 나왔으니 불교사상의 전개방법에 대해서 조금 이해를 하는 게 좋겠습니다. 불교사상 중에서 어려운 것 가운데 하나가 중관사상과 반야사상, 유식사상입니다.

중관사상과 반야사상은 같은 전개방식을 가지고 있어서 같다고 보셔도 무방합니다. 반야, 중관사상은 항상 일체가 없는 부정(否定)으로 출발한다는 걸 기억하셔야 해요. 부정으로 출발해서 계속 부정에 부정을 거쳐서 대긍정을 드러내기 위한 논법을 쓰는 겁니다.

여기에 반대되는 사상이 유식사상입니다. 유식은 있다고 하는 것입니다. 긍정적인 면을 먼저 드러내고 그 긍정적인 것이 실체가 있다는 것을 드러내고서는 그 실체가 실로는 있는 것이 아니라는 것으로 설명해 들어가는 거에요.

비유를 들어 볼까요? 여기 컵이 하나 있습니다. 이 컵은 사실은 인연이 모여 이루어진 것이거든요. 지수화풍이라든지 물질, 에너지, 사람의 손길 등 많은 인연이 동원되어서 이 컵이라는 형상이 이루어졌어요. 그러면 지금 앞에 보이는 이 컵이 분명히 있는 거죠? 네, 있는 겁니다. 여기서 컵의 비유는 이 컵이 있기는 있는데, 실제로는 이 컵이라는 것이 영원불변성을 가지고 계속 존재할 수 있는 실다운 자기 개체성을 가진 것은 아니라고 설명해주는 거에요. 일단 있는 것을 보여주고 있다고 인정하면서 그러나 실제로는 이것이 있다고 할 수가 없다는 논리를 펴는 거죠.

왜 없는 것이냐? 인연에 의해서 모인 거니까요. 인연에 의해서 만들어진 것이고 그 인연이 다하면 흩어지니까 그래서 영원히 있는 것이 아니라고 하는 거에요. 그러면 여러분, 이 컵을 있다고 해야 맞습니까? 없다고 해야 맞습니까? 이것이 사실 지금은 있는 거잖아요. 그러니 없다고 하면 안 되겠죠? 그러니까 없다고 하면 단견에 떨어진 겁니다. 그렇다고 있다고 해도 안 맞아요. 왜냐하면 이게 인연에 의해서 생긴 것이기 때문에 세월이 가고 인연이 다하면 흩어질 게 아닙니까. 그럼 없는 거거든요. 그러니 있다고 할 수도 없는 것이지요.

이것을 〈열반경〉에서는 연기중도라고 했습니다. 인연법, 연기법을 말하는 거에요. 서로 연에서 만들어졌다는 것이죠. 그런데 여기에 또 중도라고 하니까 '중도라는 또 다른 어떤 진리의 세계가 있는 것이구나' 하고 상상하지 마세요. 그러면 여러분은 '중도'라는 말에 묶이게 됩니다. 중도는 실체가 없는 겁니다.

그럼 연기중도란 무엇일까요? 이것이 있는 것 같아도 있다고 할 수도 없고, 없다고 할 수도 없는 것이에요. 그래서 이것을 있기도 하고 없기도 하고, 있는 것도 아니고 없는 것도 아니라고 이야기합니다. 경에서는 모든 것이 허망하다고 했지만 사실 지금은 허망한 것도 아니잖아요. 있잖아요. 컵에 물을 담아서 잘 쓰잖아요. 그렇죠? 그렇지만 쓴다고 해서 아주 있다고 집착하면 안 된다는 거에요.

우리가 수행할 때의 마음 작용에 대해서 한 번 접근을 해봅시다. 부처님께서 말씀하신 아뇩다라삼먁삼보리, 줄여서 보리는 불성을 말하는 것이고 지혜를 말하는 것이고 반야를 말하는 것이죠. 그래서 본래 이 자리에 반야가 있다는 것인데, 이것을 다른 말로는 일심이라고도 할 수 있습니다.

그러면 이 자리는 무슨 자리냐, 앞에서 말씀을 드렸듯이 이 자리는 머묾이 없는 무주의 자리이고, 무소유의 자리이고, 다시 물들일 수도 없는 무염(無染)의 자리이고, 우리가 가고자 하는 여래자성의 고향이라는 것이죠. 청정한 우리 마음의 본성이라는 겁니다.

그런데 이 마음이란 것이 그냥 있지를 못해요. 항상 경계가 오면 마음은 모양을 드러내고 움직이고 그 경계를 맞아들이게 되어 있어요. 마음이 모양을 드러낼 때는 두 가지 양상으로 나타나요. 한쪽은 진여의 모습, 즉 진여심(眞如心)으로 드러나고 다른 한쪽은 생멸의 모습, 즉 생멸심(生滅心)으로 드러나는 거에요. 이것은 마명보살이 〈대승기신론(大乘起信論)〉에서 이렇게 마음의 구조를 밝혀놓은 것입니다.

　진여심은 글자 그대로 참으로 여여한 마음입니다. 참으로 여여하다는 것을 불변이라고 해도 되죠. 진여심은 본래 청정하고 본래 물들일 수도 없고 본래 생멸이 없다고 해서 불생불멸이라고 하는 거에요. 그런데 이게 불생불멸로 계속 있을 수 있느냐.

　비유를 하자면 진여심은 거울의 밝은 바탕과 같은 거에요. 이 세상에 언제나 밝은 바탕만 보이는 거울이 있습니까? 대상이 오면 반드시 드러내잖아요. 우리의 마음도 마치 거울과 같이 경계가 오면 그 경계를 마음바탕에 드러내는 거에요. 장미가 오면 장미를 드러내고 국화가 오면 국화를 드러낸다 이 말입니다. 그런데 장미가 왔다가 없어지고 이어서 국화가 오면 하나는 생하고 하나는 멸하는 거니까 이것을 생멸심이라고 그러는 거에요. 그리고 생멸은 경계를 항상 하나도 놓치지 아니하고 잘 따라준다고 해서 따를 수(隨) 자, 인연 연(緣) 자를 써서 수연이라고 해요. 연을 잘 따른다는 의미지요. 마음이라는 작용이 그렇다는 것이에요.

　그런데 이 생멸심이 구도적이고 긍정적인 성품 쪽으로 가면 대단히 좋겠지만 계속 부정적인 자기 업식에 의해서 돌아갈 때는 집착으로 인해 마음이 굳어진다는 것이죠. 왜 집착하느냐 하면 정견을 모르기 때문이에요. 무주를 모르기 때문이에요. 애초에 마음이 붙들래야 붙들 수 없는 것인 줄 알면 붙들려고 애써 노력하지 않겠죠? 그런데 그걸 모르기 때문에 마음을 자꾸 붙들려고 그러는 거에요. 그렇게 붙들게 되면 업이 형성되는 것이고요.

업이라는 것이 다른 것이 아니에요. 고정관념, 성격이 한쪽으로 굳어지고 자유롭지 못한 것이에요. 업이라는 것을 비유를 하자면 물과 같아요. 둥근 컵에 들어가면 원형을 만들어내고, 사각형 됫박에 들어가면 사각을 만들잖아요? 물은 인연 따라서 갖은 모양을 내는 거에요. 그런데 이 물이 얼음이 되면 어떻습니까? 변형이 자유롭지 못하지요? 굳어버린 거에요. 이게 업이에요. 이 마음이 미혹해서 업이 형성될 때를 비유하자면 물이 얼음으로 변한 거에요. 그렇게 업이 형성되면 그 뒤로 고통이 따라오는 것이고요.

이렇게 이야기해도 되겠군요. 업으로 인해서 윤회를 받아들이는 거에요. 왜냐하면 업에 맞는 옷을 입게 되니까요. 그렇잖아요? 윤회가 무엇입니까? 축생, 아귀, 아수라 등 그 성격과 마음에 맞는 육도의 옷을 본인의 의지와는 무관하게 입어야 하는 것이잖아요? 우리는 죽어서 윤회를 한다고 생각하지만 사실 지금 현재에 살면서도 우리는 윤회를 하는 것입니다. 현재의 마음에 따라 화가 날 때는 축생의 옷을 입고, 인색할 때는 아귀가 되는 것이고, 그 마음 따라서 바로바로 지금 현재 윤회를 하고 있는 거에요.

수행적인 차원에서 마음의 구조에 대해서 몇 가지 비유를 들어서 말씀해드렸습니다. 그럼 〈금강경〉에는 어떻게 이야기를 했습니까?

수보리가 부처님의 물음에 "세존이시여. 몸의 모양으로는 여래를 볼 수가 없습니다. 왜냐하면 여래께서 말씀하신 몸의 모양은 곧 몸의 모양이 아니기 때문입니다."라고 대답을 했어요. 이 경문에 중요한 의미가 있습니다. 그 안에 연기의 법칙이 있어요. 모든 것은 영원한 실체가 없는 것이니 어떤 상에도 집착하지 말라는 말을 하기 위해서 그러는 거에요.

그리고 이어지는 구절이 '부처님께서 수보리에게 말씀하셨다. 모든 형상이 있는 것은 모두가 다 허망하다. 만약 모든 형상을 형상이 아닌 것으로 보면 곧 여래를 볼 것이니라'고 되어 있어요. 상에 집착하지 말라는 요지를 부처님께서는 마지막에 사구게 하나로 정리를 하셨습니다.

사구게라는 말이 나왔는데 〈금강경〉에는 사구게가 몇 개 나오지요? 4개의 사구게가 있어요. 지금 공부하고 있는 제5분 '여리실견분'에 나오는 '범소유상 개시허망 약견제상비상 즉견여래'가 제1 사구게고, 제10분 '장엄정토분'에 나오는 '불응주색생심 불응주성향미촉법생심 응무소주 이생기심'이 제2 사구게고, 제26분 '법신비상분'에 나오는 '약이색견아 이음성구아 시인행사도 불능견여래'가 제3 사구게, 제32분 '응화비진분'에 나오는 '일체유위법 여몽환포영 여로역여전 응작여시관'이 제4 사구게입니다.

그런데 이 네 개의 사구게 가운데에서도 지금 보고 있는 '범소유상 개시허망 약견제상비상 즉견여래'가 가장 완벽하게 금강경의 반야사상을 드러낸 것이라고 해서 이것을 표준사구게라고 합니다.

그리고 다음 구절이 '만약 모든 형상을 형상 아닌 것으로 보면'이라고 했습니다. 이 구절의 의미는 사물을 놓고 보면 쉽게 이해가 가는데, 여기서는 마음자리를 놓고 볼게요. 〈금강경〉에서 말하는 핵심은 이 마음이라는 자리도 상이 생긴다는 거에요.

예를 들어 여기 분필이 있어요. 지금 여러분들이 분필을 보잖아요. 그러면 여러분의 머리에 벌써 이 분필의 상이 생기는 거에요. '분필은 희고 길다' 이렇게 상이 생긴다는 말입니다. 상(相)이라고 할 때 이 컵도 상이고 분필도 상이죠. 그렇죠? 그런데 〈금강경〉에서 부처님이 말씀하시는 상은 '식상(識相)'을 말하는 거에요.

이 식상이라는 것이 무엇이냐 하면, 여러분들에게 제가 음식을 소개하는 상황을 예로 들어 볼게요. "이 음식은 칼로리가 대단히 높다. 그리고 기능성도 뛰어나다. 그래서 어떤 환자는 이런 음식을 먹으면 치료가 되는데 특히 위장이나 간 쪽에 대단히 좋다."라고 소개를 합니다. 그러면 여러분은 들으면서, '내가 위장이 좀 안 좋은데 그것 먹으면 좋겠다' 하는 느낌을 갖게 되겠지요? 그럼 그 느낌이 여러분에게 각인이 되는 거에요. 잠재의식에 각인되는 거에요. 이렇게 잠재의식에 각인된 느낌이나 생각을 식상이라고 하는 겁니다.

우리가 배우는 불자로서 이거 넘어서기가 참 어려워요. 이 식상을 버리기가 참 어렵다는 뜻이에요. 〈금강경〉에서 강조하는 것은 이 식상을 초월하라는 거죠. 한번 각인된 식상은 다 연생연멸이고 환생환멸이고 찰나생 찰나멸 하는 거니까 거기에 붙들리지 말고 거기에 머물지 말라는 것이에요. '형상을 형상 아닌 것으로 보아야 여래를 본다'고 했거든요. 왜 아닌 것으로 봐야 하는 걸까요?

공부를 하는데 어떤 경계가 오든, 상이 오든 식상이 오든 간에 상이 나타나면 '이것은 식상이고, 내 업식에서 오는 것이고, 내 중생심에서 오는 것이라는 것을 봐 버리면 그 경계에 집착하지 않고 내가 머물지 않게 되겠죠? 그러면 더 깊은 경계에 들어갈 수 있고 공부가 지속될 수가 있기 때문에 여래를 보는 경지에 들어간다는 말이에요. 공부 얘기가 나왔으니 어떤 것이 제대로 된 공부인지 한번 얘기해 보겠습니다.

여러분들 잘 아시는 〈선요〉에 보면 고봉스님이 화두 들고 공부하는 방법을 법문하신 것이 있어요.

그 법문에 보면 팔십 노인이 배를 저어 강을 거슬러 올라가는 모습을 묘사한 대목이 나와요. 팔십 노인이 물살을 안고 배를 저어 강을 거슬러 올라가는데 1미터 올라가면 10미터 밀려 내려가 버리는 거에요. 그렇게 밀려 내려간 것이 저 먼 바다까지 밀려 갔어요. 바다까지 밀려 갔으니 포기해야 될 거 아니겠어요? 그런데 이 팔십 노인은 포기를 하지 않는 거에요. '이 배를 타고 내가 여래의 고향으로 가야 한다. 이것밖에 할 일이 없다' 그리고는 다시 뱃머리를 돌려서 또 노를 젓는 겁니다.

화두 들고 공부할 때 굉장히 경계가 많이 오거든요. 그런데 그 경계를 전부 다 흘려 보내야 하는 거에요. 모든 경계를 다 흘려보내고 흘려보내면서 끝없이 도를 성취하고자 하는 구도심을 팔십 노인이 강을 거슬러 끝없이 노를 젓는 것으로 상징적으로 말씀하신 거에요. 강을 거슬러 팔십 노인이 노를 저을 때, 그때 그 순간에 그 자리가 여래의 고향이 되는 거에요.

여기서 우리가 유의할 점이 있습니다. 제가 여러분들에게 늘 부처님의 근본정신인 아뇩다라삼먁삼보리의 지혜를 체험하는 것이 참 중요하다, 그리고 그 체험을 하기 위해서는 먼저 부처님께서 말씀하신 대승경전의 말씀들을 잘 이해해야 한다고 이야기합니다. 그런데 그렇게 공부하다 보면 나름대로 견처가 생기는데 이런 느낌이 왔을 때 여러분에겐 그 계합된 것에 대한 어떤 관념의 상이 만들어지기 쉽습니다. 그 관념의 상은 우리의 잠재의식 속에 계속 남아 있어 이것에서 벗어나기 상당히 힘들어요. 왜냐? 나에겐 아직 보살의 광대한 원력이 자리 잡지 못하고 있고, 아직 발심이 안 되어 있고, 아직도 세속적인 이해관계를 구하고, 이기심, 욕망들이 우선되기 때문입니다.

그와 비슷하게 참선을 할 때 고요히 앉아 있다 보면 밤에 반딧불처럼 반짝 하는 게 있습니다. 공부를 하다보면 그 나름대로 뭔가 경계가 올 때가 있어요. 아주 고요하고 맑은 경계가 와요. 고요한 경지에 들어가면 과거에 들었던 어떤 진리의 내용이나 상들이 떠오를 때가 있습니다.

이게 무슨 말이겠어요? 내가 공부하다가 나름대로 공부의 경계가 떠올랐는데, 그 떠오른 경계는 머리에서 일어난 관념의 상이거든요. 상이다 이 말입니다. 그 경계가 오는 것도 보통 보면 몇 초입니다. 사람에 따라서 1분 동안 고요한 경계를 맛보는 사람이 있지만 대개는 몇 초에 불과해요.

화두 공부하는 사람들은 잘 들어 두세요. 어떤 경계가 왔다고 하는 것은 전부 다 식상에 불과하다는 사실을 아셔야 해요. 내가 만들어 놓은 상이다 이 말이에요. 그건 다 내가 내 마음 속에서 만들어가지고 내가 속는 거에요.

이런 정견을 모르면 공부를 하다가 반딧불만한 경계가 와도 방바닥을 치고 손뼉을 치고 하는데 그것은 다 여러분들이 스스로 만든 몽식이에요. '아! 이것이 어떤 경지구나. 이것이 도를 볼 수 있는 또 하나의 깨침의 경지구나' 이렇게 착각을 하는 거에요.

그런데 사실 그건 내가 과거부터 지금까지 계속 뭔가를 익히고 기억하고 배우고 알려고 하는 내 노력과 경험에 의해서 전부 다 나에게 잠재되어 조작되고 만들어진 정보이지 결코 바른 삼매가 아닙니다. 그것을 나름대로 깨쳤다고 착각하게 되는 거에요. 이런 공부는 자신이 자신에게 속는 일이기 때문에 정말 대단히 위험한 공부에요. 눈 벌겋게 뜨고 자기 마음의 식상에 속고 있다는 것을 여러분이 알아야 합니다.

여러분이 꿈을 꾸면 밤새도록 꿈꾼 것 같죠? 그런데 실제로 심리학적으로 들어가 보면 그 꿈은 몇 초 상간에 이뤄진 거랍니다. 단 몇 초라는 거에요. 그런데 자기가 생각할 때 밤새도록 꿈을 꿨다고 생각하는 거거든요.

공부하다 보면 이 꿈처럼 반짝하는 게 있어요. 그러면 정견이 부족하고 보살심 혹은 발심이 아주 깊이 되어 있지 않은 사람은 그것이 무슨 경계가 온 것인 줄 착각해요. 이런 일은 눈 밝은 선지식의 이야기를 들어보면 알아요. 선지식에게 물으면 "아니다. 전부 다 식상이다. 네가 눈 뜨고 귀신한테 속은 거다."라고 합니다. 귀신이 다른 게 귀신이 아니에요. 이 번뇌망상이 휘젓고 돌아다니는 이게 귀신이거든요. 그렇잖아요? 몸뚱이가 귀신은 아니잖아요. 사실은 공부가 제대로 되면 24시간이 여여하게 연결이 되어야 합니다. 그게 아니고 몇 초

짜리를 가지고 무슨 한 경계를 본 것처럼 착각을 해요. 그건 내가 알음알이로 들었던 것을 가지고 그 경계에 짜맞추기 한 거에요.

내가 알고 있는 도반스님 한 분은 불국사에서 같이 살던 스님인데 공부를 열심히 했어요. 이 스님이 공부를 하다보니까 나름대로 식상에 의한 경계가 온 거에요. 식상에 의한 경계도 여러 층이 있어서 몇 초도 있고 몇 분도 있어요. 그런데 몇 분 정도 되는 경계가 오면 자기가 속아버려요.

이 스님이 어느 날 동화사 위에 있는 암벽엘 올라갔어요. 그런데 새가 막 날아 다니는 것이 보이는 거에요. 그러니까 내 경계로 볼 때 나도 손만 뻗치면 저 새와 똑같이 날 수 있겠다 싶었지요. 그래서 이 스님이 그냥 그 암벽 높은 곳에서 아무 생각 없이 손을 놓고 날은 거에요. 날랐는데 이게 안 날라가고 계속 아래로 떨어졌죠.

여러분, 웃을 일이 아니에요. 공부를 안 하니까 이런 것도 웃고 넘어가죠. 그 스님이 떨어지다 다행이 나무가지를 붙잡았는데 아무리 고함을 질러도 그 산중에 누가 있나요. 할 수 없이 밑을 내려다 보면서 손을 놔버렸는데 떨어지면서 암벽에 부딪혀서 많이 다쳤어요. 그렇게 그날 밤을 세우고 마침 지나가던 군인이 스님을 싣고 병원에 모셔드렸다고 들었습니다.

이런 이야기를 들려드리는 까닭은 여러분들이 〈금강경〉 같은 경전공부를 하면서 참 정견이 열리고, 바로 깊이 발심하고, 신심을 내어서 체험을 할 수 있는 사람이 되길 바라는 마음에서입니다. 정말 마음이 무심한 경계를 여러분들이 체험을 해봐야 합니다. 그리고 공부하다가 조금이라도 이상한 기미가 올 때는 선지식에게 점검을 받아야 해요. 그때는 진솔하게 다 비우고 가르침을 받아야 하는 겁니다.

그런데 선지식이 이야기를 해줘도 선지식의 가르침을 부정하고, 선지식이 자기가 원하는 틀에 들어오지 않으면 자존심 상해 합니다. 그런 발심 가지고 어떻게 도에 들어가겠어요? 이 강의도 정견과 보살 원력의 발심을 가지고 들어야지, 경전 조금 읽고 그게 불교라고 생각하면 여러분들 금생 공부는 끝나는 거에요. 그래서 선지식이 중요하다는 겁니다. 잠깐 반딧불 같은 경계가 나타났을 때 선지식이 딱 정리를 해주면 바로 받아들여서 그대로 공부해 들어가야 제대로 공부에 진전이 있습니다.

여기서 말하는 요지는 식상에 머물지 말라는 거에요. 어떤 식상이 머리에 떠오르더라도 선한 식상이든 악한 식상이든 그 식상을 머리에 올려놓고 집착을 하지 말라는 거에요. 이건 그냥 연생연멸이구나 하고서 흘러가게끔 하라는 거에요. 깊이 발심해서 여래종성을 성취해야겠다는 원력을 세워서 공부하다가 어떤 경계가 오면 실체가 없는 것이라는 것을 알아채고 흘려보낼 때 여러분들은 여래의 배를 타고 여래의 고향으로 돌아갈 수 있습니다.

고갱이 | 일체 모든 것은 다 인연에 의해 연생연멸로 드러나는 것이니 어떤 경계가 와도 상에 머물러선 안 됩니다. 명심하십시오. "내가 또 속을 뻔했구나."

제6분

정신희유분
正信希有分

바른 믿음은 드물다

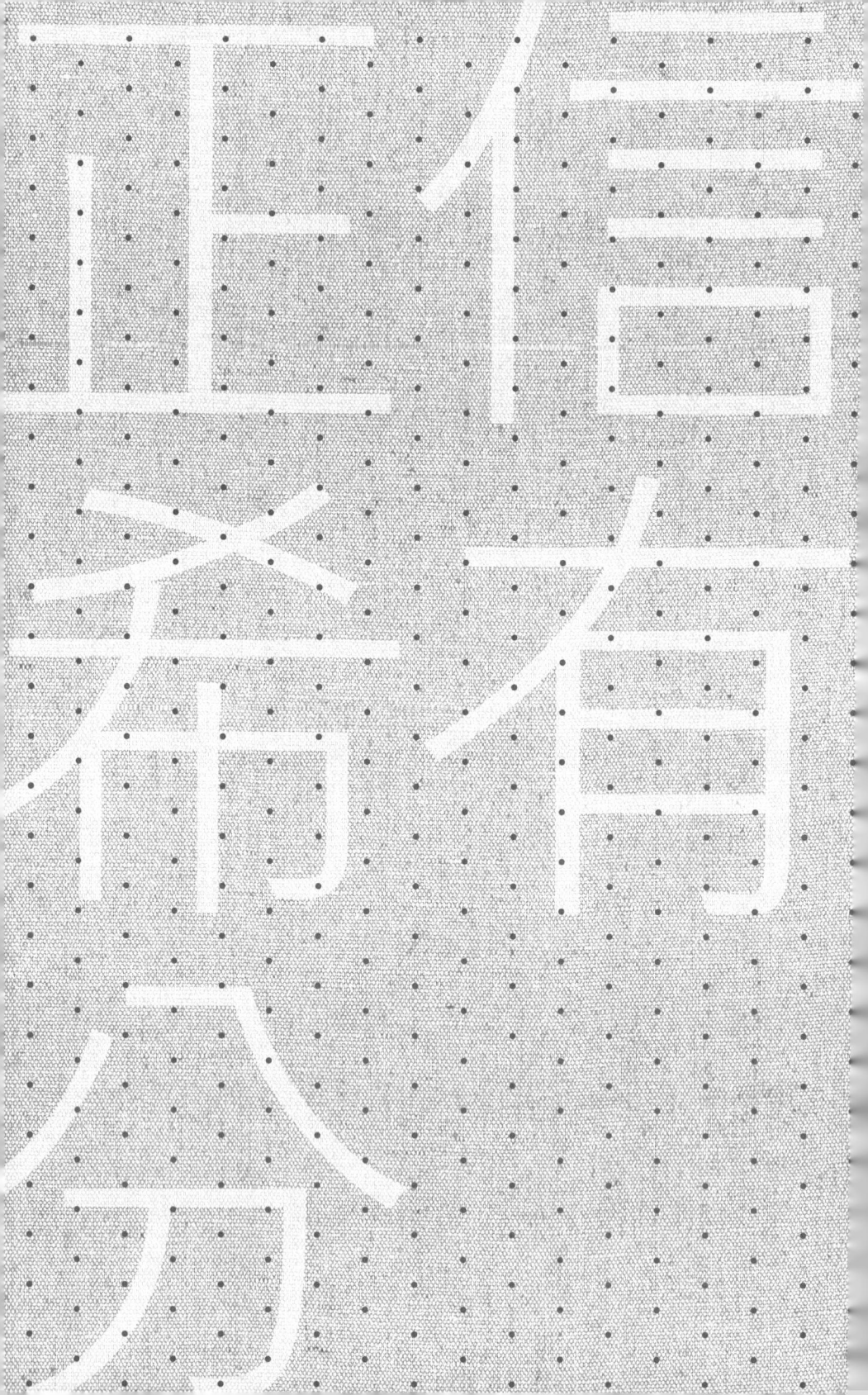

제6분 '정신희유분'입니다. '바른 믿음은 참으로 희유하다' 이 말은 바른 믿음을 갖는다는 것은 참으로 어렵고 희유하고 귀하다는 뜻입니다.

수보리 백불언 세존 파유중생
須菩提 白佛言 世尊 頗有衆生

득문여시언설장구 생실신부
得聞如是言說章句 生實信不

수보리가 부처님께 사뢰었다. "세존이시여, 자못 어떤 중생이 이와 같은 말씀을 듣고서 진실한 믿음을 내오리까?"

지금까지 부처님께서는 '여래실견분'에서 깊은 발심을 해야 하고, 마음에 스스로 일으킨 자기 알음알이 식상에 속아서는 안 되며, 자신이 공부하는 틀을 짜고 그 틀에 다시 묶여서 스스로 속는 길로 들어서는 것은 굉장히 위험하다는 말씀을 계속 하셨고, 마지막에 "모든 형상 있는 것은 다 허망하니 만약 모든 형상을 형상 아닌 것으로 보면 곧 여래를 보리라."고 하셨어요.

여러분들 중에는 혹 '그렇게 어려운 공부를 우리가 일상에서 실천하기는 대단히 어렵지 않겠습니까?' 또는 '그렇게 어려운 법을 누가 믿겠습니까?' 하고 생각하는 분이 계실 거에요. 부처님 당시에도 분명 그렇게 생각한 사람들이 있었을 겁니다. 그래서 수보리는 중생들이 이런 생각을 낼 것을 미리 알고 부처님의 답을 빌려서 중생들이 그런 생각을 갖지 않고 부처님의 말씀을 믿게 하기 위해서 질문했지요. "세존이시여, 자못 어떤 중생이 이와 같은 말씀을 듣고서 진실한 믿음을 내겠습니까?" 이렇게 묻는 거에요.

제가 평소 공부에서 굉장히 중요하다고 강조하는 것이 있는데 그것은 바로 '믿음과 발심'입니다. 여러분들이 불교와 인연을 맺어서 공부하신다고 하는데, 어떤 발심을 했고 얼마나 믿느냐는 공부를 성취함에 있어 사실 굉장히 중요한 문제거든요. 사람들은 모두 각각의 인연으로 발심을 합니다. 그런데 어떤 발심을 하느냐에 따라, 다시 말하면 상(相)을 따라 구하는 마음을 가지고 발심을 하느냐, 구하고자 하는 마음이 없이 발심을 하느냐에 따라 믿음에 엄청난 차이가 나는 거에요.

교학적으로 말하면 구하는 마음을 가지고 한 발심을 유상유구(有相有求) 발심이라고 하고, 구하는 마음이 없는 발심을 무상무구(無相無求) 발심이라고 합니다. 발심자가 정견에 대해 확신을 가지고 대승법의 진리를 듣고서 '아! 참으로 가치 있는 일이구나! 이 생명세계에 내가 이 일을 알기 위해서 사람 몸을 받아 왔구나' 하고 긍정적으로 받아들이면서 깊은 믿음을 가지면 이 사람은 무상무구 발심을 한 사람이 되는 거에요. 무상무구의 발심을 한 사람이 제대로 발심한 사람이고 마음공부하는 기본 틀을 갖춘 사람입니다. 이 사람은 마음에 어떤 경계가 온다고 하더라도 그 경계에 머물지 아니하고 아뇩다라삼먁삼보리 대보리심에 들어갈 수 있는 일체 구함이 없는 발심을 한 겁니다.

그런데 대개의 중생은 구하는 것이 있기 때문에 종교와 인연을 맺고 발심을 하게 됩니다. 이것이 근기가 약한 중생의 출발이고 유상유구 발심이라고 하는데 중생들은 대개 이러한 발심을 통해 종교를 접하게 됩니다. 이러한 중생은 마음으로 뭔가 하나를 알려고 노력해서 그 하나를 알게 되면 그와 동시에 알아야 될 또 다른 문제가 발생하게 되어 있어요. 그래서 그 문제를 해결하고 나면 다시 해결해야 할 문제가 생기는 악순환에 빠지는 것이지요.

중생은 항상 번뇌와 욕심으로 미혹해 있기 때문에 목마른 자가 소금물을 마시는 것처럼 계속 갈증이 생기게 마련입니다. 물동이에 밑구멍이 빠져서 물이 통째로 싹 빠져버리는 듯한 대단한 확철대오가 따르지 않는다면 항상 의심과 미혹이 따르게 되어 있기 때문에 끝이 없는 거에요.

무상무구 발심을 한 사람은 공부를 하면 할수록 계속 깊이 들어갈 수 있지만 유상유구 발심을 한 사람은 공부를 하면 할수록 아만과 아상, 인상, 중생상, 수자상으로 끝없이 달리는 그런 공부가 되기 때문에 공부 1시간 하면 1시간 한 만큼 법상이 생기고, 아만이 생기고, 나라는 것이 자꾸자꾸 생기면서 상대를 낮게 보고 자기만 옳다고 고집하면서 자기가 자기를 괴롭히고 남도 괴롭히는 미혹한 중생놀음을 한다 이 말입니다.

그래서 발심이 굉장히 중요하다는 것이죠. 그러니 무상무구 발심을 해야 하는데, "과연 이 말세에 무상무구발심을 한 사람이 있어서 이 공부를 하겠습니까?" 하고 수보리가 물은 거에요. 그러자 부처님께서 "이 말세에도 무상무구 발심을 한 자가 있다."고 하셨던 거죠.

불고수보리 막작시설 여래 멸후후오백세
佛告須菩提 莫作是說 如來 滅後後五百歲

유지계수복자 어차장구 능생신심 이차위실
有持戒修福者 於此章句 能生信心 以此爲實

당지 시인 불어일불이불삼사오불
當知 是人 不於一佛二佛三四五佛

이종선근 이어무량천만불소 종제선근
而種善根 已於無量千萬佛所 種諸善根

문시장구 내지 일념 생정신자
聞是章句 乃至 一念 生淨信者

부처님께서 수보리에게 이르시되, "그런 말 하지 말아라. 여래가 멸도한 뒤 후오백세에도 계를 지니고 복을 닦는 자가 있어서 이 말씀에 능히 믿는 마음을 내고 이로써 실다움을 삼으리라. 마땅히 알라. 이 사람은 한 부처나 두 부처나 셋, 넷, 다섯 부처님께 선근을 심었을 뿐만 아니라 이미 한량없는 천만 부처님께 모든 선근을 심었으므로 이 말씀을 듣고 한 순간만이라도 깨끗한 믿음을 내는 사람이니라."

"과연 진심으로 믿음을 내어서 부처님 가르침대로 올바르게 수행을 할 사람이 있겠습니까?" 하고 여쭙는 수보리의 질문에 부처님께서는 분명히 "여래가 멸도한 뒤 후5백세에도 계를 지니고 복을 닦는 자가 있어서 이 말씀에 능히 참다운 믿음을 내는 이가 있다."고 이야기하십니다. 말세에 가서 이 〈금강경〉 말씀을 믿고 무상무구발심을 하여 정말 깊이 공부해서 여래의 고향에 들어가는 사람이 있다는 겁니다.

그러면 그런 사람은 어떤 사람이냐? 그래서 부처님은 다시 "마땅히 알라. 이 사람은 한 부처나 두 부처나 셋, 넷, 다섯 부처님께 선근을 심었을 뿐 아니라 이미 한량없는 천만 부처님께 모든 선근을 심었으므로 이 말씀을 듣고 한 순간만이라도 깨끗한 믿음을 내는 사람이다."고 말씀을 하셨어요.

여기 경문에서 '천만 부처님께 선근을 심었다'는 것은 천만 부처님을 만나 뵈었다는 뜻이잖아요? 그렇다면 여러분들은 어디서 그 무량한 천만 부처님을 찾을 거에요? 지금 이 현실에서 여러분이 부처님을 만나 뵐 수 있습니까?

여기서 천만 부처님은 지금 이 시대에서 살아 있는 선지식을 말하는 거에요. 지금 여러분들이 뵈올 수 있는 분은 법을 바로 아는 명안종사, 선지식밖에 없는 겁니다. 그러니까 그 선지식을 한 분 두 분도 아니고 천만의 선지식을 내가 가깝게 모시면서 지도를 받고 마음을 반야지혜로 밝히는 공부를 하면서 그 선지식을 부처님처럼 모시라는 겁니다.

여기서 선근이라는 말은 착한 마음 뿌리라는 말이거든요. 마음공부 하는 사람은 기본적으로 착해야 합니다. 그리고 기본적으로 복도 있어야 됩니다.

〈열반경〉에 보면 눈 밝은 명안종사, 선지식을 만나는 것은 사바세계인 남섬부주에 바늘 하나를 세워놓고 도솔천 내원궁에서 겨자씨를 던졌을 때 이 바늘귀를 맞추는 것만큼 어렵다고 설해져 있어요. 이 말씀은 대단히 믿기 어려운 이 진리를 얻어 믿으면 세세생생토록 육도 윤회에서 벗어나게 되고 일체 모든 생명들을 위해서 사랑과 자비를 베풀면서 나도 자유롭고 상대도 자유로운 부처의 길에 들어가기 때문에 부처님 법이 귀하다는 걸 이렇게 표현한 거에요.

그렇다면 우리는 실제로 명안종사나 선지식을 어디에서 찾을 수 있겠습니까? 명안종사나 선지식이 어디에 있겠어요? 선지식은 내가 무상무구 발심을 해서 참으로 이 법을 성취해야 되겠다는 절절한 원력의 믿음을 일으키면 만나게끔 되어 있어요. 반드시 만나게 되어 있어요. 왜냐하면 선지식은 그걸 알기 때문이죠. 예를 들어 과일이 익으면 후각이 아주 발달한 사람은 아주 멀리서도 과일 익는 냄새를 맡습니다. 굳이 바람에 의지하지 않아도 알 수 있어요. 내가 몸에 사향을 품으면 내가 바람 앞에 서있지 않아도 그 냄새가 펴져나가게 되어 있어요. 내가 참으로 발심을 해서 정말 도를 성취해야겠다, 금생에 공부의 끝을 봐야겠다고 생각한 사람은 선지식이 알아봅니다.

선가의 〈벽암록〉에 보면 '산 넘어 연기 나면 벌써 불 난 줄 알고, 담 넘어 뿔이 보이면 벌써 황소 지나가는 줄 안다'는 말이 있어요. 선지식은 마음공부 하는 사람이 어느 정도 발심이 되어 있는지, 무상무구 발심인지 이미 안다는 거에요. 그래서 꼭 일러줄 사람이 있으면 반드시 선지식은 가서 혜안이 열리게끔 하는 겁니다. 스님들도 선방에서 공부하다가 어떤 경계가 있어서 선지식을 찾아뵈러 가면 선지식은 벌써 발자국 소리만 들어도 몇 냥이나 나가는 줄 알아요. 선지식은 첫 일구 나오는 소리 들어보면 몇 냥 어치나 되는 줄을 안다 이 말이에요.

가장 중요한 사실은 여러분들의 마음을 불심으로 전향시킬 수 있는 이 법을 귀하게 여길 줄 알아야 마음이 전환이 되고 공부에 진취가 있다는 겁니다. 제가 처음 출가했을 때는 이렇게 법을 귀하게 여기고 마음공부 하는 것을 가치 있게 여기는 사람을 많이 봤어요.

제가 젊을 때 고창 선운사 도솔암 내원궁에 기도하러 올라갔는데 60대 노보살님과 동행을 한 적이 있어요. 보살님이 서울서 오셨는데 초행길이라고 하시더라고요. 그래서 모시고 가려고 제가 천천히 걸어갔어요. 그런데 갈수록 보살님이 자꾸 뒤처지는 거에요. 보살님이 기운이 없어 그런 것 같아 내가 걸음을 더 늦췄어요. 그랬더니 이번엔 아예 제자리에 서 있는 거에요. 그러다 내가 한참 앞에 가면 따라 움직이기를 반복했지요. 갈수록 처지는 것이 이상해서 "왜 기운이 없습니까? 그리 자꾸 걸음이 늦어지고 쳐집니까?" 하고 물었더니 "아닙니다. 스님이 서서 가셔야 저도 따라갈 수가 있지요." 하는 거에요. 알고 보니 이 보살님이 내 그림자를 밟지 않으려고 성큼 따르지 못했던 겁니다.

　도솔암 올라가는 길이 지금은 많이 넓습니다만 그때는 오솔 길이었어요. 그때 오후가 되어 해가 서산에 지니까 제 그림자 가 길게 드리웠는데 노보살님은 그 그림자가 길어지면 더 처지고 짧아지면 다시 속도를 내며 올라왔던 겁니다. "보살님 왜 그러십니까?" 하고 물으니 그 보살님 하시는 말씀이 "스님 처럼 마음 닦는 분을 보면 그렇게 존경심이 나고 공경심이 갑니다." 하는 거에요.

　예를 들어 돈을 한 1억쯤 내고 이 마음을 바꿀 수 있고 성품도 좀 바꿀 수 있고 부처 경지에 들어갈 수 있다면 여러분들은 어떻게 하시겠어요? 저 같으면 1억 아니라 10억이라도 내어 놓겠어요. 그게 불가능하니까 하는 소리가 아니고 실제로 그렇습니다. 그렇게 물질을 주고서라도 마음을 바꿀 수가 있다고 하면 얼마나 좋겠습니까? 그러면 재물 가진 사람은 열두 번도 더 마음을 바꿀 수가 있겠죠. 그런데 이 마음 바꾸는 일이 물질로 되는 일이 아니잖아요. 이 마음을 참으로 반야바라밀로 지혜롭게 쓰고 전환시킨다는 것이 그만큼 어렵습니다.

　재밌는 이야기 하나 해드릴까요? 옛날에 어떤 스님이 초상집에 시달림을 갔어요. 초상집의 상주가 "스님이 오셔서 염불을 하면 뭐가 좋습니까?" 하고 물었어요. 그러니까 그 스님이 "예, 아미타불 염불을 하면 어머님이 저 서방정토 극락세계에 가서 나십니다." 하고 대답을 했답니다. 그러니까 상주가 "아, 그렇습니까? 그러면 스님이 이렇게 한번 오시는데 돈을 얼마 정도 드리면 됩니까?" 스님 왈 "예, 복 있는 사람은 몇십 만 원씩 주고 형편이 어려운 사람은 어려운 대로 10만원도 주고 20만원도 주고 그렇게 합니다." 하고 대답했어요.

그러자 그 상주가 한다는 말이 "그러면 스님 5만원만 합시다!" 그러더라는 거에요. 그러니까 그 스님이 "예, 그렇게 하세요. 5만원 하시면 됩니다." 그러면서 스님이 염불을 하는데 염불을 어떻게 하느냐 하면 "나무 동방아촉불 나무 동방아촉불…" 하면서 동방아촉불만 부르는 거에요.

상주가 가만히 생각하니까 서방정토 극락세계를 불러야 어머님이 서방정토 극락세계를 간다고 했는데 동방아촉불만 부르고 있거든요. 그래서 염불하는 스님 옆구리를 찌르면서 "스님, 어째서 자꾸 동방아촉불만 부릅니까? 서방을 불러주셔야 될 거 아닙니까?" 했지요. 그러자 스님이 하는 말이 "5만원 짜리는 서방까지 가기 어렵습니다." 하고 말했답니다. 동방에서 머물러야 된다는 거죠. 불교에 인연을 맺어 발심을 하고 공부를 한다고 해도 아만과 자만심과 물질에 매여 있는 사람에게는 동방도 아주 귀한 걸로 받아들여야 한다는 거죠. 그러니까 그 상주가 "아! 스님 제가 10만원 드릴 테니까 서방까지 불러주십시오." 하더라는 겁니다.

또 옛날에 대단한 선지식이신 도오스님의 제자가 불법을 배우기 위해서 스님 밑에서 3년간 시봉을 했어요. 그런데 3년 동안 도오스님은 단 한 번도 불법에 대해서는 이야기를 안 하시는 거에요. 항상 나무 해가지고 오라고 하고, 군불 때라고 하고, 찻물 끓이라고 하고, 공양 지으라고 하고 토굴에 살면서 계속 일만 시켰다 이 말이에요. 그래서 제자가 "스님, 제가 이제는 스님 곁을 떠나야겠습니다. 제가 스님 밑에서 3년을 시봉을 했는데 스님은 한 번도 저에게 도에 대해서는 이야기를 하신 적이 없습니다. 그러니 저는 선지식을 찾아서 떠나야겠습니다." 했습니다.

그러니까 도우스님 하시는 말씀이 "그렇게 생각했느냐. 나는 네가 물을 갖다 주면 참으로 고맙다고 인사를 했고, 나무를 해오면 참 고생한다고 인사를 했고, 불을 때면 항상 불조심하라고 했고, 일상생활 속에서 대화를 주고받을 때 항상 도를 이야기했는데 어디 내가 도를 이야기 안 한 적이 있느냐."라고 했어요. 24시간 항상 도를 이야기했다는 거에요. 그 소리를 듣고서야 비로소 제자는 도를 깨쳤습니다.

이 경우는 아까 상주하고 비슷한 겁니다. 상주는 5만원짜리 가치로 보니까 도로써 자기한테 다가오는 게 하나도 없었잖아요. 제자도 마찬가지지요. 도우스님이 일상생활 속에서 도에 맞는 법문을 부처님하고 똑같이 도에 맞는 행동으로 보여줬는데도 도 이야기는 한마디도 안 했다며 떠날 결심을 했어요. 스승은 전부 다 도로써 보여 주었는데도 법에 대한 귀한 생각이 없고 믿음도 약하고 가치를 모르니까 마음을 바꾸면 무량한 복이 있다는 사실을 모를 수밖에요. 여기서 중요한 건 뭐냐. 법의 가치를 깊이 믿고 깊이 발심하여 선지식을 모시고 살 때 공부의 성취가 이뤄진다는 겁니다.

후5백세라는 말이 나왔지요? 후5백세라는 것은 후5백년이라는 말인데, 부처님께서 열반에 드신 뒤의 미래를 미리 예언하신 것이에요. 부처님 입멸 후 2,500년의 시간을 다섯 등분하여 각각 오백 년으로 나누어 말씀하셨는데 그 마지막 5백년간을 말하는 겁니다. 부처님이 입멸하시고 난 후 2,500년이란 지금 이 시대를 말하죠. 여러분들께 참고로 다섯 시기의 500년을 설명하겠습니다. 편의상 제1오백년, 제2오백년, 제3오백년, 제4오백년, 제5오백년으로 부르기로 합니다.

제1오백년은 부처님께서 열반하시고 첫 500년간으로 이 때를 '해탈견고(解脫堅固) 시대'라고 합니다. 부처님 당시 제자들은 거의 다 아라한이 되었어요. 왜냐하면 부처님의 얼굴을 보거나 음성을 듣는 것만으로도 무상무구발심이 되는 시대, 즉 부처님의 존재 자체가 무상무구의 발심을 일으키는 모델이었기 때문에 그때는 거의 모두가 다 아라한이 되었어요.

부처님이 열반하시고 난 후 첫 5백년간은 부처님의 가르침의 기운이 아직 그대로 세상에 남아 있어 부처님의 가르침을 조금도 의심하지 않았을 뿐더러 사람들이 지혜가 있어 가르침을 듣고 바로 해탈을 증득한 사람들이 많아서 불법이 계속 흥성하던 시기였어요.

제2오백년은 부처님께서 멸도하신 지 501년부터 1000년까지의 시기를 말합니다. 이 때는 제1오백년 때처럼 바로바로 깨달음을 얻어 해탈하는 사람은 적었지만 부처님의 가르침에 따라 열심히 선정을 닦던 시기였어요. 그래서 '선정견고(禪定堅固) 시대'라고 합니다.

그런데 선정을 익히는 것이 해탈은 아니죠. 해탈은 완전히 깨친 것인데 선정은 그냥 고요한 정을 익히는 것이거든요. 가만히 앉아서 마치 물을 끓이면 일어났다가 멸하고 일어났다가 멸하는 거품과 같이 그렇게 일어나고 멸하고 일어나고 멸하는 생각만 고요히 잠재우려고 앉아 있는 거에요. 그렇게 정을 익히기 위해 앉거나 염불, 기도할 때는 마음이 고요하게 유지되다가도 생활 속에 나오면 바로 흐트러져 전혀 자기 마음이 경계에 무심해지지를 않는 거에요. 그래서 경계에 끄달리게 되고 경계로 인해 괴로워하고 시비가 일게 됩니다. 그래서 부처님께서도 선정만 익히는 사람을 질타하셨어요.

이 선정의 개념이 대승법에 들어와서 정혜쌍수로 바뀝니다. 〈육조단경〉에서 혜능스님은 이것을 정혜일체라고 했습니다. 정과 혜가 하나가 되게끔 공부를 한다는 거에요. 정을 익히면서 혜가 되는 거죠. 먼저 시간에 불변과 수연을 이야기했잖아요. 불변은 정을 말하는 것이고 수연은 혜를 말하는 거에요. 어떤 경계가 오더라도 그 경계를 다 접하면서 항상 바탕은 고요한 정과 같이 나가는 거에요. 이게 정과 혜가 일체된 수행을 제대로 하는 거에요.

제3오백년은 부처님이 열반하시고 나서 천년 후부터 천오백년까지를 말합니다. 이 시기에는 부처님이 남겨주신 말씀, 즉 경전을 읽고 외우고 부지런히 공부를 하는 사람은 많았지만 선정과 참다운 수행을 하는 사람들이 적어 부처님 가르침의 기운이 많이 줄어들었는데, 읽고 듣는 사람이 많았다 하여 '다문견고(多聞堅固) 시대'라고 합니다.

이때는 주로 부처님 말씀을 학문적으로 비교하고 연구하고 이유를 따지는 쪽으로 집착하느라 부처님의 가르침을 실천에 옮기는 것에 등한시한 것입니다. 그리고 이 때 모든 대승경전이 중국으로 넘어와 중국에서 8백년에 걸친 엄청난 역경사업이 이루어지기 시작했고 교상판석을 통해 불교가 학문적으로 정리되었어요.

제4오백년은 '탑사견고(塔寺堅固) 시대'라고 합니다. 이때는 부처님의 가르침을 배우고 수행할 생각은 안하고 그저 탑이나 절을 세워서 복과 공덕을 얻고자 하는 사람들이 늘어났어요. 역사적으로 볼 때 이 시기에 중국이나 동북아시아, 중앙아시아 지역에 탑이나 가람이 많이 세워졌죠.

마지막 제5오백년은 부처님께서 열반하시고 난 후 2천 년부터 2천 5백 년까지를 말합니다. 이 시기는 서로 싸우고 무엇이든지 자기 위주로 하고 자신만을 생각하고 투쟁을 일삼는다고 해서 '투쟁견고(鬪爭堅固) 시대'라고 합니다.

체험한 것은 없고, 신심도 없고, 자기 아상은 드러내고 싶고, 그러다 보면 제대로 공부하는 진리의 진수를 모르고 부처님의 혜안도 안 열렸기 때문에 말하는 것마다 남이 믿지를 않게 되니까 시비가 생기고 투쟁이 생기는 거에요.

〈법화경〉 '약왕보살본사품'에 보면 이 시대에는 불법이 거의 쇠퇴하여 복을 바라며 절을 짓는 불사까지도 사라지고 오히려 절의 재산을 가지고 싸우고 다투며, 불법을 팔아 서로 옳고 그름을 다투며 분열하는 시기라고 되어 있어요. 그래서 일반적으로는 이 시대를 말법시대라고 해요. 이 시대에는 진발심, 무상무구 발심은 하지 아니하고 유상유구 발심을 하면서, 뭔가 체험은 하지 아니하고 자기 마음의 반야지혜를 보지 못하고 또 인격의 변화 없이 계속 머리불교, 교리불교, 알음알이 학문불교 쪽으로만 공부를 하는 겁니다.

사실 이 학문공부라는 것은 어떤 음식에 대해 그 영양가를 알려주는 것이 바로 교리이고 학문공부입니다. 그런데 이런 수준의 정보는 여러분들이 인터넷에 들어가서 찾아보면 다 아는 겁니다. 그럼 왜 음식에 대해 구구절절이 설명을 하느냐? 그것은 바로 믿으라고 하는 거에요. 믿고 그 음식을 먹으라는 것이죠. 그냥 아는 것만 가지고 내 건강이 좋아집니까? 아니거든요.

부처님께서 많은 가르침을 주시고 그리고 또 제가 이렇게 여러분에게 강의를 하는 것도 결국은 체험하라고 그러는 거에요. 체험은 뭡니까? 발심을 해서, 이 마음공부가 참으로 귀하고 가치 있는 일이니까 백천만 겁에도 만나기 어렵다는 사람 몸 받았을 때, 바로 지금 이 마음공부를 제대로 한번 해야겠다는 생각을 내서 실천을 하라는 겁니다.

수보리 여래 실지실견 시제중생 득여시무량복덕
須菩提 如來 悉知悉見 是諸衆生 得如是無量福德

"수보리야, 여래는 다 알고 다 보나니 이 모든 중생들이 이렇게 한량없는 복덕을 얻느니라."

또 부처님이 하시는 말씀이 "수보리야, 여래는 다 알고 다 보나니 이 모든 중생들이 이렇게 한량없는 복덕을 얻느니라." 이렇게 이야기를 하셨거든요. 여기서 여래는 부처님을 생각하셔도 되지만 선지식을 말하는 것이고, 여러분들 마음의 여래의 종성(種性)을 말하는 거에요. 여러분들의 반야지혜를 말하는 거죠.

여러분들은 이미 콩 심으면 콩 나는 줄 알고 팥 심으면 팥 나는 줄 알고 있습니다. 그렇지요? 복을 지으면 복을 받는 줄도 알고 무상무구의 발심을 하면 깨달음의 길에 올라선다는 것도 다 알고 있어요. 여러분들의 여래는 모르는 것이 없다는 겁니다. 다 알고 있는데 다만 잠자는 것을 일깨워주고 살려낼 수 있는 인연을 만나지 못한 것 뿐이지 다 있는 거에요.

예를 들어 여기 부채가 있습니다. 아~ 시원하네요. 그런데 이 부채 자체에 바람이 있는 것이 아니잖아요? 부채가 바람을 일으킬 때는 바람이 이미 항상 있었기 때문에 부채를 흔들면 바람이 나는 것이지, 부채가 없는 바람을 만들어 낸 것은 아니라는 거에요. 이렇게 여기에 바람이 있고 무언가를 흔들 수 있다는 것을 누가 가르치느냐. 선지식이 가르치고 여래는 이미 알고 있다는 거에요.

일본작가 에모토 마사루가 쓴 〈물은 답을 알고 있다〉라는 책을 보면 물도 계속 사랑한다, 정말 행복하다, 참 아름답다는 말로 칭찬하고 사랑한다는 메시지를 주면 이 물의 결정이 그대로 육각수로 변한다고 합니다. 식물도 계속 사랑한다고 하고 아름다운 음악을 들려주면 몸을 바르르 떤다고 하죠? 우리에게도 그런 여래의 종성과 부처의 불심과 큰 사랑이 있는 겁니다. 있기 때문에 선지식은 이것을 있다고 가르쳐주고, 어떤 길이 바른 길인지 가르쳐주는 거지요.

그렇다고 누군가가 도를 직접 줄 수는 없습니다. 제가 극락암 선방에 살 때 열반하신 경봉스님께서 법상에 올라가시면 항상 하시는 말씀이 있어요. 신혼부부를 위해 만든 금침 있잖아요? 스님께서는 "그 베게에 아주 아름다운 자수를 놓아 그 자수무늬는 보여줄지언정 바늘과 실은 주지 마라."고 하셨지요. 이건 무슨 말이냐 하면 미혹한 중생들에게 불성이 있고 대자비심이 있고 여래의 종성이 있고 보살심이 다 있다는 것을 이야기하고 확신을 심어 주되, 바늘과 실을 주듯이 경계가 어떻다는 둥 구체적으로 말해주지 말라는 것입니다.

중생이 본래부처인 것은 부처가 되었을 때 알 수 있는 것이지, 절대 중생으로서는 내가 부처라는 것을 모른다는 거에요. 중생은 꿈꾸면서 내가 꿈꾸고 있다는 사실을 알 수 없다는 겁니다. 왜냐하면 중생들은 어떤 것을 구체적으로 이야기해주면 자꾸 그것에 법상을 내고 그 법을 욕심내어 알음알이만 키우지, 자기 마음 전환은 절대 안한다는 거에요. 자세히 알려주는 것이 오히려 병이 되고 안 좋다는 것입니다. 그래서 좋다는 이야기만 해주는 거에요. 아름답다고 이야기해주는 거에요. 선지식들 법문이 다 그렇습니다.

다시 본문으로 돌아와서, 부처님께서는 "이 모든 중생들이 이렇게 한량없는 복덕을 얻느니라."고 하셨어요. 마음공부를 하는 사람은 한량없는 복덕을 얻는다는 거에요. 제3분 '대승정종분'에서 아뇩다라삼먁삼보리심을 얻은 자는 그 공덕이 동서남북 허공을 사량할 수 없을 만큼 크다고 한 것처럼 마음의 공덕을 말하는 겁니다.

하이고 시제중생 무부아상인상중생상수자상
何以故 是諸衆生 無復我相人相衆生相壽者相

무법상 역무비법상
無法相 亦無非法相

"무슨 까닭인가. 이 모든 중생은 다시 아상, 인상, 중생상, 수자상이 없으며 법이라는 상도 없으며 법 아니라는 상도 또한 없느니라."

여기서 사상이 나옵니다. 사상을 정리하고 넘어갈까요?

아상 | 아상은 나라고 할 수 있는 내가 있다고 집착하는 것이 바로 아상입니다. 현대과학이 이렇게 발달했는데 여러분들 중에 아직도 이 몸뚱이가 나의 전부라고 생각하고 집착하는 사람은 없을 거에요. 그런데 여러분들이 지금 집착하고 있는 게 뭐냐 하면 나라고 하는 마음이 있다는 거에요. 나라고 할 수 있는 나의 마음이 있다고 생각하는 겁니다. 앞서 마음에 대해 설명할 때 무주에 대해서 이야기했고, 무소유, 무상에 대해서 이야기를 했지요? 절대 나의 마음이라는 것이 존재

할 수 없는 거에요. 근본 뿌리가 아상이니까 아상이 없어져버리면 인상, 중생상, 수자상도 같이 따라 없어지는 겁니다.

인상 | 인상은 사람이 이 생명세계에서 가장 위대한 만물의 영장이자 사람만이 모든 생명에 대한 권한을 가졌다고 생각하는 거에요. 그래서 다른 생명을 함부로 죽이고 또 자연을 훼손시킬 수 있는 것이 당연하다고 생각합니다. 이게 서구사상이죠? 동양사상은 이런 게 아니에요. 동양사상은 사람도 이 생명세계에서 함께 살아가야 할 공존의 한 부분에 불과할 뿐, 사람이 절대적인 우위에 서서 자연이나 생명을 해칠 수 있는 권리는 없다는 거죠. 2011년 일본의 쓰나미에서 봤듯이 자연 앞에 인간은 아무 것도 아닙니다. 그런데 인간은 지금 자만하고 있는 거에요. 그런 생각으로 살면 이 자연계 뿐 아니라 우리 마음에도 절대 부처님의 불성은 볼 수가 없습니다. 그래서 부처님은 살생하지 말라고 하신 것이지요.

중생상 | 중생상은 미혹한 중생이 항상 자기가 제일이고 자기가 모든 것에 우선이고, 좋은 것은 자기 쪽으로 나쁜 것은 타인에게 돌리는 그런 습성을 말하는 거에요. 그래서 항상 남을 원망하게 되고 남을 비방하게 되고 그러는 거죠. 잘 되면 자기 탓, 안 되면 조상 탓이라는 속담도 있잖아요? 이런 말들이 다 그냥 나오는 말들이 아니에요. 그게 전부 중생상이라는 겁니다.

수자상 | 마지막으로 수자상은 내가 언제까지는 살 것이라고

어리석게 믿는 것을 말하는 거에요. 모든 것은 변화하기 마련이지요. 그런데 중생은 제행이 무상한 이 도리를 모르고 나는 얼마까지는 꼭 산다는 기준을 둬요. 그래서 삶에 대한 집착이 아주 강하죠. 어제 옆에 있던 사람이 오늘은 없어지는데 그것 참 무상한 것이고 그렇잖아요?

남의 이야기를 할 때는 무상하다는 이야기를 쉽게 해요. 그런데 막상 자신에게 가장 중요한 인연이 그런 일을 당했을 때는 그 무상을 못 받아들여요. 왜 그럴까요? 간단하죠. 왜냐하면 머리불교만 했기 때문에 그렇습니다. 알음알이로 머리로 아는 것에서 끝냈기 때문에 실제로 자신에게 닥쳤을 때는 그 무상을 받아들이지 못하는 거에요.

죽음이 그리 멀지 않았습니다. 사람이 언제까지고 산다고 그렇게 장담할 수가 없어요. 참 무상한 거에요. 오는 건 순서가 있어도 가는 건 순서가 없어요. 내일 어찌 될지 모레 어찌 될지 모르는 거에요. 그런데 수명에 애착이 붙으면 그것으로 인해 다른 모든 상대를 괴롭히고 상처 주는 일들을 우리가 많이 한다 이 말입니다. 그러니까 이 무상함에 대비해 항상 준비하세요. 언젠가는 갈 때가 되면 가야 된다. 그러니까 미리미리 정리정돈 해가면서 사세요.

하이고 시제중생 약심취상 즉위착아인중생수자
何以故 是諸衆生 若心取相 卽爲着我人衆生壽者

하이고 약취법상 즉착아인중생수자
何以故 若取法相 卽着我人衆生壽者

약취비법상 즉착아인중생수자
若取非法相 卽着我人衆生壽者

"무슨 까닭인가. 이 모든 중생이 만약 마음에 상을 취하면 곧 아상, 인상, 중생상, 수자상에 집착하게 되나니, 무슨 까닭인가. 만약 법상을 취하더라도 곧 아상, 인상, 중생상, 수자상에 집착함이며, 만약 법 아닌 상을 취하더라도 곧 아상, 인상, 중생상, 수자상에 집착함이 되느니라."

여기서는 법상이라는 얘기가 나옵니다. 공부를 참 많이 하면서도 이 법상에 묶여서 오히려 병이 되는 사람들이 있어요. 이게 무슨 말인지 잘 들어 보세요.

〈금강경〉의 말씀을 통해 무주라든지 무소유, 무집착 또는 무상관과 같은 깊은 법문을 들으면 이것을 듣고서 우리의 생활 속에 잘 접목시켜 불교적인 관점으로 생활을 해 나가야 되거든요. 그래야 우리에게 공덕이 되고 선근이 쌓이는데, 머리 불교만 해가지고는 업은 업대로 놀고 아는 건 아는 것대로 따로 놀 수밖에 없는 거에요. 업이 따로 노니까 우리가 기도를 하든 참선을 하든 길한 것은 좋아하고 흉한 것은 싫어하고, 또 복은 좋아하고 재앙은 싫어하고, 깨끗한 건 좋아하고 더러운 건 싫어하는 병에 걸리는 거에요. 이것을 뭐라고 하느냐. 깨끗할 정자, 묶을 박자를 써서 '정박(淨縛)'이라고 합니다. 공부하는 사람들이 여기에 많이 걸려 있어요.

또 한 가지는 고요할 정 자를 써서 '정박(靜縛)'이라 하는데 뭐냐면 우리가 참선을 하든 염불을 하든 공부할 때는 마음이 경계를 안 보니까 고요하고 그래서 느낌도 좋고 마음도 편안하고 참 좋아요. 그런데 생활 속에 들어오면 업은 업대로 또 살아나니까 짜증이 나고 생각이 번거로워지고 복잡해지고 그러잖아요. 그런데 이미 고요함을 맛본지라, 오히려 그 고요함을 자꾸 탐착하면서 현실을 싫어하고 현실을 자꾸 멀리 하려는 거에요.

공부 자체를 현실 속에서 살려내지 못한 채, 그 고준한 법으로 머리에만 머물러 있고 또 고요한 것만을 자꾸 탐착하니까 현실이 더욱 더 괴로움으로 다가올 수밖에요. 자꾸 싫은 것으로 다가오는 거에요. 그래서 가정에서는 여러 가지 생활이 번거롭다고 싫고, 저잣거리는 시끄러워서 싫고, 숲 좋고 공기 좋고 물 좋은 고요한 데를 찾아 거기서 공부하려고 집착하기 때문에 고요한데 병들어 있는 것입니다.

참선하든지 염불하든지 하다 보면 나도 모르게 번뇌망상이 들어오고 산란하고 괴로운 마음이 들어오게 됩니다. 그런데 바로 그 때 들어온 줄을 알면, 이미 들어온 것은 그 즉시 없어지는 거에요. 왜? 연생연멸이기 때문에. 그것은 뿌리가 없고 실체가 없는 것이기 때문에 들어온 줄 아는 바로 그 순간, 바로 그 자리는 반야지혜의 자리이고 여래성의 공덕자리고 열반의 자리이자 공심의 자리인 겁니다. 그냥 본래로 돌아가는 겁니다.

그런데 사람들은 보통 그것을 알지 못하고 '내가 왜 또 이런 번뇌를 일으키고 집착을 일으키고 망상을 일으키는가' 하면서 없애려고 자꾸 매달리는 거에요. 죽은 마음을 또 죽이려고 어리석게 자꾸 덤빈다 이 말이지요. 왜? 그 번뇌망상이 온 줄 알면 이미 번뇌 망상은 없어진 거에요. 없어졌다는 것은 번뇌 망상이 죽었다는 말이고 죽었으면 죽은 줄 아는 그 자리가 바로 지혜의 자리인데, 그것을 깨닫지 못하고 죽은 것을 또 자꾸 죽인다고 혼자서 그러고 있는 것을 '사심선(死心禪)'을 한다고 합니다.

또 이러한 가르침대로 잘 살지도 못하면서 자꾸 욕심만 앞세워서 '내가 깨달아야 한다. 깨우침이 와야 된다. 열반이 빨리 나에게 와야 된다' 이런 생각으로 열반 그 자체를 중생심으로 바라봅니다. 그러니 열반이 무엇으로 변합니까? 욕심의 대상으로 변하는 거에요. 욕심을 가지고 자꾸 깨달음을 성취하려하니까 기다리게 되고, 그러니까 깨달음을 기다리는 밧줄에 묶여 있게 되는 겁니다. 이것을 '대오박(待悟縛)'이라 합니다.

그런데 불심(佛心)이 욕심의 대상이 될 수가 있습니까? 부처님이 살아가시는 삶의 모습은 욕심으로서는 이룰 수가 없는 거에요. 참으로 정법을 만나고 바른 믿음을 일으키기가 갈수록 어렵습니다. 그래서 우리가 종교를 가지고 믿음을 가진다 하더라도 바른 믿음을 가지지 못할 때는 불교를 믿기는 믿는데 이것이 깨끗한 믿음이 못되기 때문에 결과가 달라진다는 거에요. 귤 씨를 제주도에다 심으면 감귤이 달리는데 추운 지방에 심으면 감귤이 아니고 탱자가 된다 이 말입니다.

꽃은 다 비슷하죠? 불교를 믿는 모양새는 비슷한데 내면적으로 정법을 아느냐, 바른 선근이 있느냐, 바르고 깨끗한 믿음이 있느냐, 여기에 따라서 그 결과는 이렇게 밀감이 될 수도 있고 탱자가 될 수도 있다는 말입니다.

덧붙여, 선가에는 무심과 평상심이 둘이 아니라는 말이 있습니다. 무심이라고 해서 관심 없이 본다는 의미는 아닙니다. 무심은 우리에게는 이미 여래의 공덕성이 다 갖춰져 있으며 본래 자성은 물들지 않는다는 것을 믿고 무주라든지 무집착, 무상관 또는 업에 너무 집착하거나 끄달려서 속지 않는 무염(無染)이 잘 갖춰져 있고 지혜가 잘 드러나 있는 것을 말하는 겁니다. 그리고 평상심은 생활 속에서 지혜롭게 사실을 사실대로 그대로 보고, 부처님의 가르침대로 모든 일상생활을 잘하는 것을 말하는 겁니다. 그래서 무심을 잘 이루면 그 무심 그대로 평상심을 이루는 것입니다.

시고 불응취법 불응취비법
是故 不應取法 不應取非法

"이러한 까닭으로 응당 법을 취하지 말아야 하며 응당 법 아님도 취하지 말아야 하느니라."

여기서의 법은 무엇을 말하는 것이며, 법 아닌 것은 무엇을 의미할까요? 이 법은 반야바라밀의 법을 말하는 거에요. 반야바라밀의 법은 아뇩다라삼먁삼보리 구경정각의 최상의 법을 말하는 것입니다. 〈금강경〉은 반야바라밀법을 실천하고 반야바라밀법을 깨달으라고 계속 반야바라밀을 설하고 있는 거에요. 그런데 반야바라밀법도 집착하지 말아야 하거늘 하물며 반야바라밀법이 아닌 것을 집착할 거냐 이 말입니다. 그러면 반야바라밀법이 아닌 법은 무슨 법이에요? 그건 생멸법을 말하는 거죠.

부처님은 3천 년이나 지난 분이시지만 지금도 우리가 아침저녁으로 하루 세 번 마지를 올리고 찬탄하고 예경 드리는 것은 그 은혜가 지중하기 때문이에요. 부처님은 나에게 마음 쓰는 법을 가르쳐 주셨고, 집착과 애착과 욕망과 고통에서 벗어나게끔 마음법을 가르쳐 주셨기 때문이지요. 이 정도는 여러분들이 믿고 이해하고 알아야 앞으로 깨끗한 공부에 들어갈 수가 있지 그렇지 않고는 전혀 들어갈 수가 없습니다.

이시의고 여래 상설 여등비구 지아설법
以是義故 如來 常說 汝等比丘 知我說法

여벌유자 법상응사 하황비법
如筏喩者 法尚應捨 何況非法

이런 까닭으로 여래가 항상 말하길, "너희들 비구는 나의 설법을 뗏목으로 비유함과 같음을 알라고 하노니 법도 오히려 응당 버려야 하거늘 어찌 하물며 법 아님이겠는가?"

여기서 중요한 말씀은 '법회인유분'에서부터 지금까지 부처님이 하신 말씀, 모든 부처님의 반야바라밀 법은 뗏목이라는 것이죠. 비유, 방편이라는 말입니다.

법이라는 것에 대해서는 바로 앞에서 말씀드렸지요. 법 아닌 것은 전부 다 생사법을 말하는 것이고, 생멸법을 말하는 거에요. 그러니까 이 바른 정법도 내가 공부를 하면서 어떤 경계가 오든지간에 그 경계에 머물지 말고 집착하지 말고 계속 흘러 보내라는 말이에요. 그렇게 자기를 비우면서 여래의 배를 타고서 여래의 고향으로 돌아가서 여래의 꽃을 피우라는 겁니다.

반야바라밀이라고 하니까 또 반야바라밀의 경계가 있다고

집착하게 되면 그 반야바라밀이 여러분들에게 또 고통을 주는 거에요. 여러분들이 다시금 생사법을 만든다는 말입니다. 아무리 귀하고 좋은 순금이라도 그 가루가 눈에 들어가면 병이 되잖습니까? 그래서 공부를 하면서 무주상 보살행을 계속 하라는 겁니다. 티끌만큼도 조건을 붙인다든가 또 내가 한 선행이라든지 반야바라밀의 법이 좋다고 그것에 집착을 하게 되면 거기에는 뭔가 따라오는 게 있어요. 그게 뭔지 아세요? 미움이 따라오는 거에요. 빈 배 타고 오는 거에요.

〈금강경〉은 무주상보시로써 수행의 근간을 삼는 것이고 계속 베푸는 것으로써 기둥을 삼다보면 어느 날 문득 내가 보살에 들어가 있는 겁니다.

고갱이 | 정견으로 법에 대한 깊은 믿음을 가진다면 누구든지 발심할 수 있고, 그런 사람만이 눈밝은 선지식을 모시고 바른 공부를 해나갈 수 있습니다.

제7분 無得無說分 무득무설분

얻을 바도 설할 바도 없다

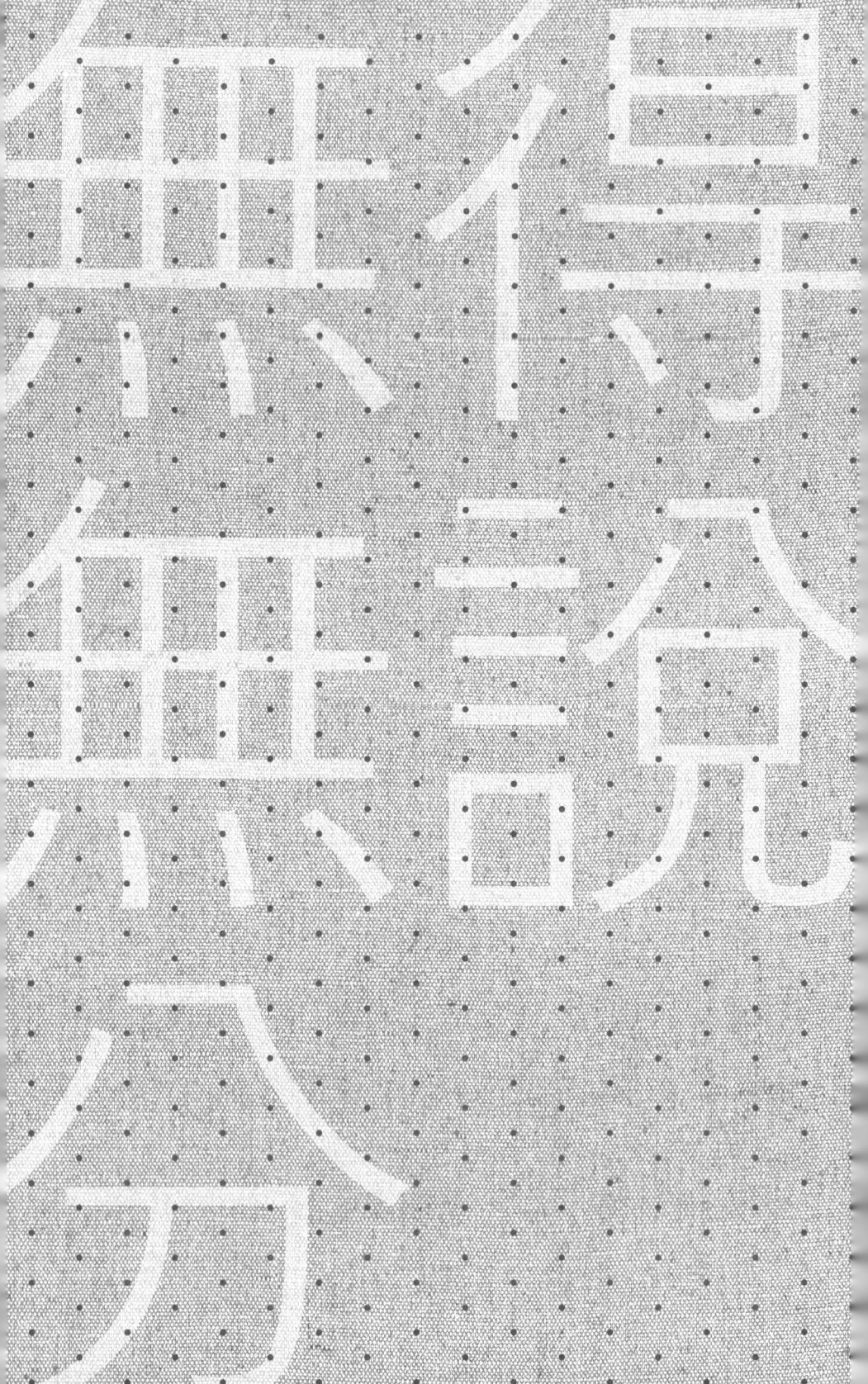

제7분 '무득무설분'은 '얻을 것도 없고 설할 것도 없다'는 뜻입니다.

수보리 어의운하 여래 득아뇩다라삼먁삼보리야
須菩提 於意云何 如來 得阿耨多羅三藐三菩提耶

여래 유소설법야 수보리 언 여아해불소설의
如來 有所說法耶 須菩提 言 如我解佛所說義

무유정법명아뇩다라삼먁삼보리 역무유정법여래가설
無有定法名阿耨多羅三藐三菩提 亦無有定法如來可說

"수보리야, 어떻게 생각하느냐. 여래가 아뇩다라삼먁삼보리를 얻었다고 하는가. 여래가 설한 바 법이 있다고 하는가."
수보리가 말씀드리되, "제가 부처님이 설하신 뜻을 알기에는 아뇩다라삼먁삼보리라고 이름할 만한 결정적인 법이 없으며,

또한 여래가 설하였다 한 고정된 법도 없습니다."

위 경문은 부처님께서 수보리에게 여래가 깨달음이라고 할 만한 것을 얻었는지, 여래가 법을 설한 적이 있는지를 묻고 수보리가 답하는 내용입니다. 그런데 왜 부처님께서 느닷없이 수보리에게 이런 질문을 하셨을까요? 결론부터 말씀드리면, 앞장에서와 마찬가지로 수보리와 우리 중생들이 가지고 있는 의심을 끊어주시기 위해 이런 질문을 하신 것입니다.

제5분 '여리실견분'에서 부처님께서는 수보리에게 "32상과 80종호의 원만구족상으로써 여래를 볼 수가 있느냐."고 물으셨고, 이에 수보리는 "원만구족상으로써 여래를 볼 수가 없습니다. 왜냐하면 여래께서 말씀하신 몸의 모양은 곧 몸의 모양이 아니기 때문입니다."라고 대답을 했어요. 그랬더니 다시 부처님께서 수보리에게 "무릇 있는 바 모든 것은 다 인연에 의해서 만들어진 것이기 때문에 모든 상이 상이 아닌 줄을 알면 곧 여래를 볼 것이다."라고 말씀을 하셨습니다. 이 말씀은 연생연멸을 바로 보는 눈을 갖추면 결국은 여래의 세계인 아뇩다라삼먁삼보리 반야바라밀의 세계를 볼 수가 있다는 뜻입니다.

그러니까 수보리가 다시 의문이 생긴 겁니다. 수보리는 '부처님께서 갖추신 32상과 80가지의 원만구족상은 그냥 생긴 것이 아니다. 부처님께서 오백 생 동안 보살인행을 하셨기 때문에 그만한 원만구족상을 얻으신 것이다. 법 또한 마찬가지라, 설산에서 6년 고행 끝에 납월 8일 보리수 밑에서 견성오도 하신 부처님은 그렇게 깨달으신 바가 있었기 때문에 성문을 만나면 그 성문에 맞는 사제법(四諦法)을, 연각을 만나면 연기법을, 보살승을 만나면 또 보살에 맞는 법을 설하신 것이 아니겠는가?' 이런 의문을 가졌던 거에요.

부처님께서는 수보리가 그런 의문을 품은 줄 미리 아시고 "수보리야, 어떻게 생각하느냐. 여래가 아뇩다라삼먁삼보리를 얻었다고 하는가. 여래가 설한 바 법이 있다고 하는가." 이렇게 물으시는 겁니다. 이 질문은 '너는 아뇩다라삼먁삼보리라는 어떤 특정한 법이 있어서 여래가 그것을 얻었다고 생각하느냐?'는 뜻입니다.

그러면 '아뇩다라삼먁삼보리법을 얻었다'고 하면 무엇이 문제가 됩니까? 이미 정한 법이 되어 버린다는 것이죠. 유법이 되어버리는 거에요. 지금까지 아뇩다라삼먁삼보리의 뜻은 무유정법이었거든요. '무유정법(無有定法)'이라는 말은 '정한 법이 없다'는 뜻이에요. 그렇게 일관성있게 법문을 해오셨는데 중생들이 '아뇩다라삼먁삼보리라는 진리의 법이 있어서 부처님은 그 법을 깨치셨고, 그것을 얻으셨기 때문에 원만구족상도 갖추셨고, 45년간 설법도 거기서 나온 것이 아니냐?'고 의문을 가진 것이죠. 부처님이 또 그 흔적을 지워주기 위해서 지금 이렇게 다시 말씀하신 겁니다. 그래서 팔만사천 법문이 나온 거에요.

우리는 금생에 와서 이 아뇩다라삼먁삼보리, 마음의 본고향에서 너무 멀리 떨어져 있기 때문에 이제는 이런 말들을 들으면 무슨 말인지 도저히 잡이 잡히지 않는 거에요. 〈금강경〉에서 '아무 조건 없이 무주상보시를 하라'고 계속 말씀을 하셨는데 이런 말들도 전혀 마음에 와 닿지를 않습니다. 왜 그렇습니까? 우리는 이런 일을 한 번도 안 해봤기 때문에 이 세계를 이해 못하는 거에요. 한 번이라도 해봤어야 '그게 그렇습니다. 마음의 고향으로 돌아가야 합니다. 그곳은 정말 아름다운 저의 고향이었습니다' 이렇게 뭔가 좀 울림이 올 텐데 우리에겐 전혀 경험이 없기 때문에 이런 이야기들이 겉돌기만 하고 이렇게 의심만 하게 된다는 거에요.

그러니까 부처님이 이러한 의심을 끊어 주기 위해서 "아뇩다라삼먁삼보리를 얻었다고 하느냐. 여래가 설한 바 법이 있다고 하느냐." 하고 물으셨고, 또 부처님이 45년간이나 법을 설하신 데 대해서도 "그 법이 있다고 너는 생각하느냐." 이렇게 물으시게 되는 겁니다. 그런데 있다고 하면 뭐가 문제가 됩니까? 정한 법이 있는 유법이 되기 때문에 아뇩다라삼먁삼보리가 아닌 게 되는 것이죠. 그것을 가르쳐주기 위해서 물으신 것입니다.

그러니까 수보리가 이제 부처님께 "제가 부처님이 설하신 뜻을 알기에는 '아뇩다라삼먁삼보리'라고 이름할 만한 결정적인 법이 없으며, 또한 여래가 설하였다고 할 고정된 법도 없습니다."라고 말씀을 드리는 거에요.

'무득무설분'이라고 했을 때 '무득'이라는 말은 얻을 것이 없다, 그리고 '무설'이라고 하면 설할 것도 없다는 말입니다. 우리의 본래 본성, 즉 본래 참마음이자 본래 불성자리는 기능이라고 하면 기능이고, 공덕성이라고 하면 공덕성이고, 또 복덕성이라고 하면 복덕성인데 부처님하고 똑같이 원만구족하게 갖추어져 있다는 것이죠. 그렇기 때문에 그 본체자리에서 볼 때는 설할 것도 없고 얻을 것도 없다는 것입니다.

부처님 입장에서 볼 때는 그렇잖아요? 우리 중생의 입장에서 볼 때야 중생은 그 고향을 떠나와 오염이 되었고 매해 버렸기 때문에 다시 얻어야 하고 깨쳐야 하지만, 부처님 입장에서 볼 때는 그것이 '얻을 것도 없고 설할 것도 없다' 또는 '얻은 바도 없고 설한 바도 없다'고 이야기할 수 있는 거에요.

왜 설한 바가 없느냐. 부처님께서 팔만 사천 법문을 하셨지만, 비유하자면 그 법문은 지금 여기서 서울을 가야 되는데 승용차나 버스로 고속도로로 가는 길도 있고, KTX를 타고 철로로 가는 길도 있고, 비행기로 해서 공중으로 가는 길도 있다는 말입니다. 부처님이 팔만 사천 가지 길을 가르쳐 준 거에요. 그런데 그 서울 가는 길이 팔만 사천 가지이지만, 팔만

사천 가지의 길이 서울은 아니지 않습니까? 서울에 도착한 사람에게는 어떻게 됩니까? 그곳에 가기 위한 지도가 더 이상 필요 없는 거에요. 그렇죠? 그러니까 부처님 입장에서 볼 때 '설해도 설한 바가 없다'고 하신 것은 그 로드맵이 서울이 아니라는 말이에요. 그것은 다 여러분이 서울로 갈 수 있게 그때그때 정보를 알려주고 편리를 도모해 주는 방편이지, 그게 실제로 아뇩다라삼먁삼보리의 세계는 아니라는 말입니다. 그러니까 그것을 붙들고 있을 필요도, 거기에 집착할 필요도 없기 때문에 부처님은 제6분 '정신희유분'에서 "내가 설한 바 모든 법은 다 뗏목과 같음이니라."고 하신 겁니다.

우리가 생사바다를 건너서 본래 마음의 고향인 저 언덕을 가기 위해 배를 빌려 타고 갔다고 합시다. 그러니 저 언덕에 가면 이 배는 어떻게 됩니까? 필요가 없잖아요? 배는 버려야 합니다. 그런데 '우리가 이 배 덕으로 이 언덕에 무사히 올 수 있었으니 배는 대단히 의미가 있고 중요하다'라면서 '이 배는 절대적인 진리의 입장에 설 수도 있다'고 생각한다면 그 언덕에 가서 배를 짊어지고 돌아다녀야 하겠죠. 그러면 아마 그 사람은 다른 사람의 웃음거리가 될 것이 분명합니다.

모든 법이라는 것은 다 이렇게 그때그때 상황에 맞게끔 부처님이 방편으로 쓰신 겁니다. 그래서 부처님의 설법을 대기설법(對機說法), 응기설법(應機說法)이라고 하는 거에요. 그 근기에 맞춰서 성문을 보면 성문법을 설했고, 연각승을 보면 연기법을, 보살을 보면 보살법을 설했다는 말입니다. '그런 것이 모두가 방편에 불과할 뿐 그 자체를 절대적인 세계로서 정할 수는 없다. 그러니까 집착하지 말라'고 법을 듣는 모든 제자들에게 정리해주시는 거에요.

부처님이 이렇게 한 가지를 말씀하시면 중생들이 그 하나에 집착하고, 그래서 그것을 끊어주기 위해서 부처님이 다른 비유를 들어서 또 이야기를 해주면 그것에 또 집착을 하니까 부처님이 자꾸 그것을 끊어 주고 끊어 주고 하다보니 팔만사천법으로 벌어지면서 부처님이 엄청 몸살을 하셨어요. 참 이런 거 보면 부처님이 대자대비하신 분이에요. 그러니 그 은혜가 참 대단하죠.

앞에서 설명하기를 '성문을 만나면 사제법을 설했다'고 했습니다. '사제법' 아시죠? 사제법은 고·집·멸·도(苦集滅道)를 말합니다.

우리 중생에게 괴로움은 왜 생기느냐? 집착으로 인해서 생기죠. 집착으로 인해서 생기는 것이 괴로움이면 그 괴로움을 소멸하는 법도 있을 것 아니겠습니까? 그 소멸하는 법이 바로 '멸'이거든요. 멸할 멸(滅) 자입니다. 그럼 무엇으로 멸하느냐 하면 부처님께서 깨달으신 법을 잘 이해할 때 집착의 병이 떨어져 나간다는 것이죠. 그래서 자연스럽게 괴로움이 없어진다는 것입니다.

여기서 '멸할 수 있는 법'은 연기중도법을 말합니다. 연기중도를 잘 알고 이해하면 집착으로 인한 괴로움이 소멸해버리고, 그 연기중도를 우리가 잘 체험하고 인품이나 마음이 그렇게 중도화가 될 때 나오는 법이 팔정도라는 거에요.

팔정도는 연기중도를 말합니다. 그래서 팔정도에는 8가지가 모두 바를 정 자로 시작하지요. 정견(正見), 정사유(正思惟), 정어(正語), 정업(正業), 정명(正命), 정정진(正精進), 정념(正念), 정정(正定) 이렇게 말입니다.

이 바를 정 자를 '묘할 묘(妙)' 자로도 새깁니다. 왜 묘할 묘냐? 이 중도연기법은 생각이나 분별심 또 어떤 모양을 갖춘 상의 세계로서는 도저히 거기에 들어 가기는커녕 찾아낼 수도 이해시킬 수도 없다는 것이죠. 그 세계는 불가설불가설이기 때문에 가히 말로서 할 수가 없고 참 불가사의하기 때문에 묘할 묘 자를 쓰는 겁니다. 이것을 사제법이라고 합니다.

하이고 여래 소설법 개불가취 불가설 비법 비비법
何以故 如來 所說法 皆不可取 不可說 非法 非非法

"무슨 까닭인가 하면 여래께서 설하신 법은 다 취할 수 없으며 말할 수도 없으며 법도 아니고 법 아님도 아니기 때문입니다."

그리고는 또 수보리가 그 이유를 이야기합니다. 여기 문장에 보면 '여래께서 설하신 법은 취할 수가 없다'는 얘기죠. 왜 취할 수 없습니까? 그 법은 모두 다 한번 쓰고 버려야 될 뗏목이기 때문에 취하면 묶이게 되고 거기에서 또 하나의 병이 생기기 때문에 그런 거에요.

그리고 '말할 수도 없다'고 했어요. 이 법을 왜 말할 수가 없을까요? 사실 언어는 또 하나의 상념의 세계, 이미지를 전해주거든요. 여기서 저를 두고 말하자면, '설우스님'이라는 말을 듣는 순간에 벌써 여러분들은 '설우스님'이라는 이미지를 그린다는 말입니다. 그러니까 이렇게 이미지가 떠오르면 아뇩다라삼먁삼보리법에 맞지 않다는 거에요. 반야바라밀법에 맞지 않다는 말입니다. 그래서 말할 수도 없다고 했어요. 이 자리는 연기법을 드러낸 자리이기 때문에 분별심이나 중생의 생각을 가지고는 도저히 들어갈 수가 없고 한문으로는 '언어도단하고 심행처멸하는 자리'라고 하는 거에요. 언어로써 드러내면 그건 벌써 이미 정한 법이 되어 버립니다.

부처님께서 한마디 말씀을 해놓으시고 보니 정한 법이 되니까 또 그걸 지우기 위해 계속 말씀이 많아지게 된 거에요. 이렇게 한번 생각해보세요. 이 허공 전체가 다 밝아요. 밝아서 어느 한 모퉁이 티끌만큼이라도 어두운 자리가 없습니다. 여기서 '밝음'의 개념은 '어둠'에 대비되어 성립되는 것이거든요. 그런데 전체가 밝으면 절대적인 자리가 되기 때문에 거기서 '밝다'는 의미를 누가 이해하겠어요? 어둠이 있을 때, 밝다고 하면 '아! 저것보다는 이것이 밝다'고 이해할 수 있지만, 전체가 밝을 때는 밝다고 하는 말을 할 수가 없는 거에요. 이런 것을 선가에서는 '물을 마신 자가 차고 더운 줄을 스스로 아는 일이다'라고 말합니다. '법성게'에서는 '증지소지비여경(證智所指非如境)'이라고 했어요. 지혜를 스스로 증득한 사람, 직접 체험한 사람만이 스스로 아는 세계이지 머리로 굴려서 교리적으로나 분별로는 도저히 그 자리를 알 수 없다는 의미지요.

마지막으로 '법도 아니고 법 아님도 아니다'라고 했어요. 왜 법이 아니라고 하셨을까요? 법이라고 하면 유법이 되어 버리는 것이고 유법이 되면 정한 법이 되는 것이고 그건 한쪽에 치우친 것이자 요지부동이 되는 것이죠.

그러면 '법이 아님'이라고 했는데 그건 맞는 말인가요? 법이 아니라는 것은 무법이지요? 그런데 무법도 정해진 법이잖아요. 그것 역시 한 쪽에 치우친 것이 되는 겁니다. 유법도 정한 것이고, 무법도 정한 것이고 다 정해진 거잖아요? 그러니까 유법무법이 다 아니라는 말입니다. 왜 그렇습니까? 아뇩다라삼먁삼보리법은 '이것이다!'라고 정해진 법이 없다는 겁니다. 결국은 부처님께서 분별심을 끊어주기 위해서 그렇게 말씀하신 거에요.

그래서 이것을 '심로절(心路絶)'이라고 합니다. 마음 심(心)

자, 길 로(路) 자, 끊을 절(絶) 자, 마음 가는 길을 끊는다는 말이지요. 여러분들이 이 얘길 듣고 '내가 마음 가는 길을 끊어야겠다. 그러려면 분별심을 일으키지 말아야지'라고 생각을 하면 그건 뭡니까? 그것도 분별이죠?

그렇다고 이번에는 또 '그러면 이 분별심을 일으키면 안 되겠구나. 가만히 아무 생각도 하지 말고 있어야겠다'라고 한다면 무기가 되는 거에요. '죽은 송장이다' 이 말이에요. 그럼 도대체 이렇게 해도 안 되고 저렇게 해도 안 된다고 하니 어떻게 해야 된다는 이야기인가. 그렇죠?

누가 조주스님에게 "달마스님께서 인도에서 중국으로 오신 뜻이 뭡니까?" 물으니까 조주스님은 "뜰 앞의 잣나무."라고 했어요. 이게 화두죠? 그래서 화두 드는 사람은 '달마스님은 오신 뜻을 물었는데 어째서 뜰 앞의 잣나무라고 이야기를 하는가'까지만 나가는 거에요.

여기서 '잣나무는 사시사철 푸르니까 그것은 항상 깨어있는 진여성과 같고, 그리고 잣나무가 경계니까 그 경계를 보면서도 무심하게 바라보라고 그렇게 하는 말이다'라고 분별을 일으키면 화두를 잘못 드는 것입니다. 선가에서는 이것을 '사구(死句)'라고 하는 거에요. 죽은 말들이고 죽은 글귀라는 뜻이지요.

화두는 어떻게 들어야 됩니까? 그냥 알 수 없는 그 의정을 단슈하게 '어째서 뜰 앞의 잣나무라고 했는가' 거기서 분별이 나가면 안돼요. 그냥 그 의심이 자기 심중에서 큰 문제가 되어서 의정이 돈발하면 그 기운에 의해서 모든 분별심을 다 태워버리는 거에요. 그 화두 불길에 다 타버린다는 말입니다.

그리고 염불하는 사람은 오로지 신심으로 그냥 염불 삼매에 들어가야 하는 겁니다. '내가 염불을 함으로써 관세음보살님이 오늘은 기분이 좋아서 오실 수도 있다' 또 그렇지 않으면 '내가 이렇게 깊은 삼매에 들어가다 보면 관세음보살님께서 꿈에라도 현몽해주실 것이다. 그래서 영험이 일어나고 내 원이 이루어질 것이다' 나름대로 뭔가를 가지고 자꾸 상념을 만들면 어떻게 되죠? 그건 분별이거든요.

그러면 관세음보살님을 어떻게 해야 볼 수 있습니까? 정말 관세음보살님을 보려면 반야바라밀의 세계에 들어가야 하는 겁니다. 분별심을 가지고 반야바라밀의 세계에 들어가려는 것은 물에 들어가 끊임없이 물장구를 치면서 수면에 비친 오롯이 밝은 달을 보려고 하는 것과 똑같아요. 물장구를 치면 물에 비친 달이 자꾸 부서져서 보기 힘들지요? 법문을 조금 듣고 알음알이가 조금 발전되고 또 불교에 대해서 교리적으로 조금 이해가 가면 여러분들은 그것을 또 붙들고는 '불교는 이런 것'이라며 집착합니다. 하지만 그것은 아직 건너갈 배조차 제대로 만들지도 못한 상태에 불과해요.

그러니까 이 반야의 세계에 들어가는 것은 배까지 만들어서 타고 갔지만 배마저도 미련 없이 던져버리는 세계, 활달자재한 세계를 말하는 거에요. 그래서 '법도 아니고 법 아님도 아니기 때문'이라고 한 겁니다. 그래서 또한 삼매가 대단히 중요하고, 선정력이 대단히 중요하고, 일심으로 들어가는 일심세계가 대단히 중요한 거에요.

우리는 한 번도 이 세계를 체험해 본 적이 없으니까 이런 이야기를 들으면 참 이해가 안가요. 그래서 〈금강경〉이 어렵다는 겁니다.

그러면 이 세계에 들어간 사람은 어떤 식으로 이야기를 할까요? 여러분들 표주박 아시죠? 조그마한 바가지 표주박을 바닷물이나 어디 강에다 던졌다고 생각해 봅시다. 큰 파도가 오면 그 큰 파도와 단 1mm도 떨어지지 않고 움직임을 같이 합니다. 작은 파도가 오면 표주박은 그 작은 파도와 함께 넘실대는 거에요. 자기 생명이 존재해 가는 동안, 어떤 방법으로 자기 삶을 꾸려가든지간에 생명에게는 일상 생활 속에서 항상 경계가 밀려오게 되어 있거든요. 사람 문제 아니면 물질 문제가 큰 경계로 오든지 작은 경계로 오든지, 순경계로 오든지 역경계로 오든지 다 이렇게 경계로 밀려온다는 말입니다. 그것이 크든 작든 거기에 맞게끔 이 표주박은 움직이는 거에요. 그 움직임이 크다고 해서 표주박이 그 큰 물결을 대단히 중요하다고 집착하겠습니까, 작게 온 물결을 의미가 별로 없다고 집착하겠습니까. 표주박은 무심하게 그 물결 따라 파도 따라 움직일 뿐이에요.

마찬가지입니다. 반야바라밀의 지혜가 있는 사람은 다만 그 생활 속에서 모든 일을 아주 적적소소에 맞게끔 그렇게 관자재를 하는 거에요. 관세음보살님이 관자재한다고 했죠? 그렇게 자재성을 갖는다는 말입니다.

소이자하 일체현성 개이무위법 이유차별
所以者何 一切賢聖 皆以無爲法 而有差別

"까닭이 무엇인가 하면 모든 현성이 다 무위법으로써 차별을 두었기 때문입니다."

여기서 무위법이라는 말이 나옵니다. 무위법은 유위법의 반대 개념이기 때문에 먼저 유위법에 대한 이해를 바탕으로 무위법을 설명하겠습니다. 앞의 설명처럼 유법, 무법, 법 아닌 것도 아닌 비무법 모두 다 정한 법입니다. 그렇게 정해진 법은 다 유위법이라고 하는 거에요. 유위법은 바로 생멸법을 말하는 것이고 분별망상을 말하는 겁니다.

〈금강경〉에서는 서로 상대적으로 대립되어 있는 생각들을 다 유위법이라고 했습니다. 좋은 사람이 있다면 상대적으로 나쁜 사람이 연상되고, 깨끗하다고 하면 추한 것이 있기 때문에 깨끗한 개념이 생기는 것처럼 말이지요. 이렇게 깨끗하다는 말에는 반드시 추한 것이 같이 따라오는 거에요. 추하다고 하면 추한 것 뒤에는 항상 깨끗한 것이 같이 따라오고요. 이것을 상대법이라고 했습니다. 이런 상대적인 사고과정을 다 유위법이라고 하는 거에요.

중생세계는 미움이 있으면 사랑이 있고 훌륭한 것이 있으면 천한 것이 있습니다. 그러면 이것 자체가 나쁜 것일까요? 반야바라밀의 세계를 이해하지 못한 중생의 입장에서 볼 때는 이 양변의 세계가 전부 다 나에게 집착을 주고 고통을 주는 세계가 됩니다. 그래서 문제가 된다는 거에요.

그러나 반야바라밀의 세계를 이해하는 사람 입장에서는 좋아해도 되고 싫어해도 되고, 또 깨끗하다 이야기해도 되고 추하다고 해도 되는 거에요. 다 똑같은 말을 할 수 있는 거에요. 그런데 내용은 다르다는 것이죠. 어떻게 다릅니까? 내가 저 사람에게 "나 당신 정말 사랑해."라고 한 것과 앵무새가 "나 정말 당신 사랑해." 하는 것이 같겠습니까? 앵무새는 그게 무슨 말인 줄도 모르고, 그 말소리 자체에만 집착을 해서 "안녕하십니까? 안녕하십니까?" 하는 것이죠. 해도 뭔가를 모르는 거에요.

그러나 이미 반야바라밀의 세계를 아는 사람, 깊은 지혜가 있는 사람이 "난 당신을 사랑합니다."라고 할 때 그 사랑은 상대를 편안하고 자유롭게 해주는 거에요. 그렇게 하는 의미를 알고 하는 것이죠. 그러니까 반야바라밀의 세계를 알고 하는 것과 모르고 하는 것은 확연히 다릅니다. 왜 그러느냐. 중생은 집착을 하고 조건을 붙이고 자기 나름대로 의미를 붙이기 때문에 그게 유위법이 되는 거에요.

그래서 〈금강경〉에서는 그 유위법을 끊어주기 위해서 제일 마지막 32분 '응화비진분'에서 "일체유위법은 꿈과 같고, 환상과 같고, 거품과 같고, 그림자 같고, 또 이슬과 같고, 번갯불 같으니 이와 같이 관하라."고 했어요. 이 말은 우리가 알고 있는 집착이라든지 생각의 개념이라든지 분별이라는 이 자체가 믿을 것이 못 되고 의지할 것이 못 되고 붙들 것이 못 된다는 말입니다.

부처님께서는 그것을 왜 가르쳐줬을까요? 우리 마음의 본바탕 자리는 본래 편안하고 자유롭고 순수하게 되어 있습니다. 그러니까 그 자리에 가려면 방법론에 있어서 허망한 것들을 알아야 한다는 것이죠. 그것을 알아야 우리가 거기에 집착하지 않고 그 자리에 다다를 수 있기 때문입니다.

그럼 이렇게 생각할 수도 있겠지요. '그러면 다 허망하고 허무하고 소용없는 일이구나. 그러면 세상 산다는 것도 다 허망하고 무상한 일이니까 멋대로 살다가 가자.' 하지만 그런 생각을 가지라고 부처님께서 말씀하신 것은 아닙니다. 그 자리에 들어가면 표주박이 파도에 따라 움직이듯 자신과 남에게 상처를 주지 않고 서로가 서로에게 행복을 줄 수 있는 그런 세계가 바로 거기서 나오기 때문에 부처님께서 재차 강조하시는 거에요. 그 자리는 허망하고 허무한 자리가 아니고 정말 안락하고 편안하다는 것이죠. 그러니까 한번 해보라는 거죠.

무위법으로 바뀌면 어떻게 되느냐? 유위법의 세계가 집착으로 인한 나고 죽는 생멸법의 세계라고 한다면, 무위법의 세계는 불생불멸의 세계에요. 나는 것도 아니고 죽는 것도 아닌 세계라는 말이지요. 무위법의 세계는 색을 보면서 색을 그대로 공으로 보고, 공을 보면서 공 그대로 색을 보기 때문에 색즉공이요 공즉색이라고 하는 거에요. 공으로 보는 눈이 열리는 것이죠.

이 세계에 들어가면 표주박이 파도를 타듯 그렇게 자유롭게 편안하게 된다는 겁니다. 이 세계야말로 대단히 가치있고 의미 있는 세계입니다. 그래서 '무위법을 가지고 차별을 두었기 때문'이라고 한 겁니다. 이 무위법의 세계를 무여열반, 아뇩다라삼먁삼보리 세계, 반야바라밀의 세계라고 하는 거에요. 심지어 시중에 떠도는 아무리 형편없는 잡서를 읽어도 그것이 무위법의 세계를 깨달은 사람에게서 흘러나올 때는 그 법이 아뇩다라삼먁삼보리 세계, 반야바라밀의 세계가 되어 나온다는 겁니다.

반면 이 무위법의 세계, 반야바라밀의 세계를 체험하고 증득하지 못한 사람은 아무리 〈금강경〉을 바쳐서 드리더라도 잘못된 사견으로 법이 만들어져 나온다는 거에요. 그 사람이 바른 지혜를 가졌으면 어떤 것도 바른 지혜로서 살려내는 것이고, 바른 지혜가 없는 사람은 어떤 좋은 경을 갖다 주고 진리를 준다고 해도 그 진리가 유위법으로 만들어져 나온다는 겁니다.

그런데 우리는 이런 법을 들어도 그 세계를 한 번도 경험해 본 적이 없어서 잘 와 닿지 않는다는 게 문제인 거죠. 사실 본래 근본 입장에서 볼 때 우리는 하나도 잊어버린 것도 없고 잃어버린 것이 없어요. 또 그것으로 인해 손해보고 떠나온 것도 없어요. 제가 멀리 왔다고 이야기했는데 멀리 온 것도 아니고 잃어버린 것도 없습니다. 우리가 아무리 망상을 피우고 중생노릇을 하고 집착을 하고 헤매고 다녀도 우리는 본래 아녹다라삼먁삼보리 반야바라밀의 그 세계에서 벗어날 수가 없다는 거에요.

비유하자면, 우리가 자면서 꿈을 꾸잖아요. 내가 지금 꿈 속에서 미국을 다녀오고 결혼을 해서 자식도 낳았어요. 그리고 벼슬도 하고 나름대로 의미 있고 가치 있는 일들을 꿈 속에서 많이 했어요. 그런데 꿈에서는 내가 저 멀리 미국까지 갔다 왔건만, 꿈에서 깨고 보니 나는 지금 누운 자리에서 단 1촌, 1미터도 안 움직인 거에요. 그러니까 멀리 온 것이 아니죠? 그리고 또 아무 것도 얻은 것이 없잖아요. 그렇죠?

그러니까 결국 얻은 것도 없고 이동한 것도 없고, 다만 내가 착각을 일으켜서 그 꿈을 그 순간에 집착했을 뿐이지, 그것은 실제로 존재하는 게 아니라는 말입니다. 꿈을 깨고 보니까 꿈 속에 있었던 일들이 다 이슬과 같고 번갯불 같고 허깨비 같고 물거품 같다는 거에요. 그러니까 꿈을 깨 본 사람이라야 그런 줄 알고 믿지, 꿈 속에서 꿈꾸고 있는 사람은 아무리 이런 이야기를 해도 안 믿는다는 거에요. 왜? 꿈에서 안 깼기 때문에 믿지 못하는 거에요. 와 닿지를 않는다는 거죠. 꿈을 꾸면서 이게 꿈이구나 생각하면서 꿈꾸는 사람이 있습니까? 없거든요. 우리가 본래성불이다, 본래부처라고 하는 말도 부처가 되었을 때 '아! 우리가 하고 있던 모든 일들이 다 허상이고, 허깨비를 나라고 붙들고 살았구나' 알게 되는 겁니다.

그냥 본래를 알게 된 거에요. 실제로 부처가 되고 보니까 그것은 버려도 버려지는 게 아니에요. 본래 없던 것인데 버려집니까? 본래 없던 것이니까 잃은 것도 아니라는 것이죠. 그래서 '얻을 것도 없고 설할 것도 없다' 즉 '무득무설'이라고 이야기하는 겁니다.

고갱이 | 법이라는 것은 상대법을 초월한 우리의 본성자리에서 설해졌기 때문에 설한다고 해도 설한 바가 없고, 얻었다고 해도 얻은 바가 없음을 알아야 합니다.

제8분
依法出生分
의법출생분

법에 의지해서 나오다

다음은 제8분 '의법출생분'입니다. '법에 의해서 출생했다'는 말입니다. 무엇이 법에 의해서 나왔을까요? 아뇩다라삼먁삼보리법과 반야바라밀법이 이 〈금강경〉에서 나왔다는 말입니다. 그러면 이 경은 어디로부터 나왔을까요?

수보리 어의운하 약인 만삼천대천세계칠보
須菩提 於意云何 若人 萬三千大千世界七寶

이용보시 시인 소득복득 영위다부
以用布施 是人 所得福得 寧爲多不

"수보리야, 어떻게 생각하느냐. 만약 어떤 사람이 삼천대천세계에 가득한 칠보로써 보시한다면 이 사람이 얻을 복덕이 얼마나 많겠는가."

제7분 '무득무설분'에서 부처님이 "수보리야, 내가 아뇩다라삼먁삼보리법을 얻은 법이 있느냐, 또 깨달음이 있었느냐?" 하고 물으셨던 것은 수보리가 '부처님이 32상 80종호의 원만구족상을 갖추시고 45년간 설법하신 것은 다 아뇩다라삼먁삼보리 세계를 얻었기 때문에 이루어진 것이 아닌가?' 하고 의심하기 때문에 그 생각을 끊어주기 위해서였습니다.

그런데 여기서는 또 무엇 때문에 "만약 어떤 사람이 삼천대천세계에 가득한 칠보로써 보시한다면 이 사람이 얻을 복덕이 얼마나 많겠는가."하고 물으시는 걸까요?

부처님께서 '무득무설분'에서 법이라는 것은 설할 것도 없고, 얻을 것도 없고, 또 설한다고 하더라도 설한 바가 없고, 얻었다고 하더라도 얻은 바가 없다고 말씀하셨어요. 또 부처님이 하신 모든 말씀은 반야바라밀의 세계로 가기 위한 뗏목으로서 그때그때 방편으로 이야기를 한 것이므로 집착할 것이 없다고 하셨죠.

그러니까 중생들이 생각할 때, '그러고 보니 〈금강경〉에서 나오는 모든 가르침이 별로 중요하지 않겠구나. 꼭 지니고 가야 할 결정적인 법이 없다고 하시니 그렇게 소중하게 여길 만한 진리의 말씀도 없겠구나.' 이렇게 법을 소홀하게 생각할 수도 있다는 말이죠. 그렇지 않겠어요? 지금까지 말씀하신 걸 들어봐서는 전부 다 방편법이기 때문에 소중하게 여길 만한 내용은 물론 집착할 만한 것도 없다는 말이죠. 중생들이 이렇게 망상을 일으키니까 그 생각을 부처님이 또 끊어주시려 하는 겁니다.

'삼천대천세계'는 불교에서 말하는 우주관입니다. 우리가 사는 이 세계를 태양계라고 합니다. 태양을 중심으로 수성, 금성, 지구, 화성, 목성, 토성, 천왕성, 해왕성이 태양계를 이루고 있습니다. 이 태양계가 엄청 크지요. 여러분들도 다 아시는 이야기지만 빛은 초당 30만km로 달립니다. 빛의 속도로 우리 지구에서 태양까지 간다고 하면 8분이 걸리지요. KTX로 치면 시속 300km로 달린다고 했을 때 70년이 걸립니다. 그러니까 KTX를 타고 결혼을 하면 태양까지 가는 동안에 아들도 낳고, 손자도 볼 수 있습니다. 그렇게 70년 뒤에 태양까지 가는 거에요. 이렇게 태양계 하나만 하더라도 대단히 넓고 큽니다.

불교에서는 이 태양계 천 개를 모아놓은 것을 소천세계라고 합니다. 소천세계가 다시 천 개 모이면 중천세계라고 하지요. 중천세계가 다시 천 개 모이면 대천세계라고 합니다. 이 대천세계는 천 개를 3번 합한 것이며, 소, 중, 대의 3종의 천세계(千世界)가 되므로 '삼천대천세계'라고 하는 겁니다. 여기서 '삼천'이라는 것은 일천이 세 개라는 뜻이 아니고 일천이 세 번 곱해졌다는 뜻이에요. 그러니 얼마나 넓겠어요.

그런데 현대 천문학이나 물리학으로 볼 때는 이 비유도 태평양 바다에 물방울 하나 던져놓은 만큼밖에 안 된다는 거에요. 실제로 천문학에서 천체 망원경으로 볼 때 어떤 은하에서 별빛이 지구까지 오는데 초당 30만km 빛의 속도로 오는데도 백억 년이 걸리고 만억 년이 걸리는 별세계가 있다고 합니다.

그러니까 우리가 지금 그 별을 보고 있잖아요. 그런데 그 별은 물리학적으로 볼 때 이미 없어져버렸다는 거에요. 없어지기 직전에 별에서 출발한 빛이 지금 오고 있기 때문에 우리 눈에는 별이 있는 것처럼 보이는 것일 뿐 그 별은 이미 수명이 다해 우주공간에서 사라졌다는 거에요. 그만큼 이 우주는 광활한 거에요.

부처님께서 말씀하시길 '그런 넓은 곳에 가득 찰 정도로 많은 칠보를 가지고 보시를 한다'는 거에요. 그리고 '그렇게 많은 칠보를 보시한 사람이 얻을 공덕이 얼마나 되겠느냐?' 이렇게 묻는 거에요. 얼마나 많겠습니까? 여러분 얼마나 많다고 생각해요? 이 복덕은 말로 표현할 수 없을 만큼 많겠죠. 여기서 그렇게 삼천대천세계와 많은 칠보를 끌어다 물으신 이유는 '〈금강경〉은 방편이기 때문에 그렇게 소중한 것이 아니다, 별 의미가 없다'는 생각은 잘못된 것이다. 또 〈금강경〉 정신과 사구게 내용을 제대로 알면 그로 인해 얻는 공덕은 어마어마하다는 것을 알게 하려고 비유를 하신 겁니다.

수보리 언 심다 세존 하이고
須菩提 言 甚多 世尊 何以故

시복덕 즉비복덕성 시고 여래설 복덕다
是福德 卽非福德性 是故 如來說 福德多

수보리가 말씀드리되, "매우 많습니다, 세존이시여. 왜냐하면 이 복덕은 곧 복덕성이 아니므로 이 까닭에 여래께서 복덕이 많다고 하셨습니다."

그러니까 수보리가 일단 '매우 많다'고 대답합니다. 부처님이 지금 어떤 대답을 원하시는 줄 아는 것이죠. 그리고는 '이 복덕은 곧 복덕성이 아니므로 복덕이 많다고 한다'고 했습니다. 여기서 '복덕성이 아니므로'라는 말이 중요한 부분입니다. 복덕성이 아니라는 얘긴데, 그럼 여기에서 복덕과 복덕성을 이해해야겠지요?

복덕은 여기서 말한 것처럼 삼천대천세계에 가득한 칠보를 가지고 보시를 하는 것입니다. 물질로 하든지 마음으로 정을 준다든지 어쨌든 베푸는 것을 복덕이라고 합니다. 복덕은 우리가 복을 짓는 마음으로 무슨 일이든지 인연에 따라서 만들어서 베푸는 거에요.

그런데 이 복덕이 엄청나다고 합니다. 그 엄청난 것이 삼천대천세계에 가득할 정도로 많다는 거에요. 그런데 아무리 많아도 복덕에는 한계가 있습니다. 세월이 가면 복덕은 다할 때가 있다는 것이죠. 우리는 다양한 방법으로 베풀고 선행을 합니다. 그렇게 복을 짓지만, 만들어서 오는 복은 생멸심을 벗어나지 못하는 이 육신이 존재할 때까지만 존재한다는 거에요. 육신이 흩어지고 나면 그 복도 없어진다는 것이죠.

인위적으로 만든 모든 것은 사라지기 마련입니다. 번뇌도 내가 만들어서 일으킨 것은 일으킨 만큼 연소해버리면 가라앉습니다. 여기서 '연소한다'는 말은 내가 일으킨 번뇌만큼 고통과 괴로움을 당하고 나서 번뇌가 가라앉는다는 뜻인데, 중생은 그 과정을 다 겪으며 상처를 입고서야 그나마 조금 느끼는 거에요.

그렇게 번뇌 자체가 완전히 소멸되어 반야바라밀의 세계로 들어가면 아무 문제 없겠지요. 하지만 번뇌가 아무리 연소된다고 해도 뿌리까지 없어지는 건 아닌데다가 우리가 근본진리 당체를 모르기 때문에 경계가 오면 또 속게 되는 것입니다. 다시는 속지 않겠다고 굳게 다짐해도 그 경계가 오면 또 기를 쓰고 쫓아가서 붙들고 괴로워하는 것이죠.

그 사람의 마음이 얼마나 밝고 불교적인 사고를 가지고 있는지를 알려면 간단해요. 좋은 일을 얼마나 했느냐? 이렇게 물으면 됩니다. 좋은 회사에 다니고 박사학위를 따고 그런 것이 중요한 게 아니라 '좋은 일을 얼마나 했느냐, 그래서 얼마나 복덕을 많이 지었느냐'가 중요합니다. 자신이 제일 잘 알잖아요. 내가 애써 모은 재물을 아무 조건 없이 무주상보시 한

번 해보세요. 생각처럼 쉽지 않습니다. 보시가 좋은 일이라는 것은 누구나 알아도 막상 자기한테 경계가 딱 부딪히면 잘 안 되거든요. 그것은 바로 복덕성이 되는 반야지혜가 없기 때문이에요. 유위법인 것이죠.

그런데 사구게를 잘 이해하고 체험을 하고 수지독송한 사람의 복은 이 생멸로 이루어진 육신하고 상관없이 영원하다는 것이죠. 그 복은 왜 영원하냐? 여기서 복덕성이라고 했습니다. 복덕성은 인위적으로 만들어진 것이 아니고 본래 그렇게 원만구족되어 있는 것이기 때문에 생멸이 없는 거에요. 만든 것은 아무리 삼천대천세계만큼 만들어 놓았다고 하더라도 다함이 있기 마련이지요. 쓰면 쓸수록 다함이 있잖아요.

복덕성은 실상반야를 말하는 겁니다. 자비와 지혜와 원력을 상 없이 베푸는 무주상 자비공덕으로서 부처님하고 똑같이 우리에게 다 있는 것입니다. 우리에게 그런 능력과 잠재력이 이미 있다는 것이죠. 본래가 그렇게 되어 있는데 우리가 너무나도 이것을 오랫동안 던져 놓아버리고, 실체도 없는 탐·진·치 삼독심, 중생심을 '나'라고 붙들고 살다보니 그 사실을 모르고 살아 왔을 뿐이라는 것이죠. 복덕성은 우리가 본래 가지고 있는 것이에요. 그것은 나의 반야바라밀이고 본래 그렇게 갖추어져 있는 것이고 본연히 그러한 것이기 때문에 줄어들거나 없어지지 않습니다.

약부유인 어차경중 수지 내지 사구게등
若復有人 於此經中 受持 乃至 四句偈等

위타인설 기복 승피
爲他人說 其福 勝彼

"만약 또 어떤 사람이 이 경 가운데서 사구게만이라도 받아지녀서 다른 사람을 위하여 설한다면 그 복이 저 앞의 복보다 수승하리니."

부처님께서는 삼천대천세계에 가득한 칠보를 가지고 보시를 해도 사구게를 수지독송 하는 것만 못하다고 하셨습니다. 왜 이런 말씀을 하시는가? 앞서 '무득무설분'에서의 부처님 말씀을 잘못 이해해 경전을 가벼이 여겼던 중생의 분별에 대한 얘길 했습니다. 부처님께서는 사실 법이라는 것은 이렇게 중요하다는 것을 말씀하시고 싶은 거에요. 얼마만큼 중요하냐? 칠보를 가지고 삼천대천세계에 보시를 한 것보다 더 가치가 있다는 것이죠.

다시 말하면, 〈금강경〉의 가르침이나 법이 집착할 것이 아니고 정한 법도 아닌 방편법이라고 했다고 너희들이 이 〈금강경〉에 나오는 사구게나 구절들이 소중한 줄을 모르고 그런 생각을 일으키면 반야바라밀의 세계에 들어갈 수가 없고 깨칠 수가 없다는 거에요. 왜? 법이 그만큼 가치 있는 줄을 모르는데 법이 어떻게 큰 반야바라밀의 지혜를 열어놓겠느냐는 말이지요. 법을 귀하게 여기라고 말씀을 하시는 겁니다.

복덕으로서 하는 일이 사구게의 의미를 알고 하면 자기 자신도 모르게 자기화되는 것을 '복덕성'이라고 합니다. 자기화되고 나면 그것은 무너질래야 무너질 수가 없고, 없어질래야 없어질 수 없는 영원한 것이 된다는 거에요. 영원한 세계에 들어간다는 것이죠. 그 세계에 들어가려면 반드시 사구게를 알아야 된다는 거에요. 그래서 사구게의 의미가 그만큼 중요하다는 것을 말하는 겁니다.

여기서 여러분들이 유념해야 할 것이 있습니다. 삼천대천세계에 가득한 칠보로써 보시한 것이 사구게를 수지독송하는 것만 못하다고 한 것은, 사구게 정신을 알고 그것을 바탕으로 보시를 하면 그 보시의 습관과 공덕이 결국 복덕성으로 변할 수 있기 때문에 사구게를 수지독송하는 것이 중요하다는 것을 말하는 것이지 사구게의 수지독송은 중요하고 보시는 중요하지 않다는 그런 상대적 비교가 아니에요. 사구게 정신을 모른 채 무턱대고 보시를 하면 하는 만큼 집착이 생기고 괴로움이 생기기 때문에 그렇게 하면 안 된다는 것이죠.

보통 강의를 하는 분들이 '이 칠보를 가지고 보시하는 것은 사구게 하나를 제대로 읽고 외우고 이해하는 것만 못하다'고 하는데 그렇게 강의를 하면 오해를 불러일으킬 수 있습니다.

그러니까 '보시 그까짓 거 할 것 없다. 〈금강경〉만 많이 읽으면 보시를 많이 해서 복을 짓는 것보다 낫다는데 계속 독경만 하자' 이렇게 되기 쉽죠. 이런 생각은 여러분들을 선행이라든지 보살행을 할 수 없는 사람으로 만들어버립니다. 그렇게 되면 〈금강경〉이 욕심의 대상이 되어 버리는 것이죠.

그렇게 욕심으로 읽으면 어떻게 되겠습니까? 그것은 마치 지금까지 서방정토로 간다고 서쪽으로만 계속 갔는데 오늘 와서 보니까 욕망으로 내가 치달렸기 때문에 서방정토가 아니라 동방에 가 있는 것과 같습니다. 본뜻은 우리가 일상생활 속에서 삼천대천세계를 칠보를 가지고 보시하는 것만큼 '그렇게 많은 업을 익히라'는 거에요. 계속 남에게 베풀고 주라는 것이죠. 그 주고 베푸는 것이 익어지면 그것이 복덕성으로 변한다는 거에요. 복덕성으로 변하면 변한 그 자체가 사구게 세계, 수지독송의 세계가 된다는 말입니다.

그러니 부처님께서 이 사구게가 중요하다고 하시면서 칠보를 끌어온 것은 칠보로 보시한 공덕이 사구게를 수지독송한 것보다 못하다는 뜻이 아닌 것이죠. 복덕성으로 돌아가면 바로 불생불멸의 세계이자 부증불감의 세계이고, 그 세계는 멸할 수 없는 영원한 세계이기 때문에 우리가 반야바라밀의 세계에 들어가려면 이 보시와 사구게를 늘 함께 해야 한다는 것을 강조하신 겁니다.

여기서 수승하다는 말은 보시를 베푸는 습관이 반복되다 보면 유위법의 복덕이 무위법의 복덕성으로 변해간다는 뜻이에요. 사구게 정신이 그 바탕이 된다는 것이죠. 다시 말하면 남에게 베풀기 전에 〈금강경〉의 사구게 정신과 무주상보시의 복덕성을 먼저 알라는 겁니다. 그래서 경문에서 '어떤 사람이 이 경 가운데에서 사구게만이라도 받아 지녀서 다른 사람을 위하여 설한다면 그 복이 저 앞의 복보다 수승하다'고 하는 것입니다.

개인적인 소견으로는 저는 그냥 〈금강경〉 열 번 읽는 것보다 〈금강경〉의 이치를 알고 여러분들이 어렵고 소외된 사람들에게 보시하는 공덕이 더 크다고 생각합니다. 그런데 중요한 것은 보시를 하면서 그 보시에 대해 아무런 조건이 없어야 한다는 것이죠. 내가 누구에게 베풀었다는 것을 생각하면서 남에게 베풀게 되면 그 베푼 것에 대해 되돌려 받고 싶어 하는 나의 심성 때문에 오히려 괴로운 세계가 벌어지게 됩니다. 그런 복덕이 되면 안 되겠지요.

그러면 어떻게 해야 되느냐. 사구게를 이해하고 충분히 알고 보시를 하면 그 보시를 얼마만큼 했든지간에 준 것으로서 끝내버리고 내 생각과 마음에 내가 묶이지 아니하고 신·구·의 삼업에서 자유로워지는 겁니다. 그리고는 그 복덕이 복덕성으로 변하는 것이지요.

그런 다음 '사구게 하나를 수지하라'고 했습니다. '수지'라는 말은 글자 그대로 단순히 받아지닌다는 그런 뜻이 아니고 반야바라밀의 세계를 체험해서 그 반야바라밀의 진리에 맞게끔 일상생활을 하는 것을 '수지'라고 합니다. 〈금강경〉에서 말하는 진리를 가장 잘 요약해서 완벽하게 드러낸 구절이 사구게거든요. 그러니까 이 사구게를 통해 경 전체에서 반야바라밀의 세계, 아뇩다라삼먁삼보리의 세계가 어떤 것이라는 걸 절실히 이해하고 알면 그게 수지가 되는 것입니다.

그리고 '수지해서 다른 사람을 위해서 설한다'고 했습니다. 여기서 이렇게 강의하고 법문하는 정도가 아니라 완전히 자기화되고 성품이 완전히 변화되어 보살심이 갖추어진 상태를 '수지'라고 합니다. 전혀 문자도 없고 글도 아니고 책도 아닌 이 마음에서 〈금강경〉 사구게가 절로 흘러나오는 것입니다.

여기서 '흘러나온다'고 표현했습니다. 부처님의 자비성품과 인격이 자기화되어 생활 속에서 사구게 정신을 그대로 실천하면서도 스스로는 인지를 못하는 거에요. 이처럼 자기화된 삶을 '반야바라밀'이라고 합니다. 반야바라밀은 흔적이 없어요. 흔적이 없다는 말은 그 세계가 내 성품과 같이 되어 버렸기 때문에 인위적인 조작이 티끌만큼도 없다는 말입니다. 그것이 수지독송입니다.

교리적으로 좀 이해하고 학문적으로 아는 정도는 반야바라밀의 세계하고는 전혀 상관없습니다. 그저 중생심과 자기 업성을 가지고 있으면서 생각과 마음에서 자유롭지 못한 병든 사람일 뿐이지요. 머리불교로써 교리를 이야기하는 것은 업성의 변화가 없는 건데 그것을 '칠보를 가지고 삼천대천세계에 보시한 공덕보다 낫다'고 할 수 있냐는 말입니다.

이게 굉장히 중요한 거에요. 그것보다는 칠보를 가지고 삼천대천세계에 보시한 게 훨씬 수승하죠. 사구게를 제대로 알아서 복덕성이 되어 가지고 무위의 세계에서 무위법으로 칠보를 보시하게 되면 그 정신세계가 이 세계를 복덕성으로 끌어들여 변화시키는 작용이 되기 때문에 '사구게가 수승하다'고 이야기하는 것입니다.

그런데 우리가 이런 법문을 듣다 보면 그 자리에서는 '참으로 맞습니다. 죽기 전에 꼭 한 번 그 세계를 보고 가야겠습니다. 정말 삼천대천세계에 무주상보시를 해서 그 복덕성의 세계에 들어가야 되겠습니다' 하다가도 믿음이 약하고 중생업이 강하고 의심이 많다 보니까 문 열고 나서면 이 생각이 달아나 버리는 거에요. 그래서는 안 된다는 겁니다.

인도에 야맹조라는 새가 있거든요. 그런데 이 새가 게을러서 집을 안 지어요. 밤만 되면 나뭇가지에 앉아 추워서 오돌오돌 떨면서 '날 새면 내가 집 지어야지, 날 새면 집 지어야지' 하면서 밤새도록 우는 거에요. 그런데 아침에 해가 뜨고 햇살이 비치면 따뜻하게 몸이 녹잖아요. 그러면 날갯짓을 하면서 하는 말이 '내가 언제 집 짓는다고 했나, 내가 언제 집 짓는다고 했나' 하면서 하루 종일 돌아다닌다는 거에요. 그리고는 또 저녁 때가 되면 가지에 앉아 '내가 날 새면 집 지어야지, 날 새면 집 지어야지' 하면서 밤새도록 다른 사람 잠도 못 자게 우리나라 소쩍새 울듯이 그렇게 우는 거에요. 그게 바로 우리 중생의 마음이라는 겁니다.

그러니까 이것도 한 번 두 번 들어서 되는 것이 아니고 삼천대천세계에 가득할 정도로 들어야 되는 거에요. 그렇게 들어야 한 꺼풀의 업성이 바뀐다는 겁니다. 여러분들이 체험을 하셨는지는 모르겠지만 공부를 하면서 자기의 성격에 한 번 변화가 오고 자기의 업성이 한꺼풀 벗겨지는 것을 느낄 때는 저 크고 높은 벽이 내 눈 앞에서 와르르 무너지는 느낌이에요. 그런데 그것이 그렇게 흔적도 없이 무너지는 그런 경계를 한 번 느낄 때, 그것은 그저 태평양 바다에 물 한 방울 떨어지는 정도의 중생업식이 벗겨지는 거랍니다. 양파 한꺼풀 벗겨지죠? 그것 한꺼풀 벗겨지는 거에요. 웃을 일이 아닙니다. 양파 껍질 한꺼풀 벗겨지는 만큼의 성격변화도 굉장히 어려운 것이거든요.

하이고 수보리 일체제불
何以故 須菩提 一切諸佛

급 제불 아뇩다라삼먁삼보리법 개종차경출
及 諸佛 阿耨多羅三藐三菩提法 皆從此經出

"무슨 까닭인가. 수보리야, 일체 모든 부처와 모든 부처의 아뇩다라삼먁삼보리법이 모두 이 경으로부터 나왔기 때문이니라."

이제 부처님이 이 경의 위대성을 말씀하십니다. "너희들이 이 경을 그리 가벼이 볼 게 아니다. 모든 아뇩다라삼먁삼보리법, 반야바라밀법이 이 경으로부터 나왔다."고 말씀하시는 거에요. 사구게 정신을 바로 알고 이 경을 독송하면 그것이 반야바라밀의 세계에 들어가는 지름길이라는 것이죠. 대승의 문을 열 수 있다는 것을 이야기해주는 거에요.

우리 마음에는 열 가지의 세계가 있습니다. 10법계라고 하는데 여기에는 부처님의 세계가 있고, 보살의 세계, 성문의 세계, 연각, 천상, 아수라, 인간, 축생, 아귀의 세계가 있고 지옥의 세계가 있습니다. 앞에서 우리가 이미 현생에서 육도윤회를 하고 있다고 설명했듯이 이 10법계를 우리는 하루에도 수천 수만 번씩 출입합니다.

사구게를 모르는 사람은 조금 전 지옥에 들어갔다가 아귀세계에 들어가고, 또 경계에 따라서는 싸우느라 아수라의 세계로 들어가지요. 어떤 세계에서는 기분이 아주 좋아서 천상의 세계에 들어가기도 합니다.

마음이라는 것이 아주 요망한 것이어서 그 요망한 마음이 시비를 몰고 원숭이처럼 날뛸 때는 바꾸기가 참 어려워요. 왜냐하면 본래 자기가 아닌 어떤 것을 자기라고 붙들고 있기 때문에 그렇습니다. 여기서 말하는 '어떤 것'은 탐·진·치 삼독, 집착, 이기심, 욕심 같은 중생심이에요.

태국에 가 보신 분들 중에 혹 보신 분이 계실 텐데 원숭이를 잡을 때 호리병을 써요. 호리병 안에 잘 익은 바나나를 넣어둡니다. 그리고 호리병을 나무에다가 줄로 묶어 놓아요. 그러면 원숭이가 뛰어 다니다가 그 향기를 맡고 바나나를 가지려고 병에 손을 넣는 거에요. 손을 넣을 때는 원숭이가 손을 펴서 넣지만 호리병은 입구가 좁기 때문에 바나나를 딱 쥐게 되면 병에서 손이 절대로 안 빠지지요. 이 원숭이가 사는 길은 그 쥐었던 바나나를 놓고 병에서 손을 빼야 하는데 죽었으면 죽었지 안 놓는 거에요. 이게 중생이라는 겁니다. 중생들도 자기가 쥐고 있는 삼독심, 중생심을 놓아버리면 바로 반야바라밀의 세계에 들어갈 수 있는데 절대 안 놓는다는 거에요.

이렇게 이 세계를 우리는 하루에도 수천만 번을 들어갔다 나오고 들어갔다 나오는 거에요. 그런데 꼭 나쁜 세계에서만 머무는 것은 아닙니다. 우리는 부처의 세계, 즐겁고 기쁘고 순수하고 긍정적이고 착한 복덕성의 세계에도 들어갔다가 나올 수 있는 거에요. 조건 없이 남에게 보시를 했을 때, 기도를 하고 봉사, 참선 등을 통해서 우리가 여래의 세계에 들어간다는 거에요.

그런데 안타까운 것은 이 여래의 세계에 들어가는 것은 24시간 가운데에 겨우 1분 내지 2분밖에 안 된다는 겁니다. 법문 들을 때, 기도할 때 그 때 잠깐 반야바라밀의 세계, 복덕성의 세계, 무위법의 세계에 반딧불처럼 반짝 들어갔다 나오는 거에요. 그리고는 다시 다른 삼악도 세계에서 오랫동안 머물고 놀기 때문에 그 부처님 세계에 들어갔다 나온 영험도 없어져 버리는 것이죠. 24시간 가운데에 1분 들어가는 정도 가지고 우리 업성의 성격이 얼마나 벗겨지겠습니까. 그래도 24시간 가운데에 10시간 정도라도 그렇게 된다고 하면 그 때 탄력이 붙기 시작하면서 삼악도는 점점 멀어지게 될 겁니다. 여래의 세계를 향해 방향키를 잡고 계속 그 쪽으로 나아가야 하는데 거기까지 가기가 어렵다는 겁니다. 이 마음이라는 것이 남의 것이냐 하면 그건 아닌데, 내 것인데도 그렇게 자유롭게 안 되고 알기 어렵고 바꾸기가 어렵습니다. 그건 왜 그러냐. 믿음이 약해서 그렇습니다. 여래의 세계, 반야바라밀의 세계에 대한 믿음이 약해서 그렇습니다.

수보리 소위 불법자 즉비불법
須菩提 所謂 佛法者 卽非佛法

"수보리야, 이른바 불법도 곧 불법이 아니니라."

'불법'이라고 말할 때 그 '불법'은 정해진 법, 즉 유법이잖아요. 그런데 이 반야바라밀의 세계에서 노닐고 반야바라밀의 세계가 자기화된 사람의 본성에는 불법이다, 사법이다, 정법이다, 불법이 아니다 이런 차별이 없다는 거에요. 앞에서 부처님의 모든 법과 깨달음이 이 〈금강경〉에서 나왔다고 해 놓고서는 그 흔적을 싹 지워버리는 것입니다.

여기서는 경문이 "수보리야, 이른바 불법이라고 하는 것도 곧 불법이 아니니라." 까지 되어 있지만, 사실 산스크리트 원문에 보면 이 문장 뒤에 "그래서 불법이라고 여래께서는 설한다."가 붙어요. 이것은 중요하다고 하면 집착해서 병이 되고, 중요하지 않다고 하면 의미가 없는 것으로 치부해서 자기 복덕성을 못살려 내는 병을 만드니까 이래도 병이 되고 저래도 병이 되는 양변에 치우치지 아니하도록 상을 없애는 겁니다.

반야바라밀의 세계는 스스로 물을 마셔 보아야 물이 따뜻한 것인지 찬 것인지를 알 수 있듯이 여러분들이 반야바라밀의 지혜로서 실천행을 할 때 들어갈 수 있을 뿐, 말이나 언어로는 불가능하다는 말이에요.

주위에 보면 천성적으로 아주 착한 사람이 있죠? 그런 사람은 자기가 착한 줄을 몰라요. 착한 것이 무엇이라는 생각 자체를 안 합니다. 왜냐하면 성품 자체가 그렇게 되어 있기 때문에 그냥 그렇게 삶을 사는 것일 뿐 전혀 분별이 없어요. '착한 일을 하면 복을 받는다' 이런 차원에서 억지로 만들어서 착한 일을 하는 것이 아니라 그 자체가 착한 성품이다 보니까 그냥 착한 자체가 되어 가지고 착한 일인 줄도 모르고 착한 일을 하는 거에요.

저는 그런 사람을 봤습니다. 그 사람을 보면 피로가 풀리고 모든 긴장이 풀어지고 근심걱정이 사라집니다. 그 사람과 함께 있으면 내가 아주 순수하고 천진한 아이로 돌아간 것 같아서 저는 그 사람을 아주 자주 만납니다. 그 사람이 누굽니까? 그 사람은 바로 부처님입니다.

고갱이 | 금강경의 도리를 알고 거기에 복덕이 더해지면 유한한 공덕이 영원한 복덕성으로 변해 그 공덕은 어마어마해집니다. 이것이 반야바라밀로 가는 지름길입니다.

제9분

일상무상분
一相無相分

깨달음에는 상이 없다

日本相
無念
ノ刃

제9분 '일상무상분'입니다. '일상무상(一相無相)'이란 말은 하나의 상도 또한 상이 아니라는 뜻입니다. 〈금강경〉을 공부하고자 하는 수행자나 〈금강경〉의 진실한 뜻을 알고자 하는 사람들은 이 '일상무상분'을 잘 들으시면 공부하는 이가 가져야 될 기본적인 마음자세에 대해 이해하게 될 것입니다.

　〈금강경〉의 근본정신은 반야바라밀입니다. 〈금강경〉은 부처님께서 처음부터 끝까지 반야바라밀을 말씀하신 기록인 거에요.

　반야는 지혜를 말하는 것이죠. 쉽게 말해서 부처님 마음입니다. 이 반야는 다른 말로 '공'이라고도 합니다. 왜 공이냐 하면 형상이 있든 없든 생명이 있든 없든 이 세상의 일체 모든 것은 다 각기 인연에 의해서 모여 상을 이루고, 인연이 다하면 흩어지면서 이루었던 상이 없어지는 것이죠. 모든 것들이 다 이렇게 어울려서 만들어진 상이기 때문에 절대적으로 불변할 수 있는 자체의 상이 없으므로 공이라고 하는 겁니다.

그럼 바라밀은 무엇이냐. 바라밀은 '이것이 반야다' 또는 '모든 것은 공이다' 할 때 일어나는 관념과 생각을 흔적 없이 없애버리는 것을 바라밀이라고 합니다. 반야는 부처님의 마음인데, 이 반야를 성취하신 분은 무엇을 얻었다 하여도 얻은 바가 없다는 것이죠. 그리고 선행이나 이타행 등을 했다고 하더라도 한 바가 없다는 거에요.

부처님은 당신이 무슨 일을 하든지 그 한 일에 대한 집착이 없고 조건이 없었으며 일체 모든 상과 흔적을 남기지 않았기 때문입니다. 새가 하루 종일 허공을 날아 다녀도 흔적을 남기지 않는 것과 같이 부처님은 마음을 그렇게 쓰신다는 것이죠. 따라서 반야바라밀은 우리가 궁극적으로 이루어야 할 우리의 본래 마음입니다. 여러분들이 이 〈금강경〉을 제대로 본다든지, 또 불교에 인연을 맺어 마음공부를 하는 근본 목적은 결국 이 반야바라밀을 성취하는 겁니다.

그런데 '반야바라밀'이라고 하고 '아뇩다라삼먁삼보리'라고 하니까 여러분들은 또 '반야바라밀의 세계는 이러한 것이고, 아뇩다라삼먁삼보리의 세계는 이러한 것이구나' 하고 마음에 또 하나의 상을 그린다는 것이죠. 그러니까 그 상의 흔적과 마음의 틀을 지워야 한다, 그런 의미에서 궁극적인 마지막 한 상도 상이 아니며 취할 수 없다고 하여 '일상(一相)도 무상'이라 하는 겁니다.

그러면 부처님 가르침의 바탕이 되는 사상은 무엇일까요. 그것은 여러분들이 기본교리로 잘 배우셨던 삼법인(三法印)입니다. 법인이란 '법의 도장'이란 뜻이죠? 법이란 물론 진리를 말하는 것이고, 이 진리를 부처님이 발견하셨어요. 그래서 일반적으로 '삼법인의 사상에 일치하면 불교이고, 일치하지 않으면 불교가 아니다'라고 합니다.

삼법인에는 제행무상(諸行無常), 제법무아(諸法無我), 열반적정(涅槃寂靜)이 있습니다.

제행무상 | '제행무상'이라는 것은 '일체 세상의 모든 것은 흐르면서 항상 변한다'는 뜻입니다. '제행'은 일체 세상의 모든 것인데, '모든 것'이란 일체의 만들어진 것으로 인연 따라 생겨나고 인연 따라 없어지는 물질적이거나 정신적인 존재와 현상을 말합니다. 그리고 '무상'은 글자 그대로 항상함이 없다는 뜻이에요. 어떤 모양이든 어떤 형상을 가졌든 세상에 드러난 것은 그것 자체에 영원한 상이 없다는 것입니다.

따라서 제행무상은 모든 존재는 항상함이 없이 변한다는 존재의 법칙성을 말하는 겁니다. 우리가 사물이나 형상을 바라볼 때 모든 것은 항상 변하고 있는 것을 보지요? 제행무상은 이와 같이 일체는 변한다는 것을 여실히 보아서 모든 것에 대한 집착과 분별로부터 벗어나라고 말하는 것입니다. 일체의 집착과 분별을 벗어나야 번뇌 망상이 소진되고 업이 다 멸해

버린 자리, 즉 여래의 자리에 들어갈 수 있지요.

제법무아 | '제법무아'는 모든 변하는 것에는 자아라는 실체가 없다는 무아의 가르침입니다. 모든 법은 인연 따라 만들어진 하나의 생각이고 경계이자 마음이기 때문에 그것 역시 스스로의 주체성을 가질 만한 자성이 없다는 거에요. 우리가 일상생활을 하다보면 어떤 상황에서든지 나에게 밀려오는 경계가 있습니다. 그 경계에는 물질적으로 인해서 오는 경계도 있을 것이고, 사람과 사람 사이의 인간관계에서 오는 경계도 있고, 또 자기가 스스로 마음에서 번뇌를 일으켜 오는 경계도 있을 테지요.

어떤 경계든지 다가오면 그것에 부딪히면서 그 경계를 따라서 각자가 겪는 내용이 있기 마련이고, 그 내용을 우리는 자꾸 생각하게 됩니다. 그렇죠? 그것이 가슴에 남든 머리에 남든 어떻든지간에 우리는 그것으로 인해서 괴로움과 고통을 겪으면서 그 생각을 하고 있다는 말입니다. 이렇게 생각하고 있는 것, 경계를 맞이하면서 생기는 자기 상념, 관념을 '제법'이라고 합니다.

법을 나의 마음이라고 생각했을 때 중생은 나의 마음이라는 것에 붙들려서 집착하게 되고, 집착함으로 인해 그 성격과 성질에 맞는 괴로움과 고통을 겪게 됩니다.

무아라고 할 때 '무아'는 '나'라고 할 만한 것이 없다는 뜻입니다. 그런데 아무 것도 없는 것으로서 단견으로 생각하시면 여러분이 반야를 잘못 알고 있는 거에요. 그러니까 항상 머무름 없이 흘러가되 그 가운데에 또 하나의 불변하는 드러낼 수 없는 불성의 모습을 우리가 볼 수 있습니다. 이렇게 비유할께요. 흐르는 물에 하늘에 있는 달이 떨어져 있어요. 그러면 물이 흐르니까 달도 흘러야 되는데, 물은 흘러도 달은 흘러가지 않는다는 말입니다. 그 달은 정말 실체가 있는 달입니까? 물에 비친 달은 사실 실체가 있는 것이 아니에요. 실체가 있는 달이 아닌데 지금 눈에 보이니까 없다고 할 수는 없는 것이지요.

우리의 본래 불성이라는 것이 불성이라고 하면 여러분들은 또 '불성'이라는 하나의 상을 만들기 때문에 그 하나의 상도 있다고 하면 그 불성을 잘못 보는 것입니다. 그러면 어떻게 해야 되느냐. 스스로 물을 마셔봐야 그 물이 차고 따뜻한 것을 알 수 있듯이 오로지 수행을 통해 스스로 체험을 해서 그 경지를 자각하고 깨달아야 하는 겁니다. 이것이 논리의 한계라는 것이죠. 그래서 '언어도단 심행처멸'이라 이야기하는 겁니다.

열반적정 | '열반적정'은 깨달음을 성취하여 모든 번뇌와 욕망, 고통이 사라진 고요한 상태를 말하는 것입니다. 즉 제행무상과 제법무아의 진리를 완전히 깨달아 모든 번뇌와 고통을 벗어난 부처를 성취한 것이지요.

중생에게는 사실 모든 경계가 다 고통의 경계이고 또 모든 것이 다 집착의 경계입니다. 중생은 집착할 수밖에 없는 것이죠. 그래서 중생들은 이 고통과 집착에 의한 경계를 대단히 힘들어하고 괴로워하고 있습니다. 이렇게 우리의 마음 속에 괴로움이나 즐거움, 슬픔이나 고통들이 일어나는 이 자체가 바로 인연에 의해서 내가 스스로 만든 것이라 믿고 거기에서 초연해져야 되는데 생각만 그렇게 할 뿐 실제로는 그렇게 잘 안 된다는 것이죠.

성인의 경지 같으면 항상 흘려보내고 집착을 하지 않으니까 괴로움은 없을 것입니다. 그런데 중생은 그것을 흘러가게끔 내버려 두지를 못한다는 것이죠. 왜 그럴까요? 제행이 무상하다는 사실을 모르거나, 혹은 안다고 하더라도 교리로 배웠을 뿐 아직 믿음이 약하기 때문에 단지 '기억'하고 있어요. 그렇기 때문에 여러분들의 믿음이 깊어지지 않고 자꾸 상에 집착하게 되는 것입니다. 그래서 이런 강의를 반복해서 들으셔야 합니다. 이 이치를 잘 알고 제행이 무상하고 제법이 무아라는 것을 진심으로 믿고 또 깊은 발심을 통해 반야지혜를 봄으로써 비로소 열반이라는 보리가 이루어진다는 것입니다.

수보리 어의운하 수다원 능작시념 아득수다원과부
須菩提 於意云何 須陀洹 能作是念 我得須陀洹果不

수보리언 불야 세존 하이고 수다원 명위입류 이무소입
須菩提言 不也 世尊 何以故 須陀洹 名爲入流 而無所入

불입색성향미촉법 시명 수다원
不入色聲香味觸法 是名 須陀洹

"수보리야, 어떻게 생각하느냐. 수다원이 능히 이런 생각을 하되 '내가 수다원과를 얻었다' 하는가."
수보리가 말씀드리되, "아니옵니다. 세존이시여, 무슨 까닭인가 하면 수다원을 입류라 하지만 들어간 바가 없으니 색·성·향·미·촉·법에 들어가지 않으므로 이를 이름하여 수다원이라 하옵니다."

이 '일상무상분'에 나오는 수다원, 사다함, 아나함과 아라한은 남방상좌부의 4단계 수행을 말하는 것으로 수행4과라고 하지요. 성문4과라고도 합니다.

첫 말씀이 "수보리야, 어떻게 생각하느냐? 수다원이 능히 이런 생각을 하되 내가 수다원과를 얻었다 하는가?"라고 하셨어요. '내가 공부를 해서 수다원과를 얻었느냐'는 말입니다.

부처님이 왜 이런 질문을 하셨는지에 대해서는 앞에서 수차례 설명드렸지요? 부처님이 수보리의 의심을 없애주시기 위해 묻자 수보리가 "아닙니다. 세존이시여."라고 대답합니다. 얻었다는 생각을 하지 않는다는 뜻이죠?

이어서 '무슨 까닭인가 하면 수다원을 입류라고 하지만'이라고 했어요. 여기서 '입류(入流)'는 어떤 흐름에 들어간다는 뜻이에요. 류(流)라는 말은 '성인의 흐름'이라는 뜻인데, 그 흐름을 계속 타고 가면 해탈 열반에 이른다고 해서 깨달음, 해탈, 열반을 뜻하기도 합니다. 그래서 이 수다원과를 이루면 처음으로 성인의 경계, 성인의 무리에 합류한 것이 됩니다. 그리고 성인의 무리에 들어간다고 해서 '성류(聖流)'라고도 합니다. 수다원의 경지에 들면 이제 막 소위 말하는 육도윤회에서 벗어날 준비를 마친 것이에요.

그리고 여기서 "수다원을 입류라고 하지만 들어간 바가 없으니 색·성·향·미·촉·법에 들어가지 않으므로 이를 이름하여 수다원이라 합니다." 했지요. 이 말은 수다원에 이르면 안·이·비·설·신·의 육근을 통해 인식하는 색·성·향·미·촉·법 육진에 들어간 흔적을 남기지 않는 단계에 들었다는 것입니다. 그러나 수다원에 이른 사람이라도 육진에 대해 전혀 움직이지 않는 것이 아닙니다. 단지 흐름에 들어섰을 뿐입니다. 마치 풀을 바위로 잠시 눌러 놓은 것과 같이 아직 마음의 흐름은 완전한 공(空)이 되지 못했습니다. 수다원은 남아 있는 습을 끊어버리지 못했기 때문에 아직 근본적으로 해탈하지 못했습니다. 그러므로 몇 번 인간세계로 다시 와야 합니다.

"들어간 바가 없으니 색·성·향·미·촉·법에 들어가지 않으므로 이를 이름하여 수다원이라 하옵니다." 이 부분을 다시 봅시다. '색·성·향·미·촉·법에 들어가지 않았으므로'라고 했으니 그러면 색·성·향·미·촉·법을 먼저 알아야 되겠죠?

사람마다 인연 따라 일어나는 여러 가지 경계가 있습니다. 그렇죠? 그 내용에 따라서 가지가지 자기에게 오는 경계들이 있을 거 아닙니까? 우리에게 오는 그런 경계들을 색·성·향·미·촉·법에 종합을 해버린 거에요. 그래서 경계들을 여섯 가지로 나누었는데 이를 육진(六塵)이라고 총칭해서 불러요. 이 육진 중에 밖에서 오는 것을 외진이라고 하고, 외진을 경계로 맞으면서 마음에서 번뇌가 일어나서 마음과 생각에 자유롭지 못하고 거기에 붙들리는 것을 내진이라고 합니다.

이 육진 중에 색은 모든 형상 있는 것을 말하지요. 우리 몸뚱이도 색이고 물질로 이루어진 모든 것이 다 색이에요. 성은 소리, 향은 향기나 냄새, 미는 맛, 촉은 촉감. 그런데 여기서 촉에는 접촉을 통한 것 말고도 소리든 향이든 마음에 닿아 느끼는 촉감도 있구요. 마지막으로 법이라는 것은 나에게 경계가 접해올 때 내 마음에 남는 어떤 생각, 즉 선이라든지 악이라든지 또는 기쁨이라든지 슬픔이라든지 나름대로 의미를 가지고 결정해서 머리에 남는 생각이 다 법이거든요.

그런데 '수다원은 이 경계에 들어가지 않는다'고 했지요? 물론 남아 있는 습을 아직 끊어버리지 못했기 때문에 인간세계에 몇 번을 다시 와야 합니다만 수다원 자신은 들어가지 않는다는 생각까지도 없다는 것입니다.

　여기서 '들어가지 않는다'는 것은 경계에 매이지 않는다는 뜻이고, 그 경계에 붙들리지 아니하고 자유롭다는 뜻이죠. 그것은 경계를 거스른다는 뜻이기도 해요. 그런 의미에서 수다원을 '역류(逆流)'라고도 하는 거에요. 모든 경계가 오는 것은 어쩔 수가 없지요. 오는데 그 경계를 맞이하면서도 그 경계에 자유롭기 때문에 '들어가도 들어간 바가 없다' 이렇게 이야기하는 거에요.

　그런데 중생은 어떠한가? 중생은 반야라는 지혜를 체험하지 못했기 때문에 믿음이 약해져서 색에 집착을 합니다. 모든 색을 볼 때 그 색을 붙들려고 하고, 그 색에 머물려고 하고, 집착을 일으키기 때문에 우리는 중생이 되는 것이고 색에 들어간다 이 말이에요. 색에 묶인다는 말이죠. 이런 구조를 잘 알고 있어도 실제 생활에서는 내 정신경계가 사람 몸에 끄달릴 수밖에 없습니다. 중생들은 무상을 잘 모르고 반야를 체험해보지 못했고 부처님의 마음세계를 떠나온 지가 너무 오래되어서 이제는 도저히 기억조차 안나요.

　이렇게 중생은 반야의 세계, 부처님의 마음세계를 체험하지 못했기 때문에 어떤 경계가 오면 그 경계로 인해 마음에 엄청나게 큰 동요와 감정의 기복이 일어나게 되어 있어요. 그래서 화도 나고 또 괴로움도 생기고 그러는 겁니다. 화가 나면 그

화를 또 붙들려고 하는 거에요. 이런 사람을 우리는 '중생'이라고 하지요.

그런데 성인은 경계가 오더라도 그것을 절대 붙들거나 얽매여 집착하거나 자기를 괴롭히는 일이 없어요. 이른바 머무는 바가 없는 경지입니다. 마음 속에 어떤 것도 남아 있지 않아요. 그것은 제행이 무상하고 제법이 무아인 것을 체험했기 때문에 마음이 편안한 거에요. 이 마음 편안한 것을 우리는 '열반의 세계'라고 그러거든요.

우리가 사물을 보고 듣고 느낀다고 할 때 사실 우리의 육근이 직접 그것을 보고 듣고 느끼는 것이 아닙니다. 우리가 인식하는 것은 사물 그 자체가 아니라 우리 마음이라는 거울에 비춰진 '사물'을 보고 듣고 느끼는 것이거든요. 그리고 그 사물을 보거나 듣고 또는 접촉해서 좋거나 나쁘다고 느끼는 것은 우리가 익혀온 습이랄까 업에 따라 다르지요. 예를 들면 우리가 저 꽃을 볼 때 모양이 예쁘다든지 향기가 좋다고 인식하는 것은 그 꽃 자체가 예쁘고 향이 좋은 것이 아니고 우리 마음에서 익혀온 업에 의해 그렇게 받아들인다는 것이죠.

이런 이치를 아는 단계가 수다원과이고 수행을 해서 이 과위를 성취한 수행자를 수다원이라고 부릅니다. 하지만 수다원은 이 이치를 알기는 하되 아직 업에 끄달리는 상태이기 때문에 사물을 사실대로 볼 수 없다는 것이고요.

수보리 어의운하 사다함 능작시념 아득사다함과부
須菩提 於意云何 斯多舍 能作是念 我得斯多舍果不

수보리언 불야 세존 하이고
須菩提言 不也 世尊 何以故

사다함 명일왕래 이실무왕래 시명 사다함
斯多舍 名一往來 而實無往來 是名 斯多舍

"수보리야, 어떻게 생각하느냐. 사다함이 능히 이런 생각을 하되, '내가 사다함과를 얻었다' 하는가."
수보리가 말씀드리되, "아닙니다. 세존이시여, 무슨 까닭인가 하면 사다함은 일왕래로되, 왕래함이 없으므로 이름을 사다함이라 합니다."

사다함이라는 두 번째 단계가 나왔습니다. 수다원이 이제 경계에 끄달리지 않고 그 경계를 맞이하면서도 거기서 자유로울 수 있는 초입단계라면, 사다함은 그 경계를 완전히 제어할 수 있고 탐·진·치 삼독심이 어느 정도 뽑혀 이제 한 번만 더 인간의 몸을 받으면 되는 단계입니다. 그렇지만 이 경지도 잠시일 뿐 궁극적인 것은 아니지요.

여기서 '일왕래'는 한 번 갔다 온다는 뜻이죠. 이것은 종교적으로 이야기를 한다면 명이 다하면 생전에 지은 복덕과 그런 공덕에 의해 죽어서 천상에 한 번 간다는 겁니다. 그렇게 천상에 한 번 갔다가 다시 사람 몸을 받아서 온다는 거에요. 그런데 이것을 여러분들이 잘 생각하셔야 해요. 사람이 죽어서 아무나 천상에 갑니까? 그런 건 아니죠. 수다원과를 얻었기 때문에, 사다함과를 얻었기 때문에 가능한 거에요. 그리고 반드시 다시 사람 몸을 받아 와서 도를 성취하기 때문에 한번만 사람 몸을 받아오면 된다는 의미에서 '일왕래'라고 하는 것입니다.

그런데 관심석(觀心釋), 마음 수행 측면에서 볼 때는 이 사다함이나 수다원의 경지는 위에서 언급했듯이 아주 잠시 머물 뿐 궁극적인 것이 아닙니다. 사다함의 전 단계인 수다원은 색·성·향·미·촉·법에 들어가지 않는다고 했잖아요. 그런데 아직은 공부 힘이 약하기 때문에 처음엔 그 경계를 탑니다. 속는 거에요. 한 번 화를 낸다든지, 또는 한 번 뭔가에 괴로워한다든지 경계에 따라서 처음 한 번은 속습니다. 지난 과거에 익혀온 습이 너무 굳어져 있고 강하기 때문에 한번에 몰록 다 없어지기는 어렵다는 것이죠. 그래서 앞생각이 속는 거에요.

하지만 이렇게 앞생각은 속아도 사다함이나 수다원과를 얻었기 때문에 이미 제행이 무상하고 제법이 무아라는 것을 알잖아요. 아니까 그 인연 공덕으로 두 번째 일어나는 생각이 바로 앞의 미혹한 생각을 따라가지 않는다는 것이죠.

앞생각이 착각을 했더라도 뒷생각이 앞생각이 집착한 것을 없애버리는 거에요. 앞생각의 집착을 없애고 뒷생각이 편안하게 연기와 반야의 지혜를 탁 불러들이면서 제자리로 돌아간다는 것이죠. 단지 수다원은 이런 과정을 일곱 번 더 반복한다는 것이고 사다함은 한 번만 한다는 차이입니다.

사다함은 먼저 일어난 생각이 잘못되었으면 바로 그 생각이 잘못되었다는 것을 압니다. 이것을 염기즉각(念起卽覺)이라고 합니다. 일어난 생각이란 것은 바로 중생심인데 이 중생심이 일어나면 바로 뒤따라 일어나는 지혜가 그 중생심을 편안하게 해체시킨다는 거에요. 즉 한 번은 속아서 성을 낸다든지 괴로워하지만 그 마음을 바로 지워버리는 거에요. 편안해지는 겁니다.

성을 낸다는 말이 나왔으니 하는 말인데 도인도 성을 내거든요. 부처님도 성을 내고 관세음보살님도 화를 내요. 그런데 불보살이나 성인이 화를 내는 것과 중생이 화를 내는 것은 전혀 다른 겁니다. 이게 참 중요해요. 여러분들이 석굴암에 가면 십일면관세음보살님을 조성해 놓은 것 보셨지요. 그런데 그 상호를 보면 앞에는 부처님과 같은 미소를 짓고 계시지만 옆으로는 슬픈 얼굴도 있고 화내는 얼굴도 있고 호탕하게 웃는 얼굴도 있습니다. 그렇게 11가지의 얼굴 표정이 있어요. 이렇게 관세음보살님도 중생을 교화하는데 때로는 화를 낸다는 것이죠.

그런데 그 화는 중생들처럼 탐·진·치 경계에 속아서 내는 것이 아니라 중생을 깨우치기 위해서, 중생을 바른 생각으로 인도하기 위해서 방편으로 내는 겁니다. 도인도 화를 내지만 도인은 절대 그 화에 집착하고 화에 속아서 화를 내는 것이 아니고 중생을 교화하고 깨우쳐주기 위해서 화를 내고 그런 모습을 보이시는 것입니다. 이것은 마치 어머니가 아이가 잘못했을 때 아이의 잘못된 습관을 고쳐주기 위해서 방편으로 화를 내는 것과 같은 겁니다.

수보리 어의운하 아나함 능작시념 아득아나함과부
須菩提 於意云何 阿那含 能作是念 我得阿那含果不

수보리언 불야 세존 하이고
須菩提言 不也 世尊 何以故

아나함 명위불래 이실무불래 시고 명아나함
阿那含 名爲不來 而實無不來 是故 名阿那含

"수보리야, 어떻게 생각하느냐. 아나함이 능히 이런 생각을 하되 '내가 아나함과를 얻었다' 하는가."
수보리가 말씀드리되, "아닙니다. 세존이시여, 무슨 까닭인가 하면 아나함은 이름이 오지 않는다 하오나 실로는 오지 않음이 없으므로 이름을 아나함이라 합니다."

세 번째, 아나함의 경지에 가면 '실무불래(實無不來)'라고 되어 있습니다. 불래, 즉 오지 않는다는 말이죠. 아나함은 그 뜻이 돌아옴이 없다, 이미 끊어졌다, 혹은 욕망에서 벗어난다고 해서 '불환과'라고도 합니다. 아나함에게는 욕심 부릴 만한 것이 없다는 뜻이에요. 이 경지에서는 사다함에게 남아 있던 탐·진·치 삼독심이 다 끊어져 다시는 욕계에 오지 아니합니다. 즉 다시 인간 세상에 오지 않고 직접 천상으로부터 사과(四果)를 증득하여 열반에 듭니다. 이것을 종교적으로 볼 때는 공덕을 많이 쌓고 수행을 많이 하여서 죽어서 천상이나 극락으로 가고 그리고 다시는 사람 몸으로 오지 않는다는 것이죠. 그래서 '불래'라는 겁니다.

사다함에서는 그래도 한 번은 처음에 일어나는 생각이 경계에 집착하고 속는다고 그랬지요? 그런데 이 아나함의 경지에 가면 그런 것이 없어요. '실로 오지 않습니다' 하는 것은 경계가 올 때 이제는 먼저 일어나는 생각도 아주 편안하게 반야의 지혜로서 경계를 보기 때문에 자국과 흔적이 없이 그렇게 부처님 마음 경계에 들어간다는 것이죠. 그러니까 중생심으로 다시는 돌아오지 않는다는 겁니다.

그리고 또 '오지 않는다'고 하는 말은 무슨 뜻이냐? 사다함에서 '한번 갔다 왔다'는 것은 '경계에 한 번 매했다'는 말입니다. 그런데 사다함에서 다시 선정이 깊어지면 경계가 오더라도 아예 한 번 가고 오는 미혹함이 자기의 마음 경계에 없는 거에요. 그래서 불매(不昧)라고도 합니다. 그리고 이 경지가 되면 '나'라는 아상과 '남'이라는 인상, 그리고 '내가 잘났다'는 중생상과 목숨에 대해 집착하는 수자상과 같은 것들이 일체 없다는 거에요. 그래서 천상에 갈 것도 없고 중생심에 떨어질 것도 없고 항상 지혜원명한 자리에서 그대로 마음이 밝아져 있어 불래입니다.

또한 이 경지가 되면 색이 공인 줄 이미 잘 알고, 공 또한 공 그대로 색이 드러나는 것이라는 색 그대로의 공한 이치까지 그 본질을 봅니다. 그렇기 때문에 중생심에 들어간다든지 성인에 들어간다든지 천상에 들어간다든지 또는 지옥에 들어간다든지 하는 오고 감이 없기 때문에 '나고 죽음이 없다'고 이야기하는 것이죠. 그래서 이 경계를 불생불멸의 경지에 들어간다고 합니다. 아나함은 그러한 정신경계를 말하는 것이고 수행단위를 말하는 겁니다.

수보리 어의운하 아라한 능작시념 아득아라한도부
須菩提 於意云何 阿羅漢 能作是念 我得阿羅漢道不

수보리언 불야 세존 하이고 실무유법 명아라한
須菩提言 不也 世尊 何以故 實無有法 名阿羅漢

세존 약아라한 작시념 아득아라한도
世尊 若阿羅漢 作是念 我得阿羅漢道

즉위착아인중생수자
卽爲着我人衆生壽者

"수보리야, 어떻게 생각하느냐. 아라한이 능히 이런 생각을 하되, '내가 아라한도를 얻었다' 하는가."
수보리가 말씀드리되, "아닙니다. 세존이시여, 무슨 까닭인가 하면 실로 아라한이라 할 법이 없기 때문입니다. 세존이시여, 만약 아라한이 이런 생각을 하되 '내가 아라한도를 얻었다' 하면 곧 아상·인상·중생상·수자상에 집착함이 됩니다."

아라한은 '살적(殺賊)'이라고도 합니다. 번뇌라든지 집착, 고통, 괴로움 등 이런 것들은 다 나쁜 것들이죠. 그러니까 도적에 비유해서 도적을 모두 다 죽여버렸다는 말이에요. 무명(無明)에 의한 모든 번뇌를 완전히 끊었을 뿐 아니라 구경의 진리를 증득하여 더 이상 배울 것이 없다하여 '무학(無學)'이라고도 합니다.

또 아라한의 경지를 '응공(應供)'이라고 합니다. 아라한은 마땅히 중생들의 공양을 받을 자격이 있다는 것이죠. 그래서 응공복전이라고 합니다. 중생들이 공양을 올리면 마땅히 복을 지을 수 있는 복전이라는 말입니다. 그리고 이 경지에 들어가면 이미 마음에 다툼이 없어요. 어떤 경계가 와도 그 경계에 휩쓸려 자기의 본래 본성인 부처의 마음을 잃어버리지 않고,

전혀 마음에 티끌만큼도 시비와 번뇌 같은 갈등이 없다는 거에요.

그런데 중생에게는 그것이 습이 되고 업이 되고 괴로움이 되어 흔적을 남깁니다. 화를 많이 내는 사람은 한 일주일씩 몸살을 해요. 얼굴이 새카맣게 타죠. 그 독이 독하거든요. 아주 독해서 사람이 새카맣게 타는 것입니다. 우리 중생들은 나름대로 공부를 한다든지 하면 자꾸 상이 생기고 자기가 일으킨 상에 구속을 받는데 법을 모르기 때문에 그런 업이 형성된다는 거에요.

하지만 아라한은 마음에 집착이 없고 나고 죽는 생각이 없으며 일체 모든 번뇌망상이 다 멸해버리고 멸했다는 그 생각까지도 없어요. 불생불멸의 세계인 열반에 들어가기 때문에 '불생(不生)'이라고도 합니다. 이 경계가 되면 원력수생(願力受生)이 되는 거에요. 나고 죽는 것도 내가 원해서 할 수 있는 것이죠. 이 말은 중생이 좋아하는 것을 알고 중생이 좋아하는 노릇을 같이 해주는 거에요. 아라한은 그것을 행하면서도 전혀 집착하거나 미혹하거나 매하지 않는다는 거에요. 마음을 일으키는 자체를 전부 다 자기가 알고 하기 때문에 전혀 그것이 업이나 습관이 되지 않는 것입니다. 다만 중생이 좋아하는 것을, 그 중생을 제도해주기 위해서 그렇게 끌어들이는 거에요.

이 아라한의 경지에 들어가면 반야의 세계에 들어가도 반야의 세계에 들어갔다는 자국이 없고, 또 불심의 세계에 들어가도 불심의 세계를 얻었다는 흔적이 전혀 없다는 것이죠. 그것은 마치 바닷물이 바람에 의해 천 가지 만 가지 모양의 파도를 만들더라도 그 바닷물 자체에는 파도가 일어난 흔적과 자국을 남기지 않는 것과 같아요. 아라한의 경지가 되면 오로지 중생을 위해서 절묘한 자비 방편을 베풀 뿐이지 그것에 의해 자기가 미혹되거나 습이 된다든지 업이 되는 일은 전혀 없다는 겁니다.

세존 불설 아득무쟁삼매인중 최위제일
世尊 佛說 我得無諍三昧人中 最爲第一

시제일이욕아라한 아부작시념 아시이욕아라한
是第一離欲阿羅漢 我不作是念 我是離欲阿羅漢

"세존이시여, 부처님께서는 저를 무쟁삼매를 얻은 사람 가운데서 제일이라 하시니 이는 욕심을 떠난 제일의 아라한이라고 하심이나 저는 제가 욕심을 떠난 아라한이라고 생각지 않습니다."

　여기서 무쟁이란 말은 글자 그대로 다툼이 없다는 뜻이지요. 쉽게 말해서 남들과 자신이 옳다며 서로 다투지 않는다는 말이에요. 또 무쟁은 '지혜와 복덕을 구족하여 더 이상 끊을 번뇌가 없어 마음으로 다툴 대상이 없다'는 뜻이므로 탐. 진.

치 삼독심이 모두 사라졌다는 뜻이 됩니다. 탐욕과 성냄이 없으니 마음 안팎으로 한치의 동요가 없고 항상 고요해지는 것입니다. 그리고 마음이 고요하고 다툼이 없는 상태에 들었지만 그 생각마저도 없으니 이것을 무쟁삼매라고 하는 것입니다. 아라한의 경지에 완전히 들어가면 내가 아라한의 경지에 들어갔다는 생각 자체가 없기 때문에 자기가 하고 있는 것은 전부 다 반야바라밀을 즐기는 것 뿐이에요.

마치 새가 저 하늘 높이 날 때 아주 높이 오르기까지는 날개짓을 많이 하고 애를 써서 바람을 많이 타야 하지만 어느 정도 궤도에 올랐을 때는 그 날개짓을 인위적으로 할 필요가 없는 것과 같습니다. 바람이 불어오는 방향과 세기에 맞춰 적절히 타면 하루종일 힘들이지 않고 자유롭게 허공에 떠 있을 수 있어요. 내 마음의 인격이 반야바라밀의 세계에 들어가면 그와 같이 된다는 거에요. 우리도 그렇게 된다면 얼마나 좋겠습니까? 여러분들이 반야바라밀의 세계에 들어가겠다는 원을 세우고 금생에 성취하겠다는 굳은 신심이 있을 때 이 변화는 반드시 올 것입니다.

세존 아약작시념 아득아라한도 세존 즉불설 수보리
世尊 我若作是念 我得阿羅漢道 世尊 卽不說 須菩提

시요아란나행자 이수보리실무소행
是樂阿蘭那行者 以須菩提實無所行

이명수보리 시요아란나행
而名須菩提 是樂阿蘭那行

"세존이시여, 제가 만약 이런 생각을 하되 '내가 아라한도를 얻었다' 하면 세존께서는 곧 '수보리는 아란나행을 즐기는 자'라고 말씀하시지 않으려니와 수보리가 실로 행하는 바가 없으므로 '수보리는 아란나행을 즐기는 자'라고 이름하셨습니다."

내가 완전한 아라한과를 성취하면 '내가 아라한이다, 성인이다, 부처다' 하는 자체가 나에겐 없는 거에요. 단지 남이 볼 때 그렇게 봐주는 겁니다. 남이 볼 적에 '아란나행을 즐기는 자'라고 말하는 것이지, 스스로는 아란나행을 즐긴다고 생각하지 않는다는 거에요. 아란나행은 무쟁삼매와 같은 뜻입니다. 이것을 〈육조단경〉에서는 일행삼매라고 했는데 뜻은 같은 거에요. 자기화되어 버렸기 때문에 그 행 자체를 즐기고 있는지조차도 모릅니다. 그렇게 되어야 영원히 변하지 않고 무너지지 않는다는 거에요. 아직까지 내가 조작이 있고 만들어서 하는 척 하는 것은 경계가 오면 무너지고 부서져버립니다.

마음 수행의 측면에서 볼 때 대승불교에서는 수행의 목적을 보살만행에 두기 때문에 보살만행이 살려져 나올 때야말로 수행에 의미가 있다고 합니다. 그런데 정법인 〈금강경〉의 반야바라밀 사상을 모르고 공부를 하는 사람은 자기 소견대로 공부를 하기 때문에 이타행이나 보살만행이 나오지 않는다는 거에요. 대승불교에서는 소승의 아라한은 오로지 번뇌를 소멸하고 스스로 고요함 속에 들어가 있기 때문에 아무리 아라한이라도 그렇게 칭찬하지 않습니다. 옛 어른들은 자기만 고요함 자체에 들어 가 있는 것을 '죽은 물에 고기가 잠겨 있다'고 말씀하셨지요.

부처님은 보살만행의 마음꽃으로 세상을 장엄하고 중생을 교화하고 중생을 연민히 여기면서 중생을 다 제도하고자 하는 그런 보살의 행이 없이 자기 마음 하나 고요한 것만 지키고 있는 것을 경계하셨어요. 그러나 진정한 그리고 완전한 아라한이 되면 자연스럽게 보살행이 나오게 되어 있습니다. 구름이 걷히면 태양이 나오지 않을 수가 없는 법이니까요.

고갱이 | 아라한의 경지에서는 흔적이 없기 때문에 그저 그렇게 '있을' 뿐, '있다'는 자각이 없습니다. 이처럼 궁극의 마지막 한 상마저도 우리는 취할 수 없는 것입니다.

제10분

장엄정토분
莊嚴淨土分

정토를 장엄하다

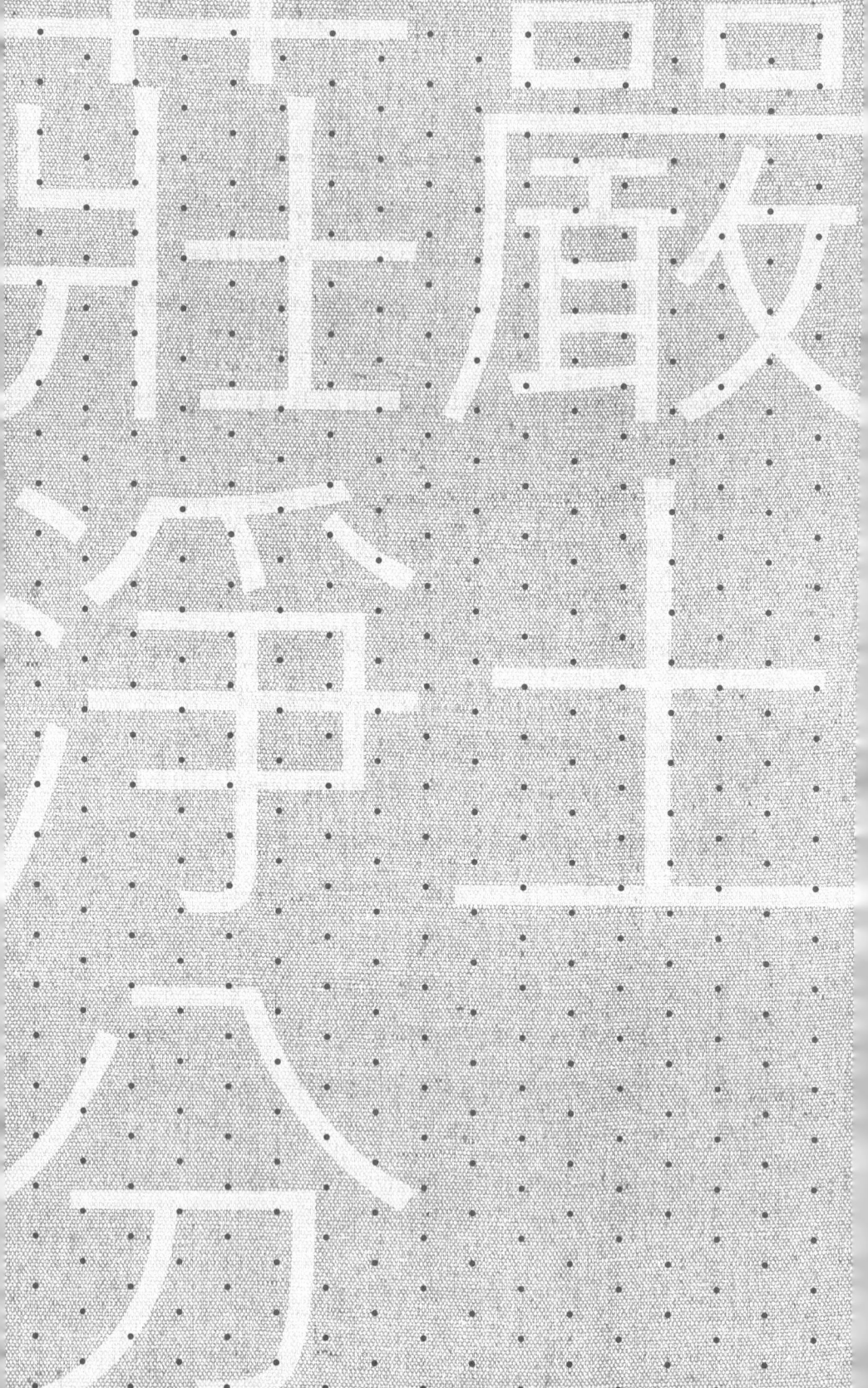

제10분 '장엄정토분'에 들어가도록 하겠습니다. '정토(淨土)를 장엄한다'는 뜻이죠. 정토는 불국토, 부처님 세계를 말합니다. 극락세계를 정토라고 하지요? 그 반대 되는 세계는 예토(穢土)라고 하는데 더러울 예 자를 씁니다. 중생세계를 말하는 것이죠. 무엇이 정토를 장엄하는지 본문을 보겠습니다.

불고수보리 어의운하 여래 석재연등불소 어법
佛告須菩提 於意云何 如來 昔在燃燈佛所 於法

유소득부 불야 세존 여래 재연등불소 어법 실무소득
有所得不 不也 世尊 如來 在燃燈佛所 於法 實無所得

　부처님께서 수보리에게 이르시되, "어떻게 생각하느냐. 여래가 옛적에 연등불 회상에서 법에 얻은 것이 있느냐."
　"아닙니다. 세존이시여, 여래께서는 연등불 회상에서 법에 실로 얻은 것이 없습니다."

부처님께서 수보리에게 '여래가 연등불 회상에서 얻은 법이 있다고 생각하느냐'고 묻습니다. 왜 이런 질문을 하셨을까요? 부처님께서 성불하시기 전에 연등불을 친견하셨거든요. 연등 부처님께 법문을 들었고, 장차 부처가 될 것인데 그 때 이름은 석가모니라는 수기를 받습니다. 뿐만 아니라 수다원과, 사다함과, 아나함과, 아라한과도 얻으셨지요. 그러니까 여기서 수보리라고 이야기하지만 말세 중생들이나 지혜가 어두운 중생들의 의구심을 말합니다. '부처님은 중생들이 갖지 못한 32상과 80종호의 원만구족상을 갖추셨고 연등불을 만나서 법에 대한 깨침을 얻어 부처님이 되었다. 또 수다원과, 사다함과, 아나함과, 아라한과를 얻은 것도 모두 연등 부처님의 수기로부터 이루어진 것이다' 부처님이 보시기에 이렇게 중생들이 또 아뇩다라삼먁삼보리라는 법의 세계가 있다고 집착을 하고 있거든요.

그러니까 부처님이 그 의심을 해결해주기 위해 말씀하십니다. '거기에 그런 것이 없는 것은 아니지만 그것을 본래 반야바라밀의 세계이자 아뇩다라삼먁삼보리의 세계라고 할 수 없다. 그것은 수행을 해가는 과정, 즉 모든 상이 상이 아닌 줄 아는 수행 과정에서 자연스럽게 구족되는 것이지 그것이 목적이 되어 만들어진 하나의 결정적인 상이라고 해서는 안 된다'

는 뜻으로 수보리에게 물으신 겁니다.

그리고 연등불께서 부처님께 법을 주고 원만구족상을 주고 과위를 준 것은 아니지요? 연등불은 단지 부처님이 원만구족상을 갖추고 반야지혜를 갖출 수 있는 길로 인도했을 뿐이지 완전한 어떤 세계를 준 것이 아닙니다.

사실 아뇩다라삼먁삼보리나 반야바라밀이라고 할 만한 그런 법이 있는 건 아니지요. 모든 것은 항상 머물지 않고 변해가는 것이고 연생연멸하는 것임을 중생들이 확실히 알아서 믿게 되면 이런 의심을 하지 않을 텐데, 우리가 선지식을 만나서 법문을 듣는다 해도 철저한 수행을 통한 깨달음이 없으면 또 상에 대한 집착을 하게 되고 그러다보니 이렇게 의심을 하게 되는 겁니다. 그러니 각자의 원력과 신심을 굳건히 하여 스스로 깨칠 일입니다.

스스로 깨친다는 말이 나왔으니 덧붙이자면 선지식은 중생으로 하여금 법을 바로 볼 수 있는 안목을 갖추게 하고 길을 인도하는 것이지 억지로 수행의 길로 데려갈 수는 없는 것이에요. 오직 스스로 깨달아야 하는 겁니다.

〈장자(莊子)〉에 보면 의미심장한 비유가 있습니다. 목수가 수레 바퀴를 만드는데 그 기술이 아무리 좋을지라도 자기 자식에게 '이것이다' 하고 알려줄 수 없다는 겁니다. 수레 바퀴를 만들 때 가장 중요한 것이 바퀴축인데 이 축이 너무 빡빡

하면 수레의 바퀴가 원활하게 돌아가지 않고, 반대로 너무 헐거우면 수레가 밖으로 달아나버리기 때문에 축을 만드는 것은 특정한 공식이 없이 아주 까다로운 작업이라는 거에요. 그래서 어떻게 만든다는 요령만 알아서는 불가능하고 그저 많이 만들어 보면서 오랜 경험과 숙련으로 익혀야 한다고 합니다. 똑같은 이치죠? 여러분들도 스스로 원력과 신심을 갖고 열심히 공부하기로 합시다.

수보리 어의운하 보살 장엄불토부
須菩提 於意云何 菩薩 莊嚴佛土不

불야 세존 하이고 장엄불토자 즉비장엄 시명장엄
不也 世尊 何以故 莊嚴佛土者 卽非莊嚴 是名莊嚴

시고 수보리 제보살마하살 응여시생청정심
是故 須菩提 諸菩薩摩訶薩 應如是生淸淨心

불응주색생심 불응주성향미촉법생심 응무소주 이생기심
不應住色生心 不應住聲香味觸法生心 應無所住 而生其心

"수보리야, 어떻게 생각하느냐. 보살이 국토를 장엄하느냐."
"아닙니다. 세존이시여, 왜냐하면 불국토를 장엄한다는 것은 곧 장엄이 아니고 그 이름이 장엄입니다."
"이런 까닭으로 수보리야, 모든 보살 마하살은 응당 이와 같이 청정한 마음을 낼지니, 응당 색에 머물러서 마음을 내지 말 것이요. 응당 머문 바 없이 그 마음을 낼지니라."

앞선 '일상무상분'에서는 부처님이 수다원, 사다함, 아나함, 아라한을 들어 말씀하셨는데 여기 첫 문장에서는 보살을 말씀하십니다. 왜 보살을 언급하셨을까요? 제가 아라한을 설명하면서 완전한 아라한의 경지가 되면 그 아라한에서 다시 보살행으로 나와야 된다고 이야기했잖아요. 그렇지 않고 보살행이 나오지 않을 때는 이기심에서 자기 마음만 고요히 지키는 수행이 되니까 전혀 의미가 없다고요.

예를 들면 에어컨이 에어컨으로서 역할을 못하고 구석에 모셔져 있다고 한다면 이것은 고물로밖에 쓸모가 없게 되는 거에요. 그와 같이 아라한에게서 보살만행이 나올 때 그 아라한은 보살과 동등한 입장이 되는 거에요. 지금까지 수다원, 사다함, 아나함, 아라한과가 된다는 것은 결과적으로 보살의 만행을 실천하기 위한 과정으로서 그것이 존재했다는 겁니다. 아라한 자체가 목적이 되어 존재한 것이 아니고 보살만행을 드러내기 위해서 존재했다는 것이죠. 그래서 부처님께서는 아라한으로부터 보살만행을 이끌어내기 위해 보살이란 용어를 쓰신 겁니다.

그리고는 '보살이 불국토를 장엄하느냐'고 묻습니다. 장엄이라는 것은 세속에서 말할 때는 뭔가 아름답게 꾸미는 것이잖아요. 여러분들도 봄이 되면 봄에 맞는 옷을 입고 싶고 집안도 계절에 맞게 꾸미고 싶고 그렇게 치장을 하지요. 이렇게 중생세간의 장엄이라는 것은 인위적으로 사람이 만들어 꾸민 다는 것입니다.

그런데 여기서 말하는 '불국토'는 반야바라밀의 세계를 말하는 것입니다. 반야바라밀의 세계에서 말하는 '장엄'이라는 것은 중생세계에서 말하는 장엄하고는 전혀 다른 개념이에요. 반야라는 것은 무엇입니까? 무상이라고 했고, 공이라고 했고, 또 부처님의 불심이라고 했잖아요. 그 세계에는 일체 모든 중생심과 아상·인상·중생상·수자상이 전혀 없어요. 이 사상이 없는 세계가 바로 반야바라밀의 세계입니다. 그런데 이 반야바라밀의 세계를 한마디로 말해서 '불심장엄'이라고 합니다.

〈금강경 오가해〉에서 육조혜능스님께서는 이 경문에 주석을 다시면서 장엄을 세 가지로 말씀하셨어요.

"불국토가 청정해서 모양도 형체도 없으니 어떤 물건으로 장엄할 수 있을까. 오직 선정과 지혜의 장엄이라고 임시 불러둔다. 장엄에는 세 가지가 있다.

첫째는 세간(世間)의 불국토를 장엄하는 일이니 절을 짓고 경을 베껴 쓰며 보시하고 공양하는 것이다.

둘째는 자기 몸의 불국토를 장엄하는 일이니 모든 사람을 볼 때 공경을 바치는 것이다.

셋째는 마음의 불국토를 장엄하는 일이니 마음이 청정하면 불국토가 청정하여 생각생각에 항상 얻을 바 없는 마음을 쓰는 것이다."

조금 더 상세히 풀어보겠습니다.

첫번째, 세간의 불국토 장엄이 뭐냐 하면 우리가 대웅전이나 설법당 등 사찰을 짓지요? 세간에 모양 있는 세계를 만들기 위해서 이렇게 장엄하는 것이죠. 또 법보시로써 경이나 불서를 사람들에게 나눠주는 일도 장엄하는 일이죠. 이것이 모두 세간의 불국토를 장엄하는 일이에요. 여기서 중요한 것은, 장엄을 하되 하는 바 없이 하는 것이죠.

두번째, 몸의 불국토 장엄입니다. 우리에게 업으로 인한 습관이나 나쁜 버릇 있잖아요? 이런 것을 고치려면 제일 좋은 방법은 모든 사람을 공경하는 마음으로 살아야 한답니다. 예를 들어 일체 사람에게 봉사를 할 때, 상대를 존경하고 기쁘게 해주려는 마음으로 봉사를 하면서 더불어 나도 함께 기뻐지는 동체감을 느낄 때 여러분들의 인색한 마음이나 업성에 변화가 온다는 겁니다. 이것이 여러분들이 몸의 불국토를 장엄하는 거에요. 그것이 반야의 장엄으로 들어가는 것입니다. 그런데 우리가 봉사를 하면서도 '나는 베푸는 사람이고 나는 봉사를 하는 사람이다. 저 사람은 나의 봉사를 받는 사람이다' 이런 생각을 갖게 되면 그것은 반야의 세계도 반야장엄도 아닙니다.

〈법화경〉 '상불경보살품'에 보면 상불경보살은 항상 누구를 만나도 "당신은 부처님이십니다. 당신이 부처님이시니까 저는 당신을 참 공경합니다." 하고 말씀하셨어요. 그런데 중생이 그 말을 들을 때 중생 스스로 자신을 잘 알거든요. '내가 부처도 아니고, 공경 받을 짓도 못했고, 내 업이 이렇게 지중한데 나를 부처라며 공경한다고 하고 잘났다고 하면서 나를 놀려?' 이렇게 생각하고 화를 내는 거에요. 그러면서 상불경보살을 때린다는 겁니다.

　상불경보살이 그 매를 다 맞아요. 맞으면서도 눈물을 흘리면서 "진심으로 나는 당신을 존경합니다. 당신은 부처님이시기 때문에 그렇습니다. 당신이 부처님이라는 것을 스스로 모르고 있을 뿐, 당신은 부처님 고향에서 한치도 벗어난 사람이 아닙니다. 당신이 화를 내고 또 나를 때린 그런 인연으로 인해서도 당신은 훗날 부처가 될 것입니다." 이렇게 축원을 해 줘요. 그것을 수기라고 하는 거에요. 이 또한 불국토를 장엄하는 것입니다.

　'수기'와 '축원'이란 말이 나왔으니 재미있는 얘기 하나 하지요. 옛날에 자벌레 한 마리가 있었어요. 그런데 어느 날 스님이 이 벌레가 기어가는 모습을 지켜보니 자로 잰 듯이 곧게 가더랍니다. 그래서 그 스님이 자벌레에게 "너는 그 곧은 생각 하나 때문에 다음 먼 훗날에 아뇩다라삼먁삼보리심을 발할 것이다."라고 축원을 해줬어요.

　많은 세월이 흘렀습니다. 어떤 스님이 견성을 해서 마음이 열렸어요. 그런데 그 스님이 별안간 크게 한바탕 웃더랍니다. 그래서 옆에 있던 스님이 "갑자기 왜 웃습니까?" 하고 물으니, "내가 삼천 생 전에 자벌레였는데 어느 스님이 나에게 발보리심 하게끔 그런 좋은 인을 지어줘서 그 인연으로 내가 삼천 생을 지나오면서 부처님 불법도량에 들어오게 되고 출가해서 오늘 이렇게 도를 깨쳤습니다. 깨치고 보니까 내 과거 삼천 생 전의 자벌레 생각이 나는 게 우스워서요." 하더라는 겁니다. 알고 보니까 자벌레 때나 지금이나 반야의 세계에서 벗어난 건 아닌데 다만 자기 스스로 집착과 욕망에 의해 서로 다른 세계에 있었다는 것을 알게 되니까 우습다는 거에요.

　세 번째, 마음의 불국토를 장엄한다고 했는데 이런 장엄을 정심(淨心) 장엄이라고도 합니다. '정심'은 마음을 청정히 하는 것인데 반야바라밀의 마음을 정심이라고 합니다. 일체 모든 아상·인상·중생상·수자상이 없고 열반을 성취했다고 해도 열반을 성취했다는 생각도 없고 내가 반야바라밀의 세계에 들었다고 해도 그것 자체를 자기가 모르는 세계, 이런 세계를 '정심'이라고 그래요. 〈육조단경〉에는 정심이라는 말이 자주 나옵니다. 육조혜능스님이 법문을 할 때 대중들을 보면서 "선지식들이여, 정심하라." 이렇게 이야기를 했거든요. 그 정심이 이 말이에요.

이 정심장엄의 대표적인 것이 여러분들이 잘 아시는 서방정토 극락세계를 장엄하신 법장비구스님의 원력장엄이라는 것이에요. '나는 내가 부처가 될 때 모든 사람들이 다 나와 똑같이 평등세계에서 나와 같은 극락세계에서 노닐기를 원한다. 모두 다 부처되기를 원한다. 또 삼악도가 없어지기를 원한다' 이런 것들이 다 마음 세계에서 원을 세우는 것이고, 이런 원으로 인해 우리는 수행을 통해 마음의 변화가 생기기 시작한다는 것이죠. 그런데 여러분들이 이런 장엄, 원력 없이 욕심으로 절만 하면 뭐가 이루어지겠어요? 욕심의 장엄이 따르겠죠? 욕심장엄은 또 뭐가 따르느냐? 원망의 장엄이 따라와요. 그래서 원결이 되고 원수도 되고 그러는 거에요.

우리가 공부를 하는 것도 마찬가지입니다. 정법을 모르고 공부를 할 때는 무엇을 하나 들으면 그 교리에 대한 알음알이가 생기는 거에요. 〈능엄경〉에서는 그런 공부를 '지옥 가는 종자'라고 했어요. 정법을 모르고 공부를 하면 상이 붙기 때문에 그 상은 반드시 지옥을 불러들인다는 겁니다. 다른 게 지옥이 아니고 번뇌로부터 괴로움을 당하는 것이 지옥이라는 말입니다. 비유를 하자면 저 깊은 산 중에는 파리가 있을 수 없습니다. 그런데 그 깊은 산중에 어쩌다 인분을 부어놓으면 파리가 생겨요. 왜냐? 똥은 '냄새'라는 에너지를 발산을 하기 때문에 그 기운을 찾아서 씨종자가 생긴다는 말입니다. 바로 그 자체에서 생기는 거에요.

　옛날 중국에 우두법륭선사라는 분이 계셨어요. 산에 들어가서서 공부를 하는데 공부가 날이면 날마다 깊어지고 지혜가 수승해지고 정신이 밝아지니까 그 스님이 공부하시는 동안에는 앉아 있는 자리 옆에 날짐승들이 꽃을 물어다 놓고 네 발 달린 짐승들이 과일을 물어오고 춤을 추며 스님을 찬탄했다고 합니다. 또 밤이 되면 그 스님 몸에서 방광을 하는 거에요. 그래서 많은 사람들이 그 스님을 존경하고 따랐습니다.

　한편 당대 달마스님의 법을 이은 사조(四祖) 도신대사라는 선지식이 계셨거든요. 도신대사께서는 정법을 잘 아는 선지식입니다. 도신대사가 어느 날 산길을 가다 보니까 밤인데도 어느 산골짜기에 불이 훤하게 밝은 거에요. 그래서 시자에게 물으니 우두법륭이라는 스님이 우두산에 들어오신 지가 상당히 오래되었는데 공부를 잘하셔서 밤이 되면 그 몸에서 빛이 난다는 거에요. 그러자 도신대사는 우두법륭선사를 직접 한번 만나야 되겠다며 다음 날 바로 길을 나섭니다.

　이렇게 도신선사가 우두법륭선사를 만나보니 공부한다고 열심히 애를 쓰고 있더랍니다. 도신대사는 우두법륭선사의 공부를 점검하기 위해서 미리 준비해 간 옷 한 벌을 꺼내어 선사에게 내줍니다.

　그러자 선사가 하는 말이, "나는 부모로부터 물려받은 내

옷도 평생 입어도 떨구지 못하니까 이런 조작으로 만든 옷은 입을 필요가 없습니다." 하고 안 받은 거에요. 그러자 도신대사께서 "그렇다면 부모가 너에게 그 옷을 주기 전에는 무슨 옷을 입었느냐?"고 반문하셨지요. 본래 면목을 물은 거에요. 그러니까 정법을 아는 사람 같으면 거기서 자기의 소식을 드러낼 수가 있지요.

그때 거기서 우두법륭선사가 말문이 막혀버린 겁니다. 그 말은 완전한 반야바라밀의 세계에 들어가고 정견이 완성되었을 때 감당해 낼 수가 있지 그렇지 않고는 못하는 거에요. 그러니까 우두법륭선사가 "혹시 도신대사가 아니십니까?" 하고 물으니 그렇다고 합니다. "제가 평생에 선지식 뵙기를 원을 세웠는데 오늘 비로소 선지식을 뵙습니다. 저에게 바른 법을 일러주십시오." 하면서 도신대사에게 참배를 하게 되고 법문을 듣게 됩니다.

도신대사께서 우두법륭선사에게 바른 법을 일러주는데 정견 곧 정법안장을 일러준 거에요. 그렇게 정견이 서고 나서 도신대사는 떠났습니다. 그 날 저녁부터는 우두법륭선사가 공부를 하는데 새들이 꽃도 안 물어오고 짐승들도 과일을 안 따오고 자기 몸에서 빛도 안 나고 그냥 날이면 날마다 아침에 된장 끓여서 먹고 또 밭에 가서 상추밭 가꿔서 채소 뜯어다가 삶아 먹는 그런 평범한 생활이었습니다. 그러면서 우두법륭선사는 도신대사 계시는 쪽을 바라보고 "너무나도 은혜가 큽니다." 하면서 한없이 절을 했어요.

　그런 도리가 있다 이 말입니다. 이런 도리를 설명으로는 할 수가 없는 거에요. 여러분들이 체험해야 될 숙제이기 때문에 이런 것을 설명하면 안 되죠. 우두법륭선사도 도신대사를 만나기 전 대단한 경지까지 갔지만 그것은 자기가 '공부한다'는 상을 일으킨 거에요. 상을 일으켰기 때문에 그로 인해서 에너지가 발산된 것이죠. 에너지가 발산되면 그 에너지를 쫓아서 짐승들이 따르고 빛이 나게 되어 있습니다.
　이제 우두법륭선사가 걸망을 지고 산에서 내려와 도신대사가 계시는 도량으로 찾아갑니다. 그리고는 거기서 도신대사를 모시고 3년을 시봉해요. 지금도 중국에 가면 도신대사의 도량이 있습니다. 우리나라 해인사보다 컸으면 컸지 작지 않아요. 도신대사가 주석하고 있던 그 도량에 대중이 700명 살았거든요. 그 700명 대중의 공양을 올리기 위해서 이 우두법륭선사가 날이면 날마다 하루 팔십 리 길을 걸어가 탁발을 하고 화주를 하고 시주를 받아가지고 스님네들이 공부할 수 있도록 3년을 시봉한 거에요. 왜 그렇게 했느냐. 도신스님이 법을 일러준 은혜가 그만큼 크다는 겁니다.
　제상이 무상이라는 것, 반야지혜의 공도리(空道理)를 배웠다는 것이죠. 공부하는 사람이 공부했다는 상을 가지고 있으면 그 에너지가 괴로움이 되고 고통이 되고 자기 마음은 전혀 변화가 없고 자꾸 상만 높아지는 거에요. 그것을 도신대사가 가서 다스려준 거에요. 결국 "너는 아라한의 공공적적한 경지는 깨달았는데 생명세계를 위해서 보살행을 하지 않았다." 이렇게 일러준 거에요.

그러니까 그 길로 이 사람이 평상심으로 돌아온 것이죠. 그래서 도신대사 계시는 곳으로 가서 공부하는 700명 대중을 먹여 살린 거에요. 그것이 보살행이고 이타행이고 보살만행이죠. 그리고 그것이 무주상보시고 부처님 마음으로 장엄한다는 것입니다.

그런 불장엄이야말로 마음이 고요하고 다툼이 없는 적멸의 경지를 얻은 것을 말하거든요. 그래서 제대로 원만하게 완전한 깨달음의 세계에 들어간 사람은 거기에서 자연스럽게 보살행이 나온다는 거에요. 아라한이 다툼이 없는 무쟁삼매을 이루고, 또 모든 공덕을 지어서 '중생들의 공양을 받을 만한 복전'이 된다고 하는 것은 바로 마음에 번뇌가 없다는 이야기입니다. 번뇌가 없는 사람에게서는 자연스럽게 보살행이 나오기 마련입니다.

앞서 이야기했듯 우리가 공부를 조금 하다보면 마음이 고요해지고 번뇌가 없어지는 것 같지요? 이런 맛을 조금만 보면 아상이 생기고, 법상이 생기고, 고요한 그것만 즐기려고 하면서 보살행을 기피하려 합니다. 조용히 자기 안락만 취하는 거죠. 그런데 보살행을 하지 아니하고 공부만 하는 사람은 암탉이 생명이 없는 계란을 품고 있는 것과 똑같다고 보면 틀림없습니다. 암탉이 아무리 천 년을 품고 있는다 해도 무정란에서는 생명이 나오지 않아요.

고요한 세계에서 완전한 반야바라밀의 세계가 이루어지려면 반드시 보살행이 나와야 하는데 그 보살행 중에서도 가장 중심이 되는 것이 무주상보시입니다. 그래서 항상 '생활 속에서 보살행을 해라. 무주상보시를 하라'고들 하는 거에요. 그렇게 해야 여러분의 심성이 바뀌고 업이 바뀌고 또 여러분의 마음이 그런 부처 마음으로 바뀌는 것이지, 혼자서 고요를 쟁취하고 고요를 만들려고 애쓰는 것은 죽은 물에 살아있는 물고기를 넣는 격이에요. 죽은 물에서는 고기가 살 수 없어요. 그래서 항상 일상생활 속에서의 보살행 습관을 들이라고 하는 거에요.

설혹 자연스럽게 보살행을 하는 경지에 오르지 못했더라도 조금씩 보살행의 습관을 들이십시오. 오늘 보살행을 하면 내일 보살행이 쉬워지고, 내일 보살행이 쉬워지는 것이 모레, 글피는 두렵지 않게 되고, 그 두렵지 않은 경계를 지나가면 보살행이 즐거워지고 이러면서 내가 보살의 마음으로 변화되어 가는 것입니다.

그리고 '장엄이 장엄이 아니고 그 이름이 장엄'이라고 했어요. 이것을 즉비논리라고 합니다. 이 즉비논리는 앞서도 설명했지만 본질이 다 인연법이고 연생연멸이고 실체가 없다는 것을 드러내기 위해서 한번 부정을 한다는 거에요. 그렇게 부정을 하면서 다시 긍정을 끌어내는 겁니다. 그래서 '장엄이 장엄이 아니고'라는 말은 해도 한 바를 모르고, 해도 했다는 생각도 흔적도 없기 때문에, 상이 없기 때문에 장엄이 장엄이 아니라는 거에요.

우리는 조그마한 오색실을 하나 걸어 놓아도 장엄이 되는 것이고 흔적이 남는 겁니다. 조그마한 친절을 베푼다든지 뭘 해도 그건 뭘 했다는 장엄이 남는 거에요. 중생에게는 참으로 어려운 것이, 중생은 많이 알면 알수록 욕심이 더 생긴다는 점이죠. 어린아이는 잘 모르고 또 궁금하고 신기하니까 그냥 기어가서 손도 대보고 맛도 보고 하는 겁니다. 그렇게 그것이 무엇인지 알고 싶어 탐색만 하지 어린 아이는 욕심이 없어요. 그런데 나이가 점점 들어가면서 욕망을 알게 되고 그러다보니 무엇을 하나 알게 되면 아는 그 자체가 또 하나의 욕망이 되어 버리는 거에요. 그런데 욕망으로 하는 일은 바꾸기가 참 힘들어요. 그래서 이 공부도 어릴 때, 세상에 물들지 않고 잘 모를 때 하면 그 공부가 참 순수하고 좋다고 합니다.

모든 번뇌망상이 다 사라지면 마음이 허공과 같이 되지요? 마음이 허공과 같이 아주 청정하게 됩니다. 그 청정하게 된 상태에서 보살행을 한다고 생각해 보십시오. 보살은 색·성·향·미·촉·법을 접하면서도 그 경계에 물들지 아니하고 집착하지 아니하고 그냥 텅 빈 마음으로 보살행을 하기 때문에 그 장엄은 해도 상이 없다는 거에요. 상이 없기 때문에 '장엄이 장엄이 아니다'는 것이죠.

텅 빈 자체를 말로 하자니 어쩔 수 없이 '장엄'이라고 하는 겁니다. 육바라밀은 텅 빈 허공과 같은 내 마음에 부처님의 그 마음으로 하는 불화엄(佛華嚴)입니다. 부처님의 마음꽃으로 이타행을 하니까 그게 장엄이 되는 거에요. 그런데 보살은 이미 집착이 없고 무주상이기 때문에 그것을 해도 장엄이 아닌 거에요. 중생들이 하는 장엄하고는 다르다는 말이지요.

정리하자면, 텅 빈 아라한의 마음에서 보살만행이 나오기 때문에 그냥 어쩔 수 없이 그 이름을 '장엄'이라고 하는 것이지 '장엄'이라고 이름 붙여도 사실은 장엄이라는 것이 아니라는 얘깁니다. 그래서 육조혜능스님도 '불국토가 청정해서 모양도 형체도 없으니 무슨 물건으로 장엄할 수 있을까. 오직 선정과 지혜의 장엄이라고 임시 불러 둔다.'고 하셨습니다.

다음에 '응무소주 이생기심'이 나옵니다. 그 뜻은 '응당 머문 바 없이 그 마음을 낼지니라'인데 이 구절이 〈금강경〉에서 가장 핵심이 되는 사상 바로 무주상보시입니다. 그러니까 보살은 보살행을 하더라도 절대 상이 있을 수가 없고 오로지 조건 없는 보살만행만 나올 뿐이지요. 중생을 위해서 할 뿐이에요. 그렇기 때문에 마음이 색·성·향·미·촉·법에 머물지 아니하고 보살의 만행이 나온다는 것이고 이것을 '정토를 장엄한다'고 하는 겁니다.

정토는 우리의 본성을 말합니다. 우리 본래 마음 고향을 '본성'이라고 하잖아요. 모든 번뇌가 멸한 공공적적하고 텅 빈 자리인데 그 본성에서 보살만행이 나오기 때문에 그 이타행이 자기 본성을 그대로 본성대로 장엄을 해준다는 말입니다. 본성이 좋아하는 행을 한다는 말이죠. 그래서 우리가 공부를 한다는 것은 공공적적한 아라한의 경지에서 보살만행이 나와야 정과 혜가 일체가 된 수행이라고 할 수 있어요. 〈육조단경〉에서는 '정혜일체'라고 했고 이 정혜쌍수는 〈금강경〉에 나오는 '색·성·향·미·촉·법에 머물러서 마음을 내지 말 것이며 응무소주 이생기심하라'는 말과 상통하는 것입니다.

수보리 비여유인 신여수미산왕 어의운하 시신 위대부
須菩提 譬如有人 身如須彌山王 於意云何 是身 爲大不

수보리 언 심대 세존 하이고 불설비신 시명대신
須菩提 言 甚大 世尊 何以故 佛說非身 是名大身

"수보리야, 비유하건대 어떤 사람이 몸이 큰 수미산만 하다면 어떻게 생각하느냐. 그 몸이 크다고 하겠느냐."

수보리가 말씀드리되, "매우 큽니다. 세존이시여, 왜냐하면 부처님께서는 몸 아닌 것을 이름하여 큰 몸이라 하셨습니다."

여기 수미산을 들어 비유를 했지요? 왜 수미산을 등장시켰냐 하면 불가에서는 수미산이 사바세계의 중심에 있다고 생각하기 때문입니다. 옛날에는 산 중에서 제일 큰 산을 수미산이라고 했습니다. 지금 티벳의 수미산을 산 중에서는 가장 크다고 생각했던 거에요. 그래서 크다는 것을 상징할 때 수미산을 들어 많이 비유를 합니다.

그런데 '사람의 몸이 이 수미산만 하다면 크다고 하겠느냐' 했습니다. 크겠죠? 그런데 수미산에게 가서 한 번 물어보세요. "네가 크냐?" 이렇게 물어보면 수미산은 자기 몸이 큰 줄을 모릅니다. 이것은 무엇을 의미합니까? 보살행을 하고 부처님의 마음꽃으로서 세상을 장엄하는 것을 '불화엄'이라고 하잖아요. 그런데 보살은 장엄을 하고 이타행을 하지만 자기는 그 일이 착한 일인지 반야의 지혜로서 하는 일인지 모른다는 거에요. 수미산이 자기가 크다는 것을 스스로는 모르듯 자기가 착한 그 자체를 모른다는 것을 의미합니다.

그래서 보살은 반야지혜가 조금이라도 갖추어지면 이런 도리와 이치를 알기 때문에 저잣거리에 들어가 중생을 교화합니다. 아무 조건 없이 중생이 좋아하는 것을 찾아 중생을 즐겁게 해주는데, 이것은 오직 그 중생이 발심을 해서 부처의 세계, 보살의 세계에 들어오게끔 하기 위해서입니다. 하지만 끝없이 보살행을 할 뿐 보살행을 한다는 생각이 없는 거에요. 그래서 대승불교가 그렇게 아름답고 대승불교가 그렇게 위대하고 대승불교의 가치가 그렇게 크다는 거에요.

여러분들은 참으로 백천만 겁에도 만나기 어려운 대승불교를 알게 된 인연을 굉장히 기쁘게 생각해야 하고, 크게 발심해야 되고, 그리고 수행을 하더라도 대승불교의 정신으로서 보살행을 하는 불법수행을 해야 하는 것입니다.

고갱이 | 해도 한 바를 모르고, 했다는 생각이나 어떠한 상도 없기 때문에 장엄이 장엄이 아니라고 했습니다. 이것이 보살의 마음이고 보살의 행입니다.

제11분 무위복승분 無爲福勝分

무위의 복은 뛰어나다

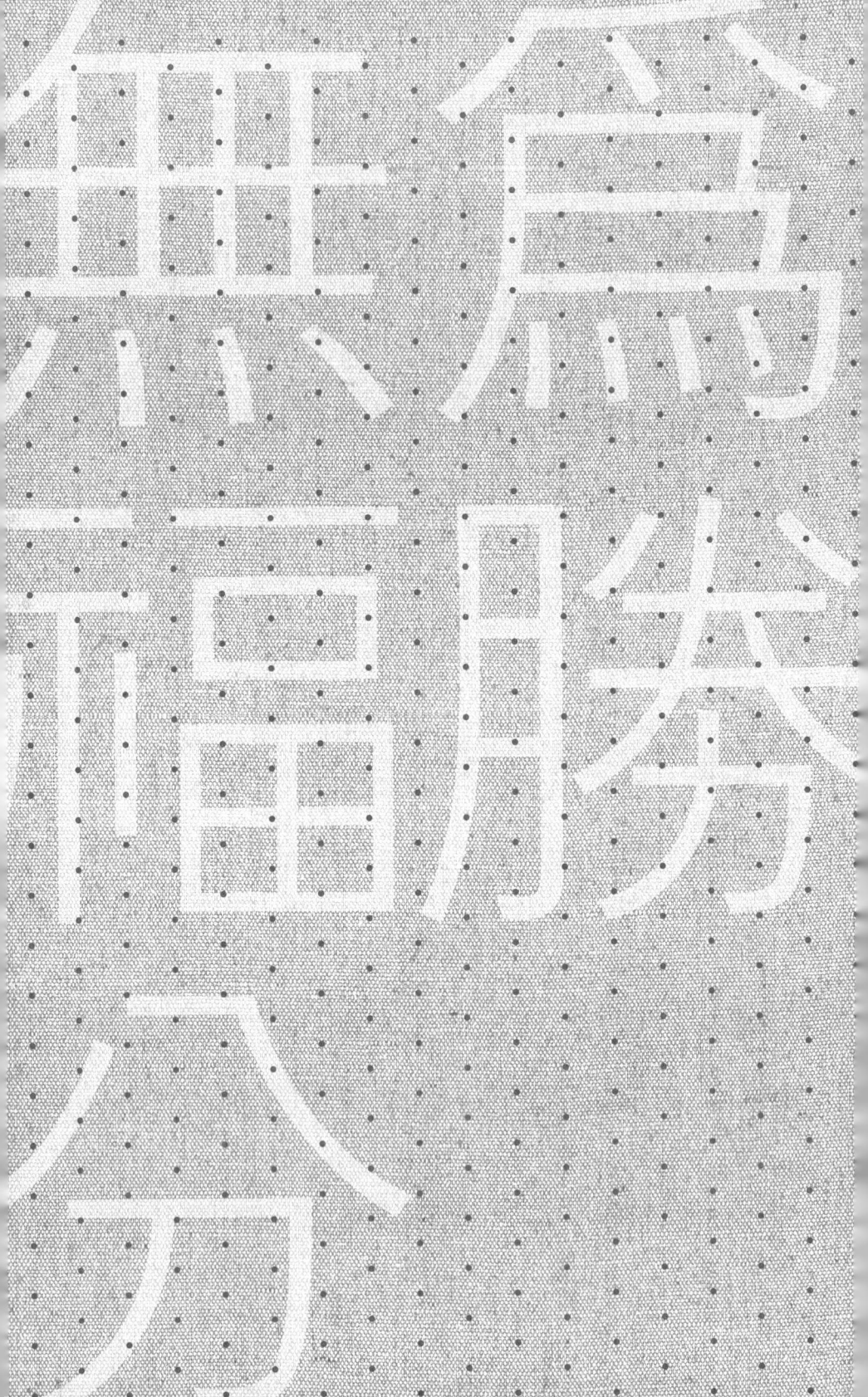

제11분 '무위복승분'은 '무위복이 수승하다'는 뜻입니다.

수보리 여항하중소유사수 여시사등항하
須菩提 如恒河中所有沙數 如是沙等恒河

어의운하 시제항하사 영위다부
於意云何 是諸恒河沙 寧爲多不

수보리 언 심다 세존 단제항하 상다무수 하황기사
須菩提 言 甚多 世尊 但諸恒河 尙多無數 何況其沙

수보리 아금실언 고여 약유선남자선여인
須菩提 我今實言 告汝 若有善男子善女人

이칠보만이소항하사수삼천대천세계
以七寶滿爾所恒河沙數三千大千世界

이용보시 득복다부 수보리 언 심다 세존
以用布施 得福多不 須菩提 言 甚多 世尊

불고수보리 약선남자선여인 어차경중
佛告須菩提 若善男子善女人 於此經中

내지수지사구게등 위타인설 이차복덕 승전복덕
乃至受持四句偈等 爲他人說 而此福德 勝前福德

"수보리야, 항하에 있는 모래만큼이나 많은 항하가 또 있다면 어떻게 생각하느냐. 이 모든 항하에 있는 모래가 얼마나 많겠느냐."

수보리가 말씀드리되, "매우 많습니다. 세존이시여, 단지 저 여러 항하만이라도 오히려 무수히 많거늘 하물며 그 모래 수의 항하이겠습니까."

"수보리야, 내가 이제 진실한 말로 너에게 이르노니 만약 어떤 선남자 선여인이 칠보로써 저 항하의 모래수와 같은 삼천대천세계에 가득 채워서 보시한다면 얻을 복이 많겠느냐."

수보리가 말씀드리되, "매우 많습니다. 세존이시여."

부처님께서 수보리에게 이르시되, "만약 선남자 선여인이 이 경 가운데서 사구게만이라도 받아 지니고 다른 사람을 위하여 해설한다면 그 복덕이 앞에서 칠보로 보시한 복덕보다 수승하리라."

제8분 '의법출생분'에서도 이와 비슷한 비유가 있었습니다. '삼천대천세계에 가득한 칠보로써 보시를 한 복보다 〈금강경〉

사구게를 이해하고 그 말씀대로 실천하는 자의 복이 더 수승하다'는 내용이었습니다. 앞서와 차이가 있다면 여기서는 부처님께서 삼천대천세계 대신 항하의 모래를 들어 비유하셨다는 것입니다.

부처님께서는 자주 기원정사 앞으로 흐르는 항하를 바라보면서 이 강을 비유로 법문을 하셨어요. 항하는 인도의 갠지스강을 말하는 것이죠. 그런데 인도의 강의 모래는 우리나라 모래하고는 조금 달라요. 거의 밀가루에 가까울 정도로 알갱이가 곱고 부드럽지요. 그러니 그 숫자가 얼마나 많겠어요? 이렇게 항하의 모래 수만 해도 어마어마할 텐데 그 부드러운 모래의 양만큼 또 항하가 있다는 이야기를 하고 있어요.

그런데 부처님께서 수보리에게 "어떤 선남자 선여인이 칠보로써 저 항하의 모래수와 같은 삼천대천세계에 가득 채워서 보시한다면 얻을 복이 또 얼마나 많겠느냐?"고 물으십니다. 그렇게 많은 모래 수만큼의 칠보를 가지고 보시를 한 선남자 선여인이 있다면 이 사람이 얻을 복이 또 대단히 많지 않겠느냐는 뜻이죠.

여기서 마지막 문구를 잘 보셔야 합니다. 부처님께서 수보리에게 "만약 선남자 선여인이 이 경 가운데서 사구게만이라도 받아 지니고 다른 사람을 위하여 해설한다면 그 사람의 복덕이 칠보를 보시한 복덕보다 더 수승하다."고 하셨어요.

여러분들은 지금까지 '물질보시의 공덕보다는 〈금강경〉 사구게를 이해하는 공덕이 더 수승하다'고 배우셨을 겁니다. 그런 영향에 힘입어 우리 한국 불자님들은 〈금강경〉 독송에 유독 많은 시간을 할애하고 있지요. 저도 저잣거리에 나와서 포교를 하기 전에는 그렇게 기존의 해석대로 봤습니다. '물질보시는 한계가 있고 유루복이니까 그 복은 화살이 허공에 올라갔다가 힘이 다하면 떨어지듯이 없어진다. 그러니 사구게 정신이 훨씬 수승하다'고 이해했고 또 그렇게 가르쳤어요.

그런데 제가 실제로 여러분들과 같이 생활하고 공부하면서 느꼈던 바에 의하면 아무리 좋은 사상이나 부처님의 진리라 하더라도 보살행의 실천이 따르지 않는다면 현실에서는 아무 의미가 없다는 것을 깨닫게 되었습니다. 그렇기 때문에 나는 여기서 '칠보를 보시하는 복보다 〈금강경〉 사구게를 수지하고 다른 사람에게 알려주는 복이 더 수승하다'는 기존의 해석에 대해 동의할 수가 없어요. 많은 분들이 이 문장을 이렇게 해석해서 상대적으로 갈라놓고 '어느 하나는 적고, 어느 하나는 많다'고 가르치는 것은 내가 공부한 입장에서는 상당히 어긋난 것으로 보입니다.

과연 부처님께서 상대적인 분별을 일으켜서 '하나는 복이 적고, 하나는 복이 많다'로 나누어 법을 설하셨을까요? 이렇게 분별심으로 부처님 경전을 이해하면 분별은 또 다른 분별을 낳기 때문에 그것은 중생심이 되고 잘못된 해석이 되는 것입니다. 어느 한 쪽이 좋고 어느 한 쪽이 나쁘고, 이쪽은 공덕이 많고 저쪽은 공덕이 적다고 볼 차원이 아니고 둘 다 똑같다고 나는 보는 거에요.

창공을 자유롭게 날던 새를 새장 안에 가둬 놓을 때도 마찬가지입니다. 시간이 흐르면서 그 새는 하늘을 가르던 자신의 본래 모습은 점차 잊어버리게 되고, 어느새 새장 안의 안락한 생활에 적응하고 살게 되지요. 그렇게 길들여진 새는 나중에는 새장을 열어 놓아도 날아가지 않아요. 아니 날려 보내더라도 다시 돌아옵니다. 왜 그런가요? 그 새장이 자기를 보호해 주고 안전한 생활 속에서 살게끔 해준다고 착각하는 거에요. 길들여진 새는 이제 새장이 없으면 오히려 불안합니다. 새장 안에 있으면 아무 것도 안 해도 먹이가 생기고 아주 편하기 때문에 더 이상 창공을 꿈꾸지 않는 것이죠.

그러면 울 안에 스스로 갇혀 지내는 짐승이 과연 행복할까요? 아무리 새장 안에서 좋은 모이를 얻어먹으며 편안하게 산다고 하더라도 어찌 저 창공을 날면서 남북 없이 그냥 계절 따라 바람 따라 꽃과 강을 굽어보며 날아다니는 새의 자유로움에 비교할 수 있겠어요? 아무리 우리 안에 싱싱한 고기를 끼니 때마다 챙겨준다고 한들 그 짐승이 숲과 들판을 누비면서 스스로의 야생성을 드러내는 자유로움만 하겠느냐 이 말입니다.

이처럼 중생의 본성은 부처님 말씀대로 본래 청정하고 순수합니다. 본래의 모습이 그러한데 우리는 그 맑은 본성을 잊어버리고 마음 고향을 떠나온 지가 너무 오래 되었어요. 이제는 너무 오래 되어서 고향이 동쪽인지 서쪽인지 잘 몰라요. 들어도 감각이 없고 근본무명이 일어난 것을 몰라요. 그래서 경계를 대했을 때 탐·진·치 삼독과 오욕락의 습과 좋다, 싫다, 나다, 너다 차별하는 상대적인 분별심이 근본무명으로부터 일어나서 나의 본성을 덮어버린 줄을 모른다는 말이에요.

그렇게 본성을 덮어버렸는데도 마치 울 안의 짐승처럼 그러한 중생심이 오히려 나를 보호해주고 나를 존재하게 해 주는 울타리라고 생각하는 거에요. 다시 말하면 우리는 미워하는 마음, 차별하는 마음, 또 뭔가를 채우고자 하는 중생의 갖은 욕망 등 많이 가지면 가질수록 불안하고 긴장되고 자신을 고통스럽게 하는 것들을 붙들고 그것들이 자기 모습인 줄 알고 그것들이 오히려 자신을 지켜주는 것으로 착각하고 있는 것입니다. 또한 지금 내가 붙들고 있는 중생의 고통, 번뇌, 탐·진·치, 오욕락을 '나'라고 집착하고 있어요. 우리는 너무나도 깊이 삼독심에 길들여져 있기 때문에 그 중생심을 꼭 붙들고 놓지 않으려고 하고 있습니다.

우리가 지금 〈금강경〉에서 공부하고 있는 반야지혜의 가르침을 믿지 않거나 받아들일 생각조차 하지 않고 산다는 것은 지금 우리가 꿈 속에서 살고 있다는 이야기와 같은 거에요. 꿈 속에서 아무리 많은 칠보를 얻은들 그게 보배가 되겠습니까? 천 년을 꾸든 만 년을 꾸든 꿈은 깨야 하는 것이지 꿈 속에서는 무언가를 얻거나 이룰 수 있는 것이 아니에요. 꿈은 꿈일 뿐이지요. 내 어리석은 삼독심과 오욕락에 집착되고 찌들린 나의 자상을 '나'라고 고집하면서 천 년 만 년을 그렇게 지켜본들 그건 다 허망한 것이라는 말이에요.

그렇게 꿈 속에서 살다 보니 늘 하는 인사가 '부자 되세요' 아니면 시쳇말로 '대박 나세요' 같은 말이에요. 그런데 부자 부자 하는데 과연 누가 진정한 부자일까요? 사실 문제는, 부자는 많은데 진정 행복한 사람은 적다는 것이겠지요. 부자는 참 많아요. 그래서 그 부자들이 실제로 누리는 것이 무엇이겠습니까? 물질적인 풍요 그리고 물질로 얻는 생활의 편리함인가요? 그런 물질적인 풍요를 누린다고 과연 내가 행복하고 모든 것에 만족할 수 있을까요?

물론 전보다 생활은 편리해지겠지만 그 많은 재산을 지키고 관리하는데 신경쓰다보면 괜히 불안하고 긴장되기 마련이에요. 그러한 마음의 불안과 긴장은 진정 내가 원하는 행복은 아닐 것입니다. 그럼 행복을 얻으려면 어떻게 해야 되느냐. 그 행복을 성취하려면 항상 마음이 밝고 안심이 되어 있어야 하는 겁니다. 다시 말하면 마음이 항상 편안하고 거기에다가 재물까지 많으면 금상첨화겠지요. '세상에서의 행복도 마음과 재물이 함께 했을 때 얻을 수 있는 것이다' 이 한마디 하려고 지금까지 많은 이야기를 했어요. 결국 물질 보시나 물질적 풍요의 생각이 〈금강경〉에서 가르치는 사구게 정신과 같이 겸해져야 조화롭다는 것입니다.

그러면 〈금강경〉에서 말하는 사구게 내용이 무엇이었습니까? 일체 모든 물질이나 형상들은 다 인연에 의해서 생하고 인연에 의해서 멸하기 때문에 영원한 것이 아니니 그것에 집착하지 말라는 내용이었습니다. 이 말은 물질의 풍요 속에서 살면서도 그것에 집착하거나 구속되지 아니하고 그 물질을 내가 아주 자유롭게 부릴 수 있는 주인이 되라는 이야기거든요. 주인이 되면 어떻게 돼요? 여래를 본다고 했어요.

또한 〈금강경〉 사구게 정신은 우리 자성은 물질의 풍요 속에 살면서도 밝고 청정한 것이며 모든 생명을 나와 똑같이 평등하게 생각하고 또 그들을 위해서 이타행을 해야 한다는 원론적인 생각을 가르치는 거에요.

그런데 이것을 배워 알기만 하고 실천이 따르지 않을 때 그 정신은 어떻게 되겠어요? 아는 사람과 모르는 사람이 별 차이 없겠죠? 예를 들어 한 아이가 지하철 철로에 떨어졌어요. 설상가상으로 전철이 지금 들어오고 있으니 정말 큰일 났습니다. 그 순간 그 모습을 지켜보는 모든 사람들은 아이를 구해야 되겠다고 생각을 하겠지요. 그런데 뛰어 들어가서 아이를 실제로 구해내는 행동이 없다면 결과는 어떻겠습니까? 알고 생각하는 것만으로는 아이의 생명을 지켜낼 수가 없어요. 바로 이것을 말하려는 겁니다.

〈금강경〉에서 가르치는 사구게를 온전히 부처님이 원하시는 뜻으로 구현하는 핵심이 여기에 있습니다. 실제로 위험을 무릅쓰고 어린 아이를 구하기 위해 뛰어 들어가는 구체적인 행동이 내 삶에 드러나야 하고 그렇게 됨으로써 비로소 완전한 반야바라밀이 실천된다는 말이에요. 아이를 구해야 한다는 측은지심을 내는 것이 바로 '사구게를 이해하는 것'이고, 자기 생명을 돌보지 아니하고 아이를 구해낸 것이 바로 '칠보를 가지고 삼천대천세계에 무주상보시를 한 것'과 같은 것입니다.

이렇게 무주상보시를 실행할 때 〈금강경〉에서 말하는 본래의 우리 심성, 반야지혜가 생명세계에서 생명력을 가지고 살아서 뛰어다닌다는 말이에요. 반야바라밀이 정말 살아 움직이는 생명의 존재로서 드러나려면 반드시 실천행이 따라야 한다는 것이지요.

다시 말하지만 칠보를 가지고 보시하는 복과 사구게 정신을 이해하는 복의 공덕은 둘이 똑같아요. 이것은 둘이면서도 하나가 되어야 되고 또 하나이면서도 역할적으로 자유롭게 둘이 될 수 있을 때에야 비로소 서로 보완하면서 아름다운 하나의 바야바라밀 꽃으로 승화되는 거에요. 가장 중요한 것은 여러분들이 이런 법문을 듣고 〈금강경〉을 보면서 여러분들에게 경전의 가르침대로 마음의 변화를 일으키고 경전의 가르침대로 생활에 실천하는 공덕이 일어나야 된다는 것이죠.

예를 들어 여러분들이 거울을 볼 때는 거울을 통해서 내 얼굴이나 자태에 어떤 문제점이 있는지를 확인해서 그것을 고치거나 다듬기 위해서지요? 거울의 공덕은 여기서 드러나는 거에요. 그런데 여러분들은 이 경을 보면서 '내가 실제 생활에서 경의 가르침대로 살면 나만 손해 보는 것 같고 나만 바보가 되는 것 같다'고 생각한다면 이 경을 보는 공덕이 아무 것도 없다는 것이죠.

그러나 〈금강경〉의 가르침대로 사구게 정신을 바탕으로 생활 속에서 늘 무주상보시와 이타행을 실천하는 사람은 많은 사람들로부터 사랑을 받고 신뢰를 얻어서 결국엔 성공하게 되어 있어요. 반드시 큰 인물이 되고 사회의 선지자가 되는 거에요. 이것이 바로 경전을 보는 공덕인 것이고 여러분들 앞에 여래공덕성이 드러나 마침내 여래를 보게 되는 겁니다.

가정에서 자식을 키울 때에도 받기보다는 주는 것에 익숙해지도록 키우셔야 해요. 부모님으로부터 필요한 것을 쉽게 얻을 수 있는 환경에 놓여있는 것을 두고 '너는 복이 많다'고 가르쳐서는 안 됩니다. 내가 아무리 어려운 상황에 처해 있어도 남에게 베풀 수 있는 그런 무주상보시를 자꾸 가르치셔야 해요. 그래야 그 아이가 커서 어느 날 〈금강경〉에 인연을 맺었을 때 빨리 이해를 하고 깨치게 되면서 〈금강경〉의 가르침을 자기 생활에 접목시켜 자신의 성격과 습관과 업성을 고치면서 사회에 좋은 일을 하게 되고 지혜롭게 잘 살 수 있습니다.

고갱이 | 사구게 정신을 가지고 삼천대천세계에 보시한다면 그 공덕이야말로 참다운 반야바라밀의 꽃입니다. 중요한 것은 내 마음의 변화와 삶에서의 실천행입니다.

제12분

尊重正教分
존중정교분

바른 가르침을 존중하다

尊重教
正八

제12분 '존중정교분'은 '바른 가르침을 존중한다'입니다.

부차수보리 수설시경 내지사구게등 당지차처
復次須菩提 隨說是經 乃至四句偈等 當知此處

일체세간천인아수라 개응공양 여불탑묘
一切世間天人阿修羅 皆應供養 如佛塔廟

"그리고 또 수보리야, 어디서든 이 경을 설하되 사구게만이라도 설한다면, 마땅히 알라. 이곳은 일체 세간의 천상, 인간, 아수라 등이 공양하기를 부처님의 탑묘와 같이 할 것이거늘."

경문에서 '사구게만이라도 설한다면 일체 세간, 천상, 인간, 아수라 등이 다 찬탄하고 공양한다'는 말은 사구게 정신이 그만큼 수승하고 반야지혜가 그만큼 훌륭하다는 뜻이죠. '사구게만이라도 설한다'는 것은 〈금강경〉 사구게 정신이 생활 속에서 보살행과 함께 어우러질 때 그 때 바로 여래가 저잣거리에서, 부엌에서, 우리 생활 곳곳에서 드러난다는 겁니다. 그렇기 때문에 천인, 아수라 뿐 아니라 삼천대천세계의 모든 신중들이 그 여래를 존경하고 공양을 올린다는 것이죠.

무주상 보시행은 타인에게 물질로 주는 것만을 뜻하지 않습니다. 내가 지금 생명줄처럼 붙들고 있는 탐·진·치와 오욕락 등 잘못된 것들을 내버리는 것도 보시에요. 하지만 무주상 보시행은커녕 그런 자기 성격에 대한 반성은 전혀 없이 사구게만 무턱대고 외운다고 하면 과연 어떤 천인, 아수라, 신중님이 거기에 공양을 올리겠어요?

〈금강경〉의 가르침이 생활 속에서 내 성품의 변화로 이어져야 하는데 바른 정견이 서 있지 않다 보니 변화가 없는 것은 당연하고 원을 세우는 일도 쉽지 않은 것입니다. 게다가 '사구게만 외우고 설하면 모든 천인, 아수라까지 다 와서 공경하고 공양한다'고 하니까 이걸 듣는 순간에 〈금강경〉을 '내 욕망을 성취하는 도구'로 삼아 버리게 되는 거에요. 욕망에 눈이 가려져 무언가를 끊임없이 취하려고 하는 중생의 습성을 드러내는 것이죠. 그래서 실천은 안하고 올바른 이해도 없이 그저 죽기 살기로 많이 읽기만 하는 겁니다. 여러분들 중에는 이렇게 〈금강경〉을 욕심의 대상으로 삼는 분들이 안 계실 것으로 믿습니다.

하황유인 진능수지독송 수보리
何況有人 盡能受持讀誦 須菩提

당지시인 성취최상제일희유지법
當知是人 成就最上第一希有之法

"어찌 하물며 어떤 사람이 능히 경을 다 수지하고 독송함이겠는가. 수보리야, 마땅히 알라. 이 사람은 최상이며 제일인 희유한 법을 성취하리라."

따라서 여러분들이 〈금강경〉을 읽거나 다른 사람을 위해 설할 때는 정견을 바로 세워 아주 무심한 마음으로, 그리고 '내 자성 안에 있는 여래의 공덕성을 보살의 이타행으로 드러낸다'는 생각을 갖고 읽거나 설하셔야 합니다.

또 '나는 능한 사람이고 너는 못한 사람'이라는 차별심, 능소심을 다 떠나서, 한 쪽에 치우침 없이 항상 〈금강경〉의 반야지혜의 공사상과 불생불멸의 자성청정성을 스스로 잘 이해하는 것이 우선이겠지요. 그리고 나서 사람들에게 가르치고 그리고 그것을 자신의 일상생활에서 보살행으로 실천할 때 그때야 비로소 여러분은 최상인이 되는 것이고 제일인이 되는 것이며 아주 희유한 법을 성취한 사람이 되는 것입니다.

여기서 '희유'라는 말은 흔하지 않다는 말이거든요. 이 말은 두 가지 의미로 볼 수 있어요. 지금 붙들고 있는 삼독심과 오욕락과 잘못된 습관들이 다 본래 붙들래야 붙들 수도 없고 주장할래야 주장할 만한 실체가 없는 것인 줄 알고 삼독 번뇌심을 버리려고 하는 사람도 희유하고, 생활 속에서 많은 사람들에게 조건 없이 보살의 이타행을 하는 것도 희유하다고 합니다. 이러한 사람은 참으로 부처님이 계시는 일과 같으니까 존중할 만하다고 하는 것이죠. 수지독송을 참으로 실천하는 사람은 곧 희유한 사람입니다.

약시경전소재지처 즉위유불 약존중제자
若是經典所在之處 卽爲有佛 若尊重弟子

"만약 이 경전이 있는 곳에는 곧 부처님과 존중할 제자가 계심이 되느니라."

이 말은 〈금강경〉이 있음으로써 불·법·승 삼보가 이루어진다는 것을 말씀하신 것이지요. 〈금강경〉에서 지금까지 가르친 내용이 무엇입니까? '무득무설분'에서는 반야바라밀의 본질은 공이다, 색즉시공이고 공즉시색이다, 아뇩다라삼먁삼보리법을 말하지만 아뇩다라삼먁삼보리의 체성이 본래 텅 비어 있기 때문에 이것이 아뇩다라삼먁삼보리법이라고 주장할 만한 정해진 법이 없다. '일상무상분'에서는 수다원과, 사다함과, 아나함과, 아라한과를 성취했다 하더라도 그 역시 내세우고 고집할 만한 수행의 과가 아니다. 또 '장엄정토분'에서는 중생의 욕심으로 하는 장엄은 장엄이 아니고, 본래 청정한 반야지혜로서 장엄을 한다고 볼 때 반야지혜도 본래 텅 비어 있는 공한 것이기 때문에 아무리 삼천대천세계를 다 장엄한다고 하더라도 장엄이 장엄이 아니라는 것, 그리고 부처님이 갖추신 32상이 32상이 아니라고 가르쳤어요.

지금까지 〈금강경〉 내용의 요지는 '일체법은 다 연생연멸이기 때문에 스스로 주장하고 내세울 만한 영원한 자체상이 없다'는 것이었어요. 또한 거기에는 '자기'라는 성품도 없으므로 불성의 체성도 텅 비어 공한 것이라고 가르쳐왔어요.

그런데 여기에서는 지금 '경전이 있는 곳에는 부처님과 존중할 제자가 계심이 되느니라' 하셨습니다. 다시 말하면 우리가 신앙생활을 하고 또 일상생활을 함에 있어서 우리의 성품 등 일련의 변화들이 모두 〈금강경〉으로 인한 것이라고 말씀하시는 겁니다.

예를 들어 제가 부처님의 여래 체성을 말할 때 그 체성이 텅 비어 있는 것을 말로 어떻게 드러낼 수 없으니까 〈금강경〉의 구절을 인용해 이해시켰잖아요? 그러니까 〈금강경〉은 그대로 진리의 '법'으로서 드러나는 것이에요. 부처님의 본 체성자리는 '부처'가 되는 것이고, 〈금강경〉의 내용이 이러하다는 것을 여러분들에게 이해시키는 스님은 바로 '승'에 해당됩니다. 그러니까 〈금강경〉이 있음으로써 이곳에 불·법·승이 이루어져 있다는 말입니다.

전에는 텅 빈 실상의 세계를 드러낼 수도 없고 보일 수도 없는 형이상학적인 진리의 세계, 법신불의 세계로 이야기했다면, 여기에서는 그 법신불의 바탕에서 보신불과 화신불의 현실적인 모든 실상 이대로가 허망하고 무상한 것에만 있는 것이 아니고 이것이 그대로 진리라는 거에요. 실상이라는 거에요. 이것은 허망한 것이 아니고, 텅빈 바탕에서 흰 꽃은 흰 꽃이고, 붉은 꽃은 붉은 꽃이고, 〈금강경〉은 〈금강경〉이고, 〈화엄경〉은 〈화엄경〉이고, 소금은 짜고 설탕은 달고, 현실 속에서 있는 그대로 살아나는 것입니다. 그리고 바로 보는 어떤 세계가 따로 정해져 있는 것이 아니고, 비운 상태에서 그냥 지금 이대로가 실상의 세계로 드러난다는 거에요. 마음 속의 번뇌망상을 텅 비웠을 때 그대로 바로 볼 수 있는 힘이 생긴다는 거에요. 이것이 바로 실상입니다.

지금까지는 모든 것이 연생연멸이니까 허망한 것이라고 이야기했잖아요. 그렇지요? 이제 연생연멸에만 빠져 있으면 의미가 없다는 겁니다. 연생연멸을 제대로 알면 이 컵을 제대로 본다는 거에요. 이게 실상인 줄 안다는 것이죠. 왜? 색이 공이고 공이 색이기 때문입니다. 색이 공과 다르지 아니하고 공이 색과 다르지 아니하고, 색은 공이 드러내고자 하는 모습이었고 또 공은 색이 돌아가야 할 고향이며 둘은 같다는 것이지요. 그래서 사구게와 보살의 실천행이 같이 만나야 된다고 제가 누차 강조하는 것입니다.

그런데 잘못 알게 되면 '〈금강경〉에서 일체 제상이 비상이라고 했는데 부처님한테 무슨 절을 하느냐, 내 마음만 청정하면 되지' 이렇게 날이 넘어버리는 사람들이 많아요. 특히 불교를 학문적으로 배우는 사람들이 신앙심도 덜 하고 신행생활을 제대로 못하고 있는 실정입니다.

하지만 불교의 교리와 진리에 밝을수록 더 분명히 아셔야 합니다. 설령 동상으로 만든 부처님이라 할지라도 이 진여법계에 그대로 부처님이시며 거기에는 불·법·승이 존재하는 곳이라는 것입니다. 그렇기 때문에 거기에다가 예배드리고 찬탄하고 존경하는 의식을 가질 때 탁하고 어두운 무명의 업식을 벗겨 나갈 수가 있지, 머리불교가 되어 이치적으로만 알아가지고는 내 무명업식에 속아 버리는 거에요.

나중에 이런 사람은 절에 가도 기도할 신심이 안 나고 부처님께 절할 신심도 안 납니다. 또 공부하려고 하니 공부할 만한 근기도 약하고 믿음이 성취되어 있지 않지요. '삼천대천세계에 무주상보시를 하라'고 하고 '사구게를 충분히 이해해서 생활 속에 실천하라'고 하니까 이번엔 인색함이 그걸 허락하지 아니해서 할 일이 없어져 버리지요. 이렇게 잘못 집착하면 여러분 자신이 백천만겁에도 공부할 수 있는 기회를 놓쳐버리고 삼악도 지옥을 내가 만들어 사는 그런 한 생밖에 안 되는 겁니다.

그래서 저는 불자님들에게, 특히 공부하는 분들에게 정견을 깊이 이해하고 바로 앎과 동시에 참회기도를 많이 하라고 합니다. 중생은 자기가 쥐고 있는 업식이 너무 지중하기 때문에 소식 한번 듣는 것으로 일언지하에 돈망생사하고 자성을 바로 깨닫는 것이 불가능합니다. 부처님 전에 예경 드리고 찬탄하면서 깊이 참회를 할 때 비로소 무명업장이 절복이 되고 자기의 진여본성이 오롯이 드러날 것입니다.

고갱이 | 정견에 대한 깊은 이해로 현재의 실상을 바로 보고, 참회기도를 통해 진여본성에 다가가는 것이 바른 가르침을 따르는 우리의 자세입니다.

제13분
여법수지분
如法受持分

법답게 받아 지니다

제13분 '여법수지분'은 '법답게 받아 지닌다'는 뜻입니다.

이시 수보리 백불언 세존 당하명차경 아등 운하봉지
爾時 須菩提 白佛言 世尊 當何名此經 我等 云何奉持

불고수보리 시경 명위금강반야바라밀
佛告須菩提 是經 名爲金剛般若波羅蜜

이시명자 여당봉지
以是名字 汝當奉持

그때에 수보리가 부처님께 사뢰었다. "세존이시여, 이 경을 무엇이라 이름하며 저희들이 어떻게 받들어 지니오리까."
부처님께서 수보리에게 이르시되, "이 경은 〈금강반야바라밀〉이니 이 이름으로써 너희들은 마땅히 받들어 지닐지니라."

수보리가 '이제부터는 부처님의 진리의 말씀을 경(經)으로 만들어서 널리 알려야겠다'고 생각을 했습니다. 그래서 부처님께 이렇게 묻는 거에요. "지금까지 부처님께서 반야바라밀에 대해서 법문을 해오셨는데 이것을 경으로 만들려면 제목을 붙여야 되지 않겠습니까? 이 경의 이름을 뭐라고 해야 되겠습니까?" 그러니까 부처님께서 "이 경은 '금강반야바라밀'이니 이 이름으로서 너희들은 마땅히 받들어 지니라."고 말씀하신 겁니다.

부처님께서는 21년간 반야사상에 대해 설하셨습니다. 21년이라는 시간은 부처님께서 성도 후 법문하신 총 45년 중 거의 절반에 해당하는 세월이에요. 그만큼 반야사상은 당시에도 중생들에게 이해시키기 어려운 사상 중 하나였을 거라고 짐작할 수 있겠지요. 그런데 왜 그렇게 어려웠을까요?

반야바라밀의 세계에서 가장 중시하는 것은 우리가 '모든 것이 허망하다'는 것을 믿고 또 알고 있어도 그것이 허망한 데에만 머물러 있는 것이 아니라는 것이죠. '체성이 없고 실체가 없다'는 것을 아는 바로 그 자리에서 이타행으로 다시 살려 보살행으로 실천하라는 말입니다.

그런데 사실 그렇게 하는 것이 말처럼 쉬운 일이 아닙니다. 아무리 공부를 열심히 해서 아라한과를 얻는다 해도 자기 혼자만의 고요한 안락을 즐기려고 하는 우리의 업식에 빠지기 마련이거든요. 그로 인해 중생세계라는 실생활 속에서 이타행을 하는 용기가 안 나오는 것이지요. 소승이 질타를 받는 이유가 바로 이것인데 이처럼 중생이 업식에서 벗어나는 것이 그리 간단한 문제가 아니랍니다.

여러분들은 이 경을 들으면서 '〈금강경〉의 가르침대로 내가 가지고 있는 이 성격을 좀 고쳐야겠다', '내 업식을 좀 바꿔야겠다', '나의 욕망과 인색함을 벗어버려야 되겠다'고 마음 먹게 되나요? 공부를 꾸준히 하다 보면 어느 순간 크고 높은 장벽이 내 앞에서 천지를 울리면서 무너지는 것 같은 느낌이 들 때가 있습니다. 이것을 두고 '내 업식이 무너져 내린다'고 합니다. 그랬을 때 내 성격이 바뀌고 또 일주일 열흘 그런 경계가 계속 이어지면서 나도 모르게 눈물이 많이 나게 됩니다. 그렇게 자기 성품이 순화가 되는 거에요.

이렇게 자꾸 순화될 때 자기 자신도 모르게 성품의 변화가 오게 되는 것입니다. 그때 여러분은 이미 반야바라밀의 세계에 가까이 가고 있는 중인 것이죠. 그런 연유로 '불교 역사상 가장 아름다운 꽃이 있다면 그것은 바로 반야사상을 담은 이 대승경전이다'라고 하는 것입니다. 〈금강경〉은 그러한 대승경전 중에서도 가장 중심에 서 있는 경전이지요.

반야를 금강의 견고함, 날카로움, 광명의 속성에 비유한 이유에 대해서는 앞서 설명했습니다. 그러면 〈금강반야바라밀〉

에서 금강과 반야와 바라밀이 각기 다른 것인가? 그렇지 않다는 것이지요. 하나가 둘이면서 둘이 다시 하나입니다. 비유를 하자면 마치 촛불을 켜면 촛불과 그 촛불에서 나오는 빛이 있지만 그 둘을 서로 다르다고 하지 않는 것과 같아요. 금강이 불성이고, 반야가 지혜이며, 광명의 빛은 바라밀입니다. 기능적으로 볼 때 드러나는 역할이 다른 것 같아도 그 바탕은 불성에서 반야가 나오고, 반야가 불성으로 돌아가는 식이지요. 그래서 금강과 반야와 바라밀은 그 이름은 셋이나 그 가지가지가 모두 다 자체의 상(相)이 없고 자체의 성(性)이 없기 때문에 그래서 하나이면서 셋이고 또 셋이면서 하나라고 하는 것입니다.

그리고 불성을 금강에 비유했는데, 그렇다면 그 어떤 것도 이 불성을 무너뜨리거나 없애거나 변화시킬 수 없겠지요? 그런데 딱 한 가지가 있어요. 뭘까요? 중생이 가지고 있는 탐·진·치, 오욕락입니다. 번뇌는 불성을 덮어버린다는 거에요. 그렇다고 불성이 따로 있고 번뇌가 따로 있어서 번뇌의 기능이 불성의 기능보다 뛰어나 불성을 덮어버리고 없앤다는 뜻이 아니에요. 불성이 반야를 드러내면 지혜가 되고 부처가 되지만, 불성이 중생의 정(情)의 길로 들어서면 번뇌가 되는 것이죠. 집착이 번뇌가 되기 때문에 불성이 번뇌로 바뀐 거에요. 그러니까 번뇌가 불성을 덮어버리고 없애버린 것 같아도 사실 불성과 번뇌는 본질에 있어서는 같은 겁니다.

번뇌가 불성이고 불성이 번뇌입니다. 같기는 같은데 중생이 스스로 불성을 택하기보다는 중생의 번뇌와 업성을 택했기 때문에 불성이 번뇌로서 그냥 얼굴을 바꾼 것이죠. 그래서 '번뇌가 불성을 덮을 수 있다'고 하는 겁니다.

번뇌가 불성을 덮어버리고 능히 부술 수 있다고 한다면 번뇌보다 더 강한 것은 없겠죠? 그런데 번뇌보다 강한 것이 있어요. 바로 '반야공 지혜'라는 거에요. 지혜는 번뇌를 없애는 것이죠. 아니, 번뇌가 없어지는 것이 아니라 번뇌가 본래 없다는 사실을 제대로 보게 되기 때문에 '지혜가 드러나면 번뇌가 없어진다'고 말을 할 뿐입니다.

번뇌가 어둠이라면 지혜는 빛입니다. 아무리 어둠이 천 년을 계속되어 왔더라도 한번 빛이 들어오면 그 어둠은 흔적도 없이 사라집니다. 그와 같이 〈금강반야바라밀경〉은 우리가 지금 쥐고 있는 중생의 고집스러운 무명업식을 완성된 지혜로 벼락 치듯이 단번에 끊어버리는 경인 것입니다.

소이자하 수보리 불설반야바라밀
所以者何 須菩提 佛說般若波羅蜜

즉비반야바라밀 시명반야바라밀
卽非般若波羅蜜 是名般若波羅蜜

"그 까닭이 무엇인가. 수보리야, 부처가 설한 반야바라밀은

곧 반야바라밀이 아니고 그 이름이 반야바라밀이니라."

이런 대목들이 가장 이해하기 어려운 구절이라고 말씀드렸죠? 그런데 이 어려운 구절이 〈금강경〉의 사구게 정신을 잘 드러낸 문구라는 것입니다.

'반야바라밀이 반야바라밀이 아니다'라고 하는 이유가 무엇일까? 불성이니 반야니 지혜니 하는 말을 하니까 중생들은 '불성의 어떤 세계, 반야의 어떤 세계, 부처의 어떤 세계가 있다'는 생각을 하면서 또 하나의 정신세계를 동경하는 거에요. 그런데 알고 보면 경계와 경계가 서로 연생연멸할 때 반야지혜로서 작용할 뿐이지 어떤 실체가 따로 있는 것이 아니거든요. 반야라고 하는 어떤 세계의 실체성이 없다는 얘깁니다. 그래서 반야바라밀이 반야바라밀이 아니라고 하는 것이지요. 그런데 실체를 드러낼 수는 없지만 실제 작용하고 있으니 이것을 굳이 설명하기 위해 어쩔 수 없이 '반야바라밀'이라고 이름하는 것입니다. 그래서 경에서 '이름이 반야바라밀'이라고 하는 거에요.

'반야바라밀이 반야바라밀이 아닌 것'은 연생연멸을 말하는 것이고, 실체가 없다는 것을 말하는 것이라고 했지요? 그리고 반야바라밀이라고 말하는 것은 그렇다고 그것이 공에만 집착되어서 허망하고 허무한 쪽으로 침체된 것이 아니고 그 공에서 전체적으로 보살의 이타행이 무주상보시로 살려나오기 때문에 생명세계를 위한 이타행이 발현되는 것을 말합니다.

불성은 텅 비어 자체 상이나 성품이 없으며 반야도 마찬가지입니다. 그리고 바라밀 역시 그렇다는 것이죠. 그렇다면 불성이나 반야나 바라밀이 결론적으로 공이라는 뜻이 되잖아요. 그렇죠? 그런데 중생이 어리석으면 여기서 천 가지 만 가지로 벌어지는 겁니다. 공이라고 하니까 중생들은 '아! 뭔가 텅 빈 공이라는 것이 있구나' 하는 상념을 또 만드는 거에요. 공이라는 세계를 만들어 그 세계를 붙들려고 하는 거지요. 소설을 쓴다 이 말이에요.

어떠한 새로운 정신세계에 공이 있다고 집착하면 안 된다는 의미를 이제 아시겠지요? 그 공 역시 공했다. 그렇기 때문에 공에서 일체 모든 생명이 살아나올 수 있는 겁니다. 만약 공이라는 것이 딱 정해져 있으면 공이라는 자체 상이 가득 차 있기 때문에 우리도 못 살고, 자연도 못 살고, 아무 것도 그 안에 살 수가 없어요. 하지만 그 공 자체도 공한 것이기 때문에 거기에서 꽃도 피고, 열매도 맺고, 새도 울고, 별의별 연생연멸로 인한 생명들과 여타의 모든 생명 세계가 살아 나온다는 것이지요. 참으로 비어 있는 이 우주 공간에서 우리의 생태계라는 생명력이 지금까지 유지되는 것처럼 말이에요.

세상의 모든 것은 연생연멸이므로 본질적으로 없는 것이고, 공이되 그 속에서 모든 것이 살아나오기 때문에 그것을 두고

'색즉시공 공즉시색'이라 하는 것이며 '금강반야바라밀'이라고 하는 겁니다.

수보리 어의운하 여래 유소설법부
須菩提 於意云何 如來 有所說法不

수보리 백불언 세존 여래 무소설
須菩提 白佛言 世尊 如來 無所說

"수보리야, 어떻게 생각하느냐. 여래가 설한 바 법이 있느냐." 수보리가 부처님께 사뢰어 말씀드리되, "세존이시여, 여래께서는 설하신 바가 없습니다."

여기서 여래는 무엇을 말합니까? 3천 년 전에 오신 석가모니 부처님께서도 여래이고, 반야바라밀을 실천하는 그 자체도 여래가 됩니다. 그런데 이 〈금강경〉이 어디서 나왔느냐. 석가모니 부처님에게서 나왔거든요. 석가모니 부처님은 반야지혜의 공에서 조금도 벗어나지 아니하고 반야지혜로써 법을 설하셨지요. 다시 말하면 부처님이 설하신 궁극적인 진리의 실상은 지혜에요. 그런데 지혜의 본질은 '본래 공(本空)'이라고 했지요? 그렇기 때문에 부처님은 법을 설하셔도 머무름이 없는 무주의 법을 설하신 것이고, 상이 없는 무상의 법을 설하신 것이지요. 결국 무주나 무상이라는 것은 모두 참 빈 공을 말하는데, 본래 법 자체가 공했기 때문에 '설해도 설한 법이 없다'고 말씀하신 거에요.

게다가 설한 바 없는 그 법이 공이긴 하지만, 그 공은 참으로 묘한 반야의 공이고 생명력이 있는 공이기 때문에 그 속에서 절묘한 방편이 살아 나오게 됩니다. 그냥 '근원이 그렇고, 본질이 그렇다'고만 한다면 그건 법을 잘못 설하는 거에요. 만약 그렇다는 것을 제대로 안다면 거기에서는 일체중생을 다 수용하고 제접하고 교화할 수 있는 아주 절묘한 방편력이 나와야 되는 거에요. 그것을 '진공묘유'라고 합니다.

수보리 어의운하 삼천대천세계 소유미진 시위다부
須菩提 於意云何 三千大千世界 所有微塵 是爲多不

수보리 언 심다 세존
須菩提 言 甚多 世尊

수보리 제미진 여래 설비미진 시명미진
須菩提 諸微塵 如來 說非微塵 是名微塵

여래 설세계 비세계 시명세계
如來 說世界 非世界 是名世界

"수보리야, 어떻게 생각하느냐. 삼천대천세계에 있는 티끌이 많지 않겠느냐."

수보리가 말씀드리되, "매우 많습니다. 세존이시여."

"수보리야, 모든 티끌을 여래가 설하되, 티끌이 아니라 그 이름이 티끌이며, 여래가 설한 세계도 세계가 아니라 그 이름이 세계이니라."

'티끌이 티끌이 아니고 그 이름이 티끌이다', '세계가 세계가 아니고 그 이름이 세계이다' 이것 역시 즉비논리죠? 한번 부정을 통해서 긍정을 만들어내고 있습니다.

그러면 티끌이 무엇입니까? 티끌의 사전적 정의는 '고체물질이 물리적으로 깨지는 과정 등에 의해 발생한 작은 입자'라고 되어 있습니다. 그런데 이 티끌에 혼자만의 자체 상을 가진 영원불변한 그런 것이 있습니까? 아무리 작은 분자나 원자, 요즘 말하는 '쿼크'라든지 소립자가 된다고 하더라도 전자, 중성자, 양성자가 서로 결합하여 형성됩니다. 물리학적으로 볼 때 아직까지 이 세상에는 독립적으로 존재하는 입자는 없는 셈이죠. 다시 말하면 어떤 환경과 인연에 의해서 만들어졌다는 것입니다.

이렇게 티끌은 연생연멸하는 것이고 연생연멸은 공이기 때문에 본래 스스로 티끌이라고 주장할 만한 자체상이 없게 됩니다. 그래서 '티끌이 티끌이 아니라 그 이름이 티끌이라고 한다'고 한 것이지요. 마찬가지로, 티끌이 이미 그러할진대 그 티끌이 모여서 이루어진 세계는 또 어떻겠습니까? 세계 역시 세계라고 주장할 만한 자체상이 없는 것이고, '세계가 세계가 아니고 그 이름이 세계'인 것입니다.

수보리 어의운하 가이삼십이상 견여래부
須菩提 於意云何 可以三十二相 見如來不

불야 세존 불가이삼십이상 득견여래 하이고
不也 世尊 不可以三十二相 得見如來 何以故

여래 설 삼십이상 즉시비상 시명삼십이상
如來 說 三十二相 卽是非相 是名三十二相

"수보리야, 어떻게 생각하느냐. 삼십이상으로 여래를 볼 수 있겠느냐."

"아닙니다. 세존이시여, 삼십이상으로 여래를 볼 수 없습니다. 왜냐하면 여래께서 설하신 삼십이상은 곧 상이 아니고 그 이름이 삼십이상이기 때문입니다."

똑같은 즉비논리입니다. 지금 부처님도 얼마나 답답하시면 처음에 '반야바라밀이 반야바라밀이 아니다'라고 말씀을 해놓고는 그걸 못 알아듣는 것 같으니까 '티끌이 티끌이 아니다, 세계가 세계가 아니다'라고 재차 말씀하셨다가, 지금에 와서는 '삼십이상이 삼십이상이 아니다'라고 또 설명하시는 거에요. 여기서 삼십이상은 팔십종호와 더불어 부처님께서 오랜 세월 동안 무주상보시와 보살의 인행을 많이 하시면서 반야바리밀의 정신으로 살아오신 그 공덕으로 갖추신 원만구족 덕상을 말합니다.

사람마다 얼굴이 다 다르잖아요. 여러분의 얼굴에 여러분들이 지금까지 행해온 업성이 다 드러나 있다는 거에요. 믿기 싫어도 사실입니다. 그런데 이상한 것이 있어요. 때로는 금생에는 별로 공부도 안 하고 닦은 것도 없는데 아주 천진하고 밝고 순수한 사람이 있거든요. 그건 전생에 닦은 사람이에요. 그러니 금생에 공부 안 하고 해태심을 내면 다음 생에 어떻게 되겠어요? 중생의 업의 눈으로는 자기 업성을 보지 못합니다. 내 성격이 어떠했기 때문에 지금 내 얼굴이 이렇다는 것을 보지 못하는 거에요.

그러나 그 세계를 벗어난 사람은 같은 얼굴을 보고도 '아! 저 사람은 참 바탕이 깨끗하고 순수하구나. 그리고 성품은 어떻고 성격은 어떻겠구나' 하는 것을 알 수 있어요. 사람의 인생이, 삶의 모든 그림이 그 얼굴에 나와 있는 것이죠. 그렇게 자기가 살아온 삶의 흔적이 그대로 얼굴 모습에 드러나듯이 부처님의 삼십이상 팔십종호는 과거 무수한 보살행과 무주상보시로 인해서 갖추어진 특징적인 상호라는 거에요. 그렇게 훌륭하고 좋은 상이지만 부처님은 그것에 집착하거나 의미를 두지 않는다는 겁니다.

우리는 외모에 집착해서 다양한 방법으로 투자를 많이 하잖아요? 부처님은 전혀 그렇지 않아요. 삼십이상도 부처님에겐 궁극적으로 티끌과 같고 연생연멸이고 다 인연에 의한 것이기 때문이죠. 그래서 '삼십이상이 삼십이상이 아니고 삼십이상이 삼십이상이 아니기 때문에 삼십이상이다. 지금 삼십이상이라고 말했을 뿐이다.'라고 하는 것입니다.

수보리 약유선남자선여인 이항하사등신명 보시
須菩提 若有善男子善女人 以恒河沙等身命 布施

약부유인 어차경중 내지수지사구게등
若復有人 於此經中 乃至受持四句偈等

위타인설 기복 심다
爲他人說 其福 甚多

"수보리야, 만약 어떤 선남자 선여인이 항하의 모래수와 같은 많은 목숨으로 보시했을지라도 만약 또 어떤 사람이 이 경 가운데서 사구게만이라도 받아 지녀서 다른 사람을 위해 설한다면 그 복이 저 복보다 더 많을 것이니라."

처음에는 '삼천대천세계를 칠보로써 보시하는 것'과 '사구게를 수지독송하는 것'을 대비해 말씀하셨고, 다음으로 '항하의 모래수와 같은 항하의 모래수의 세계에 칠보로써 보시하는 것'과 '사구게를 수지독송하는 것'을 대비해서 말씀하셨지요.
이번에는 '항하의 모래수와 같은 많은 목숨을 보시하는 것'

에 대해 말씀하시고 있어요. 더 깊고 큰 용기가 필요할 때를 지금 만드는 거에요. 목숨을 바쳐서 보시하는 것을 시명복(施命福)이라고 합니다. 시명복은 실행, 실천을 말하는 것이지요.

여기에서는 '사구게만이라도 받아 지녀서 다른 사람을 위해 설한다면 그 복이 저 복보다 더 많다'고 번역되어 있는데 이 부분에 대해서는 하나는 수승하고 하나는 수승하지 못하다는 분별이 있어서는 안 된다고 이미 수차 강조했습니다. '하나는 적고 하나는 수승하다'고 하니까 중생은 또 욕심을 앞세워 적은 것은 버리고 좋은 것만 택하려 합니다. 실천은 하지 아니하고 〈금강경〉을 욕심의 대상으로 삼고 있는 거죠. 그러면 아무 의미가 없습니다.

그래서 결론이 무엇이냐. 우리가 비록 유위복이지만 이 일상생활 속에서 끝없이 무주상보시를 실천할 때 내가 가지고 있는 탐욕스러운 인색함이 날이면 날마다 내게서 떨어져 나갑니다. 무주상보시를 행함으로써 말이죠. 생각으로만 사구게를 이해한다고 해서 내 업성이 바뀌고 인색함이 떨어져 나가는 것이 아닙니다. 반야지혜가 온전한 반야지혜가 되고 반야바라밀이 완성되려면 목숨을 바쳐서 실행하고 실천하는 이 유위법의 시명복이 함께 갖추어질 때 반야바라밀이 완성된다는 거에요. 그렇기 때문에 우리는 항상 생활 속에서 무주상보시를 수행의 가장 중심의 덕목으로 삼아야 합니다.

사회적 성공만을 목표로 사는 남자가 있다고 합시다. 그 사람이 자기 자신과 가족들을 자상하게 돌보지 못하고 그 목적만을 향해 치달을 때 과연 그는 인생에서 성공할 수 있을까요? 제가 언젠가 이런 말을 했어요. 지리산에 오르는 사람이 지리산 천왕봉만을 목적으로 오르다보면 정작 지리산을 잃어버린다구요. 그 아름다운 풍경들을 다 놓쳐 버린다는 것이죠. 여기서 말하는 아름다운 풍경은 무엇을 의미합니까? 지금 현재의 내 마음에서 보고, 내 마음에서 찾아야 할 행복이거든요. 현재의 마음 말이에요.

그런데 그런 것을 알면서도 집착에서 벗어나지 못하는 것이 누구냐? 바로 중생이라는 것이죠. 우리가 지금 그렇다는 거에요. 우리 중생은 현재의 마음을 잃어버렸어요. 그런데 이 반야바라밀을 잘 이해하고 〈금강경〉을 잘 이해한 사람은 마음 다스림에 아주 능하지요. 괴로운 과거에서도 벗어날 수 있고 또 다가오지 않은 미래 때문에 내 현재를 잃어버리는 과오를 범하지도 않아요. 그 사람은 현재를 잘 살려내고, 현재를 기뻐하고, 현재에 감사하고, 현재에 잘 베풀면서 현재를 즐겁게 자기 모습으로 살겠지요?

정리하자면, 사구게 정신을 제대로 깨닫는 것이 무위복이며 또 현실 속에서 보살 이타행을 실천하는 것이 유위복이라고 말할 수 있습니다. 이 유위복과 무위복이 서로 일체를 이룰 때 완전한 반야의 세계가 완성되는 것이죠. 무위복이 수승하다고 해서 사구게 정신에만 집착하는 것은 생명의 존재실상이 그렇다는 것일 뿐 현실이 따르지 않으면 아무 의미가 없다는 것입니다. 또 현실적으로 많은 사람을 배려하고 이해하면서 선행을 많이 하는 것이 유위복인데 사구게 정신의 근본적인 존재의 실상을 도외시한 채 유위복만 주장하게 된다면 원망이 따르고 미움이 생겨 원수가 될 수 있어요. 그래서 이것들이 서로 일체가 되어야 한다는 것이죠.

유위복이 무위복에 들어가고, 무위복이 유위복에 들어가서 하나의 일체가 될 때 〈금강경〉의 반야지혜, 반야바라밀의 세계가 온전하게 이루어지는 것입니다.

고갱이 | 사구게 정신을 깨달아 얻는 무위복과 현실 속에서 보살 이타행을 실천하는 유위복이 일체를 이룰 때 완전한 반야의 세계가 완성됩니다.

제14분

離相寂滅分
이상적멸분

상을 떠나니 고요하다

相木雑住
滅沒寂
勿分

제14분 '이상적멸분'입니다. 소명태자의 32분 분류법에 의하면 14분 '이상적멸분'까지가 〈금강경〉 상권에 해당됩니다.

〈금강경〉의 대의는 제상(諸相)이 비상(非相), 즉 모든 상이 상이 아니라는 것입니다. '제상'이라고 할 때는 밖으로 드러나 있는 모든 현상들을 말하죠? 외적인 육진의 상이 있고 또 중생이 다겁생래로 익혀온 습성에 의해 굳어진 생각의 상이 있어요. 그런데 '제상이 비상'이라고 할 때 그 비상은 무슨 뜻인가요? 모든 상의 본질을 잘 보는 것을 비상이라고 해요.

그러면 그 본질은 무엇이냐. 본질은 모든 현상은 인연에 의해서 생하고 인연에 의해서 멸하는 것이기 때문에 자체 상이 없으며 딱 이것이라고 세울 수 없다는 거죠. 그래서 상을 여의어라, 상에서 자유로워지라는 것이에요.

상에서 자유로워지라는 것은 상을 보되 그 상을 잘 관해 보아 상에 집착하거나 그것에 머물러서 스스로 자기를 괴롭히는 일은 하지 말라는 겁니다. 또 밖으로부터 오는 색·성·향·미·촉·법의 모든 육진 경계에서 자유로워지고 내적으로는 자기 생각에서 자유로워지라는 것입니다. 그래서 〈금강경〉을 떠날 이(離) 자, 모양 상(相) 자를 써서 '이상경(離相經)'이라고도 해요. 그리고 '이상'이 되면 마음이 고요해져 적멸에 들어간다고 했어요. '상을 여의면 적멸을 성취할 것이다' 이 말이거든요. 그러면 상을 어떻게 여읠 것이냐. 정견이 설 때 여러분들은 상을 여의는 법을 이해하게 됩니다.

이시 수보리 문설시경 심해의취 체루비읍 이백불언
爾時 須菩提 聞說是經 深解義趣 涕淚悲泣 而白佛言

그때 수보리가 이 경 설하심을 듣고 깊이 그 뜻을 깨달아 눈물을 흘리고 슬피 울면서 부처님께 사뢰었다.

    수보리가 '법회인유분'부터 '여법수지분'까지 부처님의 법문을 듣고는 지금 슬피 우는 거에요. 수보리가 여기서 왜 그렇게 슬피 울었을까요? 한 번 생각해 보셔야 합니다.
    해석을 달리 하시는 분도 계시겠지만 수보리가 중생을 교화하고자 하는 부처님의 대자대비의 원력에 감동을 받아 눈물을 흘린 것으로 볼 수 있습니다. 부처님께서는 그동안 갠지즈 강과 삼천대천세계의 비유 그리고 '장엄이 장엄이 아니기 때문에 장엄이라고 한다', '반야바라밀이 반야바라밀이 아니기 때문에 반야바라밀이라고 한다' 등 〈금강경〉의 대의와 대승경전의 깊은 요지를 한마디로 잘 드러내는 구절들과 〈금강경〉에서 말하는 사구게의 뜻에 잘 들어맞는 언구들을 누누이 말씀하시면서 중생들을 이해시키고 교화시키려고 하셨어요.

본래 청정한 자성의 입장에서 볼 때는 말이 필요 없고 사유가 오히려 분별이 되어 아는 것이 장애가 되겠지요. 하지만 모르는 중생의 입장에서는 이해가 되어야 이해를 넘어설 수 있고, 이해를 할 수 있어야 이해를 끊을 수 있는 법이지요. 그래야 말이 없는 세계, 뜻이 없는 세계, 마음 가는 길이 끊긴 세계로 들어갈 수가 있어요. 이렇게 중생을 교화하고자 하는 부처님의 깊은 원력, 대비의 모습을 보고서는 '아! 참으로 보살은 저러해야겠구나' 하고 느끼고는 눈물을 한없이 흘린 거에요.

또 이렇게도 해석할 수 있습니다. 수보리가 사실은 아공은 체험했지요. 이 말은 물질로 구성된 이 몸뚱이는 실은 무상한 법칙에 의해 다 자연으로 돌아가고 인연에 따라서 흩어지는 실체가 없는 것이라는 데는 의심이 없었다는 뜻입니다. 그렇게 아공은 성취했지만 '아! 이렇게 심심미묘한 법이 있구나' 하는 법이라는 것에 묶여 있었거든요.

그런데 '법회인유분'부터 13분 '여법수지분'까지 부처님께서

펴주신 바른 가르침의 법문을 듣고 정견이 서면서 그 법마저 이것이라고 정해진 법이 없다는 것을 알게 된 거에요. 이렇게 법에 대해서 그 경계에 묶이지 아니하고 자유로워질 수 있는 법공을 성취하고는 '아! 내가 그 법에서도 자유로움을 얻을 수 있게끔 가르쳐주신 부처님의 은혜가 너무나도 지중하고 크구나' 하고 감격의 눈물을 흘린 것으로 볼 수 있습니다.

희유 세존
希有 世尊

"희유하십니다. 세존이시여."

'희유'라는 말은 '참 귀하다, 세상에 참 드문 일이다' 라는 말이죠. 그런데 수보리 존자는 '선현기청분'에서도 이 '희유'라는 말을 했어요. 그러면 앞에서 말한 '희유'와 지금의 '희유'에는 어떤 차이가 있을까요?

'선현기청분'에서 희유의 의미부터 살펴봅시다. '선현기청분'까지는 부처님이 저잣거리에 나오셔서 탁발을 하시고 공양을 잡수시고 발을 씻고 좌복에 편안히 앉으셨고 그리고 아무 말씀도 안하셨어요. '상을 여의여야 된다'든지 또는 '집착이 없는 무주심으로 해야 된다', '그 가운데 보살의 무주상보시를 해야 된다' 등 이런 내용의 법문은 아직 단 한 마디도 없었습니다. 그런데 문득 수보리가 자리에서 일어나서 부처님께 아뢰기를 "부처님, 참으로 희유하십니다." 했어요.

　이것은 〈금강경〉에서 대단히 중요한 대목입니다. 부처님께서 아무 말씀을 하지 않으셨는데 수보리가 이미 〈금강경〉의 반야 세계를 통달하고서는 최상승 근기들을 위해서 아무 말이 없는 가운데에 법의 자리를 드러낸 것이고, 또 희유하다는 말을 써서 부처님의 큰 자비의 법문이 나오게끔 했습니다.

　그리고나서 '법회인유분'부터 '이상적멸분'까지 부처님은 많은 비유를 들어 법을 설하셨어요. '색·성·향·미·촉·법에 집착하지 말아라', '모든 경계에 집착하지 말아라', '장엄이 장엄이 아니므로 장엄이라 한다'든지 '반야가 반야가 아니므로 반야라고 한다'라며 계속 법문을 하셨어요. 이렇게 '이상적멸분'쯤 오니까 이제는 많이 들어서 중근기들도 〈금강경〉 사구게 정신이 무엇이고 보살은 어떠해야 한다, 그리고 무주상보시가 무엇이라는 것을 다 알게 되었습니다. 물론 믿음이 바로 성취된 사람들인 최상승 근기들에게는 이런 구구절절한 설명이 필요 없겠지요? 그렇다면 여기서 '희유'라는 말의 의미가 무엇이라고 생각합니까?

　당시 수보리의 눈에 모든 소승사과를 성취한 아라한들이 이렇게 보였습니다. 그들은 만물이 다 인연소생이고 인연소멸이며 일체의 번뇌 망상도 모두 실체가 없는 것이므로 '집착할 것이 없다'는 것을 깨달았지요. 그래서 마음이 홀연히 고요한 본연의 반야고향으로 돌아감을 성취하기는 했습니다. 그런데 정작 반야지혜를 성취하고 나면 반드시 해야 할 일이 이타행과 남을 위한 보살의 무주상보시일 텐데 그런 보살행은 하기를 두려워하고 오히려 스스로 고요한 것에만 집착되어 있는 거에요.

그런데 부처님은 어떠셨습니까? 고요함에 머물지 아니하고 중생교화와 무주상보시를 행하셨다는 것이죠. 부처님이 새가 하늘을 날듯 그렇게 자유로운 모습을 보니까 '희유하다' 한 것입니다. 우리는 저 '상'을 붙들어야 되고, 저 '상'을 성취해야 하고, '상'에 집착해서 입에 거품을 물고 살아왔는데 부처님은 이 일을 자재로이 하시니까 그것이 '희유하다'고 했습니다. 그런 뜻에서 하는 이야기입니다.

결론적으로 '선현기청분'의 '희유하십니다'는 최상근기를 위해 법의 세계를 열어 보인 것이고, 지금 '이상적멸분'에 와서는 중근기를 위해서 같은 말을 쓴 것이라고 보시면 됩니다. 처음에는 그냥 바로 반야세계를 드러내 보이는 선도리를 드러냈고, 지금은 이해를 충분히 시켜서 그 이해를 넘어서는 지금의 장면이 나온 거에요.

여러분, 이제 이해가 됩니까? 넘어서죠? 이해를 끊었습니까? 그래서 제가 항상 공부는 선근이 있어야 된다, 복덕이 많아야 공부도 빨리 들어간다고 말하는 겁니다. 선근이 부족하고 복덕이 부족하면 눈 앞에 일어나는 모든 경계에 끄달려 가는 업성이 있기 때문에 믿음이 약하면 소 발자국에 고인 그 물을 탐착하고 저 큰 바다의 물을 모른다는 겁니다. 안 믿는다는 거에요. 이해가 가야 이해를 끊을 수 있고 이해를 넘어설 수 있을 때 비로소 반야 지혜의 문이 열리기 시작합니다.

그런데 많이 들어서 이해를 하고 믿는 사람과 일체 말이 없는 상태에서 믿음을 일으키는 사람과는 선근이 다릅니다. '선근'이라고 할 때는 믿음을 가지고 말하는 겁니다. 믿음이 강한 사람은 그냥 눈만 껌벅 해도 알아차리고 믿는다는 거에요. 여러분도 지금까지 강의를 들으면서 대승법을 알게 되었고, 이 법이 '참으로 심심미묘 법문이로구나' 하고 믿게 되었으니까 이 말세에 대단히 희유한 사람이 된 겁니다.

불설여시 심심경전 아종석래
佛說如是 甚深經典 我從昔來

소득혜안 미증득문여시지경
所得慧眼 未曾得聞如是之經

세존 약부유인 득문시경 신심청정 즉생실상
世尊 若復有人 得聞是經 信心淸淨 卽生實相

당지시인 성취제일희유공덕
當知是人 成就第一希有功德

"부처님께서 이렇게 심히 깊은 경전을 설하심은 제가 예로부터 얻은 바 혜안으로는 일찍이 이와 같은 경은 얻어 듣지 못했습니다. 세존이시여. 만약 어떤 사람이 이 경을 얻어 듣고 신심이 청정하면 곧 실상을 깨달으리니 마땅히 이 사람은 제일 희유한 공덕을 성취한 사람임을 알겠습니다."

이 말은 수보리가 사실은 이 대승경전의 깊은 보살행은 일찍이 상상도 못했는데 이렇게 부처님으로부터 바른 정법을 듣고 정견이 서게 되니까 물이 아래로 흘러가듯이 지금 나의 성품이 타인을 위해서 스스럼없이 사랑의 마음으로 바뀌고 있다, 타인을 위해서 내 마음이 사랑으로 다가가고 있다는 뜻이에요. 그리고 바로 뒤에 '이와 같은 경을 얻어 듣지 못했다'는 그 의미가 무엇인지 나옵니다.

경문에 '만약 어떤 사람이 이 경을 듣고 믿는 마음이 청정하면 실상을 본다'고 했습니다. 여기에서 참 중요한 말이 '믿는 마음이 청정해야 된다'는 겁니다. 그렇다면 어떻게 믿는 마음이 청정해질까요? 윤기가 나도록 씻어야 깨끗해지나요? 여기서 '청정'이라는 말을 잘 아셔야 돼요. 대승경전에서 쓰는 청정은 아주 깊은 의미를 지니고 있거든요.

'청정'을 깨끗하다. 맑다. 순수하다의 개념으로만 받아들이면 안 됩니다. 여기서 '청정'은 상(相)에서 상을 여읜 경지를 말하는 것이고 사상을 여읜 경지이자 반야의 세계, 본질의 세계를 드러내는 말입니다. 이것을 〈반야심경〉에서는 '색즉시공 공즉시색'이라 했고 '불생불멸' '부증불감' '불구부정'이라고 그랬거든요. 그 자리를, 그 세계를 '청정'이라고 하는 거에요. 이것을 또 어쩔 수 없어서 '진공'이라고도 하는 것이지요. 그리고 이 〈금강경〉에서는 '아뇩다라삼먁삼보리의 세계다', '반야의 세계다' 이렇게 말하는 것입니다.

쉽게 말하면 반야의 마음이 바로 청정한 마음이에요. 비유를 하자면 허공이라고도 할 수 있지요. 세상에 허공만큼 깨끗한 것은 없잖아요. 그렇죠? 현상이 있는 것, 상이 있는 것은 아무리 깨끗하게 한다고 하더라도 그것은 완전한 깨끗함으로 돌아갈 수가 없어요. 그러나 허공은 완벽하고 완전한 깨끗함입니다. 왜 그럴까요? 허공은 텅 빈 공이기 때문에 완벽한 깨끗함이라고 하는 거에요. 상이 없기 때문에 깨끗하다는 것이죠. 허공은 상이 없잖아요.

우리는 '깨끗하다'고 하면 벌써 깨끗한 상을 머리에 떠올립니다. 그렇지요? 또 뭐가 '맑다', '순수하다'고 하면 머리에 순수하지 못한 것, 또 맑지 못한 상대적인 관념이나 개념을 떠올리구요. 그런 것은 완전한 깨끗함이 못 되는 것이에요. 여기서 청정을 반야라고 했는데 반야는 모든 것은 연생연멸로 이루어졌다가 연생연멸로 멸한다는 것을 잘 알고 그런 실체가 없는 세계를 잘 볼 수 있는 지혜를 말합니다. 그리고 반야의 세계를 제대로 이해하고 아는 것을 〈금강경〉에서는 '수지한다'고 했어요. 그래서 내 마음에 일어나는 모든 생각들이 다 무상한 것이고 붙들래야 붙들 것도 없고 실체가 없다는 것을 제대로 아는 것이 '수지'이기 때문에 수지한 자리를 청정이라고 합니다.

그렇게 '믿는 마음이 청정해지면 실상을 본다'고 했는데 그렇다면 이 실상은 무엇을 말하는 것일까요? 모든 경전에서는 반야의 세계를 실상이라고 합니다. 그리고 우리가 마음 공부하면서 마음의 실체, 마음의 속성, 마음의 원리를 잘 알고 그것을 일상생활에서 잘 실천하는 것을 '즉생실상' 즉 바로 실상이 드러난다고 하지요. 그런데 여기서 실상이라고 하니까 따로 정해진 실상의 세계가 있고 반야의 세계가 따로 있다고 생각하면 그것이 바로 번뇌망상이 되는 거에요. 그래서 선지식의 가르침과 점검이 대단히 중요하다는 겁니다.

마음이 청정해지면 실상이 드러나고, 이 실상은 반야의 세계를 이른다고 했는데 그러면 〈금강경〉에서는 반야의 세계를 어떻게 드러내고 있나요?

경에서는 상을 떠날 때, 상을 여읠 때 반야의 세계가 드러난다고 합니다. 그래서 '이상(離相)'이라는 말이 나오는 거에요. 여러분들은 어떻게 상을 여의겠습니까. 상 여의는 법을 사유해 보셨어요? 지금까지 〈금강경〉 법문에서 항상 상을 여의어야 한다고 했는데 상을 어떻게 여읠 것이냐. 여러분들이 이것에 대해 많이 사유하셔야 돼요.

부부지간에 뜻이 맞지 않아서 싸움을 했다고 칩시다. 그럴 때 "아이구! 내가 저 사람을 안 봐야지. 저 꼴 보고는 내가 도저히 홧병 나서 못 살겠다." 하면 이건 무슨 말이냐? 눈 앞의 현상을 안 봐야 내 마음이 편안하겠다는 뜻이죠. 그러면 눈 앞의 현상을 안 보는 것이 상을 여의는 것일까요? 아닙니다. 이상(離相)이라는 것은 색·성·향·미·촉·법의 경계를 대하면서 그 경계 그대로 그 경계의 본질을 본다는 것입니다. 아시겠어요? 그런데 그 경계는 안 볼래야 안 볼 수가 없어요. 차라리 공기를 안 마시며 산다고 하는 게 낫지, 어떻게 경계를 보지 않고 산다는 것이 가능합니까? 그렇죠?

그럼 본질이 무엇입니까? 모든 경계는 인연에 의해서 일어난 것이므로 그 본질은 실상이 없다는 것이죠. 자기 상이 없고 자기 성이 없다는 거에요. 없으니까 거기에 머물 것도 없고 붙들 것도 없고 집착할 것도 없으니까 그냥 잘 보낸다 이 말이죠. 이것이 상에서 상을 여읜다는 거에요. 그런데 우리는 상을 여의라고 하니까 상을 안 보는 것으로 잘못 생각한다는 겁니다.

지금 상당히 중요한 이야기를 하고 있습니다. 예를 들어 여러분들이 흙담을 세 겹 네 겹으로 두껍게 쌓아서 공간을 만들면 그 공간 안은 어떻습니까? 고요하지요? 여러분들의 마음도 여러분이 현실적으로 그 공간 안에 들어앉으면 밖에서 들리는 바람소리, 차 소리 등 일체가 안 들리니까 조용하다 이 말입니다. 그렇죠? 그럼 그 고요는 영원한 고요이고 본연의 고요입니까? 아니라는 것이죠. 그 고요는 인위적으로 만들어 낸 고요입니다.

지금 공부하고 있는 사람들이 여기에 많이 빠져 있어요. 여러분들이 마음공부를 하면서 어떤 반야의 세계가 있고 실상의 세계가 있다고 생각하고는 하나의 상을 만들어서 그것을 계속 동경하면서 자기 마음의 인식 세계에서 고요한 세계를 만들어 버린 거에요.

염불을 하든지 화두를 들든지 그러한 적멸의 세계에 들어가고 싶은 잠재의식이 있고, 그로 인해서 뭔가 성품을 깨치고자 하는 기다림이 있는 거에요. 그래서 자기가 인식으로 그렇게 그 세계를 만들어 들어 앉는 겁니다. 이것을 유위작공(有爲作空)이라고 그래요. 인위적으로 조작을 해서 만든 공이라는 뜻이지요.

그러면 인위적으로 만든 공은 왜 안 되느냐? 인위적으로 조작해서 만들었기 때문에 결국 그것은 생멸을 벗어날 수 없어서 무너진다는 것이죠. 알겠어요? 본래 본연의 삼매를 이뤘을 때는 허공과 같아서 무너뜨릴 수 없고 오염시킬 수도 없고 변하지 않는 것이죠. 그런데 선지식은 공부한 내용을 들어보면 한 눈에 알아요. 어디에 묶여 있고 어디가 병들어 있는지 압니다. 그래서 그것이 잘못된 공부라고 깨우쳐 주면 '아! 내가 내 생각의 알음알이, 식상에 속았구나' 하고 알아 차려야 하는 거에요. 그래서 선지식의 점검을 받으라고 하는 겁니다.

이 공부는 반드시 대승의 정법을 깊이 바로 알고 해야 하는데 백천만겁에 난조우라, 정법을 만나고 정법을 알기가 참 어렵습니다. 이 대승의 심심미묘법은 깊이 들어가면 들어갈수록 그 속에 무궁한 반야의 묘용(妙用)이 있어요. 그러니까 여러분들이 그냥 교리적으로 조금 알고 이해하는 것을 가지고 그것에 집착을 하고 법의 상을 만들어서 아상, 인상, 중생상, 수자상을 만들어 버리면 이 공부는 굉장히 힘들어지는 거예요. 그래서 선지식은 "거기에 머물면 안 된다. 거기에서 떠나라." 하면서 자꾸 회초리를 때리는 것이죠. 조주스님 역시 "부처님 계시는 곳에 머물지 말고 떠나라. 부처가 안 계시는 곳은 더 빨리 지나가라."고 했어요.

이런 말들은 '현상이 있는 것에도 집착하지 말고 상이 없는 본질의 세계에도 머물지 말라'는 것입니다. 또 '모든 상이 상이 아니라는 것도 법이고 상이라는 것도 법인데, 그것은 다 정한 법이다. 그런데 정한 법으로는 반야의 묘용에 들어갈 수 없다'는 뜻이기도 하지요.

그래서 "마땅히 알아야 합니다. 이 사람은 제일가는 희유한 공덕을 성취한 사람입니다." 그랬지요? 제일 희유한 사람이라고 수보리가 그렇게 이야기하는 거에요. 앞서 얘기했듯 '희유하다'는 것은 반야의 세계를 체험한 입장이기도 하지만, 여기서는 그 법을 알면서도 거기에 묶여 법상의 어리석은 놀음을 하는 것이 아니라 그대로 마음의 적멸 세계를 체험한 그 자리에서 마치 구름이 걷히고 태양이 드러나듯, 그리고 드러난 태양이 일체 생명을 살려내듯 보살행을 실천한다는 의미입니다. 그래서 그 사람을 보니까 '희유하다'고 하는 것입니다. 여기서 '놀음'이란 자기 마음의 반야세계는 반조 못하고 듣는 법만 머리불교가 되어가지고 심성의 변화는 전혀 없이 말장난만 한다는 뜻입니다. 오랜 세월 동안 상에서 자유롭지 못하고 항상 상을 가지고 미워하고 괴로워하기 때문에 상을 여읜다는 것, 상에서 자유로워진다는 것이 우리에게는 참으로 어렵다는 거에요.

세존 시실상자 즉시비상 시고 여래설명실상
世尊 是實相者 卽是非相 是故 如來說名實相

"세존이시여, 이 실상이란 곧 상이 아님이니 이 까닭에 여래께서 실상이라고 말씀하셨습니다."

이 말씀은 실상이라고 하니까 실상의 세계를 만들어서 거기에 집착하지 말라는 말입니다. 집착하지 않는다는 것은 자유롭다는 것이죠. 그러면 우리가 상을 어떻게 보고 그 상에서 어떻게 자유로워지느냐. 이게 굉장히 중요한 문제이지요.

우리는 항상 상을 보잖아요. 여러분들도 처녀 총각 시절에 상을 보고는 그냥 돌아서서 그립고 또 마음이 아프고 보고 싶고 눈물 나고 여러 가지로 많이 경험했잖아요. 그게 다 우리가 상의 놀음에 속아서 그러는 거에요. 그러면 이 상에서 자유로워질 수 있는 사람은 과연 어떤 사람이냐? 우리는 상을 떠나라고 하면 죽는 것보다도 더 힘들고 고통스러워하지요. 상을 상으로 여기지 않고 상을 버리라고 하면 그걸 그렇게 힘들어해요.

옛날에 만공스님께서 수덕사에 계실 때 시봉하는 스님이 어떤 스님을 만공스님께 소개하게 되었습니다. 그 스님이 공부를 많이 해서 마음 세계가 넓다, 〈금강경〉에서 말하는 무쟁삼매를 얻으신 분이라고 자신있게 말씀드렸지요. 그래서 만공스님이 그 스님을 큰 방에 모시고 오라고 했어요. 그런데 만공스님께서 정작 그 스님을 보시고는 "꼬라지를 보니까 도가 들어갈 자리가 없구만 뭘 한소식 했다고 하노. 사람이 생긴 것도 상을 좀 갖춰야지 저렇게 볼품이 없어서야…" 그렇게 뭐라고 하셨다는 거에요. 그러자 이 스님 얼굴색이 변하기 시작하는 겁니다. 보다 못한 옆의 시봉이 "스님, 그렇지 않습니다. 공부 열심히 하셨고요, 모든 경이나 법에 밝고 행도 참 여법합니다." 하고 거들었지요. 그러니 만공스님께서 "그래? 내가 잘못 봤구만. 미안하게 되었네. 이야기를 들으니까 그런 사람이 아니네그려. 그렇다면 대승의 요의도 상당히 잘 알겠구먼." 하고 칭찬을 했어요. 그제야 이 스님 얼굴이 펴지는 거에요. 기분이 좋아진 거죠. 그러자 만공스님이 "이 속한이 자식!" 하면서 몽둥이를 들고 쫓아내셨다고 합니다.

만공스님께서는 왜 그 스님을 인정하지 않으셨을까요? 경계의 상에 따라 계속 왔다 갔다 움직이기 때문이에요. 그러면 반야 실상의 세계는 어떤 것이냐? 경계에 집착하지 아니하고 머물지 아니하는 것을 무주(無住)라고 한다고 했지요? 무주면 그대로 실상세계를 보는 것입니다. 경계와 바깥의 상, 안에서 일어나는 생각의 상에 붙들리고 매여서 그 상의 영향을 받고 감정에 기복이 일어나는 것을 유주라고 합니다. 무주는 여래를 보는 세계고, 유주는 중생을 보는 세계인 것이죠.

그러면 여래의 세계가 따로 있고 중생의 세계가 따로 있느냐? 중생은 그 상을 여의라고 하니까 상을 보지 않는 것으로써 상을 여의려고 하고 있어요. 중생은 '상대 안하고, 인연 안 맺고, 내가 끊으면 그만이지'라며 그 경계를 해결하려고 합니다. 그런데 〈금강경〉에서 말하는 '상을 여읜다'는 것은 그냥 그 세계 속에 그대로 살면서도 안팎으로 일어나는 모든 경계가 다 연생연멸이고 실체가 없는 것이므로 그냥 바람이 지나가듯이 모든 인연상들을 지나가게 하는 겁니다. 그러면 그것이 상 그대로 상을 떠나지 아니하고 상을 여읜 것이고 상에서 자유로워진 것입니다.

세존 아금득문여시경전 신해수지 부족위난
世尊 我今得聞如是經典 信解受持 不足爲難

약 당래세 후오백세 기유중생 득문시경
若 當來世 後五百歲 其有衆生 得聞是經

신해수지 시인 즉위제일희유
信解受持 是人 卽爲第一希有

"세존이시여, 제가 지금 이와 같은 경전을 얻어 듣고 믿어 알고 받아지니기는 족히 어렵지 않거니와 만약 오는 세상 후오백세에 그 어떤 중생이 이 경을 얻어 듣고서 믿어 알고 받아지닌다면, 이 사람은 제일 희유한 사람이 되겠습니다."

수보리는 부처님께서 말씀하시는 이 반야바라밀의 세계를 조금도 의심하지 않거니와, 반야바라밀의 가치는 목숨과 맞바꾼다고 해도 전혀 아깝지 않으며, 그 공덕성 또한 실로 위대하다고 생각하고 있습니다. 그러면서도 수보리의 걱정은 '당래 후오백세, 곧 지금 이 시대를 살고 있는 우리 세대의 중생들이 이 〈금강경〉을 접했을 때 과연 믿는 자가 있겠습니까? 저는 정말 믿습니다만 후오백세의 중생들이 이 실상이 없는 반야의 세계를 어떻게 믿겠습니까?' 하고 의구심을 내는 거에요. 그러면서 '반야의 세계를 참으로 믿을 수 있는 사람이라고 한다면, 그 사람이야말로 참 희유한 사람'이라고 말하고 있습니다.

수보리가 옳은 말을 했죠. 한 번 생각해 보세요, 수보리는 그동안 법문을 많이 듣기도 했지만, 부처님으로부터 '아란나행을 즐기는 자'라는 인가도 받았어요. 아란나행은 무쟁삼매라고 그랬죠. 다툼이 없는 삼매, 그러니까 고요함을 즐긴다는 의미도 있지만 실질적으로는 마음 속에 경계로 인한 다툼이 없다는 것이죠. 적멸을 보았다는 거 아닙니까.

그런 경지의 수보리이기에 말세의 중생들이 이 말씀을 듣고서 받아 수지한다면 그 사람은 참으로 희유하다고 말한 것이죠. 여기서 '수지한다'는 것은 모든 상에서 상이 아닌 본질을 보고, 그 본질을 그대로 체험하면서 생활 속에서도 상으로부터 자유롭고 모든 관계에서 자유로워진 경지를 이르는 말입니다. 그리고 다음 구절에서 희유한 까닭을 밝히게 됩니다.

하이고 차인 무아상인상중생상수자상
何以故 此人 無我相人相衆生相壽者相

소이자하 아상 즉시비상 인상중생상수자상
所以者何 我相 卽是非相 人相衆生相壽者相

즉시비상 하이고 이일체상 즉명제불
卽是非相 何以故 離一切相 卽名諸佛

"왜냐하면 이 사람은 아상이 없으며 인상이 없으며 중생상이 없으며 수자상도 없기 때문입니다. 까닭이 무엇인가. 아상은 곧 상이 아니며 인상, 중생상, 수자상도 곧 상이 아니기 때문입니다. 왜냐하면 일체 모든 상을 떠난 것을 이름하여 모든 부처님이라 하기 때문입니다."

여기에서 또 한 번 사상이 나오죠? 제3분의 설명과 좀 달리해서 이번 시간엔 탐·진·치와 집착을 가지고 사상을 설명하겠습니다.

아상 | 먼저 아상은 탐·진·치 가운데 탐에 해당됩니다. 탐욕에 들어간다는 말이지요. 사람들이 무엇을 위해 그렇게 욕심을 내고 아귀 다툼을 벌이겠습니까? 그것은 바로 나를 위해서입니다. 나라는 자기가 있기 때문에 욕심을 내는 거에요. 우리는 '내 마음'이라는 그런 마음이 있다고 생각합니다. 그것

이 아상인 것이죠. 우리는 나라고 할 수 있는 나의 마음이 실제로 있다고 생각하기 때문에 욕망을 가지고 성취하려고 하는 것이에요. 그리고 내가 있다고 고집하는 것이 아인데 아집이 생기면 반드시 탐욕과 이기심과 욕망이 모두 따라오는 거에요. '나'로 인해서 다 따라오는 겁니다.

인상 | 인상은 진심(嗔心)에 해당됩니다. 성내는 마음에 비유할 수 있어요. 여러분들이 서로 의견이 달라서 싸웠다고 합시다. 그러면 화가 납니다. 왜 화가 날까요? 바로 '너 때문'입니다. 지금 '너 때문에' 내가 성이 난 겁니다. 화나는 이유는 상대 때문이에요. 상대가 내 마음에 안 들어서, 상대가 내 뜻과 같지 않아서 화가 나는 것입니다. 나하고 상대를 나누는 것이죠. 그게 인상이에요. 인상은 상대를 갈라놓습니다. 상대가 없으면 인상이 설 수가 없어요. 이렇게 상대로 인해 화가 나기 때문에 인상을 진심에 비유한 거에요.

중생상 | 중생상은 중생들의 어리석은 속성, 치심을 말합니다. 어리석은 속성이란 어떤 일이 잘 되면 내 탓, 안 되면 조상 탓 하는 것과 같은 거에요. 나는 진실한데 너는 진실하지 못하다. 나는 원만한데 너는 편협하다. 나는 탁 트였는데 너는 옹색하다. 이런 생각에 너무나도 익숙합니다. 이것은 학원에 가서 따로 배울 것도 없고요 돈 들일 것도 없어요. 그냥 수천 겁 생을 통해 내가 익혀왔기 때문에 자연스럽게 나오기 마련입니다. 그래서 중생상은 어리석음이라고 합니다.

수자상 | 마지막으로 수자상은 집착입니다. 우리 중생에게 죽음은 두려움을 넘어서 차라리 공포에 가깝습니다. 왜 그렇습니까? 죽음이 왜 두렵습니까? 죽음이 두려운 이유는 다른 거 없어요. 죽기 싫어서지요. 그럼 왜 죽기 싫은 것인가? 삶에 대한 애착이 강해서 그런 거에요. 나라는 아상이 있고 삶에 대한 애착이 강하기 때문에 자꾸 더 살아야겠다는 생각이 강해져서 죽음을 받아들이기 싫은 겁니다. 삶에 대한 애착이 강하다는 것은 현상에 대한 집착이 강하다고도 풀이되지요. 현상 없는 그 본질의 세계, 연기법으로 말하면 연생연멸하는 세계를 내가 믿지 못하고 현상에만 집착하고 있기 때문에 죽음은 공포요 두려운 대상이 됩니다. 그래서 수자상을 집착에 비유한 것입니다.

내용을 정리하면, 상을 완전히 여읜 사람, 반야바라밀의 세계를 깨달은 사람, 모든 상이 상이 아님을 본 사람에게는 아상도 없고 인상도 없으며 중생상, 수자상도 없습니다. 이 사람에게는 아상이 곧 상이 아니고 인상, 중생상, 수자상도 상이 아니기 때문이라는 것이죠.

그런 사람은 반야바라밀의 세계에서 노니까 사상이 사상이 아니라는 말입니다. 그렇게 보는 것을 우리는 '범소유상 개시허망 약견제상비상 즉견여래'로 설명할 수 있어요. '개시허망'의 '허망'은 본질을 이야기하는 것이고, '제상비상'의 그 '비상'

은 상의 본질을 바로 본 것입니다. 그리고 '본질을 보는 사람은 여래를 본다'고 했는데, 여기서는 말을 조금 바꿔서 모든 상을 떠난 것을 이름하여 부처님이라고 한 겁니다.

불고수보리 여시여시 약부유인 득문시경
佛告須菩提 如是如是 若復有人 得聞是經

불경불포불외 당지 시인 심위희유
不驚不怖不畏 當知 是人 甚爲希有

하이고 수보리 여래설제일바라밀
何以故 須菩提 如來說第一波羅蜜

즉비제일바라밀 시명제일바라밀
卽非第一波羅蜜 是名第一波羅蜜

부처님께서 수보리에게 이르시되, "그렇다. 그렇다. 만약 어떤 사람이 이 경을 듣고 놀라지 않고 겁내지 않으며 두려워하지 않으면 이 사람은 상당히 희유한 사람이다. 무슨 까닭인가. 수보리야, 여래가 설한 제일바라밀은 곧 제일바라밀이 아님일세, 그 이름이 제일바라밀이니라."

부처님께서 수보리에게 이르시되, '참 그렇고 그렇구나. 참으로 너는 옳게 법을 보았구나. 정법을 보는 안목을 갖추고 정법안장을 이해했구나. 참으로 네가 〈금강경〉의 대의를 체득하고 반야바라밀의 세계를 봤구나' 하고 인가를 하신 거에요. 이런 사람은 정말 희유하죠?

여래가 말한 제일바라밀은 반야바라밀을 말하는 것입니다. 반야 지혜는 공공적적한 연기의 법성을 잘 보는 것을 말하는데 〈금강경〉에서는 이를 무상(無相), 또 상을 여의었다는 의미에서 이상(離相)이라고 했습니다.

또 반야의 세계는 어떠한 고정된 세계가 있는 것이 아니기 때문에 반야바라밀이 반야바라밀이 아니라고 했습니다. 아니라고 하는 것은 본질의 세계를 말하는 것이고 본질을 바로 본다는 뜻입니다. 그리고 '그 이름이 반야바라밀'이라는 것은 현실세계를 말하는 거에요. 현실세계에서는 반야바라밀이잖아요? 본질은 그러하지만 현상은 그대로 있으니까요. 컵은 컵이고, 스님은 스님이고, 보살은 보살이고, 현상은 다 그대로 있죠? 그래서 또 반야바라밀이다 이 말입니다.

그럼 이 반야바라밀의 세계를 어떻게 이해해야 하느냐? 육조스님은 〈금강경오가해〉 서문에서 "〈금강경〉은 무상(無相)으로 종(宗)을 삼고, 무주(無住)로서 체(體)를 삼고, 묘유(妙有)로서 용(用)을 삼는다."고 간략하게 〈금강경〉의 대의를 정리했습니다.

무상 | '무상으로서 종을 삼는다'고 할 때 종은 핵심이 된다는 것이고 근본 본질을 말하는 것입니다. '무상'은 상이 없다

는 말인데, 무상을 잘 아는 사람은 아상, 인상, 중생상, 수자상 그리고 밖으로 일어나는 색·성·향·미·촉·법이라는 외부의 상과 그 경계를 대하는 마음의 심상의 상에서 자유로워지고, 상에 매이지 아니하고 속지 아니하고 그 본질과 현상을 자유롭게 쓰는 사람을 말하는 거에요. 그런데 본질에 치우친 사람도 있어요. 이런 사람은 현실세계를 부정하지요. 그러면 사회생활, 직장생활도 못하고 가정생활도 제대로 하지 못합니다. 그것은 잘못된 거에요. 종교적인 본질의 세계에 집착해서 현실세계를 부정하는 것은 반야바라밀의 세계를 잘못 안 것입니다.

무주 | 본질세계는 체성이 없고 자성이 없기 때문에 공하다고 했습니다. 그 공공적적한 것을 제대로 이해하고 체험하려면 경계에 집착하지 않는 자유로움이 있어야 하는데 그것은 머무름이 없는 무주를 말하는 것이죠. 본질의 세계, 무상의 세계는 텅 빈 것인데, 그 텅 빈 것은 반드시 무주로써 이루어진 것이에요. 그래서 '무주를 체로 삼는다'고 합니다.

묘유 | 그렇다면 그 텅 빈 것은 그저 허무한 것이냐? 결코 그렇지 않다는 것이지요. 그 텅 빈 것에서 심심미묘한 법이 나옵니다. 산은 산이고 물은 물이고 컵은 컵이고 물병은 물병이라는 것이지요. 그렇게 분명하게 본질과 현상세계를 바로 보는 지혜를 갖춘 것을 '묘유'라고 한다는 것이 〈금강경〉의 대의입니다.

그래서 이런 사람을 대단히 희유하다고 합니다. 그렇죠? 이 법을 듣고서도 놀라지도 않고 겁내지도 않으니까 굉장히 희유한 사람인 겁니다.

수보리 인욕바라밀 여래 설
須菩提 忍辱波羅蜜 如來 說

비인욕바라밀 시명인욕바라밀
非忍辱波羅蜜 是名忍辱波羅蜜

"수보리야, 인욕바라밀도 여래가 설하되, 인욕바라밀이 아니고 그 이름이 인욕바라밀이니라."

여기서 인욕바라밀이라는 이야기가 나오지요? 왜 그럴까요? 인욕바라밀도 반야바라밀의 원리와 같이 생각하시면 됩니다. 인욕할 것이 없을 때는 인욕바라밀이라는 말이 성립이 안 되겠죠? 왜 인욕이 성립 안 됩니까? 모든 것은 연생연멸로 인한 것이기 때문에 실체가 없고, 내가 없기 때문에 나라는 아상이 없고, 나라는 집착이 없기 때문에 아집이 없고, 그래서 내가 없는데 누가 인욕을 합니까? 이어서 부처님이 '인욕바라밀이 인욕바라밀이 아니기 때문에 인욕바라밀'이라고 말씀하신 이유가 다음에 구체적으로 나옵니다.

하이고 수보리 여아석위가리왕 할절신체
何以故 須菩提 如我昔爲歌利王 割截身體

아어이시 무아상 무인상 무중생상 무수자상
我於爾時 無我相 無人相 無衆生相 無壽者相

하이고 아어왕석절절지해시
何以故 我於往昔節節支解時

약유아상인상중생상수자상 응생진한
若有我相人相衆生相壽者相 應生嗔恨

"어찌한 까닭인가 수보리야, 내가 옛적 가리왕에게 신체를 낱낱이 베일 때에 나는 그 때에 아상이 없었고, 인상이 없었으며, 중생상도 없었고, 수자상도 없었느니라. 왜냐하면 내가 옛적에 마디마디 사지를 베일 때에 만약 아상, 인상, 중생상, 수자상이 있었으면 응당 성내고 원망함을 내었으리라."

부처님께서 성불하시기 전에 인욕선인으로서 정진하시고 계실 때 가리왕이 궁녀들을 데리고 사냥을 나왔다가 점심을 먹은 후 춘곤증이 와서 잠이 들었습니다. 가리왕이 잠든 사이에 궁녀들이 여기저기 돌아다니다가 가만히 앉아 있는 어느 수행자를 보게 된 것이죠. 그래서 다가와 보니 그 모습이 참으로 거룩해 보이고 보기가 좋은 거에요. 그래서 옆에 앉아 있으니까 부처님이 "그대들은 무엇을 위해 이렇게 바쁜가." 하고 물었어요. 그러자 궁녀들이 짐승을 잡으러 왔다든지 예쁜 꽃을 따러 왔다든지 하며 이야기를 하는 거에요. 그러니까 부처님께서 "그것은 영원한 것이 아니다. 모든 무상한 본질을 바로 볼 줄 알아야 한다."고 법문을 하셨어요. 즉 반야바라밀의 세계를 설하신 거죠.

한편, 가리왕이 잠을 깨고 보니까 옆에 있어야 될 궁녀들이 없어요. 그래서 찾아나서니 궁녀들이 어느 수행자에게 지극한 예를 올리며 법문을 듣고 있지 않겠어요? 자기를 버리고 수행자에게 가 있는 궁녀들을 보고 가리왕은 질투심에 화가 났습니다. 가리왕이 수행자에게 가서 "그대는 뭐하는 사람인가?" 하고 묻습니다. 인욕선인이 "저는 인욕행을 닦는 수행자입니다."라고 대답을 합니다. 가리왕이 "그렇게 잘 참는다면 한번 참아 보거라." 하면서 칼로 부처님의 양 팔과 양 다리를 끊어버렸습니다. 여기서 '할절신체'라는 말은 신체에서 사지를 다 끊어버렸다는 뜻입니다.

그래도 부처님은 가만히 계셨습니다. 그러니까 놀란 가리왕이 "이래도 네가 마음에 동요가 없고 나를 원망하지 않느냐. 밉지 않느냐?" 하고 묻습니다. 그러자 부처님은 "나라고 할 만한 것이 없거늘 어찌 마음에 동요가 있을 것이며 미움과 원망이 있겠습니까? 전혀 그런 것이 없습니다."라고 대답을 합니다.

원문에서는 '만약 아상, 인상, 중생상, 수자상이 있었으면 응당 성내고 원망함을 내었을 것'이라고 했어요. 부처님도 사지가 끊어질 때는 굉장히 아픈 거에요. 그럼 부처님하고 중생하고 다른 점이 무엇이냐. 부처님은 원망하지 않아요.

그럼 어떻게 부처님은 원망과 분노가 없을 수 있는가? 모든 것이 다 인연에 의한 것일 뿐 나를 죽이려는 저 사람도 실은 나와 조금도 다르지 아니한 부처라는 것을 믿기 때문이죠. 저 사람도 부처다. 부처인데 무명업식 때문에 반야의 세계를 몰라서 저렇게 무지하고 어리석은 짓을 하니까 불쌍한 생각이 들고 연민이 들 따름입니다.

저는 과거에 생사를 약속받을 수 없을 만큼 굉장히 몸이 아팠던 적이 있습니다. 건강을 회복해서 다시 일어난다는 생각을 할 수 없을 정도였어요. 그때 제가 만약 불법을 몰랐더라면 원망과 분한 마음으로 가득했겠지요. '하필 왜 내가 이런 병이 들어서 젊은 나이에 요절해야 되나?' 하고 말입니다. 그런데 그런다고 나한테 무슨 도움이 됩니까? 그런 생각들은 절대적으로 내가 무지하고 어리석어서 스스로를 괴롭히고 학대하고 고통을 줄 뿐인 거에요.

그때 무슨 생각이 들었냐. '내가 얼마를 살든지간에 그래도 원 없이 하고 싶은 것을 다 해보고 가자. 이 병은 내 마음에서 잘못된 업으로 인해 생긴 것이다. 그러니 오로지 부처님 경전의 말씀을 믿고, 깨닫고, 선지식의 말씀인 어록을 보고 이해하고 깨닫는 것으로써만 내가 내 업에서 자유로워질 수가 있고, 내 생각에서 자유로워질 수가 있고, 이 병에서도 해방될 수가 있다'고 생각했습니다. 그리고 그제서야 〈금강경〉〈육조단경〉〈선요〉〈서장〉〈금강경오가해〉 등을 보게 되었지요. 저는 그때까지만 해도 어록이나 경을 본 적도 없었고 누구에게 따로 배우지도 못했던 시절이었습니다. 그렇게 보면서 스스로 생각이 바뀐 것이죠.

그건 왜 그러냐. 나름대로 법에 대한 선근이 좀 있었고, 타인을 미워하거나 세상을 원망하는 쪽으로 무지한 생각을 안 일으키고 오로지 부처님 쪽으로 더 다가가려고 하는 발심과 원이 있었기 때문에 병도 낫게 되었다고 봅니다. 마음이 바뀌면 업이 바뀌는 겁니다. 업이 바뀌니까 병도 낫는 것이죠. 그렇게 병이 나으니까 너무 감사하고, 또 이 법이 정말 위대하다는 것을 믿기 때문에 보답하는 마음으로 지금까지 이렇게 강의를 하고 있는 거에요.

이렇게 〈금강경〉과 같은 대승경전의 법문들을 잘 듣다 보면 여러분도 모르게 대승법이 무엇이고 보살행원의 원력이 무엇이며 정법과 정견이 어떤 것인지를 이해하게 됩니다. 그게 훈습되는 거에요. 가랑비에 옷 젖는 줄 모르듯이 이렇게 훈습되는 것이 굉장히 중요하지요. 훈습이 되기 시작하면 여러분 마음 속에 반야 지혜의 꽃을 피울 토양이 조성되는 거에요.

그러다가 여러분들이 생활하는 가운데 아주 어려운 경계에 부딪힐 때 여러분들 생각이 자신도 모르게 보살 지혜로 돌아가면서 자기 자신을 지키는 힘이 나오게 된답니다.

수보리 우념과거어오백세 작인욕선인 어이소세
須菩提 又念過去於五百歲 作忍辱仙人 於爾所世

무아상 무인상 무중생상 무수자상
無我相 無人相 無衆生相 無壽者相

"수보리야, 과거 오백세 동안 인욕선인이었던 일을 생각하니 그때의 세상에서도 아상이 없었으며 인상이 없었고 중생상도 없었으며 수자상도 없었느니라."

부처님이 인욕선인 시절 고통스런 할절신체를 당하면서도 "나라고 할 만한 것이 없거늘 어찌 마음에 동요가 있을 것이며, 미움과 원망을 할 수 있겠습니까? 전혀 그런 것이 없습니다."라고 대답하셨습니다. 원망과 분한 생각을 하는 것은 '너 때문에 그렇다'는 생각을 갖기 때문입니다. 내가 없으면 인욕할 일이 없어지고, 내가 없으면 즉 아상이 없으면 인상, 중생상, 수자상은 일어날 수가 없는 겁니다. 사상이 없으므로 인욕바라밀을 수행할 수 있는 것이지요.

불교사적으로 보면 상이 없고 오온이 공함을 드러내는 예가 있어요. 중국 동진이라는 나라에 구마라집의 제자 가운데 승조라는 아주 뛰어난 제자가 있었는데, 승조스님은 반야의 세계를 잘 묘사한 〈조론〉이라는 책을 저술하신 분이셨어요. 그 승조스님이 어느 날 죽임을 당하게 되었습니다. 옛날에는 외도들에게 모함을 받아 죽임을 당하는 일들이 많았습니다.

그 때 승조스님은 사형장에서 '사대원무주 오음본래공 장두림백인 유사참춘풍(四大元無主 五陰本來空 將頭臨白刃 猶似斬春風)'이란 시를 남겼어요. 풀이를 하자면 '지수화풍 사대는 본래 주인이 없고, 색·수·상·행·식 오온도 본래 공한 것이다. 칼날이 내 머리를 내려치겠지만 흡사 봄바람을 베는 것 같으리라'입니다.

망나니가 칼을 들고 앞에서 춤을 추는 것이 마치 봄바람에 복사꽃이 눈 앞에서 왔다갔다 하는 것처럼 보인다는 것이죠. 마치 바람이 지나가면서 복사꽃을 한 잎 두 잎 땅에 떨어뜨리듯이 나에게는 그 칼날이 그렇다는 말이에요.

이 말은 승조스님에게 육체적 감각이 없다는 뜻이 아니고, '그대에게 원한과 미움과 원망이 없다. 내 이 몸은 지수화풍이 인연으로 모여 왔다가 때가 되어서 가는 것일 뿐이니 그대와 내가 원결 맺지는 않겠다.' 이런 깊은 뜻이 있어요.

시고 수보리 보살 응리일체상 발아뇩다라삼먁삼보리심
是故 須菩提 菩薩 應離一切相 發阿耨多羅三藐三菩提心

"그러므로 수보리야, 보살은 응당 일체 상을 떠나서 아뇩다라 삼먁삼보리심을 낼지니라."

경문의 내용을 요약하면 상을 여의고 발심하라는 말인데 이것을 이상발심(離相發心)이라고 하는 거에요. 이런 발심을 앞에서는 무구무상발심(無求無相發心)이라고 했어요. 상에 집착해서 공부를 하면 천년 만년을 한들 그 공부는 성취할 수 없어요. 그만큼 중요한 것입니다. 나에 집착하면서 무언가를 구하려고 욕심을 내어가면서 반야의 세계에 들어가는 것은 불가능하다는 말입니다.

이런 말을 하니까 '그러면 스님, 지금 사느라고 하는 모든 일들이 사실은 업을 짓는 일인데 이것도 하지 말고 그냥 딱 들어 앉아서 공부만 해야겠네' 이런 어리석은 생각을 하는 사람이 있습니다. 그건 더 안 되는 거에요. 상을 여의고 살라는 것은 세상 속에 경계를 접하고 살면서도 그 경계에 매이거나 집착하지 말고 그대로 지혜로서 잘 살라는 뜻이지, 아무 것도 안 하고 안 보고 오직 공부만 해서 깨달음을 성취하겠다는 생각은 불교를 잘못 안 것입니다.

장사하는 사람이 어느 정도 적정한 이윤을 남기는 것은 정상이에요. 착한 일 하겠다고 하나도 안 남기는 것이 과연 지혜로운 일일까요? 그것은 눈을 감고 상을 안 보려는 것과 똑같은 겁니다. 세상 속에 살면서 지혜롭게 남을 배려하고 그러면서 정당하게 거기에 맞게끔 실리를 가지면서 사는 도리를 이야기하는 것이죠. 그러면 그 사람도 희유한 사람인 겁니다.

불응주색생심 불응주성향미촉법생심 응생무소주심
不應住色生心 不應住聲香味觸法生心 應生無所住心

"응당 색에 머물러서 마음을 내지 말며 응당 소리나 향기나 맛이나 촉감, 법에 머물러서도 마음을 내지 말고 응당 머문 바 없는 그 마음을 낼지니라."

머문 바 없이 그 마음을 낼지니라. 우리는 어떤 경계가 오면 남을 책망하는 것에 너무 익숙하다 보니 육진경계에 머물지 말라고 자꾸 이런 이야기를 하는 거에요. 응당 머묾이 없이 마음을 내는 것이 잘 되는 것을 〈육조단경〉에서는 정혜쌍수라고 했습니다. 모든 현상을 봄에 그 현상의 본질을 바로 보는 것을 정이라고 하고, 현상이나 경계를 보고 겪되 욕심 일으키지 아니하고 집착하지 아니하는 것을 혜라고 하는 거에요. 고요하고 밝은 혜가 되려면 정이 따라야 되겠죠? 정은 본질을 보는 것이잖아요. 그래서 본질을 바로 보는 것과 동시에 사물을 있는 그대로 보는 것을 혜라고 그러는 거에요. 그래서 이것을 정혜일치라고 합니다.

〈장자〉에 보면 재미있는 비유가 나옵니다. 내가 배를 타고 가는데 저쪽에서 배가 한 척 오고 있습니다. 어두워서 그 배에 사람이 있는지는 잘 모르겠어요. 그런데 내가 탄 배하고 그 배가 부딪혀서 배 두 척이 모두 부숴졌어요. 이때 어떻겠어요? 화가 나겠죠? 그래서 어떤 놈이 배를 이렇게 몰고 오는가 싶어서 쫓아 올라가보니 그 배는 주인 없이 떠돌아다니는 배였습니다. 그 때 여러분들 심정이 어떨까요? 적어도 〈금강경〉을 본 사람이라면 자신에게 화내지는 않겠죠? 상대할 사람이 없는데 임자 없는 배를 발로 차겠습니까? 칼로 배를 자르겠습니까. 아상, 인상, 중생상, 수자상은 모두 다 상대적인 겁니다. 나로 인한 상대다 이 말이지요.

약심유주 즉위비주 시고 불설 보살 심불응주색보시
若心有住 卽爲非住 是故 佛說 菩薩 心不應住色布施

수보리 보살 위이익일체중생 응여시보시
須菩提 菩薩 爲利益一切衆生 應如是布施

"만약에 마음에 머묾이 있으면 곧 머묾 아님이 되느니라." 그러므로 부처님이 말하기를, "보살은 마땅히 마음을 색에 머물지 말고 보시하라. 수보리야, 보살은 일체 중생을 이익케 하기 위하여 응당 이와 같이 보시하느니라."

보살은 항상 자기 마음이 편안하면서 타인을 배려하고 타인을 반야세계로 들어가게끔 보살행을 하라는 거에요. 한용운 스님께서 쓰신 '나룻배와 행인'이란 시를 같이 보면서 진정한 보살행을 설명하려 합니다.

> 나는 나룻배 당신은 행인.
> 당신은 흙발로 나를 짓밟습니다.
> 나는 당신을 안고 물을 건너갑니다.
> 나는 당신을 안으면 깊으나 얕으나
> 급한 여울이나 건너갑니다.
> 만일 당신이 아니 오시면
> 나는 바람을 쐬고 눈비를 맞으며
> 밤에서 낮까지
> 당신을 기다리고 있습니다.
> 당신은 물만 건너가면
> 나를 돌아보지도 않고 가십니다그려.
> 그러나 당신이 언제든지 오실 줄만은 알아요.
> 나는 당신을 기다리면서
> 날마다 날마다 낡아갑니다.
> 나는 나룻배 당신은 행인.
>
> — 〈나룻배와 행인〉

나룻배는 보살의 마음을 상징한 것입니다. 아상, 인상, 중생상, 수자상이 없이 반야바라밀의 세계에서 자유롭게 노니는 보살의 마음 말이지요. 보살은 항상 그런 원을 가지고 있고, 이 사바세계에 왔다가 무엇을 하고 가는 것이 가장 의미 있고 가치 있는지를 잘 알고 이미 중생의 세계를 다 알기 때문에 언제든지 님이 흙발로 또 올 수 있게 마음을 비우고 기다린다는 거에요. 이것이 보살이 가고자 하는 반야바라밀의 세계라는 것이죠.

그럼 이러한 보살심이 어디서 온 것이냐? 어디서 온 것이 아니에요. 나에게 본래 그렇게 있는 것인데 내가 상에 집착하는 것 때문에 중생으로 전락했을 뿐이지, 어디 밖의 다른 세계로부터 들어오거나 중생이 되는 다른 세계가 있는 것이 아니에요. 한 생각 그대로 바꾸면 그 세계가 나에게 도래하는 겁니다.

여래 설일체제상 즉시비상 우설일체중생 즉비중생
如來 說一切諸相 卽是非相 又說一切衆生 卽非衆生

"여래가 설한 일체의 모든 상은 곧 상이 아니며 또한 일체의 중생이라고 설함도 곧 중생이 아니니라."

여기서 상이 상이 아니고 중생이 중생이 아닌 것은 수차례 설명했습니다. 중생은 중생의 눈으로 볼 때 중생일 뿐이고 이름이 중생일 뿐인 것이에요. 부처님이 태자로 오셔서 부처가 되려고 설산에서 6년 동안 고행수행을 하셨는데 도를 깨치고 보니까 모든 중생에게도 다 부처님과 똑같은 자비 성품, 보살의 성품이 있더라는 거에요. 똑같이 있다는 말입니다.

〈화엄경〉 '여래출현품'에서 "불자야, 여래의 지혜도 그와 같아서 한량이 없고 걸림이 없어서 일체중생을 두루 이롭게 하는 것이 중생의 몸 속에 갖추어 있건만 어리석은 중생은 허망한 생각과 집착으로 말미암아 알지 못하고 깨닫지 못하여 이익을 얻지 못한다." 그리고 "모든 중생에게 여래 지혜가 구족되어 있건만 어찌 우치(愚癡) 미혹(迷惑)하여 알지 못하고 보지 못하는가."라고 중생이 본래 부처의 성품을 갖추고 있음을 말씀하셨어요.

이를 우리는 '본래성불'이라고 말합니다. 그런데 본래성불이라고 해서 중생 이대로가 부처라는 말은 아니에요. 부처님이 도를 깨쳐서 부처가 되고 보니까 중생이 자기 스스로가 중생이라고 집착하고 착각했을 뿐이었지, 그 착각에서 벗어나 자기 성품을 바로 보는 순간 부처가 다른 데서 오는 게 아니고 그대로가 부처세계를 드러낸다는 말이지요.

수보리 여래 시진어자 실어자
須菩提 如來 是眞語者 實語者

여어자 불광어자 불이어자
如語者 不誑語者 不異語者

"수보리야, 여래는 참다운 말을 하는 자며 실다운 말을 하는 자며 또 사실과 같이 말하는 자며 거짓이 아닌 말을 하는 자며 다르지 않는 말을 하는 자이니라."

'상이 상이 아니고 중생도 중생이 아니고 게다가 지금까지 설하신 바로는 모든 것이 연생연멸이고 실체가 없다고 했는데 그렇다면 반야의 지혜는 어디로부터 오는 것인가? 내가 없는데 어디서 반야의 지혜가 나오는가?' 수보리가 이런 의심을 일으킨 거에요.

수보리가 그렇게 의심을 하니까 부처님이 딱 잘라서 거기에 대해서는 말씀을 안 하시고 그냥 믿으라고 하십니다. "나는 진실만을 말하는 사람이지 거짓말 하는 사람이 아니다. 나는 사실을 그대로 말하는 사람이지 꾸며서 말하는 사람이 아니다." 그냥 딱 잘라서 믿으라고 하는 거에요. 이 법을 성취하는 길은 오로지 믿음밖에 없다는 것이죠. 믿는 자만이 이 반야세계에 들어갈 수가 있지 믿지 아니하는 자는 이 세계에 들어가지 못한다는 것입니다.

여기서 여러분이 한번 대답해 보세요. 반야지혜는 어디서 오는 겁니까? 한마디로 이것은 여러분들이 체험을 해야 해요. 언어도단이고 심행처멸이라서 저도 말을 할 수가 없어요. 이것은 스승이라고 해서 일러줄 수 있는 것도 아니고 부모자식 간이라도 도와줄 수 있는 문제가 아니에요. 이것은 스스로 체험할 문제인지라 깨달은 자만이 그 경계를 알 뿐이지 그 나머지는 말로서 아는 자리가 아닙니다. 그래서 '물을 마신 자만이 차고 더운 줄을 스스로 안다'고 하는 것입니다.

수보리 여래 소득법 차법 무실무허
須菩提 如來 所得法 此法 無實無虛

"수보리야, 여래가 얻은 바 법인 이 법은 실다움도 없고 헛됨도 없느니라."

실다움도 없고 헛됨도 없다고 했습니다. 실다움이 없다는 것은 법의 본질은 공적한 것이므로 진공을 말함이요, 없는 가운데 묘한 작용이 드러나니 헛된 것도 아니라는 뜻입니다. 이 역시 말이나 언어로 드러낼 수 없으며 오로지 체험을 해서 알 뿐입니다.

수보리 약보살 심주어법 이행보시
須菩提 若菩薩 心住於法 而行布施

여인 입암 즉무소견 약보살 심부주법
如人 入闇 卽無所見 若菩薩 心不住法

이행보시 여인유목 일광명조 견종종색
而行布施 如人有目 日光明照 見種種色

"수보리야, 만약 보살이 마음을 법에 머물러서 보시하면 마치 사람이 어두운 곳에 들어가매 아무 것도 보이는 바가 없는 것과 같고, 만약 보살이 마음을 법에 머물지 않고 보시하면 마치 사람이 눈도 있고 햇빛도 밝게 비쳐서 여러 가지 사물을 보는 것과 같으니라."

대승의 법을 믿으면 〈금강경〉의 모든 말씀을 듣는 즉시 반야바라밀의 세계가 펼쳐질 것이고 바로 법의 세계에 들어갈 수 있을 텐데 중생은 무상의 세계를 믿지 않기 때문에 이 말을 들어도 믿음이 서지 않는다는 것입니다. 믿음이 없는 사람이 이 법문을 들으면 마치 눈을 감고 세상을 보는 것과 같아 아무 것도 볼 수 없다는 거에요. 반면 법이 반드시 그렇다는 믿음을 가지고 이 법을 듣는 사람은 눈을 뜨고 세상을 보는 것과 같아서 갖가지 사물이 그대로 다 보인다는 겁니다. 이처럼 믿음을 강조하고 있습니다.

그래서 〈화엄경〉에 '초발심시변정각(初發心時便正覺)이요 신위도원공덕모(信爲道元功德母)'라는 말이 있습니다. 처음 발심한 그대로 정각을 이루고, 믿음은 모든 도의 근원이며 공덕의 어머니라는 뜻이지요. 믿는 마음이 그대로 성불하는 마음인데 우리가 성불하지 못하는 것은 믿지 못하는 데서 오는 병이라는 말이에요. 믿는 것만이 오로지 이 길을 보는 것입니다. 믿음은 모든 도를 성취하고 부처의 반야 세계를 성취하는 근본이 된다, 믿음은 모든 보살을 출현시키는 불모가 된다, 믿음은 모든 중생세계를 불국토로 만드는 근본이 된다, 믿음은 내 마음의 선근을 장양시키는 어머니가 된다는 걸 아셔야 합니다. 그래야만 몇 천생을 닦아야 할 일을 금생에 마칠 수 있는 것입니다.

수보리 당래지세 약유선남자선녀인 능어차경
須菩提 當來之世 若有善男子善女人 能於此經

수지독송 즉위여래 이불지혜 실지시인
受持讀誦 卽爲如來 以佛智慧 悉知是人

실견시인 개득성취 무량무변공덕
悉見是人 皆得成就 無量無邊功德

"수보리야, 오는 세상에서 만약 어떤 선남자 선여인이 능히 이 경을 받아 지니고 읽고 외우면 여래가 부처의 지혜로써 이 사람을 다 알며 이 사람을 다 보아서 한량없고 끝없는 공덕을 성취하게 하리라."

부처의 눈이 열리면, 반야세계의 눈이 열리면 부처가 부처로서 부처의 삶을 사는데 조금도 불편함이 없고 본래 모습 그대로 아주 잘 산다는 말입니다. 그래서 이 말을 믿으라고 하는 겁니다. 그런데 중생은 못 믿는 것이죠. 그래서 세친보살은 이 의심을 끊어 주면서 마지막에 '중생이 반야의 세계를 믿지 않는 것은 마치 돌을 물에다 담근 것과 같다'고 했습니다. 얼마나 안 믿으면 그런 말을 했겠어요. 돌을 물에 담궈 보세요. 돌을 물에 백 년 동안 담궜다가 꺼내 보세요. 아무리 오래 담궜다 한들 일 분도 안 되어서 바짝 말라 버립니다.

중생은 아무리 반야세계에 대해 말한다 해도 고향 떠난 지가 하도 오래되어서 그 세계가 있는 건지 없는 건지 믿음이 안 간다는 거에요. 믿음이 서면 그 믿음이 보살행으로 나와야 하는데 문 열고 나서면 물 속의 돌을 물 밖으로 꺼낸 것과 같이 금새 잊어버리고 믿지를 못한다는 것이죠. 이처럼 반야바라밀의 세계는 참으로 어려운 것입니다. 그런데 어렵기로 말하면 어려운 것이지만 믿으면 이것만큼 또 쉬운 게 없어요. 여기서 방거사의 일화를 말씀 드리겠습니다.

방거사는 깨달은 후 모든 재산을 사람들에게 나누어주고 부인과 딸과 함께 살았습니다. 방거사 가족은 다 도인이었어요. 도인 집안이지요. 어느 날 방거사가 말했습니다. "난난난난(難難難難)이로구나." 이 말은 '참으로 어렵고 어렵다. 어렵기로 말하면 나무에다 참기름을 발라놓고 거꾸로 나무 위에 기어 올라가서 나무 위에서 석 섬이나 되는 깨를 손에다 대고 말리는 것과 같이 어렵다'는 뜻이죠.

이렇게 말하니까 부인이 받아서 말합니다. "이이이이(易易易易)로구나." '참 쉽고도 쉽도다. 침상에서 잠 자다가 내려오는 것과 같이 쉽도다.'는 뜻이죠.

그러자 딸 영조(永照)가 말하기를 "야불란야불리(也不難也不易)로구나. 명명백초대(明明百草臺)에 명명조사의(明明祖師意)로다." '어려운 것도 아니요 쉬운 것도 아니다. 모든 풀잎마다 머리 위에는 조사의 뜻이 명명하더라' 즉 모든 풀의 머리 위에는 조사의 뜻이 있다는 말입니다. 이는 모든 만물에는 부처의 뜻이 있으며, 모든 사물에 부처의 뜻이 들어 있지 않는 것이 없다는 것이죠.

여러분들도 영조의 말을 잘 사유해 보세요. "어렵기도 하고 쉽기도 하다."

고갱이 | '상을 여읜다'는 것은 세상 육진 경계가 다 연생연멸이니 모든 인연 상들을 흘러가게 두어 경계에 매이거나 집착하지 않는 것을 말합니다.

제15분
지경공덕분
持經功德分

경을 지니는 공덕

持經功德分

제15분 '지경공덕분'부터 하권에 해당합니다. 대승에서 가르치는 깊은 뜻을 잘 이해하게 될 때 얻어지는 공덕에 대해서 부처님의 법문이 이루어집니다.

수보리 약유선남자선여인 초일분 이항하사등신 보시
須菩提 若有善男子善女人 初日分 以恒河沙等身 布施

중일분 부이항하사등신 보시
中日分 復以恒河沙等身 布施

후일분 역이항하사등신 보시 여시 무량백천만억겁
後日分 亦以恒河沙等身 布施 如是 無量百千萬億劫

이신보시 약부유인 문차경전 신심불역 기복 승피
以身布施 若復有人 聞此經典 信心不逆 其福 勝彼

하황서사수지독송 위인해설
何況書寫受持讀誦 爲人解說

"수보리야, 만약 어떤 선남자 선여인이 아침에 항하의 모래수와 같은 몸으로 보시하고 낮에 다시 항하의 모래수와 같은 몸으로 보시하며 다시 저녁에도 또한 항하의 모래수와 같은 몸으로 보시하여 이와 같이 무량한 백천만억 겁 동안을 몸으로 보시하더라도 만약 또 어떤 사람이 이 경전을 듣고 믿는 마음이 거슬리지 않으면 그 복이 저 몸을 보시한 복보다 수승하리니 어찌 하물며 경을 받아 지니며 읽고 외워서 남을 위해 해설해 줌이겠는가."

여러분들은 이런 구절을 볼 때 어떤 생각이 듭니까? '이것은 도저히 나하고는 상관없는 말씀들인 것 같아' 하고 전혀 관심 없이 읽을 수도 있겠고, 한편으로는 '아! 인연 없는 무연관계에는 내 몸 한 부분 떼어주는 것도 힘든 일인데 어떻게 목숨을 버려 보시할 수 있을까?' 하는 두려운 생각을 할 수도 있겠죠.

아마 중생들이 가지고 있는 집착 가운데 가장 두터운 집착이라면 몸뚱이와 목숨에 대한 것일 겁니다. 아무리 피를 나누고 살을 나눈 부모 형제라 하더라도 내 육신의 한 부분을 떼어 기증하는 일이 쉽지 않은데 하물며 인연 없는 사람에게는 오죽하겠습니까? 우리가 생명나눔운동에 장기를 기증한다고 할 때도 '이것은 내 삶이 다했을 때 희사한다'는 전제하에 서

약을 하지요. 현재 내가 쓰고 있는 상태에서 누구에게 조건 없이 희사한다는 것은 대단히 어려운 일입니다.

여기에서 먼저 정리할 내용은 앞서 수차례 강조했던 공덕의 우열에 대한 문제입니다. 경전의 문구대로 '아침 점심 저녁에 목숨을 버려 보시를 해도 사구게 정신이나 대승의 심오한 뜻을 이해하는 것보다는 못하다'고 했다고 해서 어느 한 쪽이 수승하고 어느 한 쪽이 하열하다는 비교는 위험한 해석이라고 누차 말씀드렸습니다.

아침저녁으로 〈금강경〉을 지송한다고 해서 우리가 모래 수와 같은 몸을 버려가면서 보시하는 사람보다 낫다고 할 수는 없습니다. 그런 잘못된 생각이 보살의 무주상 공덕은 짓지 아니하고 〈금강경〉만 욕심의 대상으로 삼게 되는 것입니다. 그러므로 끝없이 베푸는 무주상보시 공덕을 지을 뿐 조건적인 보상에 대한 심리라든지 또는 구하고자 하는 욕심과 같은 것들이 여기서는 조금도 해당되지 않는다는 것입니다. '이 목숨을 버려가면서 보시하는 유위공덕보다는 경을 잘 이해하는 공덕이 더 크구나' 하는 분별심으로 경을 이해할 것이 아니라 항상 실천 가능성에 대해 생각해야 되는 것입니다.

첫 구절에 나오는 내용을 생각해보면 이 선남자 선여인들처럼 많은 목숨을 버릴 수 있는 그런 근기가 있고, 남의 고통은 전혀 나하고는 상관없는 일이라고 생각하는 근기도 있습니다. 우리는 보통 진리를 믿고 이해하는 정도에 따라 상근기와 하근기로 이야기하는데 불교를 30년 믿었다 50년 믿었다가 중요한 것이 아니고 오늘 처음 불법을 듣더라도 믿음이 굳게 선 사람이 찰나성불을 하는 거에요.

〈열반경〉에 보면 광액도아라는 소 잡는 사람 얘기가 나옵니다. 광액도아가 소를 잡으면서 부처님의 법문을 듣고 있었어요. 법문이 끝나기 전에 그는 피가 뚝뚝 떨어지는 칼을 도마 위에 내려놓고는 "일천성인 가운데 나도 성인이다."라며 외쳤다고 합니다. 부처님의 대승진리를 완전히 깨쳤다는 뜻이지요. 처음 대승의 법문을 들었는데도 마음의 문이 열렸다는 거에요.

이것은 어떤 원리인가? 상근기는 어떻게 한마디만 들어도 바로 법의 행이 나올 수 있는 것인가? 상근기는 사구게 정신만 일러줘도 그대로 믿고 실천해서 보살에 걸맞는 심성과 인격을 갖춰 일상생활에서 실행합니다. 상근기는 아뇩다라삼먁삼보리의 발심을 할 때 상을 구하지도 않을뿐더러 오로지 대승의 가르침대로 그저 본래 갖추어져 있는 반야를 깨닫기를 원하는 무상무구발심을 했기 때문입니다.

반야에는 세 가지 의미가 담겨 있어요. 지혜와 자비와 보살의 행원이 바로 그것이지요. 지비원(智悲願)이라고 기억하시면 좋겠네요. 이 지비원이 갖춰질 때 비로소 중생이 중생이 아니고 부처님과 똑같은 지혜와 자비와 중생을 교화시키고자 하는 원력이 갖추어질 수 있다고 말할 수 있습니다.

무상무구발심을 한 사람은 대승의 바른 진리를 그대로 믿기 때문에 '내가 부처님과 조금도 다름없는 불성을 갖춘 부처'라는 믿음이 꽉 차 있어요. 이렇게 100% 믿는 마음, 의심하지 않는 마음을 〈화엄경〉에서는 믿을 신(信) 자, 가득할 만(滿) 자, '신만'이라고 했습니다.

믿음이 충만한 사람은 발심하는 그 순간이 여래를 보는 자리이고 바로 불성의 바다에서 지내는 사람입니다. 그러니까 지금 보고 있는 '지경공덕분'에서는 깨끗한 믿음을 낸 자가 〈금강경〉에서 말씀하시는 사구게 하나만 잘 듣고 이해하면 아침, 점심, 저녁에 몸을 버려서 보시하는 공덕보다 수승하다는 이야기를 하고 있는 것입니다.

반면 하근기란 구하고자 하는 마음이 너무 앞선 나머지 무엇이든 나에게 이익이 되고, 내가 우선이 되어야 하고, 모두가 나를 인정해 주어야 한다는 그런 아상과 인상, 중생상, 수자상의 마음을 가지고 유상유구발심한 사람을 말합니다.

그럼 하근기는 어떻게 아뇩다라삼먁삼보리의 발심을 일으킵니까? 우리 중생은 무언가 구할 것이 있거나 의지할 대상이 필요하거나 명예나 재물 또는 오욕락 등 부족한 것을 채우기 위해서 대개 발심을 합니다. 이런 것은 유상유구발심이라고 하지요. 이런 상태에서는 대승 경전의 이야기나 사구게를 전해 듣는다고 해도 믿음이 약해요. 이 공부는 얼마나 믿느냐에 따라 성취 여부가 결정되는 건데 말이죠.

사구게에 '범소유상 개시허망 약견제상비상 즉견여래', 즉 '모든 현상이 있는 것은 허망한 것이니 모든 상이 상 아닌 줄 알아 본질을 보면 그 본질을 보는 사람은 여래를 보는 사람'이라 했습니다. 여기서 '허망하다'는 것은 모든 것은 다 인연에 의해 연생연멸 하는 것이라는 의미로 모든 생명과 사물의 본질을 보는 자리를 표현한 것이죠.

이런 말을 들으면 상근기는 바로 마음이라는 자리를 꿰뚫고 깨달아 보살 또는 부처의 지혜에 들어가겠지만, 무언가 나의 인식의 틀에 맞춰주기를 원하는 하근기 중생은 처음부터 구하는 마음에서 출발했기 때문에 아뇩다라삼먁삼보리심을 일으키기에는 너무나도 거리가 먼 거에요.

그러면 아뇩다라삼먁삼보리심이 제대로 깨끗한 발심이 되게 하기 위해서는 어떻게 해야 할까요? 〈금강경〉에서는 하근기 중생들에게 끝없이 끝없이 베푸는 것을 강조하고 있습니다. 상권에서는 부처님이 삼천대천세계에 가득한 칠보로 보시한 것, 항하강의 모래 수와 같은 많은 보물을 보시하는 것으로 비유를 들었죠? 그런데 하권에서는 더 깊이 들어가고 있습니다. 여기서는 갑자기 모래 수와 같이 많은 목숨을 버릴 수 있어야 된다고 하는 거에요. 하근기는 구하려는 생각과 뿌리깊은 욕망으로 인해 그 인색함이 땅보다도 두텁고 하늘보다도 높아서 그것을 항복시키기 위해서는 항하의 모래 수와 같이 많은 숫자만큼 목숨을 버려가면서 남에게 베풀어야 된다고 하는 것이죠. 그래야 우리가 보살의 성품으로 승화되고 변화된다고 합니다. 이것은 현실적으로 우리 근기를 바로 보고 말하는 거에요.

지금 우리는 무상무구의 최상승 발심을 한 사람이 아니지 않습니까? 무상무구발심을 한 사람 같으면 사구게 한 구절을 듣는 순간 벌써 마음자리를 깨치고 마음과 생각에 얽매이지 않은 자유로운 불보살이 될 수가 있을 텐데 말이죠.

중생이 사구게 정신이나 반야바라밀의 진리를 알지 못했을 때는 몸을 버린다는 것이 굉장히 두려운 일이지만 반야바라밀의 세계를 충분히 이해하고 그것이 자기화되고 생활화되었을 때는 항하의 모래 수뿐만 아니라 더 많은 목숨을 버린다고 해도 조금도 두려움이 없는 겁니다. 왜 그러한가? 법을 알고 나니까 버려도 버려지는 바가 아니라는 것이죠.

그 자리를 〈반야심경〉에서는 불생불멸이라고 했습니다. 중생은 태어나는 것은 즐거운 것이고 죽는 것은 고통이라고 생각하는데 법을 알고 나면 불생불멸이 되는 거에요. 따라서 죽음에 대해 분별과 두려운 생각이 전혀 생길 수 없다는 거에요. 유가의 공자님도 그런 이유로 '조문도 석사 가의(朝聞道 夕死 可矣)니라' 아침에 도를 들으면 저녁에 죽어도 두렵지 않다고 하신 겁니다. 법이라는 것이 그렇다는 거에요. 이렇게 목숨을 버려 가면서까지 끝없이 무주상보시하는 것을 사신공덕(捨身功德) 또는 사명공덕(捨命功德)이라고 합니다.

그럼 어떤 공덕을 지을까요? 바로 중생이 가지고 있는 탐·진·치와 오욕락, 태산같은 욕망을 비워 버리는 장엄을 하는 거에요. 비우면 어떻게 될까요? 비우면 마음과 생각이라는 작용에서 아주 자유로워지고 행복과 불행이라는 것에서 초월할 수가 있고 그대로 대자유인이 되는 거에요. 대승경전은 이렇게 모든 것을 베푸는 쪽으로 회향을 합니다.

여기서 다시 한번 정리합니다. 〈금강경〉의 진리를 바로 이해할 수 있는 상근기의 입장에서 볼 때는 〈금강경〉의 사구게나 대승의 뜻을 듣고서 바로 깨달아버리는 것이란 마치 구름이 걷히면 태양이 온 천하를 비춰서 그대로 모든 생명을 살려내는 것과 같이 이(理)와 사(事), 본질과 현실을 병행해서 마음 문이 동시에 열려버리는 겁니다.

그러나 우리 하근기 중생은 아무리 근본적이고 본질적인 진리의 이야기를 들어도 마음 문이 안 열려요. 돈오가 안 되요. 못 깨친다는 말입니다. 그것은 우리가 집착하고 있는 업성이 너무 강해서 그렇습니다. 그래서 〈금강경〉에서는 그 업성을 변화시키고 떼어 내려면 항하의 모래 수만큼 많은 몸을 던지는 마음으로 끝없이 선행의 공덕과 보시를 행하여야 한다고 강조하는 겁니다. 자꾸 사신공덕을 짓다보면 업이 점차 맑아질 것 아니겠어요? 업이 맑아지면 또 믿음이 더욱 몸에 배이고 말이죠. 그리고 두려움이 없어지면서 이 〈금강경〉의 대승정신을 받아들이게 된다는 거에요. 그래서 일상생활에서 조금도 지치거나 싫다는 생각 없이 무주상보시하는 습을 들이면서 대승경전의 사상과 뜻을 받아 실천하면 더 닦을 것이 없게 되는 것입니다. 왜냐하면 그동안 사신공덕으로 업을 다 녹여 버렸기 때문에 그 시점에 가서는 대승경전을 들으면 듣는 순간에 바로 돈오하는 거에요.

수보리 이요언지 시경 유불가사의 불가칭량 무변공덕
須菩提 以要言之 是經 有不可思議 不可稱量 無邊功德

여래 위발대승자설 위발최상승자설
如來 爲發大乘者說 爲發最上乘者說

"수보리야, 요약해서 말할진대 이 경은 생각할 수도 없고 말할 수도 없는 끝없는 공덕이 있느니라. 여래는 대승의 발심한 자를 위하여 이 경을 설하며 최상승의 발심한 사람을 위하여 이 경을 설하느니라."

우리의 생명세계가 이렇게 다양한데 이 많은 생명세계 속에서 사람 몸을 받는다는 것이 얼마나 어려운지 아시지요? 어떤 세계에서 어떤 몸을 받을지 모르는 일이고 혹은 모양을 달리해서 나올 수도 있는데 우리는 지금 이렇게 사람 몸을 받았잖아요. 그것은 우리 나름대로의 원이 있었고 자기 의지가 있었기 때문에 그 기운에 의해서 이렇게 사람 몸을 받은 겁니다.

그냥 우연히 받는 것은 없습니다. 불교에서는 우연이란 단어는 없지요. 전부 다 자업자득이고 자작자수고 내가 지은 업에 맞는 옷을 입는 것입니다. 내가 지은 만큼 복 수행도 하는 것이고, 또 복 수행이 다시 베푸는 보살행으로 돌아가고 이렇게 계속 돌고 도는 것이거든요. 그러니 우리가 이렇게 사람 몸을 받았을 때는 필히 해야 할 일이 있다고 보는 겁니다.

우리는 아뇩다라삼먁삼보리의 반야지혜를 깨닫고 본래 본성을 알기 위해서 원을 세웠고 과거 생에 깊은 다짐의 종자가 있었기 때문에 사람 몸을 받은 거에요. 사람 몸 받은 것이 우연이 아니라는 얘기지요. 축생이 대승경전을 이해하고, 축생이 생각과 마음에서 자유로워지고, 축생이 무주상보시하고 선행공덕을 짓는 일은 없잖아요. 오직 사람만이 할 수 있는 일이지요. 우리가 사람 몸을 받아 온 목적이 바로 금생에 마음세계를 깨닫기 위해서라는 것이지요. 이렇게 바르게 참된 원을 세우고 발심한 사람을 대승자라고 하고 최상승자라고 합니다.

그런데 대승과 최상승의 차이점이 있어요. 대승은 아직 최상승 경계에는 들어가지 못한 단계이고 최상승은 일불승을 말하는 것이죠. 대승은 일불승을 성취하기 위해서 모든 생명 세계에 무주상보시를 하고 선행을 끊임없이 베풀면서 실천하는 것입니다. 반면 최상승은 〈법화경〉이나 〈반야경〉, 〈열반경〉에서 말하는 대승경전의 사구게 정신을 티끌만큼의 의심 없이 그대로 받아들여 〈금강경〉에서 말하는 아뇩다라삼먁삼보리심을 발한 사람이라고 하는 겁니다.

그러니까 여기에서 잘 알아야 될 것은 대승은 끝없이 조건 없이 그저 베푸는 겁니다. 그 베푸는 것은 일불승 부처님의 세계에 들어가기 위해서 공덕을 짓는 것이지요. 하지만 거기에는 '보살은 소작복덕을 불응탐착한다'는 말씀이 뒤를 잇고 있어요. 결국 보살은 일불승이 되기 위해서 많은 항하의 모래수와 같은 신명을 바쳐가면서 보시를 하되, 그 보시의 공덕에 대해서는 티끌만큼도 탐착하거나 미련을 가지거나 상을 가지지 않는다는 거에요. 거기에는 '그렇게 하지 말아야 된다'라는 나름대로의 인위적인 노력이 들어가 있는 거에요. 그것을 보살이라고 합니다.

그럼 일불승은 무엇이냐. 그런 생각의 흔적조차 없는 거에요. 그냥 할 뿐이지요. 최상승자는 보살의 경계에서 불세계로 이미 들어가 버렸기 때문에 '내가 보살행을 해야 한다'는 어떤 의지와 작위성이 전혀 없습니다. 최상승자라는 말은 불세계에 들어간 사람이며 불세계가 그대로 자기화 된인격, 품성을 말하는 거에요. 여기서 품성은 부처님의 완성된 품성을 말하는 겁니다. 그렇게 완성되면 어떤 공덕이 있는가. 생각과 마음에서 대자유인이 되는 것이죠.

경문에서 '여래는 대승의 발심한 자와 최상승의 발심한 자를 위해 이 경을 설했다'고 하셨어요. 깨끗한 믿음을 일으킨 자를 대승인이라고 하고 최상승인이라고 하는데 깨끗한 믿음이라는 것이 무엇인가. 앞에서도 설명했지만 깨끗한 믿음이란 비록 탐·진·치와 업습에 매해 스스로 중생이라고 착각하여 고통을 겪고 있지만 나도 본래는 큰 지혜와 큰 자비를 갖춘 부처님이라는 생각을 일으키는 것을 말합니다.

그러므로 여러분들은 '착한 성품을 가져야겠다', '대승경전의 가르침에 따라 대승보살이 되도록 노력해야겠다'는 생각을 하셔야 합니다. 어느 날 무주상보시가 나도 모르게 생활화되고 자기화되어 자기 성품이 완전히 조건 없는 세계로 변화되었을 때, 그때는 그저 하는 것일 뿐 한다는 생각이 없는 거에요. 마치 어린 아이가 배고플 때 젖 달라고 울 뿐이지 다른 생각이 없는 것처럼, 장난감을 가지고 놀 때는 그저 놀 뿐인 것처럼 따로이 바라는 생각이 없어요. 그 자체로 하나가 되는 거에요.

약유인 능수지독송 광위인설
若有人 能受持讀誦 廣爲人說

여래 실지시인 실견시인 개득성취불가량
如來 悉知是人 悉見是人 皆得成就不可量

불가칭무유변불가사의공덕 여시인등
不可稱無有邊不可思議功德 如是人等

즉위 하담 여래아뇩다라삼먁삼보리
卽爲 荷擔 如來阿耨多羅三藐三菩提

하이고 수보리 약요소법자
何以故 須菩提 若樂小法者

착아견인견중생견수자견 즉어차경
着我見人見衆生見壽者見 卽於此經

불능청수독송 위인해설 수보리 재재처처
不能聽受讀誦 爲人解說 須菩提 在在處處

약유차경 일체세간천인아수라 소응공양 당지차처
若有此經 一切世間天人阿修羅 所應供養 當知此處

즉위시탑 개응공경 작례위요 이제화향 이산기처
卽爲是塔 皆應恭敬 作禮圍繞 以諸華香 而散其處

"만약 어떤 사람이 능히 이 경을 받아 지니고 읽고 외우며 널리 사람들을 위하여 설한다면 여래는 이 사람을 모두 알며 이 사람을 모두 보나니, 이 사람은 헤아릴 수 없고 말할 수 없으며 끝이 없고 생각할 수 없는 공덕을 모두 성취하게 되리라. 이런 사람은 곧 여래의 아뇩다라삼먁삼보리를 짊어질 수 있느니라. 무슨 까닭인가 하면 수보리야, 만약 작은 법을 좋아하는 자는 아견, 인견, 중생견, 수자견에 집착하게 되므로 곧 이 경을 능히 받아 듣고 읽고 외우며 남을 위해서 해설하지 못하느니라.

수보리야, 어느 곳이든지 만약 이 경이 있는 곳이면 일체 세간의 천상과 인간과 아수라 등이 응당 공양하게 되리니, 마땅히 알라. 이곳은 탑이 되리라. 모두가 공경히 예배하고 돌면서 여러 가지 꽃과 향으로써 그곳에 흩으리라."

이 경전이 갖는 진리의 공덕을 말씀하시는 겁니다. 여러분은 그 공덕이 얼마만큼 큰지 짐작이 갑니까? 〈금강경〉은 모든 공덕을 성취하는 경이라 하여 공덕경이라고도 합니다.

그리고 〈금강경〉에서는 무상을 강조하잖아요. 상에 집착하지 말라고 했지요. 그런데 소승인이나 하근기, 믿음이 약한 사람들은 보시하고 선행했다는 상에서 벗어나는 게 어렵다는 것이죠. 자기 마음에 자꾸 뭔가 했다, 뭔가 얻었다는 아상이 남아 있기 때문에 그래서 작은 법을 좋아한다고 그랬죠? 쉽게 말해서 비오는 날 소가 지나가면 소 발자국에 고인 물을 좋아한다는 거에요. 그것으로 만족한다는 거에요.

그래서 선행을 좀 베풀고 나면 했다는 상이 남아 있다 보니까 그게 오히려 자꾸 자기를 초라하게 만들고 자기를 더욱 더 고통스럽게 만들고 자기를 더욱 더 우월감에 빠지게 만드는 거에요. 그런 생각을 뛰어넘을 수 있게 하는 것이 이 〈금강경〉의 목적이라는 것이죠.

그런데 이러한 대승의 가르침을 잘 받아들이기 위해 우리가 정말 가져야 할 경전이 하나 있는데 심지경이라는 겁니다. 심지경이 무엇인지 제가 유명한 게송을 하나 들려 드릴께요.

아유일권경 我有一卷經 　불인지묵성 不因紙墨成
전개무일자 展開無一字 　상방대광명 常放大光明

나에게 경 한권이 있는데 그것은 종이나 먹으로 만들어진 것이 아니다. 책을 펼쳐 보아도 한 글자도 없지만 항상 큰 광명을 놓는다.

여기서 말하는 큰 광명은 일상생활 속에서 안·이·비·설·신·의 육근을 통해 나오는 겁니다. 〈금강경〉에서는 그 세계를 반야바라밀의 세계라고 하고 있지요. 그리고 경전은 우리 마음의 본래 고향 소식을 말하는 겁니다. 중생들이 애착에 의해 스스로 중생이라고 착각하고 있을 뿐 우리의 본래 자성은 물들일래야 물들일 수 없고 얻을래야 얻을 수 없고 없앨래야 없앨 수도 없어 본래부터 큰 광명을 내어 놓고 있다는 뜻입니다.

경문에 '만약 어떤 사람이 능히 이 경을 받아 지니고 읽고 외우며 널리 사람들을 위하여 설한다면 여래는 이 사람을 모두 알며 이 사람을 모두 보나니, 이 사람은 헤아릴 수 없고 말할 수 없으며 끝이 없고 생각할 수 없는 공덕을 성취하게 되리라'고 하셨어요. 그러면 우리는 어떻게 이 경을 받아 지니며 어떻게 공부를 해야 할까요? 우리가 이러한 원력을 가지고 모든 중생들을 다 성불시키기 위해서 포교도 하고 공부도 하는데 그렇다면 공부는 어떻게 해야 되며 수행은 어떻게 해야 하느냐?

다음에 설명하는 세 가지 반야 즉, 문자반야와 관조반야와 실상반야를 잘 알고 실천해야 합니다.

문자반야 | 문자반야란 문자를 통해서 실상을 직관하는 능력 혹은 지혜를 말하는데, 그냥 부처님의 경전과 법문이라고 이해하시면 됩니다. 왜냐하면 경전이나 법문을 통해서 반야의 세계를 알게 되고, 반야의 세계에 다가갈 수 있고, 지혜를 성취할 수 있고, 부처가 될 수 있다는 믿음을 갖게 되기 때문이에요. 그리고 경전과 법문을 자꾸 들음으로써 정법이 무엇이라는 것을 알게 되니 법에 대한 안목이 바로 섭니다.

'지경공덕분'에서 〈금강경〉의 공덕이 굉장히 크다고 했는데 대승경전 경문이 전부 다 문자죠? 우리는 대승경전을 통해서 반야의 세계가 어떻다는 것을 이해하게 되고 그리고 반야의 세계에 가기를 원하며 나름대로 인연을 짓고 있는 거에요.

반야의 세계를 잘 이해시켜주고 잘 가르쳐주는 것을 문자반야라고 하는 겁니다. 대승경전이라는 말입니다. 우리는 대승경전을 통해서 실상의 세계가 어떤 것인지 이해하게 되는 거에요. 이해가 되어야 이해를 넘어 설 수가 있습니다. 그런 의미에서 문자반야가 중요하고 항상 정견을 배우고 대승경전을 배워야 한다는 것입니다.

여러분들이 문자반야를 인연해서 참으로 대자유인의 세계에 들어가고 싶어하고 중생이라는 고통의 세계에서 벗어나야 되겠다는 발심을 하게 되잖아요. 남에게 의지하고 남이 나에게 관심 가져주길 원하는 나약한 자신의 세계를 초월할 수 있는 불심의 세계에 들어가야 되겠다고 생각하는 이런 모든 원을 세우게 되는 겁니다. 이 〈금강경〉이나 대승경전을 만나지 못한 사람은 반야지혜를 성취할 수가 없어요. 그래서 문자반야의 공덕이 큰 것이죠.

그러면 여러분들이 문자반야를 통해서 원을 세운다고 해서 바로 실상반야를 볼 수있느냐. 그렇지 않지요. 관조반야를 통해야 실상세계로 들어갈 수가 있다는 겁니다.

관조반야 | 관조반야는 본래 본성이 고요하고 청정하고 깨끗

한 것을 잘 체험하고 관하는 것입니다. 반야를 관한다는 말입니다. 반야가 무엇입니까? 반야는 우리 본성, 본래 부처님의 지혜 성품을 말하는 것이죠. 우리가 문자반야를 통해서 반야바라밀의 세계에 들어가면 그렇게 자유롭다는 것을 알게 되는데 자유로운 것의 근본은 고요입니다. 그것을 체험해야 한다는 말입니다. 관조반야의 공덕 없이는 절대 실상반야를 볼 수가 없어요.

관조반야를 얻기 위해서는 모든 대승경전의 심심미묘한 법의 이치들, 정법을 잘 알아야 됩니다. 그래서 정견이 중요하다고 하는 거에요. 정견을 세워야 하는데 정견의 중심에는 무엇이 있느냐? 연기법이 중심이 됩니다. 연하여 생하고 인연에 의해서 멸하는 연생연멸의 법을 잘 관하라는 말이에요. 인연법을 잘 알면 '나'라는 아집, 아상에서 벗어날 수 있고 욕망에서도 벗어날 수 있고 업도 녹아납니다.

문자반야는 학문적으로 대승이 가지고 있는 깊은 뜻을 이해하게 되는 것이잖아요. 그런데 관조반야는 선정과 삼매를 통해 고요의 체험을 하는 겁니다. 그래서 우리가 화두를 들고 공부하거나 일념으로 부처님의 명호를 부르면서 염불하는 거에요. 화두 공부나 염불하는 공부나 똑같습니다. 믿음이 중요한 것이지 화두공부는 수승하고 염불은 하근기가 하는 것이라는 생각은 어리석은 것이죠.

화두공부가 경절문이라고 해서 빠르다고는 하지만 토끼가

빠르다고 까불다가 거북이보다 늦을 수 있거든요. 화두에 대한 참 진의가 돈발하지 못하면 오히려 염불하는 것보다도 늦을 수가 있다는 거에요. 또한 염불의 장점은 신심이 끝없이 계속 나가게 하거든요. 그래서 일념으로 부처님 명호를 부르면서 그 마음으로 고요한 삼매에 들어가는 것이에요.

또 참회기도가 있죠? 절하고 참회하는 그 힘도 대단한 것이지요. 온몸을 던져서 피가 나도록 참회하는 거에요. 어떻게 보면 본래 성품이 밝고 어두움이 없는데 참회할 것이 뭐가 있느냐고 반박할 수도 있겠지만 그러나 중생은 참회를 통해서 그 업을 항복 받아야 하는 거에요. 삼천배나 절 참회를 통해서 자기의 인색함을 항복받는 것이지요.

그리고 또 생활 속에서 할 수 있는 실천법 중에 자원봉사가 있어요. 조건 없이 하는 자원봉사는 수행의 꽃이라고 할 수 있지요. 왜냐하면 모든 인류의 미래가 결국 복지사회로 나아가는 것이기 때문에 조건 없는 자원봉사의 선행을 통해 이 생명세계는 더욱 행복해질 수 있기 때문이죠. 그것을 바로 불국토라고 하고 정토라고 하는 겁니다.

그런데 이 봉사행도 문자반야를 통해 진리를 이해하고 나서 봉사를 해야 됩니다. 그렇지 않으면 봉사가 오히려 '봉사한다'는 자기 우월감을 드러내 또 아만이 생기거든요. 저는 신도님들이 기도하러 오면 기도에 앞서 우선 어려운 사람들을 위한 자원봉사부터 시킵니다. 거동이 불편하신 분들 주위에 많지요? 때로 집안 청소도 해주고 이불 빨래도 해주고 가스렌지도 닦아주고 하는 거에요. 그렇게 어르신들 도시락 배달도 해주고 하다 보면 참으로 어려운 상황에서 사는 사람들을 많이 보게 되지요.

그렇게 봉사를 하다 보면 여러분들의 굳어져 있는 인색함, 이기심들이 떨어져 나가게 되고, 어느 날 대승경전의 법문을 들을 때 바로 계합하면서 그 자리에서 성품이 바뀌게 되는 겁니다. 그런 다음에 절에 와서 기도를 하게 하면 '아! 내가 이 법당에 와서 이런 기도를 할 수 있는 것도 엄청난 복이구나. 내가 그런 어려운 사람들에 비해 얼마나 복이 많은가. 내가 부처가 되기 위해서 이 마음을 바꾸고 기도하는 일이 대단히 가치 있는 일이구나' 하고 느끼게 되는 겁니다. 그러다보면 정말로 더 열심히 기도도 하게 되고 그 사람은 어느새 제대로 기도한 사람이 되는 거에요. 자원봉사만 제대로 해도 이렇게 엄청난 겁니다.

그럴 때 비로소 잠깐 실상반야를 보게 되요. 반짝 하는 것이지만 그래도 '아! 나의 본래 본성은 바로 이 세계였구나' 하고 맛을 보게 되는 것이죠. 그것이 염불삼매요 화두삼매요 참회삼매요 봉사삼매인데 전부 다 그러한 고요한 세계를 관조해서 들어가는 삼매에요. '3분짜리가 무슨 삼매냐?'고 웃으실지 모르지만 이게 그렇게 우스운 일이 아닙니다.

사신공덕 하라고 하니까 여러분들은 목숨을 버려서 하라는 것으로 생각하는데 그것이 아니고 자기 자신을 돌보지 않는 그 순간이 사신이에요. 그건 내 목숨을 버리는 것과 같다는 말이지요. 내가 내 이기심과 욕심을 돌보지 아니하고 봉사하고 착한 일을 할 때 그게 바로 사신공덕이 되는 겁니다. 그 때 중생과 나를 보면서 '이것이 내가 본래 가지고 있는 청정하고 순수한 나의 본성 세계구나' 하고 알게 되는 것이에요. 설령 2분, 3분짜리라 해도 대단한 것이죠. 자꾸 익어지면 3분이 5분 되고, 10분 되고 나중에는 1시간짜리도 되는 거에요.

실상반야 | 실상은 모든 모양과 모든 이름, 모든 색상과 소리와 언어와 문자 이런 것들을 다 벗어난 자리입니다. 자기화된 자리라는 말이에요. 자기화되었는데 자기가 자기화된 것을 안다면 그것이 아직 덜 된 것이겠지요? 이처럼 실상반야는 볼 수가 없어요. 실상반야는 보려고 해서 볼 수 있는 상이 아니에요. 왜 볼 수 없습니까. 마치 거울이 자기 자신을 비추어 보지 못하듯 내가 그 자체가 되어버리면 내가 나를 보지 못하는 겁니다. 착한 사람은 지극히 착한 경계에 들어가 버리면 자기가 착한 줄 전혀 모릅니다. 왜 그러냐. 이미 업이 바뀌고 성품이 바뀌었고 마음이 바뀌어 그 자체가 되었기 때문에 보지 못하는 겁니다.

얼굴도 피부가 깨끗하고 잘난 사람은 화장을 안 해요. 이미 본래 바탕을 갖추었기 때문에 덧바를 게 없다는 말이에요. 사실 화장이란 것이 내가 좀 못난 구석이 있으니까 보완하기 위해 비싼 것을 갖다가 바르는 거에요. 그렇죠? 음식도 아주 솜씨 있는 사람은 어떤 음식이든 그 재료가 가지고 있는 고유한 향기를 살려낸다는 거에요.

우리 성품도 그와 같습니다. 원효스님은 이 경계를 "반야가 크다고 할 때는 큰 자체가 되었기 때문에 그 뒤를 볼 수가 없고 또 작은 것에 들어갈 때에는 작은 자체가 되어 버리기 때문에 그 속을 볼 수가 없다."고 하셨어요. 이것은 실상이라는 것은 대상과 내가 절대적인 경계에서 하나가 되었다는 겁니다. 마치 어린아이가 그냥 그 경계 자체에 몰입되어 하나가 되듯이 내 성품이 완전히 보살 성품의 인격으로 하나가 되어 바뀐 것을 말하는 겁니다. 우리 마음이 참으로 수행이 잘 된 사람은 어린아이와 같이 무심한 마음을 갖는 거에요.

그렇게 되면 이것은 금생 뿐 아니라 세세생생토록 나고 죽는 생멸심의 고통에서 영원히 벗어나버리는 겁니다. 그래서 극락을 가도 내가 그냥 가버리는 거에요. 누구 눈치 봐서 가게 되고 누가 보내줘서 가면 어디를 가도 보내준 사람 눈치를 계속 봐야 되죠. 잘못하면 끌려내려 와야 하니까요. 그렇잖아요? 지옥도 내가 그냥 들어가는 거에요. 내가 자발적으로 들어가서 지옥에 있는 중생들을 교화하고 그들을 제도하기 위해서 가는 것이지 끌려 들어가는 것하고 다르지요. 병원에 의사가 출근하는 것과 병들어서 입원하는 환자하고 같아요? 다르다는 말이에요. 이게 다 마음 가지고 하는 이야기입니다.

그래서 부처님께서는 "수보리야, 어느 곳이라든지 만약 이 경이 있는 곳이면 일체 세간의 천상과 인간과 아수라 등이 응당 공양하게 되리니, 마땅히 알라. 이곳은 탑이 되리라. 모두가 공경히 예배하고 돌면서 여러 가지 꽃과 향으로서 그곳에 흩으리라."고 하신 겁니다.

그러니까 이런 사람은 그대로 생불이고 그대로 불보살이고 그대로 선지식이니까 그대로 우리가 찬탄하고 예경하고 존경하고 보호하고 참배해야 된다는 거에요. 부처님이 따로 계시는 것이 아니고 이런 무심한 경지에 있는 사람을 우리는 그대로 부처님으로 공경하고 대승의 깊은 정법을 듣기 위해서 항상 가까이 모시면서 우리가 즐거운 마음으로 인연을 지속시켜야 한다는 겁니다.

고갱이 | 〈금강경〉은 중생 스스로 붙들고 있는 오욕락과 삼독심이 진실로 체성이 없다는 것을 깨달을 때 텅 빈 충만으로 장엄합니다. 텅 빈 마음으로 보살만행을 행할 때 공덕을 성취하므로 공덕경이라고 불리는 것입니다.

제16분
能淨業障分
능정업장분

업장을 맑게 하다

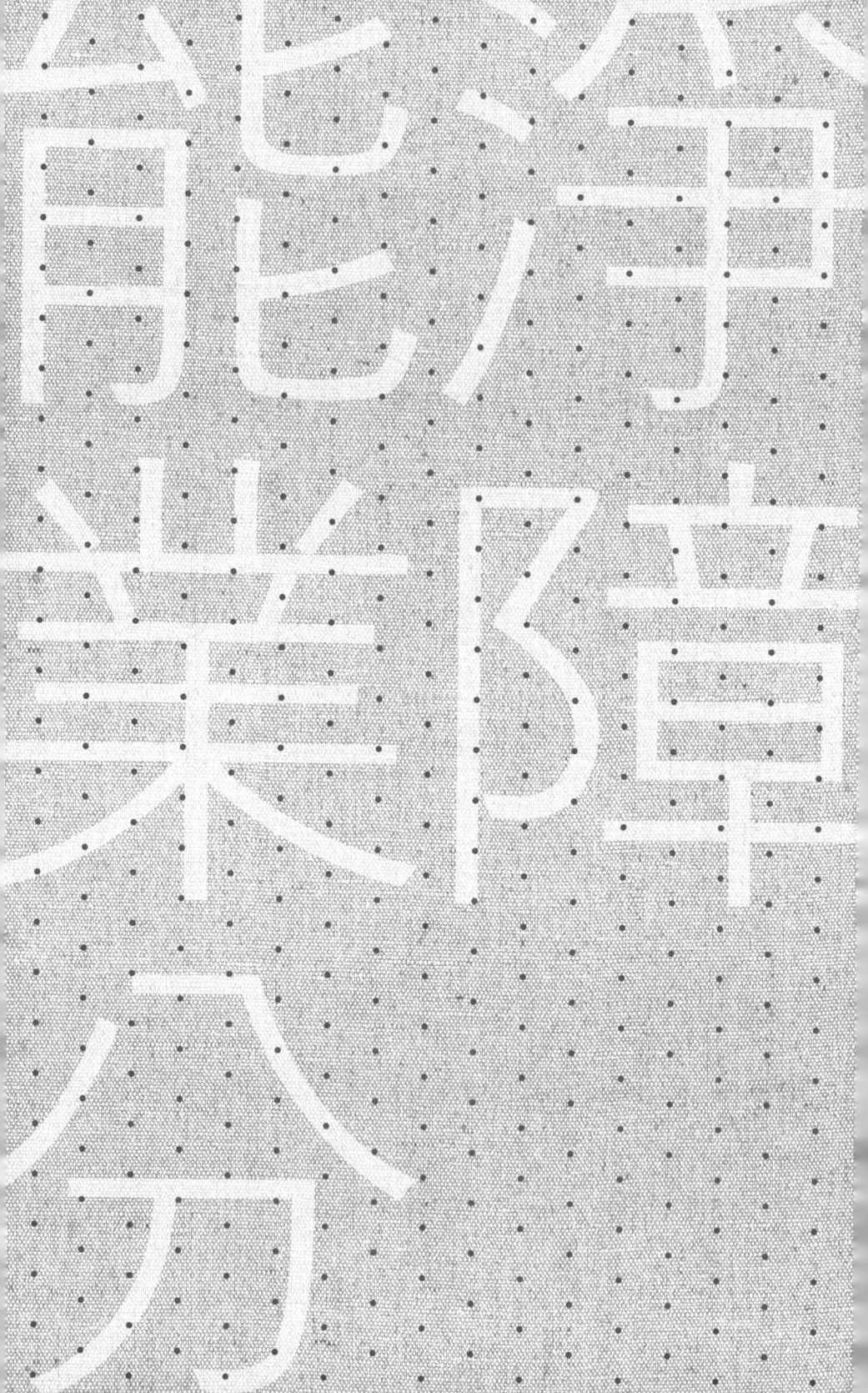

제16분 '능정업장분'은 '능히 업장을 깨끗이 한다'입니다.

부차 수보리 선남자선여인 수지독송차경
復次 須菩提 善男子善女人 受持讀誦此經

약 위인경천 시인 선세죄업 응타악도 이금세인
若 爲人輕賤 是人 先世罪業 應墮惡道 而今世人

경천고 선세죄업 즉위소멸 당득아뇩다라삼먁삼보리
輕賤故 先世罪業 卽爲消滅 當得阿耨多羅三藐三菩提

"다시 수보리야, 선남자 선여인이 이 경을 받아 지니며 읽고 외우더라도 만약 남에게 업신여김을 당하면, 이 사람은 전생에 지은 죄업으로 응당 악도에 떨어질 것이로되, 금생에 사람들이 업신여김으로써 전생의 죄업이 모두 소멸되고 마땅히 아뇩다라삼먁삼보리를 얻으리라."

'능정업장분'이 〈금강경〉 가운데서도 특히 이해하기가 어려운 내용입니다. 왜 그럴까요? 앞에서는 〈금강경〉을 많이 읽을수록 엄청난 공덕이 이루어지는 대단한 공덕경이라 했는데 여기서는 많이 읽는 것이 다른 사람에게 업신여김을 당한다고 하니 여기에서 막히는 겁니다.

같은 내용이 〈벽암록〉에서도 화두로 나옵니다. 그만큼 풀기가 상당히 어려운 거에요. 사실 이런 난제를 푼다는 것은 상당히 조심해야 할 일이지만 제가 여러분들이 이해할 수 있도록 최대한 말씀드려 보겠습니다.

'착한 선남자 선여인들이 이 경을 받아 지니며 읽고 외우더라도 남에게 업신여김을 당한다'고 했어요. 이 '업신여김'을 원문에는 '경천(輕賤)'이라고 했습니다. 이것은 남에게 업신여김을 당하는 것 뿐만 아니라 본인이 너무나도 지은 복덕이 없어 가난하거나 몸이 많이 아프고 삶이 고통스럽다든지 혹은 몸이 불구가 된다든지 수명을 다 마치지 못하고 젊은 날에 요절한다든지 하는 이런 모든 것이 다 경천이에요. 경천의 본뜻은 이렇게 우리가 복을 짓지 못해서 복덕수행을 못하는 상황을 말하는 것입니다.

그런데 〈금강경〉을 많이 읽는데 왜 경천을 당하는가? 우리가 대승경전을 만나기 전에는 불교를 믿어도 아직 바른 정법은 듣지 못했기 때문에 항상 자신의 몸에 집착하고 모든 것을 나 아닌 나 밖의 것에 의지하고 기대게 됩니다. 그러다보니 자기가 주인의 입장에서 주체성을 가지고 삶을 창조해 나가지 못하고 항상 관습과 고정관념에 붙들려 그렇게 살아왔다는 말입니다. 그렇게 살아온 사람의 생활은 어떻겠습니까? 자기는 잘 살고 있다고 생각하겠지만 그것이 도리어 자신을 구속시키고 고통스럽게 하는 일들이었다는 겁니다. 물질적으로 부자가 됐다고 해서 마음까지 부자가 된 사람 봤습니까? 99섬 가진 사람이 1섬 더 갖지 못해 애태우는 것이 보통 사람들 마음이잖아요. 마음은 아직 부자가 못된 것입니다.

그러니까 그런 생각을 가진 사람은 과거 전생으로부터 지은 업이 많고 복을 적게 지었고 또 무주상보시를 베푼 것이 없으니까 애착과 집착이 강하기 때문에 반드시 〈금강경〉을 읽어야 되는 겁니다. 대승경전을 만나서 이런 정법을 듣고 충분히 이해하고 그리고 반야바라밀의 세계에 들어가면 모든 생각과 마음에서 자유로워질 수가 있다는 겁니다. 그런데 정법을 알지 못했을 때는 모든 일을 욕심으로 하고, 그 욕심과 욕망은 끝이 없기 때문에 결국 소금물을 마시는 것처럼 끊임없는 갈증에 시달린다는 거에요.

그런데 '이제 대승법을 알아 〈금강경〉을 잘 이해함으로 인해 타인에게 업신여김을 당한다'고 했습니다. 이 말의 뜻은, 무언가 그 무명을 업신여기는 물건이 있다는 겁니다. 그것이 무엇이냐? 바로 반야라는 것이죠. 반야가 우리를 쥐고 흔드는 이 무명업식을 업신여긴다는 겁니다.

대승경전을 만나 정법을 알기 전에는 불교를 믿는다고 해도 무명에 끄달리는 욕망 세계에서 살기 때문에 자기가 자기를 항상 자유롭게 하지 못하고 살아왔죠. 하지만 대승경전을 이해하고 반야바라밀의 지혜가 드러나기 시작하면 반야가 좀전에 있던 무명을 업신여기기 시작하는 거에요. 업신여기면 무명이 견딜 수가 있어요? 무명이 못 견디고 나갈 수밖에요.

지금까지 여러분들은 공덕경이라고 하는 〈금강경〉을 그렇게 읽는데 어째서 타인으로부터 업신여김을 당할 수 있느냐고 생각했었지요? 그렇게 대상을 가지고 이야기를 하기 때문에 이 경전이 이해가 안 가는 거에요. 여기서는 안이든 밖이든 어떤 대상을 말하는 게 아닙니다.

우리는 지금까지 칠흑과 같이 어두운 무명을 짊어지고 살았습니다. 그런데 〈금강경〉을 배우고 사구게 정신을 이해하고 무주상보시와 반야의 지혜를 받아들여 마음 문이 열리기 시작하면서 반야가 내가 짊어지고 있던 무명과 업보를 업신여기기 시작하는 거에요. 그렇게 무명업보를 업신여기니까 마침내 다 없어지고 반야만 남게 되겠죠? 그게 반야바라밀의 세계입니다.

그런데 우리의 '불성'은 어떤 자리에요? 그 자리는 금강과 같아서 무너뜨릴 수 없고 생하는 것도 아니고 멸하지도 않는 불생불멸한 자리입니다. 불생불멸한다는 것은 생멸심의 고통이 없다는 이야기죠? 이처럼 불성이라는 자리는 텅 빈 허공과 같아서 더럽힐 수도 없고 더하거나 뺄 수도 없습니다. 중생이 정법을 모르고 대승경전의 깊은 진리를 모르기 때문에 중생 스스로 욕심을 일으켜 무명이 자기 앞을 가려버린 거에요. 무명을 자기라고 착각한 겁니다.

그런데 반야가 무명을 없애고 녹여 버린다는 것이죠. 반야가 무명을 업신여기기 때문에 무명이 벗겨져 나간다고 이해해야 합니다. 반야가 내 지중한 무명업식을 업신여기는 겁니다. 업신여기려고 해서 업신여기는 것이 아니고 업신여길 수밖에 없는 상태가 되어 버리는 것이죠.

반야지혜가 갖추어지면 자연스럽게 무명은 물러가는 거에요. 사실 물러가는 것이 아니고 반야로 전환되는 것이죠. 그래서 무명이 없어지는 겁니다. 그것을 경에서는 '다른 사람의 업신여김을 당함으로써 아뇩다라삼먁삼보리에 들어간다'고 했지요. 그러니까 경천을 당함으로써 부처님의 나라에 들어간다는 말입니다.

경천을 누가 한다고 했습니까? 반야가 무명을 경천한다는 겁니다. 이렇게 무명을 업신여기고 항복받아서 무명을 소멸시키는 공덕보다 더 지대한 공덕은 없다고 단언하는 게 〈금강경〉의 요지입니다. 반야가 제일이라는 것이죠. 하지만 중생은 아무리 좋은 반야의 세계를 말해 주어도 그 세계를 한 번도 체험해본 적이 없기 때문에 반야를 그렇게 귀하게 여기거나 쉽게 믿지 않습니다. 그래서 경천 받아 마땅한 업식을 계속 붙들고 그것이 나라고 하고 있는 것입니다.

이런 비유를 들겠습니다. 그림을 잘 그리는 화가가 어느 날 무서운 귀신 그림을 그려놓고 여행을 떠났습니다. 그런데 여행을 다녀와서 아무 생각 없이 방문을 열고 들어갔는데 구석에 귀신이 서 있는 거에요. 화가는 놀래서 그만 기절해버렸습니다. 자기가 귀신 그림을 그렸다는 생각을 못한 것이죠. 잊어버린 거에요. 그래서 겨우 밖으로 나와서는 동지 섣달에 다시 방에 들어갈 엄두를 못 내고 밖에서 오들오들 떨고 있는 거에요. 그 고통이 굉장하겠죠? 얼마나 춥고 무서웠을까요? 그래서 지나가던 사람들이 "집이 없냐?"고 물으니까 "내 집은 저기 있습니다." "그럼 왜 들어가지 않습니까?" "집에 귀신이 있기 때문에 못들어갑니다." 그러는 거에요.

그럼 그 귀신이 실제로 존재하는 겁니까? 여기서 말하는 귀신은 무엇을 의미하는지 아시겠어요? 이 귀신은 무명업식을 말하는 겁니다. 자기가 지금 쥐고 있는 고착된 고집성이랄까 이기심 같은 중생의 성품 말입니다. 무서운 귀신이 존재했던 것이 아니라 화가가 다만 착각했던 것이죠. 왕의 자식인 태자가 속복을 입었다고 해서 태자 아닙니까? 임금이 목욕탕에 가서 옷을 벗었다고 임금이 아닌가요? 임금은 언제나 임금이에요. 우리의 청정자성 불성자리는 그렇게 언제나 그대로 있는데 중생이 스스로 무명에 탐착해서 거기에 속은 것이죠.

이처럼 화가가 자기가 그린 귀신그림에 속아서 못들어가는 이치와 똑같은 것입니다. 그러면 그게 귀신 그림이라는 것을 알게 되면 집에 편안하게 들어갈 수 있겠죠? 그림일 뿐이라는 것을 어떻게 알 수 있느냐? 반야지혜가 있으면 그 귀신이 자기가 그린 그림이고, 자기가 만들어 놓은 무명 업식이고, 자기가 만들어 놓은 번뇌라는 것을 알게 된다는 거에요. 꿈 속에서 꿈을 꾸면서는 그것이 꿈인지를 모르지만 꿈을 깨면 내가 꿈을 꾸었다는 것을 알게 된다는 이치입니다.

이처럼 욕망과 습관과 이기심에 의해서 착각한 것 뿐이니까 착각만 걷어내면 되는데 이때 제일 중요한 것이 뭐냐. 그것을 우리는 믿음이라고 하고 신심이라고 합니다. 신심은 대승경전을 믿는 마음이고, 또 대승경전에서 말하는 사구게 정신을 믿는 마음이고, 우리에게는 본래 부처님과 같은 큰 지혜와 자비와 보살의 원이 있다는 사실을 믿는 것입니다. 그러니까 반야가 무명을 업신여김으로써 무명이 사라져버리는 거에요. 이것은 결국 무슨 공덕입니까? 〈금강경〉의 문자반야의 공덕이라는 거에요.

모든 부처와 제불의 불조가 어디서 나왔습니까? 〈금강경〉

에서 나왔다고 해도 되겠지만 반야에서 나왔다고 하면 되는 거에요. 반야바라밀의 세계에서 모든 부처와 불보살이 출현했다고 보면 됩니다. 불보살이 출현하는 그 자리에 삼독심과 무명업식의 지옥이 존재합니까? 어둠이 존재할 수가 없어요. 불보살은 대광명이기 때문에 광명이 들어오면 어둠은 사라지는 것이죠.

예를 들어 천년이나 된 동굴이 있다고 합시다. 깜깜한 동굴을 두고 어떤 사람이 "저 동굴이 저렇게 칠흙같이 어두운데 동굴이 생긴 지는 얼마나 됩니까?" 하고 물으니 옆에 있던 사람이 "저 동굴이 생긴 지 천 년이 되었습니다." 하고 대답했어요. 그 때 어리석은 중생은 '아! 그러면 저 동굴 속의 어두움을 걷어 내려고 하면 앞으로 천 년은 걸리겠구나' 이런 생각을 하는 거에요.

그러나 대승경전을 알고 반야바라밀의 세계를 알고 정법을 알아서 정견이 서면, 다시 말해 반야인 대광명이 동굴에 들어가면 어둠 자체가 광명으로 변해버리는 거에요. 어둠이 밖으로 나가거나 없어지는 것이 아니라 그 어둠이 바로 반야의 대광명으로 바뀌는 겁니다. 그렇듯이 우리의 무명업식의 업보도 우리가 반야의 세계에 눈이 열리게 되면 그냥 그것이 반야의 불보살의 마음으로 전환해 버리는 것입니다.

수보리 아념과거 무량아승지겁
須菩提 我念過去 無量阿僧祇劫

어연등불전 득치팔백사천만억
於燃燈佛前 得值八百四千萬億

나유타제불 실개공양승사 무공과자
那由他諸佛 悉皆供養承事 無空過者

약부유인 어후말세 능수지독송차경
若復有人 於後末世 能受持讀誦此經

소득공덕 어아소공양 제불공덕 백분불급일
所得功德 於我所供養 諸佛功德 百分不及一

천만억분 내지 산수비유 소불능급
千萬億分 乃至 算數譬喻 所不能及

"수보리야, 내가 과거 무량 아승지겁을 생각하니 연등불을 뵙기 전에도 팔백사천만억 나유타의 여러 부처님을 만나서 모두 다 공양하고 받들어 섬겼으되, 헛되이 지냄이 없느니라. 만약 또 어떤 사람이 앞으로 오는 말세에 능히 이 경을 받아 지니고 읽고 외우면 그 얻는 공덕은 내가 여러 부처님께 공양한 공덕으로는 백분의 일도 미치지 못하며 천만억분과 내지 산수와 비유로도 미칠 수 없느니라."

이 경문은 〈금강경〉의 가치를 말하고 있습니다. 늘 말씀드렸듯이 이것은 수승하고 저것은 소용없다는 식의 상대적 분별로 이해하면 안 됩니다. 석가모니 부처님 전에 이 세계에 오신 부처님이 누굽니까? 연등 부처님이시죠? 연등 부처님은 석가모니 부처님에게 아뇩다라삼먁삼보리법을 깨우쳐 주셨고, 석가모니 부처님이 미래세에 부처가 될 것인데 이름을 '석가모니'라고 할 것이라고 예언을 해주신 분이거든요.

연등 부처님 이전 팔백사천만억 나유타의 부처님이 계셨다고 했습니다. '팔백사천만억 나유타'라는 숫자는 인도의 산술인데 지금 아무리 과학적으로 발전되어 있어도 상상으로 헤아릴 수 없는 숫자입니다. 석가모니 부처님은 바른 정법을 듣고 아뇩다라삼먁삼보리의 법을 깨닫기 위해서 그토록 많은 부처님을 한 분도 소홀함이 없이 가까이서 모시면서 지극정성으로 섬겼다는 거에요.

여기서 '모든 부처님'은 지금으로 말하면 부처님이라고 해도 되고 보살이라고 해도 되고 또 바른 정법의 안목을 갖추신 선지식이라고 해도 됩니다. 현실적으로 선지식으로 보는 게 좋겠죠. 그렇게 바른 정법을 배우고 믿기 위해서 법에 밝은 부처님, 보살, 선지식을 싫어하거나 지치거나 그만두는 생각을 품지 않고 가까이 모시면서 대승법문을 듣고 반야바라밀의 세계를 깨닫기 위해서 정진을 했다는 것이지요.

그런데 여기서 '반야바라밀의 세계를 깨닫는 공덕은 팔백사천만억 나유타의 부처님을 받들어 섬기고 공양한 공덕으로는 그 어떤 산수비유로도 미칠 수가 없다'고 했지요? 이게 무슨 말입니까? 여러분들이 이 문제에 대해 잘 사유해 보셔야 되요. 이건 숙제로 남겨 두겠습니다.

앞 장에서 정견이나 정법은 같은 의미이고 '깨끗한 믿음'이라는 의미에서 정신(淨信)이라고 했습니다. 부처님과 같은 큰 지혜와 큰 자비와 원을 갖춘 그런 불성이 나에게도 있다는 것을 확신하고 그것에 대해 조금도 의심하지 않는 것이죠. 제가 정견을 설명할 때 드는 비유가 있습니다.

어느 시골에 농부가 산에 갔다가 독수리 알을 하나 주워 왔어요. 그리고는 그 알을 닭장의 암탉이 같이 품게 한 거에요. 거기서 뭐가 나왔겠어요? 의심할 여지없이 독수리 새끼겠지요? 그것이 자라나서 어느 날 병아리와 함께 마당에서 노는데 하늘에서 황금독수리가 병아리를 보고 주변을 도는 거에요. 병아리가 "빨리 닭장으로 숨자. 저 황금 독수리한테 걸리면 바로 제삿날이라고! 어서 서둘러!"라며 허둥지둥 앞서니 독수리 새끼도 뒤뚱뒤뚱 병아리를 따라 닭장으로 숨는 거에요.

그런데 만약에 농부가 독수리 새끼한테 "너는 암탉이 품긴 했지만 본래 황금독수리 새끼다. 네가 바로 황금독수리다." 이렇게 일러줬다면 어땠을까요? 독수리 새끼가 그 사실을 듣고 기억하고 있었다면 창공에 나는 어미 독수리를 봤을 때 어미를 따라 바로 창공으로 날아올랐겠지요.

'너는 본래 독수리였다' 이것이 바로 대승경전에서 말하는 정견을 말하는 것입니다. 독수리 새끼가 그 말을 못 들었을 때는 천생만생을 살아도 '나는 병아리 새끼'라는 생각에 감히 창공은 꿈도 못 꾼다는 말이에요. 그런데 주인으로부터 "너는 황금독수리 새끼다."라고 들어서 그 사실을 믿고 그 믿음에 의심이 없을 때는 창공을 나는 어미를 보고 새끼 독수리도 곧장 비상한다는 말이에요. 창공이 뭐겠어요? 그게 반야바라밀의 세계인 겁니다. 한순간에 중생이 부처되는 것이 그렇게 이루어진다는 거에요. 그래서 정견이, 대승경전이 그렇게 중요하다는 것입니다.

수보리 약선남자선여인 어후말세 유 수지독송차경
須菩提 若善男子善女人 於後末世 有 受持讀誦此經

소득공덕 아약구설자 혹유인문 심즉광란 호의불신
所得功德 我若具說者 或有人聞 心卽狂亂 狐疑不信

수보리 당지 시경의 불가사의 과보 역불가사의
須菩提 當知 是經義 不可思議 果報 亦不可思議

"수보리야, 만약 선남자 선여인이 앞으로 오는 말세에 이 경을 받아 지니며 읽고 외워서 얻는 공덕을 내가 다 갖추어 말한다면 혹 어떤 사람은 듣고 마음이 몹시 산란하여 의심하고

믿지 않으리라. 수보리야, 마땅히 알아라. 이 경의 뜻도 가히 생각할 수가 없으며 그 과보 또한 생각할 수가 없느니라."

여기 '능정업장분'에서도 대승의 뜻을 이렇게 찬탄하는 겁니다. 반야바라밀의 세계가 얼마만큼 공덕이 크고 위대한지 다음 이야기를 잘 들어보세요.

어느 날 많은 사람들을 싣고 가던 배가 풍랑을 만났습니다. 폭풍이 몰아치고 파도가 굉장히 거세어 배가 뒤집힐 정도였어요. 그러니 배 안의 사람들은 어땠겠어요? 겁에 질린 나머지 살려 달라고 아우성치고 서로 살겠다고 바둥거리는 말 그대로 아수라장이었습니다. 그렇게 배가 뒤집힐 듯 뒤집힐 듯 위태로운 항해 끝에 다행히 배는 무사히 선착장에 도착했습니다.

그런데 그 배에는 유가의 선비, 도가의 도인, 또 승가의 선사가 각각 한 분씩 계셨답니다. 배가 부두에 도착한 후 어떤 사람이 물었다는 거에요. 유가의 선비를 보고 "배가 그렇게 뒤집어지고 모든 것이 혼란스러운 상황에 처했을 때 당신의 심정은 어땠습니까?" 그러니까 선비가 하는 말이 "인명은 재천이라고 했는데 내가 가게 되면 가야 되는 것이고 그렇게 모든 것은 하늘의 뜻에 맡기고 그냥 마음 편안히 있었다." 이렇게 대답했답니다.

이번엔 도가의 도인에게 물었습니다. "당신은 어땠습니까?" 도인이 대답하길 "언제 태풍이 불었고 언제 파도가 쳤습니까? 저는 전혀 몰랐습니다." 그러니까 무심세계에 들어갔다는 말이지요. 마지막으로 선사에게 물었어요. "스님은 어땠습니까?" 그러니까 "예, 태풍이 많이 불고 파도가 아주 높았습니다." 그렇게 대답하고 내리더라는 거에요.

이것이 다 도의 세계입니다. 도의 세계에도 여유가 있고 또 나름대로 반야의 깊은 안목이 있어요. 도의 세계도 옥석을 가릴 줄 알아야 되는 거에요. 여러분들이 볼 때 어떤 경지가 반야바라밀의 경지일까요?

여기서 유가 선비는 '모든 것의 명은 하늘의 뜻에 달렸다'고 하고 있지요? 즉 유가 선비는 자기 주체성 없이 끌려가 그나마 배에서 편하게 있었어요. 그리고 도가의 도인은 '언제 바람이 불었고 언제 파도가 쳤느냐'고 했습니다. 물론 도인이 선정에 들었다고는 말할 수 있을지 몰라도 도라는 것은 그런 게 아닙니다. 파도가 치는데 파도가 안 쳤다고 하고, 바람이 부는데 바람이 안 불었다고 하면 그것은 도가 아니지요.

그러면 선사는 뭐라고 했습니까? '다만 바람도 많이 불고 파도가 높았다'고 했어요. 그냥 그거에요. 이게 무슨 말이냐 하면 사실을 사실대로 잘 보는 것이 반야라는 말입니다. 그것이 반야의 세계이고 바라밀의 세계이지 있는 것을 없다고 하고 없는 것을 조작해서 있는 것으로 하는 것이 아닙니다. 반야의 세계는 그냥 사실을 사실대로 그대로 보면서 스스로 안

심입명하는 세계라는 겁니다.

사실을 사실대로 여실하게 보면서 마음이 평온할 수 있는 세계를 알려면 관조반야를 잘 해야 하는 겁니다. 여러분들이 요동이 심한 중생심을 털어 버리고 어떤 경계에도 일심으로 들어갈 수 있는 고요의 세계를 스스로 체험하는 것이 중요하기 때문에 참선을 하든 염불을 하든 기도를 하든 고요의 세계를 체험해라고 하는 겁니다.

앞 장에서는 봉사하는 것으로도 고요의 세계를 체험할 수 있다고 얘기했지요? 봉사하는 것도 현실을 있는 그대로 보면서 1분짜리든 2분짜리든 자기 자신의 본래 청정성을 볼 수 있는 순간이 있다는 말입니다. 그것도 삼매에요. 그건 현실 속에서 살아있는 삼매에요.

이 공부는 생활 속에서 해야 됩니다. 낮에는 자기 생활을 열심히 하고 저녁에는 문자반야를 통해 실상반야의 세계가 어떻다는 것을 이해하는 것입니다. 그리고 그 이해를 통해 믿음을 더욱 더 굳게 다지돼 자기가 하고 있는 사업이나 명예, 물질에 너무 집착해서 그것에 구속되는 어리석은 중생이 되지 않도록 항상 경계해야 한다는 것입니다.

고갱이 | 무명을 벗어나는 반야의 지혜로 일상생활을 하면 그 자체가 수행으로 드러납니다. 수행이 따로 있는 것이 아니고 여러분들의 생활 자체가 수행이 되어야 하는 까닭입니다.

제17분
구경무아분
究竟無我分

마침내 나는 없다

究竟寛亮無我然空

제17분 '구경무아분'입니다. '구경'이라는 말은 결정적이라는 뜻도 있고 본질을 의미하기도 합니다. 그래서 결정코 무아다. 글자 그대로 보면 내가 없다는 말입니다.

이시 수보리 백불언 세존 선남자선여인
爾時 須菩提 白佛言 世尊 善男子善女人

발아뇩다라삼먁삼보리심 운하응주 운하항복기심
發阿耨多羅三藐三菩提心 云何應住 云何降伏其心

그때 수보리가 부처님께 사뢰었다. "세존이시여, 선남자 선여인이 아뇩다라삼먁삼보리심을 발하였으니 어떻게 마땅히 머물며 어떻게 그 마음을 항복 받으리까."

이 구절은 전에 배운 구절하고 좀 비슷하죠? 제2분 '선현기청분'에 똑같은 말씀이 있었습니다.

부처님도 아무 말씀을 아니 하셨고 대중 가운데 어느 누구도 질문을 하지 아니 하였는데 수보리가 부처님께 "선남자 선여인이 아뇩다라삼먁삼보리심을 내고는 마땅히 어떻게 안주하여야 하며 어떻게 그 마음을 항복 받아야 합니까?"라고 묻고 있습니다. 이 질문은 중생이 중생심을 고집하고 사는데 어떻게 하면 그 중생심을 항복받아서 자유로워질 수 있으며, 마음과 생각에서 자유로워진 사람은 일상에서 어떻게 생활해야 하는지 실천방법에 대해서 묻는 거에요.

'선현기청분'에서는 상당히 정견이 서 있고 근기가 수승한 사람들을 위해서 수보리가 물었다고 보면 됩니다. 그리고 여기 '구경무아분'에서 다시 수보리가 부처님께 똑같은 질문을 하고 있습니다. 왜 똑같은 질문을 이렇게 반복했을까요?

그것은 수보리의 큰 자비라고 생각하셔야 됩니다. 왜 수보리의 큰 자비인가? 〈금강경〉 상권에서 부처님께서는 계속 사상(四相)과 반야바라밀의 세계에 대해서 많은 법문을 하셨고 이 하권에 들어와서도 법문을 하셨지 않습니까? 그런데도 그 법문들을 제대로 이해하지 못하는 중생들이 있는 겁니다. 그래서 여기에서 그 사람들에게 정법에 대한 안목을 열어주려고 재차 묻는 거에요. '선현기청분'과 '구경무아분'에서 같은 질문을 한 이유입니다.

부처님께서 성불하시고 처음으로 설하신 경전이 〈일승원교 대방광불화엄경〉입니다. 부처님께서 일불승인 〈대방광불화엄경〉을 설했을 때는 어느 누구도 부처님께 법을 묻지도 않았고 또 부처님도 그냥 부처님께서 깨달으신 세계, 그 정신세계 그대로 실상의 세계를 법문하셨지 상대의 근기에 맞게 근기설법을 하시거나 방편법을 열어서 법문하신 것이 아니었지요. 진실 그대로 법문하셨다 해서 '여진이설(如眞以說)'이라 하고 또는 증득하신 그대로 설법을 하셨다고 해서 '여증이설(如證以說)'이라고도 합니다.

그런데 부처님께서 증득하신 실상법에서 바로 설하셨는데 중생들이 못 알아들었거든요. 성문과 연각승들도 못 알아들었어요. 그래서 부처님이 다시 법을 낮추어서 아함을 12년, 방등을 8년, 반야사상을 21년 설하시고 그리고 나서 실상묘법인 〈법화경〉을 8년간 설하신 거에요.

그럼 이 〈화엄경〉과 〈법화경〉의 내용이 다르냐 하면 크게 다르지 않습니다. 〈화엄경〉은 생명세계 각자가 가지고 있는 각자의 개성을 하나하나 다 존중해주고 개체의 세계를 있는 그대로 인정해 주는 내용인데 〈법화경〉은 이 생명세계를 전체적으로 아울러서 종합적으로 설명한 거에요. 스포츠로 말하면 〈화엄경〉에서는 개인의 기술, 능력을 상당히 인정해준 것이라고 한다면 〈법화경〉에서는 종합적으로 팀워크가 잘 구성될 수 있게끔 법문을 하신 거라 할 수 있어요.

그럼 〈화엄경〉과 〈법화경〉의 차이점은 무엇인가? 〈화엄경〉을 설하실 때는 듣는 사람들의 근기를 살피지 아니하고 법문을 하셨기 때문에 알아듣는 사람들이 적었어요. 그런데 그 후 아함, 방등, 반야의 과정을 거치면서 많은 사람들이 대승의 대의를 충분히 이해하도록 성숙시키고 그 지혜를 원만하게 가르쳐서 끌어올렸던 것이죠. 그렇게 충분히 이해가 될 수 있는 상태에서 〈법화경〉을 설했거든요. 그래서 〈법화경〉에서는 이승과 삼승, 보살 모두를 아울러서 다 일승법으로 돌아갈 수 있게끔 성숙시켜 일승법문을 하셨다. 그게 차이점입니다.

〈금강경〉 상권에서도 〈화엄경〉의 경우처럼 부처님이나 대중 어느 누구도 얘기를 하지 않았는데 수보리가 최상승의 질문을 했고 또 거기에 맞게끔 부처님이 법문을 하셨습니다. 그 덕에 중생들은 반야바라밀의 세계가 어떤 것이고 무상의 세계, 무주의 세계, 묘유의 세계가 어떤 것인지를 상권의 설법을 통해 충분히 들어왔고 그리고 나름대로 아상, 인상, 중생상, 수자상의 사상을 털어 버리려고 하는 정진력도 쌓을 수 있었지요.

그런 수보리가 이제는 이 하권에 와서 다시 낙오되는 사람 없이 모두가 다 반야바라밀의 세계를 이해할 수 있게 하기 위해서 이렇게 또 묻는 겁니다. 그러니까 수보리의 큰 자비심이라고 봐도 되겠지요?

경문에서 수보리가 부처님께 "아뇩다라삼먁삼보리심을 발한 사람은 어떻게 그 마음을 머물며 어떻게 그 마음을 항복받아야 합니까?" 하고 여쭈었어요. 여기서 아뇩다라삼먁삼보리심은 바로 반야지혜, 최상의 깨달음을 얻겠다고 발원하는 마음입니다. 그러면 이 마음을 어떻게 머물며 어떻게 항복 받을 수 있을까요?

항복은 생명세계의 본질을 잘 이해하고 또 생명세계에서 존재해 가는 근본적인 방법에 대해서 충분히 알아야만 그 마음을 항복받을 수 있는 겁니다. 그 본질이 뭐냐 하면 반야심경에서 말하는 '오온이 공한 이치를 잘 깨우쳐 아는 것'이에요. 오온이 공한 이치를 알면 우리가 그 마음을 항복 받을 수가 있다는 것이죠. 그런데 〈금강경〉에서는 오온이 공한 이치를 아상과 인상과 중생상과 수자상의 사상(四相)을 가지고 말한 거에요. 그래서 사상이 없어야만 아뇩다라삼먁삼보리심을 발할 수가 있다, 사상을 가진 채 아뇩다라삼먁삼보리심을 발한 사람은 없다 이렇게 정리하시면 됩니다.

그럼 사상은 뭐죠? 사상은 그냥 중생심입니다. 사상이 있으면 중생입니다. 중생심을 쥐고는 반야지혜가 열리지는 않는다, 반야바라밀의 세계에 들어갈 수가 없다는 말입니다. 사상 이야기가 나왔으니까 사상에 대해서 이번엔 다른 측면에서 알아보겠습니다.

아상은 나에 대한 집착이고 아집이지요? '나'라는 아집이 있으면 반드시 동반하는 업이 있는데 그것이 바로 구하는 마음, 욕망입니다. 이것은 내가 있으면 반드시 따라오는 거에요. 그래서 아집은 욕구고 욕망이고 구하는 마음을 쉬지 못하게 되는 것입니다.

인상은 나와 남을 나누는 것입니다. 하나로 보는 것이 아니에요. 나누는 것이죠. 나로 인해서 화가 나는 일은 별로 없습니다. 누구나 자신에게는 관대하고 상대 때문에 화가 나지요. 너 때문에 내가 화가 나고 너 때문에 모든 일이 틀어집니다. 이렇게 시작된 것이기 때문에 인상이라는 말은 너와 나를 갈라놓는 이분법적 사고입니다.

중생상이 강한 사람일수록 매사에 집착이 강합니다. 우리가 재물을 모으는 것도 사실 나름의 원이 있고 목적이 있어서잖아요? 하지만 대승의 진리를 알지 못하고 아집과 욕망의 마음들이 정리되지 아니한 상태에서 재물을 모으거나 명예를 쫓다 보면 도리어 그것들에 끌려다니게 됩니다. 중생들은 아무리 모아본들 자기 것으로 만들기는커녕 제대로 한번 베풀어 보지도 못하면서 계속 욕심 부리는 거에요. 그러다 어떻게 됩니까? 준비만 하다가 가는 거에요. "내가 잘되면 그때 좋은 일 하겠습니다."그게 다 그냥 자신에게 속아서 준비만 하다가 가는 거에요. 그래서 중생상을 집착이라고 하는 것입니다.

수자상은 일반적으로 생명에 대한 자기 집착이라고 말하지만 그런 사전적인 이야기보다 이 수자상은 전부 다 중생심에서 나오는 일들이라는 것이죠. 중생이 항상 괴롭고 고통스러운 원인은 취하고 버리는 것에 대해서 지혜롭지 못하기 때문이라는 것입니다. 무엇을 가지려 할 때 가릴 줄 알아야 하고 놓아야 할 때 놓을 줄 알아야 하는데 중생은 아무 것이나 가지려 하고 놓아야 할 때도 놓지 않으려 한다는 겁니다.

중생은 취할 때는 이것이 들어와서 나를 해칠 일인지 나를 망하게 할 일인지도 모르고 그냥 취하는 거에요. 명예라든지 직위 같은 것도 물러서야 할 때가 되면 스스로 물러날 줄 알아야 하는데 중생의 욕망에 덮여 있으면 그것도 마음대로 안 된다는 거에요. 그래서 밀려나든지 망신당하고 나가든지 이렇게 된다 이 말이에요.

그러면 여기서 색·수·상·행·식 오온이 공한 이치를 잘 안다는 것은 뭘 말하는 것일까요? 인연법, 연기법을 잘 안다는 말입니다. 그리고 그 인연 연기법을 잘 안다는 것은 색이 공이고 공이 색인 이치를 잘 이해해서 어떠한 경계가 와도 집착하지 않는다는 것이지요. 색·성·향·미·촉·법이라는 경계가 왔을 때 사상이 없는 사람은 마음과 뜻과 생각에 자유로울 수 있습니다. 역으로 얘기하면 자유롭다는 것은 사상이 없다는 것입니다. 그러므로 사상이 없다는 것이 마음을 항복받은 것이고, 사상이 없는 자유로움에 그 마음이 머물러야 한다는 것입니다.

불고 수보리 선남자선여인
佛告 須菩提 善男子善女人

발아뇩다라삼먁삼보리심자 당생여시심
發阿耨多羅三藐三菩提心者 當生如是心

아응멸도일체중생 멸도일체중생이
我應滅度一切衆生 滅度一切衆生已

이무유일중생 실멸도자 하이고 수보리
而無有一衆生 實滅度者 何以故 須菩提

약보살 유아상인상중생상수자상 즉비보살
若菩薩 有我相人相衆生相壽者相 卽非菩薩

부처님께서 수보리에게 이르시되, "만약 선남자 선여인이 아뇩다라삼먁삼보리심을 발하였으면 마땅히 이와 같은 마음을 낼지니 응당 내가 일체중생을 멸도하리라. 일체중생을 멸도하고 나서는 한 중생도 멸도함이 없으리라. 무슨 까닭인가 수보리야, 만약 보살이 아상, 인상, 중생상, 수자상이 있으면 곧 보살이 아니니라."

지금 부처님께서 상당히 차원 높은 말씀을 하고 계십니다.

"일체중생을 다 제도해야 되고, 일체중생을 다 제도하고서는 일체중생을 제도했다는 생각을 가지지 말라."고 하시잖아요. 그리고는 "만약 보살이 아상 인상 중생상 수자상이 있으면 곧 보살이 아니니라."라고 하시면서 보살이 뛰어넘어야 할 사상에 대해 말씀하시는 겁니다. 아까는 사상에 대해 중생의 욕망이나 분노, 집착이나 취사심을 가지고 설명해드렸으니 이제 보살의 사상에 대해 알아보기로 하지요.

보살이 '교화해야 하고 제도해야 할 중생이 있다'고 생각하면 그것은 아상에 들어가는 거에요. 그리고 '일체 중생을 제도했다'는 생각을 하면 그것은 보살의 인상이 되는 것이구요. 이런 말은 참 이해하기 어렵죠? 제도를 했지만 마음에 티끌만큼이라도 제도했다는 생각이 남아 있으면 그건 인상이 된다는 거에요.

그리고 '제도해야 할 중생이 있어서 그 중생을 제도한 공덕으로 나는 열반을 성취할 것'이라는 생각을 가지면 그건 보살의 중생상이라는 거에요. 그리고 일체 중생을 다 제도한 그 공덕으로 열반을 성취하겠다는 생각에서 다시 그 열반에 안주하려고 하면 보살의 수자상이 되는 겁니다.

제15분 '지경공덕분'에 보면 '보살은 소작복덕을 불응탐착하느니라'는 구절이 나옵니다. 보살은 모든 선행을 하고 모든 중생구제를 하고 다 해도 그 많은 공덕과 그 많은 복덕에 집착하지 않는다는 말이에요. 보살이 일체중생을 제도하고, 일체중생을 다 열반에 들게 하고, 일체중생을 다 부처의 불지세계에 들게 하였더라도 보살이 그러한 자신의 보살행이나 공덕에 대해서 내가 했다는 생각을 일으키거나 그 공덕을 탐착하면 보살이 아니라는 것이죠.

소이자하 수보리 실무유법 발아뇩다라삼먁삼보리심자
所以者何 須菩提 實無有法 發阿耨多羅三藐三菩提心者

"그 까닭이 무엇인가 하면 수보리야, 실로 법이 있어서 아뇩다라삼먁삼보리심을 발한 것이 아니니라."

여기 해석이 '실로 법이 있어서 아뇩다라삼먁삼보리심을 발한 것이 아니니라'고 되어 있지요? 원문을 보시면 '실무유법 발아뇩다라삼먁삼보리심자'라고 되어 있어요. 이 말은 '실로 얻어야 할 정해진 법이 있어서 깨달음을 구하는 마음을 낸 것이 아니다'로 이해하면 쉬울 것 같습니다.

정해진 법이란 아상, 인상, 중생상, 수자상 네 가지 법을 말하니 이 네 가지를 없애지 않으면 아뇩다라삼먁삼보리를 얻을 수 없다는 겁니다. 또 '나는 보리심을 내지 않았다'고 해도 아상, 인상 등을 내는 것이니 아상, 인상 등의 법이야말로 번뇌의 근본이 된다는 거지요. 그러니까 사상을 가지고는 절대 반야바라밀의 세계에 들어갈 수가 없다고 이해하시면 됩니다.

수보리 어의운하 여래 어연등불소
須菩提 於意云何 如來 於燃燈佛所

유법득아뇩다라삼먁삼보리부
有法得阿耨多羅三藐三菩提不

불야 세존 여아해불소설의 불 어연등불소
不也 世尊 如我解佛所說義 佛 於燃燈佛所

무유법 득아뇩다라삼먁삼보리
無有法 得阿耨多羅三藐三菩提

불언 여시여시 수보리
佛言 如是如是 須菩提

실무유법여래득 아뇩다라삼먁삼보리
實無有法如來得 阿耨多羅三藐三菩提

"수보리야, 어떻게 생각하느냐. 여래가 연등불 처소에서 법이 있어 아뇩다라삼먁삼보리를 얻었느냐."

"아닙니다. 세존이시여, 제가 부처님이 설하신 뜻을 이해하기에는 부처님이 연등불 처소에서 법이 있어 아뇩다라삼먁삼보리를 얻은 것이 아닙니다."

부처님께서 말씀하시되 "그렇다, 그렇다. 수보리야, 실로 법이 있어서 여래가 아뇩다라삼먁삼보리를 얻음이 아니니라."

첫 구절에 부처님께서 "여래가 연등불 처소에서 법이 있어 아뇩다라삼먁삼보리를 얻었느냐?"고 물으셨어요. 여기서 법이 있다는 말은 무슨 말이죠? 법은 정해진 법이 있음을 말하는 거에요. 그러니까 이 말은 여래가 연등 부처님을 뵙고 법을 들었을 때, 정해진 법을 가지고 아뇩다라삼먁삼보리법을 얻었다고 생각하느냐고 묻는 거에요.

연등 부처님은 석가모니 부처님에게 수기를 주신 분이라고 말씀드습니다. 석가모니 부처님께서 비구로서 보살인행을 할 때 연등 부처님이 어느 마을에 법문하러 오신다고 해서 부처님이 법문을 들으러 가신 일이 있었어요. 그런데 연등 부처님이 지나가는 그 길에 물웅덩이가 있었어요. 그 때 부처님이 얼른 쫓아가서 물웅덩이에 머리를 풀어 깔고 엎드렸어요. 그리고는 연등 부처님이 그 머리카락과 몸을 밟고 지나가시도록 했어요. 연등 부처님께서 아뇩다라삼먁삼보리 반야바라밀의 법을 설하셨을 때 석가모니 부처님께서 반야바라밀의 세계를 깨달으신 것이죠. 그랬을 적에 "법이 있어서 아뇩다라삼먁삼보리법을 내가 얻었느냐?"고 묻는 거에요.

이와 비슷한 이야기가 있습니다. 중국의 현장법사 잘 아시죠? 서유기에 나오는 그 현장법사가 중국에서 인도로 법을 구하러 가는 길에 사막을 지나가면서 병이 났어요. 그래서 근처의 어느 성에 잠깐 머물면서 성 안에 있던 사람들에게 법문을 했습니다.

그런데 그 나라 임금이 들어보니까 세상 많은 성인들의 글도 읽고 말씀도 들었지만 이렇게 훌륭한 말씀은 처음이란 말이지요. 그래서 현장스님에게 계실 동안 궁전에 와서 법문을 해달라고 청하고 현장스님을 모시기 위해 법상을 만들기 시작했어요. 드디어 법상이 완성이 되었는데 그런데 올라가는 계단이 없는 거에요. 법문 할 시간이 돼서 현장스님이 나오니까 임금이 법상 밑에 엎드려서 현장스님에게 자기 등을 밟고 올라가시도록 했다는 기록이 있어요. 이처럼 법이라는 것은 아주 간절한 마음으로 귀하게 받아 들을 때 큰 울림을 줄 수 있는 것입니다.

그랬더니 수보리가 "아닙니다, 세존이시여. 제가 부처님이 설하신 뜻을 이해하기로는 부처님이 연등불 처소에서 법이 있어 아뇩다라삼먁삼보리를 얻은 것이 아닙니다." 이렇게 이야기를 한 거에요. 그러니까 부처님께서 "여시여시하다." 그렇고 그렇다고 인정을 해주고 인가를 해주는 겁니다.

그리고는 "수보리야, 실로 법이 있어서 여래가 아뇩다라삼먁삼보리를 얻음이 아니니라."라고 하십니다. 이 말은 사상이라는 중생심을 가지고 아뇩다라삼먁삼보리법을 얻는 것도 불가능하고, 또 아뇩다라삼먁삼보리라는 정한 법이 있어서 삼먁삼보리 세계를 내보이는 것도 아니라는 것을 부처님이 다시 한 번 정리해주시는 거에요.

수보리 약유법 여래득아뇩다라삼먁삼보리자
須菩提 若有法 如來得阿耨多羅三藐三菩提者

연등불 즉불여아수기 여어내세 당득작불 호 석가모니
燃燈佛 卽不與我授記 汝於來世 當得作佛 號 釋迦牟尼

이실무유법득아뇩다라삼먁삼보리 시고 연등불 여아수기
以實無有法得阿耨多羅三藐三菩提 是故 燃燈佛 與我授記

작시언 여어내세 당득작불 호 석가모니
作是言 汝於來世 當得作佛 號 釋迦牟尼

"수보리야, 만약 법이 있어서 여래가 아뇩다라삼먁삼보리를 얻었음인댄 연등불이 곧 나에게 수기를 주면서 '너는 내세에 마땅히 부처를 이루리니 호를 석가모니라 하라'고 하시지 않았으려니와, 실로 법이 있어서 아뇩다라삼먁삼보리를 얻은 것이 아니므로 이 까닭에 연등불이 나에게 수기를 주면서 말씀하시되, '너는 내세에 마땅히 부처를 이루리니 호를 석가모니라 하리라'고 하시느니라."

연등 부처님께서 법문 끝에 석가모니 부처님에게 '너는 언제 어느 때에 이 사바세계 남섬부주에 출현하여서 성불하는데 이름을 석가모니라고 할 것'이라고 예언을 하셨거든요. "그때 내가 법이 있어서 아뇩다라삼먁삼보리를 얻었다고 할진댄 연등 부처님께서 나를 부처가 될 것이라고 수기를 주었겠느냐?" 그 말입니다. 다시 말하면 '내가 사상을 가지고 있었으면, 내가 중생심을 가지고 있었으면 연등 부처님께서 다음 생에 내가 석가모니라는 부처가 될 것이라고 수기를 주지 않았을 것이다' 이 말이에요.

그러니까 이것은 거울과 거울이 서로 비추는 경지가 되는 거에요. 거울과 거울이 서로 비춘다는 말은 반야바라밀의 세계에서 반야바라밀의 세계가 서로 상즉상입한다는 겁니다. '상즉상입(相卽相入)'은 〈화엄경〉에서 나온 용어인데 서로 같은 경지에서 반야지혜의 세계를 비춘다는 것이죠. 그러니까 부처님이 부처님을 보고 부처의 세계를 서로 이야기하는 겁니다. 그럼 여기서 말하는 부처의 세계는 어떤 세계인가? 그렇습니다. 사상이 없는 세계입니다. 여러분들은 한걸음 더 나아가 부처의 세계라고 정할 만한 법 역시 있는 것이 아니라는 것도 알아야 합니다.

자기 식의 불교를 고수하는 사람들은 미신이라고 앞서 말씀드렸습니다. 부처님의 정법을 이야기하는데 정법을 받아들이려고는 하지 않고 감나무에서 홍시가 내 입 속으로 바로 떨어지기를 기다리는 사람처럼 어느 날 한 순간에 확철대오하는 것을 꿈꾸는 사람들이 많아요. 한국불교가 지금 그 병이 깊이 들어 있어요. 이건 아주 중요한 이야기에요.

유명한 화가 피카소는 나이 40대까지는 사실화를 그린 사람이에요. 사실화만 수없이 그렸어요. 그러다보니 그 사람이 깨친 게 뭐냐 하면 '이런 사실화를 그린다는 것은 사진 찍는 것만 못하다'는 것이었어요. 사진으로 찍는 게 훨씬 정확하게 인물이나 풍경을 묘사해낼 수 있잖아요. 거기서 피카소는 한 고비 넘어서서 추상화를 그리기 시작한 겁니다.

그러면 피카소가 사실화를 그리는 고된 노력의 과정없이 어느 날 갑자기 뚝딱 유명한 추상화가가 되었습니까? 아니지요? 불교 공부나 수행도 마찬가지입니다. 여러분들이 기본적인 부처님의 사상, 대승의 깊은 뜻을 바로 알고 충분히 이해를 해야 이해를 넘어설 수 있고, 교리를 충분히 알아야 교리에 매이지 아니하고 교리를 초월할 수가 있는 겁니다.

하이고 여래자 즉제법여의
何以故 如來者 卽諸法如義

"무슨 까닭인가 하면 여래라 하면 모든 법이 여여하다는 뜻이니라."

여래라는 말은 반야바라밀의 세계를 말하는 것이에요. 반야는 항상 깨어 있다는 이야기고, 깨어 있다는 말은 사상이 없다는 겁니다. 그렇죠? 여여하다는 말은 항상 깨어있다는 이야기인데 우리는 살아가면서 사람관계라든지 물질관계라든지 여러 경계들을 만납니다. 여러 가지 많지 않습니까? 그리고 그 경계들로 인해 나름대로 가슴 아팠거나 상처받았던 경험들이 많아요. 그런 아픔은 우리가 여여하지 못했기 때문에 주어진 결과물입니다.

왜 여여하지 못했는가 하면 사상을 쥐고 살았기 때문에 그렇습니다. 여여는 사상을 버려 마음과 생각과 뜻에 자유로워지는 것을 말하죠. 그래서 여래는 곧 부처님의 큰 지혜의 마음입니다.

약유인 언 여래 득아뇩다라삼먁삼보리 수보리
若有人 言 如來 得阿耨多羅三藐三菩提 須菩提

실무유법불득아뇩다라삼먁삼보리
實無有法佛得阿耨多羅三藐三菩提

"만약 어떤 사람이 말하길, '여래가 아뇩다라삼먁삼보리를 얻었다'고 하면 수보리야, 실로 법이 있어서 부처님이 아뇩다라삼먁삼보리를 얻음이 아니니라."

이해가 가죠? 이 말은 사상이라는 법이 있게 되면 아뇩다라삼먁삼보리를 얻지 못한다는 뜻도 되고, 조금 더 차원 높게 이야기를 하자면 아뇩다라삼먁삼보리 세계를 얻었다고 하니까 아뇩다라삼먁삼보리라는 세계가 또 있다고 집착을 하면 안 된다는 뜻이에요. 그런 세계가 있다고 하면 그건 정해진 유법의 세계가 되잖아요. 유법이라고 하면 그것도 하나의 사상에 들어가는 것이에요.

부처님께서 말씀하신 대로 모든 법은 중생을 저 불지에 오르게 하기 위한 뗏목일 뿐이니 그것 역시도 법의 상을 만들거나 집착하지 말라는 말씀입니다. 반야바라밀의 세계는 무유정법이라 특별히 그 상황에서 그 중생에게 맞게끔 법문을 하신 것이지, 정한 법이 있어서 그 법을 가지고 그렇게 말씀하신 것이 아니라는 것을 이해하셔야 됩니다.

수보리 여래소득아뇩다라삼먁삼보리 어시중 무실무허
須菩提 如來所得阿耨多羅三藐三菩提 於是中 無實無虛

"수보리야, 여래가 얻은 바 아뇩다라삼먁삼보리는 이 가운데는 실다움도 없고 헛됨도 없느니라."

우리 중생은 다가오는 현상이나 경계에 늘 집착합니다. 중생심의 분상에서는 못난 것보다는 잘난 것이 좋고, 갖지 못하는 것보다는 많이 갖는 것이, 없는 것보다는 있는 게 좋은, 이런 식으로 현상세계나 경계에 집착하고 있어요. 그런데 이 현상이나 경계들이 그 본질로 볼 때는 실다운 것입니까? 아니지요? 그것들은 다 인연소생으로서 물에 이는 파도나 거품같이 잠깐 일어난 현상일 뿐이지 진리라고 볼 수는 없어요. 마찬가지로 깨달음이라는 것도 어떤 고정된 형태의 깨달음이 있는 것이 아니기 때문에 실다움이 없다고 한 것이에요.

우리가 현상세계를 바라볼 때 '현상세계는 다 인연소생이기 때문에 스스로 자기라고 내세울 만한 자성이 없고 그래서 실다움이 없는 것이다' 등등 너무 본질 쪽으로 치우쳐 버리면 허망한 생각에 사로잡히겠지요. 그러니 진공묘유는 진공과 묘유가 항상 함께 있을 때 진공묘유의 공능을 드러내는 것입니다. 또 색즉시공에서 색은 항상 그 바탕인 본질을 공이라고 하고 공 속에는 항상 만 가지 상이 드러날 수 있는 색의 창조성이 있다는 것을 인정할 때 색즉시공 공즉시색이라고 했듯이 우리가 허망하게 여겨서는 안 된다는 말입니다.

그래서 색과 공의 양변에 집착하지 아니하고 조화롭고 지혜롭게 생활하는 것을 다른 말로는 연기중도라고 합니다. 연기라는 자체가 중도라는 뜻이거든요. 중도라는 자체가 양변에 집착하지 않는다는 의미에서 무실무허라고 이야기하는 거에요.

시고 여래 설 일체법 개시불법
是故 如來 說 一切法 皆是佛法

"그러므로 여래가 설하되 일체법이 다 불법이라 하시니라."

여래께서 '일체법은 다 실상이고 불법이고 진리다'라고 해도 맞는 말씀이고, 또 여래께서 '일체법은 무상한 것이고 다 실체가 없는 것이고 믿을 만한 것이 없다'고 해도 맞다는 거에요.

부처님 세계에서 보면 모든 법이 색상을 이야기해도 진리가 되는 것이고 본질을 이야기해도 색상이 된다, 즉 부처님은 자유자재로 그 법을 관하고 관자재가 되기 때문에 어떤 말씀을 하셔도 모두 진리가 되고 법이 된다는 말입니다. 중생은 무슨 말을 해도 중생 세계의 사상에서 못 벗어나게 되어 있고, 부처님은 무슨 말씀을 하셔도 다 진리의 법이 된다. 이렇게 생각하시면 됩니다.

수보리 소언일체법자 즉비일체법 시고 명일체법
須菩提 所言一切法者 卽非一切法 是故 名一切法

"수보리야, 말한 바 일체법이란 곧 일체법이 아님으로 일체법이라 이름 하느니라."

여기서 일체법이라고 하는 것은 우리의 마음이 색·성·향·미·촉·법과 만났을 때, 경계를 접했을 때 마음 세계에 일어나는 감정의 느낌, 생각, 뜻 이런 것들이 다 일체법입니다. 그런데 '일체법이 일체법이 아니다'라는 거에요. 왜 일체법이 아닙니까? 경계로 인해서 일어나는 나의 중생심과 번뇌는 모두 실상이 아니기 때문입니다. 인연에 의해서 잠깐 그 상황에 맞게 일어났을 뿐이라는 점을 직관해서 보고 또 그 사실을 앎으로 모든 색상을 보면서도 그 색상의 본질이 공이라는 것을 알기 때문에 일체법이 일체법이 아니라는 겁니다.

색이 영원한 색이 아니고 색은 공으로 돌아간다는 원리를 알기 때문에 공의 입장에서 볼 때는 일체법이 일체법이 아니죠. 집착이 없기 때문에 일체법을 일체법이 아니라고 볼 수가 있는 거에요.

그런데 '다시 그러므로 일체법'이라고 한다는 말입니다. 색이 공으로 돌아가서는 그것이 다시 또 세상 모든 생명세계가 존재해가게끔 일체법으로 살아나오기 때문에 그래서 또 일체법이라고 그러는 거에요. 그렇죠? 그래서 "일체법이 일체법이 아니고 일체법이라고 하느니라." 하신 겁니다.

이것은 조금 전에 말한 연기중도와 같은 말이죠? 비유하자면 여기 컵이 있어요. 그런데 이것을 컵이라고 이야기를 할 수 없다. 왜? 컵이라는 영원한 개체성은 없는 거니까. 인연에 의해서 잠깐 이루어진 것이므로 컵이라고 말할 수 없다. 그러나 나는 이것을 컵이라고 이야기 할 수밖에 없다. 색이 공이고 공이 색이라는 걸 이렇게 비유할 수 있습니다.

수보리 비여인신장대
須菩提 譬如人身長大

수보리 언 세존 여래설 인신장대 즉위비대신 시명대신
須菩提 言 世尊 如來說 人身長大 卽爲非大身 是名大身

"수보리야, 비유하건대 사람의 몸이 장대함과 같느니라."
수보리가 말씀드리되, "세존이시여, 여래께서 설한 사람 몸의 장대함도 곧 큰 몸이 아니고 그 이름이 큰 몸입니다."

　부처님께서 같은 말을 여러 가지로 비유하고 응용하고 계십니다. "비유하건대 사람 몸이 장대함과 같느니라." 그러니까 수보리가 말씀드리기를 세존께서 설한 '사람의 몸이 장대하다'는 것은 큰 몸이 아니고 그 이름이 큰 몸이라는 거에요. 즉비논리에요. 부정적인 논리에서 긍정적인 것으로 끌어내는 것이거든요. 여기서 '사람 몸이 장대하다'는 말은 법신불을 이야기하는 것입니다. 부처님 마음, 반야세계를 말하는 거에요.
　우리가 법신불을 볼 수 있습니까? 볼 수 없죠? 법신불이 어느 정도 크다고 이야기할 수 있나요? 없지요? 법신불은 비유를 하자면 허공의 전기(電氣)와도 같은 것입니다. 이 허공에는 전기가 바늘 하나 꽂을 자리도 비워놓지 않고 꽉 차 있습니다. 그렇죠? 그러면 이 전기가 크다, 작다, 많다, 적다 이야기할 수 있습니까? 그 자체이기 때문에 논할 수 없어요. 그것을 가지고 여기서 부처님이 비유하기를 '사람의 몸이 장대하다'고 이야기한 거에요. 장대하다고 해서 작다, 크다 등 상대적으로 논하는 것은 지혜의 눈이 아니에요.

그럼 여기서 말하고자 하는 것이 무엇인가? 절대적인 것에 대해 말하고 있는 거에요. 눈에 보이지는 않지만 절대적인 법신불이 이 허공에 꽉 찼다는 말이에요. 꽉 찼기 때문에 부처님은 그것을 장대하다는 말로 표현을 했을 뿐이고, 수보리는 '부처님께서 말하는 큰 몸이라는 것은 장대하다, 장대하지 않다는 상대적인 것을 떠났기 때문에 큰 몸이라고 하는 것'이라고 말하고 있는 겁니다.

수보리 보살 역여시 약작시언
須菩提 菩薩 亦如是 若作是言

아당멸도무량중생 즉불명보살
我當滅度無量衆生 卽不名菩薩

하이고 수보리 실무유법 명위보살
何以故 須菩提 實無有法 名爲菩薩

시고 불설 일체법 무아무인무중생무수자
是故 佛說 一切法 無我無人無衆生無壽者

"수보리야, 보살도 또한 이와 같아서 만약 이런 말을 하되, '내가 마땅히 한량없는 중생을 멸도하리라' 한다면 곧 보살이라 이름할 수 없음이니 무슨 까닭인가. 수보리야, 실로 법이 있어서 보살이라 이름하지 않느니라."

그러므로 부처님이 설하되, "일체법은 아도 없고 인도 없고 중생도 없으며 수자도 없다." 하느니라.

이 문장의 내용은 이미 설명해 드렸습니다. '보살이 한량없는 중생을 멸도하리라고 하면 보살이라고 이름 할 수 없다'고 했거든요. 그건 왜 그렇습니까? 사상에 빠져버리는 거에요. 벌써 아상에 빠져 버렸다는 얘기지요. 내가 있고 중생이 분리되어 버렸으니까. 그렇지요?

여기서 중요한 것은 본질이 그렇고 근본이 그렇다는 것을 이해하고 받아들이되 '현실의 나는 공부를 해야 되고, 닦아야 되고, 밝혀야 된다는 생각을 가져야 한다'는 겁니다. 때로 이 본질과 현실세계를 잘 넘나들지 못하는 사람들이 있어요. 그러면 법이 막혀서 경전을 잘 이해하지 못하게 됩니다.

지금 우리는 본질적인 이야기를 하고 있습니다. 그러나 현실에서 우리 중생들은 욕망, 욕구, 분노, 집착, 취사심을 제어할 수 있는 공부를 해야 하고 수행정진을 해야 하는 겁니다. 이제 '일체법은 아도 없고 인도 없고 중생도 없으며 수자도 없다 하느니라'는 문구가 이해되죠? 사상이 없기 때문에 그렇다는 것입니다.

수보리 약보살 작시언 아당장엄불토 시 불명보살
須菩提 若菩薩 作是言 我當莊嚴佛土 是 不名菩薩

하이고 여래설 장엄불토자 즉비장엄 시명장엄
何以故 如來說 莊嚴佛土者 卽非莊嚴 是名莊嚴

"수보리야, 만약 보살이 이런 말을 하되, 내가 마땅히 불국토를 장엄하리라 한다면 이는 보살이라 이름할 수 없음이니 무슨 까닭인가. 여래가 설한 불국토를 장엄한다는 것은 곧 장엄이 아니고 곧 그 이름이 장엄이니라."

제가 보살의 경지에서 사상을 비유할 때 '구제해야 할 중생이 있다고 생각하면 보살은 아상에 걸린 것이고, 중생을 구제했으되 중생을 구제했다는 생각을 가지면 인상에 걸린 것이고 중생을 구제하고 제도한 공덕으로 내가 열반을 성취해야 되겠다고 하면 중생상에 걸린 것이다'라고 했죠? 지금 그 얘기를 하고 있습니다.

'내가 중생을 많이 제도하고 구제를 했기 때문에 내 마음 세계가 많이 장엄이 되었고 공덕이 크겠다'는 생각을 하면 보살이 아니라는 말이죠. 하지만 사실 우리는 그런 생각 많이 하잖아요. '모든 생명들에게 베풀어야겠다. 모든 생명에게 사랑을 줘야겠다' 이런 좋은 생각은 내 마음을 선하게 장엄하는 것이고, 그렇게 선하게 장엄하는 것을 마음을 잘 장엄하는 거라고 생각하는 것이 솔직한 우리 마음이잖아요. 하지만 보살에 있어서는 그렇지 않다는 겁니다. 그런 생각을 갖는 것은 사상에 들어간다는 거에요.

그러니 모든 것을 무심하게 한다는 거에요. 비유하자면 거울이 모든 사물을 비추듯이 그렇게 할 뿐이라는 겁니다. 거울이 모든 사물을 사실대로 무심하게 비춰내는 힘은 어디서 나오는 겁니까? 거울이 가지고 있는 빛에서 나오는 것이거든요. 그 빛이 반야라는 겁니다. 그 반야는 장엄이 없는 장엄인 겁니다. 무엇을 꾸며서 장엄이 아니고 그대로 무심한 그 자체가 장엄이 되는 겁니다.

'여래가 설한 불국토를 장엄한다는 것은 곧 장엄이 아니고 그 이름이 장엄이다'라고 한 것은 보살은 그냥 무심한 마음으로 할 뿐이지 그것을 했다는 자기 공덕에 대해서 전혀 집착하거나 상을 내거나 탐착하지를 않는다, 그것이 보살의 아름다운 장엄이라는 뜻입니다.

수보리 약보살 통달무아법자 여래 설명 진시보살
須菩提 若菩薩 通達無我法者 如來 說名 眞是菩薩

"수보리야, 만약 보살이 무아의 법을 통달한 자이면 여래는 이를 참다운 보살이라고 이름하느니라."

이제 결론을 말씀하시는 거에요. 구경무아라고 그랬잖아요. 무아의 세계를 깨닫지 아니하고는 보살이라고 할 수가 없습니다. 이 무아의 세계는 사상이 없는 세계이고 아뇩다라삼 먁삼보리심의 세계입니다. 무아는 무엇이 무아이겠습니까? 사상이 없으면 무아의 세계에 들어갈 수가 있죠. 무아의 세계는 연기(緣起)를 믿고 깨쳐서 내 일상생활에서 자기화 되어 나올 때, 무심으로 돌아갔을 때 얻어지므로 언어나 마음의 뜻으로나 어떤 무엇을 가지고도 이 무아의 세계에는 접근할 수가 없고 이야기할 수가 없습니다.

고갱이 | 거울이 사물을 있는 그대로 비춰내듯 모든 것을 무심하게 하십시오. 무엇을 꾸며서 장엄이 아니고 그대로 무심한 자체가 장엄입니다.

제18분

일체동관분
一體同觀分

일체를 하나로 보다

一豐覲
骨
苟寬
回笛兒
八
分

이제 제18분 '일체동관분'입니다. 일체동관은 '모든 것을 하나의 체성으로 동일하게 본다'는 뜻입니다. 〈금강경〉 가운데 그 유명한 오안(伍眼)의 법문이 나오는 분입니다.

수보리 어의운하 여래 유육안부
須菩提 於意云何 如來 有肉眼不

여시 세존 여래 유육안
如是 世尊 如來 有肉眼

"수보리야, 어떻게 생각하느냐. 여래가 육안이 있느냐."
"그렇습니다. 세존이시여, 여래는 육안이 있습니다."

육안은 우리 몸뚱이에 실재하는 눈을 말하는 것이죠? 부처님도 육안이 있고 우리도 육안이 있습니다. 부처님의 육안과 중생의 육안은 모양은 똑같아요. 그리고 모든 물질과 색상과 현상세계를 볼 때 육안에 보이는 현상세계는 부처님에게나 중생에게나 똑같습니다. 우리가 보는 것을 부처님도 보시고, 부처님이 보시는 것을 우리도 봅니다.

그런데 중생은 현상세계를 볼 때 드러난 현상을 쫓느라 정신이 팔려 그 본질의 영역까지 관심을 두는 것이 쉽지 않습니다. 예를 들면 법당에 들어오자마자 장엄이 잘 되었다든지 또는 시설이 잘 갖추어져 있다든지 법문하는 스님이 참 잘 생겼다든지 하며 이렇게 보이는 현상에만 생각과 시각이 머무는 사람이 있다고 합시다. 이 사람은 전형적인 육안에서 벗어나지 못한 사람이라고 할 수 있습니다. 그래서 그 현상에만 집착을 하고 애착을 품고 그것에 대해 좋고 싫고 진선미를 생각하기 때문에 그로 인해서 병이 생긴다는 거에요. 중생의 고통과 괴로움의 병은 이렇게 생기는 것이죠.

반면 부처님의 육안은 현상을 보면서도 그 현상이 인연으로부터 일어난 것을 보시고 그 인연의 실체는 실로 믿을 만한 영원한 실체가 없다는 사실을 아시기 때문에 집착 없이 무심하고 평등하게 보실 수 있습니다. 마치 거울이 현상을 비출 때 천하고 귀하고 미워하고 사랑하는 취사분별심을 내지 아니하고 있는 그대로를 비추는 것처럼 있는 그대로 평등하게 보시는 겁니다.

수보리 어의운하 여래 유천안부
須菩提 於意云何 如來 有天眼不

여시 세존 여래 유천안
如是 世尊 如來 有天眼

"수보리야, 어떻게 생각하느냐. 여래가 천안이 있느냐."
"그렇습니다. 세존이시여, 여래는 천안이 있습니다."

여기서 천안이라고 할 때 여러분들은 흔히 천상의 세계를 보는 눈으로 생각할 수도 있겠지만 〈금강경〉에서는 마음을 깨쳐 지혜를 열기 위한 마음 법을 말합니다. 예를 들면 법당에 들어갔을 때 법당에 어떤 수준의 사람들이 모여 있으며 법당은 어떤 모양을 갖췄다고 하는 현상을 보는 것이 아니고 오로지 법의 이치를 생각하면서 법사스님이 지금 무슨 말씀을 하시는가에 더 관심을 두고 귀를 기울입니다.

그리고 법사스님이 귀한 마음 다스리는 법을 설하고 있다고 하면 '아! 이렇게 좋은 법문을 어찌 나만 들을 수 있는가. 내 부모, 형제, 가족들도 데려와 같이 듣게 해서 모두가 마음의 해탈을 얻고 마음과 뜻과 생각에서 자유로운 삶을 살게끔 하고 싶다. 더불어 내 이웃이나 인연 없는 모든 사람들도 이런 법문들을 많이 들어서 사회 모두가 불교적인 생활관을 가지고 살 때 이 사회가 얼마나 살기 좋은 극락이 될까' 이런 생각을 하기 마련입니다.

그러면 그 사람은 육안에서 한 차원이 높아진 것이죠. 그 사람은 천안을 가진 사람이라고 할 수 있습니다. 천안을 가진 사람은 모든 사람을 똑같이 사랑하고 배려하면서 함께 공존하는 생명의 법칙을 어느 정도 이해하는 사람이거든요.

이와 같이 부처님이 천안이 있으시면 중생도 천안이 있는 거에요. 다만 중생은 지혜가 없어서 천안을 천안으로서의 역할을 못하게끔 매몰시킨 것 뿐이지요. 부처님이 가지신 것은 우리도 다 가진 거에요. 우리가 갖지 않은 것을 부처님이 갖춘 것이라고는 한 티끌만큼도 더 없어요.

그럼 부처님의 천안은 어떤 천안이고 중생이 가진 천안은 어떤 천안인가? 부처님이 천안으로 세상을 볼 때 중생들도 그 '보는 기능'에 있어서는 부처님과 똑같다는 겁니다. 중생은 다만 욕망과 집착심에 얽매여 그 천안의 문을 열지 못한다는 거에요. 중생이 보시를 할 때 자꾸 차별을 하고 자기 입장을 생각하는 이유가 여기에 있습니다. 그러니 부처님이 보시는 천안은 '모든 중생들이 안타깝다'는 것이죠.

개미와 베짱이 이야기 잘 아시죠? 어느 겨울날 눈보라가 치고 먹을 것을 구할 수 없던 베짱이가 개미집에 찾아와서 "개미님, 당신은 가진 것이 많지 않습니까? 그리고 당신 곳간에는 충분한 양식이 있으니까 이 불쌍한 베짱이를 좀 도와주십시오." 하면서 구걸을 하고 있습니다.

그럼 우리가 볼 때 개미가 베짱이에게 좀 넉넉하게 주면 얼마나 좋아요? 그런데 개미 입장에서 볼 때는 그게 아닌 거에요. '내가 이런 부유함으로 넉넉함을 누리는 것은 도둑질을 한 결과도 아니오, 무더운 여름날 남들 놀러 다닐 때 땀 흘려 일한 정당한 노력의 댓가이다. 그러니 너도 열심히 해서 그렇게 가난에서 벗어나도록 해라' 이런 생각인 겁니다. 그렇지요?

그럼 베짱이 입장에서 볼 때는 어떻습니까? '아이고 찔러도 피 한 방울 안 나올 차가운 놈, 그렇게 큰 곳간에서 조금 나눠주면 좋을 텐데 저렇게 인색하게 구는군' 하고 생각하겠지요? 중생심은 다 그렇습니다. 중생심은 무엇을 주더라도 그 상황에서 항상 자기 입장을 생각해요.

개미의 중생심은 또 어떻습니까? '내가 이유 없이 너한테 줄 것이 뭐 있으며 너하고 나하고 피가 섞였느냐 살이 섞였느냐. 그러니 나는 너를 도와줄 수 없다. 나도 열심히 일해서 부자가 된 것이지 너처럼 놀면서 부자가 된 것은 아니니까 나한테 구걸하러 오지 마라' 이런 이유로 자기 입장을 합리화시키는 겁니다. 그러나 지혜 있는 사람은 어리석은 자를 그렇게 나무라지 않습니다. '너도 나와 같이 부자가 될 수 있는 능력과 생각을 갖추고 있는데 참 안타깝구나' 그런 생각으로 그냥 도와주는 것이지요.

부처님 입장에서 보면 그렇다는 겁니다. 부처님의 천안은 모든 일체중생에게 평등합니다. 큰 자비이고 큰 지혜입니다. 그러나 중생은 어려운 사람을 보거나 자기보다 못한 사람을 볼 때 자기 입장을 먼저 내세우게 되고 그 이유를 합당하게 여겨서 베풀 수 없는 상황이 일어난다는 것이죠. 이런 것이 부처님의 천안과 중생이 가지는 천안의 차이입니다.

수보리 어의운하 여래 유혜안부
須菩提 於意云何 如來 有慧眼不

여시 세존 여래 유혜안
如是 世尊 如來 有慧眼

"수보리야, 어떻게 생각하느냐. 여래가 혜안이 있느냐."
"그렇습니다. 세존이시여, 여래는 혜안이 있습니다."

아뇩다라삼먁삼보리의 세계를 다른 말로 혜안이라고 합니다. 부처님이 보시는 혜안은 이 세상을 볼 적에 그 현상과 본질을 나누어 보는 것이 아니고 항상 함께 보십니다. 그런 혜안이 열리면 절대 나와 너라는 것이 나누어질 수가 없어요.

'천지동근(天地同根)이요 만물일체(萬物一體)'라는 말이 있습니다. 천지는 한 뿌리에서 나왔고 만물은 한 몸이라는 뜻이지요. 모두가 한 몸이요 한 생명이라는 말입니다. 아상, 인상, 중생상, 수자상의 사상이 없기 때문에 모든 것이 다 내 몸과 같다는 겁니다. 내 몸과 같아요. 그런데 같은 혜안의 기능을 가졌으면서도 우리 중생들은 항상 육안이나 천안의 입장에서 생각하기 때문에 부처님의 불세계의 능력을 믿기가 어렵다는 거에요. 이것이 부처와 중생이 같은 눈을 가지고 있으면서도 다르다는 것입니다.

예를 들어, 어떤 사람이 법당에 들어와서 법문을 듣고 보니 '아! 그 법문이 다른 사람의 이야기를 하는 것이 아니라 내 이야기를 하고 있구나. 나에게 화두가 되어 있는 가장 본질적인 문제들을 이야기하고 있었어. 그리고 부처님이나 우리나 보고 듣고 느끼고 생각하고 판단하는 모든 마음의 기능이 똑같은데 마음의 세계가 저렇게 자유롭다면 나도 한 번 들어가 봐야겠다' 이런 생각이 드는 겁니다. 내가 본래 부처님과 똑같은 능력이 있다고 하니 나도 금생에 성불해야 되겠다는 원을 세웁니다. 이 사람은 혜안을 가진 사람입니다. 그래서 중생도 혜안이 열리면 반야바라밀의 세계를 들었을 때 바로 믿는다는 거에요. 바로 믿고 바로 깨쳐서 바로 실행을 한다는 것이죠.

여러분들 어릴 때 땅 따먹기 해봤어요? 옹기 깨진 것을 다듬어서 동그랗게 사금팔이를 만들고 운동장 같은 데서 동그라미 하나 그려놓고 거기서부터 시작하지요. 사금팔이를 던져서 얼만큼 가면 거기서 다시 던져서 본래 동그라미 안으로 들어와야 그만큼이 자기 땅이 되잖아요. 그것도 욕심내면 자기 자리에 못 들어갑니다. 아주 적절하게 놓을 줄 알아야 땅을 불려나갈 수 있는 거에요.

그렇게 하루 종일 놀아도 내가 어디서 놀고 있고 내가 지금 무슨 일을 하고 있다는 생각이 없습니다. 놀이에 빠져 있기 때문에 어머니가 아침에 깨끗이 빨아서 다려 준 바지도 상관없지요. 그냥 무릎 꿇고 질질 끄는 거에요. 그러면서 계속 땅을 넓히는 거에요. 엄청나게 확보하는 거죠. 그거 넓어져본들 내가 가지고 갑니까? 무슨 이득이 있습니까? 그런데도 그게 참 천진한 마음에 그렇게 재밌고 그런 거에요. 그럴 때는 시간이 어떻게 가는지 내가 어느 공간에 앉았는지 시간이 얼마나 흘렀는지 전혀 몰라요. 그러면서 계속 하는 거에요.

저녁 때가 되어서 어머니가 "개똥아, 저녁 먹으러 오너라." 하시면 그제서야 보니까 해가 떨어졌다 이 말이에요. '아! 저녁 때가 되었구나. 시작할 때는 해가 중천이었는데' 그렇잖아요? 그럼 갈 때는 또 어떡합니까? "내 땅 너 다해라." 그러고는 아무 미련없이 가는 거에요. 내 땅이라고 집착하지 않아요. "이거 너 다 해라. 사금팔이까지 준다." 그렇게 주고서는 그냥 가는 거에요. 얼마나 순수합니까.

보살님들도 조금씩 돈을 모으지요? 그런데 그게 조금씩 모이면 그렇게 재밌답니다. 그게 제법 몇 백만 원이 되고 몇 천만 원이 될 때는 굉장히 기쁘겠죠? 그런데 그 돈이 벌써 액수가 억 단위로 넘어가면 그 돈은 이미 자기 선에서 떠나는 거에요. 자기 돈이 아닙니다. 자기가 그 돈 쓸 수가 없어요. 그럼 그 많은 돈이 누구 겁니까? 그건 벌써 남의 돈입니다. 그걸 알아야 돼요. 그런데 우리는 돈에 굉장히 애착해요. 여러분의 바로 그 집착 때문에 그 돈 못 씁니다.

그런데 정말 혜안이 열린 사람은 그렇지 않아요. 백 원이 있어도 천 원이 있어도 '이 돈은 내 돈이 아니다. 이것은 생명공동체의 모두가 다 주인이 될 수 있는 그런 돈이다' 이 생각을 갖기 때문에 집착이 없는 거에요. 그러니까 혜안이 열리면 천진한 아이가 사금팔이 가지고 땅 따먹기 하다가 해가 지면 "너 다해라." 하고 일말의 미련없이 뒤도 안 돌아보고 그냥 옷 툴툴 털고 가듯 그렇게 사는 겁니다. 혜안이 안 열리면 모든 것이 나한테는 다 욕망의 대상이 되고 집착하게 되고 그것 때문에 굉장히 번거로워져서 '이것을 어떻게 해야 되나' 하면서 마지막 갈 때까지 전전긍긍하다 그거 정리 못해놓고 가면 편히 눈 못 감는 거에요. 저승길에도 그게 밟히는 겁니다.

제가 실제로 겪은 이야기입니다. 아는 보살님이 처사 몰래 돈을 좀 만들었어요. 그래서 남한테 꿔주고 했나 봐요. 그런데 어느 날 오랜만에 만났는데 얼굴이 많이 핼쑥해졌길래 걱정이 돼서 "보살님, 얼굴이 왜 이리 안 좋습니까?" 물었더니 "스님, 연탄가스로 인해서 죽을 뻔했습니다. 병원에 실려 갔다가 왔습니다." 하는 거에요.

그래서 제가 "저승 앞까지 갔다 오셨네." 그랬거든요. 그러니까 보살님 하는 말이 "스님, 영감이나 자식한테는 부끄러워서 말 못하고 스님한테 이야기를 하는데요, 저승을 갔는지 안 갔는지는 모르겠고 숨 끊어지는 그 순간에요. 제가 119에 실려서 병원으로 가면서 혼몽한 상태에서도 영감 생각도 안 나고 자식 생각도 안 나고요. '내 저 돈 빌려준 거 정리해야 되는데, 저 돈 어떻게 알려야 되나, 어떻게 정리를 해야 되나' 그 생각만 머리에 맴돌더란 거에요. 그 길로 만약 갔으면 제가 돈 귀신이 되어서 여기저기를 맴돌 건데 다행히 왔습니다." 하는 거에요.

그래서 제가 "참 큰 경험했소. 중생은 억지로라도 그런 혜안이 열려야 됩니다." 했지요. 실화입니다. "그래서 스님, 내가 비자금 가지고 있으면 안 되겠다는 생각이 들었어요. 어떻게 처리를 해야 되겠습니까?" 묻길래 "좋은 일이 있는데 어떡하시렵니까? 동참하시겠습니까?" 했더니 그제야 비로소 그 보살이 "스님, 돈 쓸 데 가르쳐 주세요." 하는 거에요.

그때 당시 제가 법문을 다니던 절에 부처님 세 분이 너무 오래 되어 금칠이 다 벗겨져서 '어떻게 하면 도와줄 수 있을까' 마음에 걸려 있던 차였어요. 그래서 그 보살님에게 "가난한 절이 있는데 거기 부처님 세 분이 개금할 때가 되었습디다. 시골이다 보니까 그 스님이 능력이 없으니 개금불사를 좀 했으면 좋겠네요." 하니까 기분좋게 응낙하더군요. 그래서 개금불사를 잘 했어요.

혜안이 열리면 생각이 모든 것에서 자유로워지고 또 업이 형성되지 않아요. 혜안이 열리지 않았을 때는 본질을 모르는 사람이 자꾸 고집을 부리고 집착하기 때문에 업이 형성됐던 것이죠. 그런데 혜안이 열린 사람은 일을 할 때 본질은 붙들려고 해서 붙들어지는 것도 아니고 집착한다고 해서 내 것이 되는 것도 아니라는 것을 잘 알고 있어요. 그래서 모든 일을 오로지 생명세계의 평화로운 공존을 중심으로 풀어가기 때문에 거기서 업이 형성이 안 되는 거에요. 굳이 우리가 죽어서 극락세계, 지옥세계를 체험하기 보다는 살았을 때 이런 혜안이 열리면 삶 그 자체가 극락이 되는 겁니다. 이렇게 생명이 어디로부터 무엇에 의지해서 온 것인가를 아는 것을 혜안이라고 합니다.

수보리 어의운하 여래 유법안부
須菩提 於意云何 如來 有法眼不

여시 세존 여래 유법안
如是 世尊 如來 有法眼

"수보리야, 어떻게 생각하느냐. 여래가 법안이 있느냐."
"그렇습니다. 세존이시여, 여래는 법안이 있습니다."

　법안이라 하면 법을 보는 눈이라고 할 수 있겠죠. 부처님께도 법안이 있고 우리에게도 법안은 있습니다. 부처가 되고 나서도 부처님은 법을 가지고 사는 거에요. 부처님이라고 해서 법이 없는 게 아니에요. 부처 되고 나서도 법에 의지하고 사는데, 법에 의지는 하되 어떤 정한 법이 있어서 그 법에 얽매인다든가 그 법에 구속된다든가 그 법에 상을 낸다든가 하지를 않는다는 것이죠. 반면 중생은 법을 들으면 법에 묶이게 되어 있어요. 한 가지 들으면 그 한 가지 법상이 생기고, 그러니 법에 자유롭지 못하다는 것이죠.
　왜 그럴까요? 역시 사상이 있기 때문에 그래요. 그런데 부처님께는 이것이 법이라고 마땅히 정해진 법이 없다는 거에요. 그렇기 때문에 그때그때 상황에 맞게 예리한 판단과 지혜의 눈으로 생명세계가 모두 기쁘고 행복하고 안락하도록 법을 쓰는데 아주 자유롭다는 겁니다.

　그럼 법이라는 것은 무엇을 말하지요? 법은 부처님께서 말씀하신 연기법을 말하는 겁니다. 그리고 우리가 연기법을 이해한다는 것은 모든 생명세계가 서로 관계를 맺고 공존해 나갈 수밖에 없다는 진리를 받아들이는 것이거든요. 그래서 법안이 열리면 너와 나를 둘로 나누지를 않아요. 왜 그렇습니까? 우리는 하나거든요.

여러분들이나 저나 지금 옆 사람이 호흡을 하면서 들이마셨다가 내뿜은 공기로 우리가 다시 들이마시고 내쉬는 호흡을 하고 있습니다. 그렇게 안하면 우리는 죽어요. 이것이 지금 우리의 실제적인 관계성을 선명하게 보여주는 예입니다.

좀더 거창하게 얘기를 꺼내 보지요. 우주에 빅뱅이 일어난 후 진화를 거듭하며 지구도 생명들이 지구에서 살 수 있게 하기 위해 무한한 노력을 한 것이죠? 풀 한 포기, 나무 한 그루, 바위 하나까지 모두 다 원을 세우고 노력을 한 겁니다. 사람이 이렇게 지구에 살게 되기까지 우리가 상상조차 못할 무수한 생명의 희생이 따랐던 것이죠.

한번 생각해보세요. 60억 인구가 하루에 소비하는 음식 양이 얼마나 된다고 생각합니까? 60억이라니 그 양이 어마어마하겠지요? 그럼 먹었으니 배설도 해야지요. 우리 60억 인구는 한 통 안에 들어 있습니다. 한정된 공간에서 매일같이 발생하는 그 어마어마한 배설물은 또 어떻게 처리합니까? 사람이 이것들을 처리할 수는 없어요. 이것들이 배출되어 그대로 땅에 들어갔을 때 눈에 보이지 않는 작은 미생물들이 분해합니다. 분해 작업을 하면서 그 미생물들도 또 뿜어내는 배출물이 있거든요. 그것을 배추나 상추가 그대로 흡수하는 거에요.

그리고 그것을 또 우리가 먹는 것이고요.

　이렇듯 생명세계에서 볼 때 관계성에서 벗어날 수 있는 것은 아무것도 없습니다. 그러니 부처님이 참 귀한 것을 발견하신 것이죠. 연기법이라는 원리는 부처님이 오시거나 오시지 않거나 상관없이 생명이 존재해 가는데 피할 수 없는 진리다 이 말이에요. 이전의 어떤 성인도 찾아내지 못한 천리(天理)를 부처님이 발견하신 거에요. 그렇듯이 법안이 열린 사람이 볼 때는 모든 생명세계가 전부 다 관계성으로서 존재하기 때문에 너는 너고, 나는 나고 그렇게 나눌 수가 없어요. 사람과 사람 사이의 관계가 그렇고 사람과 자연 사이의 관계도 모두 그렇습니다.

　태양이 그 뜨거운 열에너지를 주지 않으면 우리는 하루도 못 살아요. 물이 우리 곁을 떠나면 우리는 못 삽니다. 때로 태풍이 한 번씩 와서 우리를 놀라게도 하고 귀찮게도 하지만 태풍이 불지 않으면 지구상의 이 엄청난 오염이 해결되지 않아요. 모든 것들이 다 이 생명들을 살려내기 위해서 힘을 모으고 합심해서 공동체로 살아가는 거에요. 그리고 법안의 세계에 들어가면 '나'라는 개인적인 자기 독선이나 아만이나 사상 모든 것이 떨어져 버리는 것이지요.

　그래서 저는 상호관계를 잘 이해하는 사람은 반드시 사회에서도 성공한다고 봅니다. 그런 사람은 학문을 하면 대단한 철인이 될 것이고, 경제를 하면 대단한 경제인이 될 것이며 또 예술을 한다고 하면 나름대로 어떤 누구도 따라올 수 없는 특별한 경계의 예술작품을 내놓을 것입니다.

제가 개인적으로 느낀 것이 있다면 예술을 전문적으로 하는 사람들은 천진하고 단순한 데가 있더라구요. 또 연구단지 같은 곳에서 평생 연구만 하는 사람들 있잖아요. 그런 사람들도 좀 단순하고 천진한 데가 있어요. 사람이 순수하고 천진한 것보다 더 큰 복은 없습니다. 그래서 〈선가귀감〉에서 서산스님은 '본바탕 천진한 마음을 지키는 것이 첫째 가는 정진'이라고 하셨어요.

제가 요즘 저녁에 운동 삼아 학교 운동장을 돌곤 하는데 지난 주였어요. 초등학생 정도 되는 애들이 공놀이를 하고 있었습니다. 한 작은 아이가 공을 찼는데 그 공이 골대를 빗겨나 그 옆에 세워 놓은 자전거에 맞았어요. 자전거가 넘어졌지요. 키 큰 아이가 작은 아이에게 공을 주워오라고 하니까 작은 아이가 공을 주워왔어요.

키 큰 아이가 공을 받더니 "너, 자전거 세워 놓고 와." 하는 거에요. 그러니까 작은 아이가 가서 자전거를 세워 놓고 오더라구요. 그러자 또 큰 아이가 하는 말이 "너, 그 자전거한테 가서 미안하다고 해." 했어요. 작은 아이가 미안하다고 하고 돌아왔어요. 다시 큰 아이가 하는 말이 "그렇게 하면 안 돼.

자전거 핸들을 손으로 만지면서 미안하다고 해." 그렇게 하고 오라는 거에요.

저는 그걸 보면서 '참 천진한 애들이구나. 그 애는 무슨 생각을 가지고 그랬는지 모르겠지만 내가 보는 눈에서는 저 애가 자전거에다가 생명을 불어 넣는구나' 하고 느꼈습니다.

왜 이런 말씀을 드리는가 하면 〈금강경〉이라는 경전 강의를 통해서 사상이 떨어진 사람의 일상생활은 삶의 인격이 천진한 아이와 같아야 한다는 것입니다. 그래야 여러분들이 행복해질 수 있고 여러분이 행복해짐으로써 여러분 주변에 함께 하는 인연들이 다같이 행복해질 수가 있다는 겁니다.

수보리 어의운하 여래 유불안부
須菩提 於意云何 如來 有佛眼不

여시 세존 여래 유불안
如是 世尊 如來 有佛眼

"수보리야, 어떻게 생각하느냐. 여래가 불안이 있느냐."
"그렇습니다. 세존이시여, 여래는 불안이 있습니다."

불안은 육안과 천안과 혜안과 법안이 잘 어우러져서 완성된 것을 말하는 것입니다. 육바라밀에서도 보시바라밀, 지계바라밀, 인욕바라밀, 정진바라밀, 선정바라밀이 잘 이루어진 것을 반야바라밀이라고 하듯이 여기서 불안은 반야바라밀을 말하는 거에요. 부처님의 입장에서 보면 육안의 세계를 말씀하셔도 그것은 불안의 세계를 드러내는 것이고, 천안의 세계를 말씀하셔도, 또 혜안과 법안의 세계를 말씀한다고 하더라도 그것은 전부 다 반야바라밀의 세계를 이야기하는 것입니다.

그런데 아직 사상을 쥐고 있는 중생의 입장에서 볼 때는 어떤 것을 봐도 모두 육안에서 벗어나지 못하는 거에요. 중생은 육안과 천안과 혜안과 법안과 불안을 가졌는데도 깨치지 못했기 때문에 육안밖에 못 쓰는 것이죠. 비유를 하자면 이 허공에 전기가 꽉 차있는데 부처님은 그 전기를 끌어다 모든 세상을 환히 밝힐 만큼 전등을 켤 수가 있는 것이고, 중생은 이 세상 천지에 꽉 찬 전기를 가지고도 간신히 5촉 짜리밖에 못 밝히는 거에요. 이것이 부처님과 중생의 오안의 차이입니다.

부처님 입장에서 볼 때는 육안도 불안이 되고 천안도 불안이 되고 혜안, 법안이 다 불안이 되지만 중생의 입장에서는 불안도 육안이 되고, 법안도 육안이 되고, 혜안도 육안이 되고 다 육안으로 돌아가는 거에요. 그래서 중생 속에 부처가 있고 부처 속에 중생이 있다고 하는 것입니다.

중생이 정한 바 중생이 있는 것이 아니고 중생 스스로가 중생일 뿐, 부처가 따로 정한 부처가 아니고 스스로 부처가 된다는 말이에요. 스스로 부처를 하는 겁니다. 우리가 참 불안의 세계에 가면 얼마만큼 우리의 삶이 자유로울까요?

수보리 어의운하 여일항하중소유사 불설시사부
須菩提 於意云何 如一恒河中所有沙 佛說是沙不

여시 세존 여래설시사
如是 世尊 如來說是沙

수보리 어의운하 여일항하중소유사 유여시사등항하
須菩堤 於意云何 如一恒河中所有沙 有如是沙等恒河

시제항하 소유사 수불세계 여시영위다부
是諸恒河 所有沙 數佛世界 如是寧爲多不

심다 세존
甚多 世尊

"수보리야, 어떻게 생각하느냐. 저 항하 가운데에 있는 모래를 부처님이 설한 적이 있느냐."

"그렇습니다. 세존이시여, 여래께서는 그 모래를 말씀하셨습니다."

"수보리야, 어떻게 생각하느냐. 저 항하에 있는 모래 수와 같이 이렇게 많은 항하가 있고 이 모든 항하에 있는 모래 수만큼의 불세계가 있다면 이는 얼마나 많음이 되겠느냐."

"심히 많습니다. 세존이시여."

상권에서도 이런 비유가 있었죠? 무슨 비유입니까? 부처님께서 이 강에 있는 모래 한 알을 하나의 부처세계에 비유하시면서 그것이 많냐고 물으시자 수보리가 매우 많다고 대답했습니다. 부처님께서 이렇게 많은 국토를 비유하신 이유는 그 가운데 있는 모든 중생 하나하나에게 모두 그 만큼의 마음이 있음을 밝히기 위해서입니다.

불고 수보리 이소국토중 소유중생 약간종심 여래 실지
佛告 須菩提 爾所國土中 所有衆生 若干種心 如來 悉知

부처님이 수보리에게 이르시되, "저 국토 가운데 있는 중생의 갖가지 종류의 마음을 여래가 다 아느니라."

중생들이 갖가지 생각을 하면서 제각각 업을 지어도 자기 부처가 다 안다는 거에요. 중생이 별의별 업을 짓고 갖은 생각을 하더라도 그게 전부 다 어디서 나온 것입니까? 그 불성에서 나온 가지가지 생각들이 사상이라는 구름에 덮혀 스스로 착각해서 취하고 집착하는 쪽으로 아무리 흘러간다고 하더라도 결국 자기 본성의 세계에서 티끌만큼도 벗어나지를 못했기 때문에 아무리 중생이 가지가지 업을 짓고 생각을 한다고 하더라도 그것은 자기 부처가 다 알고 있다는 거에요. 여래는 그걸 다 안다는 거에요. 여기서 여래는 무엇을 말하는 겁니까? 여기서 말하는 여래는 불성의 세계를 말하는 것이고, 반야바라밀의 세계를 말하는 것이고, 불안의 세계를 말하는 것입니다.

하이고 여래 설제심 개위비심 시명위심
何以故 如來 說諸心 皆爲非心 是名爲心

"무슨 까닭인가. 여래가 설한 모든 마음은 다 마음이 아니요, 그 이름이 마음이기 때문이니라."

마음, 마음이라고 하지만 마음에 무슨 이름이 있습니까? 마음은 본래 이름이 없잖아요. 이미 부처님 불심세계에 들어가면 마음이다, 부처님이다, 반야다, 바라밀이다 하는 이런 이름에 매이고 저런 이름으로서 정해질 만한 마음이 아니라는 거에요. 마음은 형상이 없는데 어떻게 이름을 붙일 수가 있어요? 부처님 세계에서는 마음이라는 이름 자체도 사실은 본래 이름이 없는 그대로 지혜의 광명인데 그것을 대화로 소통을 하자니까 우리가 어쩔 수 없이 마음이라고 하는 것이죠.

하지만 마음이라고 할 때 그 마음은 어떤 사물이나 어떤 현상의 본질을 이야기하는 겁니다. 공을 이야기하는 거에요. 공을 이야기할 때 공이 무슨 이름이 있나요? 공은 허공과 같이 이름이 없죠. 공은 공입니다.

소이자하 수보리
所以者何 須菩提

과거심불가득 현재심불가득 미래심불가득
過去心不可得 現在心不可得 未來心不可得

"까닭이 무엇인가 하면 수보리야, 지나간 마음도 얻을 수가 없으며 현재의 마음도 얻을 수가 없으며 미래의 마음도 얻을 수가 없음이니라."

　마음의 세계, 불안의 세계, 반야바라밀의 세계는 시간과 공간을 초월해 있고 시간과 공간에 얽매이지 않는다는 것이고, 또 너와 나를 나누지 않는 연기생명의 세계를 말하는 것입니다. 네가 있고 내가 있는 그런 상대적인 세계, 중생의 세계에서는 시간과 공간을 벗어날 수가 없죠. 자유로울 수가 없는 것입니다.
　어느 통계에서 보면 우리가 하루 종일 생활하면서 가장 많이 시간을 허비하는 것이 뭐냐 하면 과거를 되새기는 일이라고 합니다. 그 다음은 다가오지 않은 미래를 미리 걱정하고 자꾸 생각한다는 것이구요. 그런데 정말 중요한 것은 지금 현재의 생각이 반야의 생각으로 깨어 있느냐, 바로 현재의 삶을 여실하게 잘 보고 판단하면서 살고 있느냐 하는 것입니다.

경문에서 말하길 과거심도 불가득이고, 현재심도 불가득이고, 미래심도 불가득인데 그렇다면 과거도 얻을 수 없고 현재도 얻을 수 없는 마음을 우리는 어떻게 봅니까? 어떻게 그 마음을 볼 수 있을까요? 또 우리가 과거심, 현재심, 미래심을 벗어나 자유로워질 수 있는 길이 있다면 그것이 무엇이겠습니까?

여러분은 화두와 염불로 과거심과 현재심, 미래심에서 자유로워질 수 있습니다. 화두 드는 사람은 오로지 참의심이 온몸에 꽉 차서, 그 때 시간과 공간을 다 초월해버리고 무아가 되는 것입니다. 오로지 염불에 일념으로 매진하는 사람은 염불만 할 뿐이지 거기에는 시간과 공간과 나와 너라는 것이 붙지 못합니다. 오로지 그것을 할 뿐인데 거기에 무슨 야망이 있고 거기에 무슨 복잡한 욕망이 있겠어요. 어린 아이가 사금팔로 땅 따먹기 놀이를 할 뿐인 거에요. 놀다가 그냥 가는 겁니다.

그러니까 모든 것을 사용할 뿐입니다. 오직 생명세계에 좋게 사용할 뿐이에요. 그런데 여기서 중요한 것은 여러분들이 염불을 하든 화두를 들든 기도를 하든 주력을 하든 참회기도를 하든 또는 봉사활동을 하든지간에 먼저 부처님이 말씀하신 이 대승경전을 충분히 이해해야 된다는 것입니다. 대승경전을 통해서 마음이라는 세계가 어떤 것이고 부처의 세계가 어떤 것이며 불교에서 말하는 무아의 세계가 어떤 것인지를 충분히 이해하고 나서 정진을 해야 하는 것입니다.

대승경전을 이해하지 않고 맹목적으로 하는 공부는 위험합니다. 그렇다고 끝까지 대승경전에 매달리라는 이야기가 아니에요. 대승경전을 충분히 보고 그 대의를 충분히 이해했을 때 그 때 대승경전을 넘어설 수가 있는 거에요. 그러면서 거기서 학문적, 교리적으로는 도저히 손을 댈 수 없는 본질의 문제를 의심하게 되는 겁니다.

예를 들자면 '무아라고 했는데 왜 무아가 윤회를 하느냐. 무아인데 무엇이 윤회를 하느냐' 이런 문제에 부딪치게 되지요. 그랬을 때 학문적으로는 식(識)이 윤회를 한다 또는 중생식심(衆生識心)이 윤회를 한다고 이야기하거든요. 하지만 그건 단지 말일 뿐 힘이 없어요. 무슨 의미가 있습니까? 결정적으로 무아인데 무엇이 이렇게 연기를 하느냐 하는 의문들이 내 삶에서 자기 문제로 다가오고, 그래서 더 적극적으로 깊이 사유하고, 그 사유의 끝자락에서 마침내 사유로서는 미칠 수 없는 한계에 부딪혔을 때 '왜 그럴까? 어째서? 무엇 때문에?' 하면서 자기 속에서 자생화두가 솟기 시작하는 거에요.

자생화두는 제가 항상 이야기했듯이 칠십 노파가 외동아들을 전쟁터에 보내놓고서는 바람만 불어도 자식 생각이고 달만 떠도 자식 생각, 밥을 먹어도 자식 생각, 잠을 자도 꿈에서까지 자식 생각이 끊이지 않는, 그렇게 오로지 한 가지 생각에서 벗어나지 못하는 것입니다.

왜 그렇습니까? 자기 마음에서 자생으로 일어난 걱정이기 때문에 그렇다는 말이에요. 그렇게 되면 "할머니, 자식 생각하지 마세요. 걱정한다고 죽을 자식이 삽니까, 살 자식이 죽겠습니까? 올 때 되면 오겠지요." 옆에서 아무리 누가 달래도 할머니 마음에서 생각을 떨쳐낼 수가 없는 거에요. 이것을 뭐라고 하는 줄 압니까? 오매일여라고 하는 거에요. '몽중일여'를 넘어서서 오매일여 경지에 들어간다고 합니다.

앞서 말했지만 아직도 우리 주위에는 대승경전은 보지 않고 법문은커녕 봉사에도 관심 없이 그저 곧은 내 마음 하나 딱 지키면서 '내가 화두 하나 뚫어야겠다'고 생각하는 사람들이 많습니다. 그것은 그 자체가 자신에게 욕심의 대상이 되어 있을 뿐이지 반야세계가 아니에요. 경전도 보고 경전에서 말하는 보살행도 해보고 베풀기도 하고 그러면서 더불어 사는 이 연기관계성을 받아들이고 모든 생명 속에서 서로서로 감사하고 은혜로운 줄 절실히 느낄 때, 거기에서 자기문제 화두가 힘있게 솟아 올라올 수가 있습니다. 왜? 그 화두가 살아날 수 있는 토양이 나에게는 꽉 차있기 때문에 그렇습니다.

그런데 토양은 하나도 안 갖추고 그냥 고집만 가지고 해서야 되겠어요? 그렇게 공부하시는 분들은 나중에 자신을 속이는 겁니다. 나중에 마지막 떠나는 길에 눈 감을 때 지금까지 십 년, 이십 년 좌선했는데 실제로 내 마음 경계가 정말 부처님의 반야바라밀의 세계, 불안의 세계, 보살의 세계 중 어떤 상황에 있는지 본인은 스스로 알 수 있어요.

자기가 자기 양심을 속이면 안 됩니다. 나는 지금 어떤 마음을 쓰고 있는지를 자기가 알아야 된다는 겁니다. 좌선을 부정하는 게 결코 아닙니다. 바른 간화선을 해야 된다는 거에요. 바른 화두를 들 수 있는 길을 가르쳐 주는 것입니다. 제가 평생을 화두 들고 공부한 사람인데 왜 화두 공부에 대해서 부정적으로 이야기하겠어요? 전혀 부정적인 이야기가 아닙니다. 바로 가르쳐 주는 거에요.

고갱이 | 모든 생명은 본래 불성이고 너와 내가 하나라는 연기법으로 공존하기에 부처님의 혜안으로 보는 세상은 모두가 평등한 한 생명이며 한 몸입니다.

제19분
법계통화분
法界通化分

법계와 생활이 하나다

제19분 '법계통화분'은 '법계와 생활이 하나'라는 뜻입니다. 본문이 짧은 만큼 깊은 진리가 압축되어 있습니다.

수보리 어의운하 약유인 만삼천대천세계칠보
須菩提 於意云何 若有人 滿三千大千世界七寶

이용보시 시인 이시인연 득복다부
以用布施 是人 以是因緣 得福多不

여시 세존 차인 이시인연 득복 심다
如是 世尊 此人 以是因緣 得福 甚多

"수보리야, 어떻게 생각하느냐. 만약 어떤 사람이 삼천대천세계에 가득찬 칠보로써 보시에 쓴다면 이 사람은 이 인연으로 복을 얻음이 많겠느냐."

"그렇습니다. 세존이시여, 그 사람은 이 인연으로 복을 얻음이 매우 많겠습니다."

삼천대천세계에 가득 찬 칠보라고 했어요. 부처님께서 칠보를 가지고 삼천대천세계에 보시하는 비유는 상권부터 지금 읽고 있는 하권까지 계속 이어지고 있습니다. 칠보라면 세상에서 참으로 귀한 보물 가운데 대표적인 7가지를 말합니다. 그런데 삼천대천세계에 가득한 칠보로 보시를 했다고 하니 그 보시로 인해서 그 사람이 얻은 복이 얼마나 많겠느냐 물으셨고 수보리가 참 많다고 대답했어요.

이렇게 수보리와 부처님의 대화는 여러분의 상식에서 벗어나지 않습니다. 그렇게 많은 칠보를 보시했으니까 그 복이 수량적으로 볼 때는 굉장히 많겠지요? 그런데 보시를 하되 그것이 텅 빈 마음으로 한 무주상보시가 아니고 베풀었다는 생각을 가지고 한 것이었다면 어떻습니까? '베풀었다'는 생각은 중생심이자 사상이 있다는 말이잖아요. 사상이 있다는 말은 지혜가 없다는 뜻이고요. 복은 많은데 지혜가 없다는 것이죠.

그러니까 중생심으로서 복을 지었기 때문에 나름대로 자신의 욕망은 충족되겠지만 사상을 비울 수 있는 지혜가 없고 무주상보시가 아니기 때문에 숫자적으로는 많아지죠. 그래서 부처님이 복이 많다고 하신 겁니다. 그래서 상으로서 나가는 세계다, 이렇게 보시면 되는 거에요. 하지만 아무리 많다고 해도 이것은 여래로 가는 길도 아니고 아뇩다라삼먁삼보리 반야지혜로 가는 길도 아니고 단지 많고 적음을 나누는 상대적인 유위법의 세계로 가는 길이라는 것을 말씀하시고 계신 것입니다.

분위기를 바꿔 현실로 돌아오면 오늘날 불자들 중에는 지나치게 교리적인 학문에 치우쳐 신앙성이 없는 분들이 있어요. 특히 〈금강경〉에서 강조하는 무주상보시에 대해서 인색해요. 너무 안타까워서 '복 짓는 일을 해야 한다' '모든 사람에게 보살행을 해라'고 하면 또 복 짓는 일에만 집착을 하고 수행을 하지 않아요. 〈금강경〉에서는 복과 지혜가 균등하게 잘 갖추어진 것을 여래라고 했어요. 그래서 우리들이 '귀의불 양족존'이라고 하는 거에요. 한쪽에 치우친 것은 중생심으로 전락했다는 겁니다. 다음 이야기를 들어 보십시오.

옛날에 두 형제가 출가를 했어요. 형은 대승경전의 깊은 뜻을 잘 이해하고 법을 깊이 사유하면서 열심히 정진을 했어요. 반면 동생은 자기 수행보다는 더불어서 함께 살겠다는 원을 가지고 많은 사람들에게 착한 선행을 하면서 복을 많이 지었어요. 두 형제가 같이 출가를 했지만 수행 면에서는 각기 다르게 한 쪽으로 치우친 거죠.

결국 그 생이 다하고 다음 생에 형은 다시 사람 몸을 받아서 출가를 해서 수행자가 되었고, 동생은 지혜를 닦지 않아서 코끼리 몸을 받았어요. 그런데 동생은 코끼리 몸을 받아도 임금의 총애를 받아 항상 몸에 칠보를 두르고 그 밑에 시봉하는 사람 몇 명이 따르고 음식도 사람이 먹는 것보다 더 좋은 걸 먹었어요. 동생은 지혜는 부족해도 지어놓은 복이 진진찰찰 했던 거에요.

하지만 형은 사람 몸을 받아 다시 출가를 하고 공부를 해서 나한이 되었지만 탁발을 하러 나가면 늘 발우가 텅 비어 있었어요. 그러니 항상 밥을 굶게 되었죠. 그건 왜 그러냐. 형은 수행을 하고 공부를 한다고는 했지만 마음이 부처라고 하니까 그 곧은 마음 하나만 잘 지키면 된다는 고집으로 공존해야 한다는 연기관계를 이해하지 못한 것이죠. 오로지 자기 일신 하나만을 지키고 보살의 덕을 베풀지 않았기 때문에 가난하고 빈곤한 과보를 받은 것입니다.

어느 날 형이 동생을 찾아와 이렇게 말했습니다. "전생에 너하고 나하고 출가를 해서 수도를 했지만 너도 잘못 닦았고 나도 잘못 닦았다. 우리는 복과 혜를 구족해야 한다는 것을 몰랐구나."

여러분은 어떻게 생각하십니까? '수행은 마음으로 하는 것이니 마음 하나만 올곧게 가지면 된다'며 붙들고 있는 사람들은 현실에서 서로에게 베푸는 감사와 은혜로움이 많이 부족한 거죠. 대체로 이들은 고집이 강하고 유연성이 없고 화합하는 것이 부족해요. 그러면 반야의 세계로 간다고 볼 수가 없죠.

나무 한 그루 없는 민둥산이 내가 산이라고 주장한다고 누가 그 산에 가겠습니까? 나무가 뿌리를 내리면 뿌리도 받아주고 그 나무를 지켜주고 또 이름 모를 새들도 오면 다 받아주고 이름 모를 꽃들이 와서 씨앗을 내리면 '그래 같이 살자' 하면서 키워주는 것이죠. 그렇게 산에 숲이 우거지고 꽃으로 어우러지고 많은 산새들이 와서 둥지를 틀 때 그 산이라는 것이 편안하게 쉬어갈 자리가 되는 것이고 산으로서의 역할을 하는 겁니다.

요컨대 수행에 있어서 가장 중요한 것은 복과 혜를 균등하게 갖춘 복혜구족이 되어야 한다는 겁니다. 생활 속에서 여러분들에게 본래 갖추어진 반야지혜의 세계를 드러내는 생활수행이 되어야 하겠습니다.

수보리 약복덕 유실 여래 불설득복덕다
須菩提 若福德 有實 如來 不說得福德多

이복덕 무고 여래설득복덕다
以福德 無故 如來說得福德多

"수보리야, 만약 복덕이 실다움이 있을진댄, 여래가 복덕을 얻음이 많다고 말하지 않으련만 복덕이 없으므로 여래가 복덕이 많다고 말하느니라."

이 경문 역시 〈금강경〉을 아주 잘 드러내는 구절이므로 어렵지만 이해하게 되면 〈금강경〉에서 말하는 핵심이 무엇인지를 알게 되는 거에요.

이 구절은 어떤 유(有)의 세계를 말하는 것이 아니라 무심의 세계를 말하는 것입니다. 사상이 전혀 없는 세계를 여래라고 하고 아뇩다라삼먁삼보리의 세계라고 한다고 했습니다.

〈금강경〉에서 말하는 그 진리의 세계는 사상이 완전히 없는 것을 이야기하는데 여기에 '그 복덕이 실다움이 있을진댄 여래가 복덕 얻음이 많다고 말하지 않았다'고 했거든요. 여기서의 '실다움이 있다'는 것은 영원히 불변하는 어떤 실체가 있다는 말입니다.

부처님께서 '복덕이 실다움이 있을진댄' 즉 복덕이라는 것이 실제로 있는 것이라면 여래가 복덕을 얻음이 많다고 말하지 않으려만 복덕이라는 것이 실제로 없는 것이므로 복덕이 많다고 하셨습니다. 즉 복덕이 실체가 있다면 숫자적으로 많겠지만 복이라는 것은 인연이 닿으면 이루어지는 것이고 또 인연이 다하면 흩어지는 것이고 영원한 것이 아니기 때문에 그 복덕이 많다고 할 수 없다는 말씀입니다.

이 말씀은 복덕이라는 것이 실다움이 없기 때문에, 실체가 없기 때문에 많다고 할 수 있다는 것입니다. 실다움이 없다는 것은 많고 적음을 상대적으로 비교하는 마음, 탐·진·치 같은 것들이 완전히 소진되어 버린 그 자체, 사상(四相)이 없는 텅 빈 것을 말하는 거에요.

　비유를 한다면 여기 거울이 있어요. 거울 앞에 많은 칠보를 쌓아 놓으면 거울에는 가득 쌓인 칠보가 비춰지겠지요? 우리는 그것을 눈으로 볼 수 있구요. 그런데 그 칠보를 치우면 어떻습니까? 아직도 거울에 칠보가 남아 있습니까? 아니지요. 거울은 그저 경계가 오면 비추고 경계가 간다 해도 아무런 잔상을 남기지 않습니다. 거울은 무심하고 집착이 없기 때문에 텅 비어 있습니다. 거울에 아무리 많은 칠보를 비추었더라도 지나고 나면 거울에 아무 것도 남지 아니하듯이 무심하고 집착이 없이 텅 빈 것을 부처님은 실다움이 없다고 표현하신 거에요.

　그 텅 빈 것에 많다 적다라는 상대적인 척도는 해당이 안 됩니다. 제4분 '묘행무주분'에서 부처님께서는 '상이 없는 텅 빈 마음으로 무주상보시를 했을 때 그 복덕은 가히 헤아릴 수 없다'고 하셨어요. 그런 경지에서 볼 때는 그 사람의 복이 무진장이라고 하는 거에요. 무진장이기 때문에 많다 적다 말할 필요가 없는 것이죠. 무진장이기 때문에 줬다는 생각도 받아야겠다는 생각도 필요 없는 거에요. 사상이 텅 비었기 때문에, 집착과 이기심과 아상이 전혀 없기 때문에 마음이 항상 허공과 같다는 겁니다. 또 그 허공이 이 천지만물을 무진장으로 가지고 있기 때문에 그 허공에 대고서 복을 많이 지었다,

복을 적게 지었다 말할 필요도 없는 것이지요. 그때는 절대적이기 때문에 그냥 많다고 해도 상관없고 적다고 해도 상관없습니다. 그래서 부처님이 복덕이 많다고 하신 겁니다.

고갱이 | 공공적적하게 텅 빈 반야의 묘용에는 '많다, 적다'라는 상대적인 분별이 없습니다. 실다움이 없는 무위복은 무진장이기 때문에 그 이름이 많다고 할 뿐입니다.

제20분
이색이상분 離色離相分
현상과 모습을 떠나다

離色
離相
分

제20분 '이색이상분'은 '현상과 모습을 떠난다'는 뜻입니다.

수보리 어의운하 불가이구족색신 견부
須菩提 於意云何 佛可以具足色身 見不

불야 세존 여래 불응이구족색신 견
不也 世尊 如來 不應以具足色身 見

하이고 여래 설구족색신 즉비구족색신 시명구족색신
何以故 如來 說具足色身 卽非具足色身 是名具足色身

"수보리야, 어떻게 생각하느냐. 부처를 가히 구족한 색신으로써 볼 수 있겠느냐."

"아닙니다. 세존이시여, 여래를 마땅히 구족한 색신으로써 볼 수 없습니다. 왜냐하면 여래께서 설하신 구족한 색신은 곧 구족한 색신이 아니고 그 이름이 구족한 색신입니다."

'부처를 구족한 색신으로서 볼 수 있겠느냐' 했을 때 여러분들은 어떤 생각을 하시죠? 앞서 언급했지만 32상과 80종호는 부처님이 오백생 동안 보살의 인욕행을 하면서 인행 당시에 큰 보살의 원력으로 갖추어진 복덕상입니다. 그냥 갖추어진 것이 아니지요.

다음 이야기는 부처님이 전생에 보살 혹은 수행자로 원력수생하며 행하시던 보살인행을 적어놓은 〈자타카〉라는 전생록에 나오는 이야기입니다. 원력수생이라는 말은 교화해야 할 중생의 인연을 좇아서 여러 가지 인연의 몸을 받아 태어나는 것을 말합니다.

한 때 부처님이 우두머리 원숭이 몸을 받았어요. 그런데 하루는 그 마을에 어떤 농부가 산에 매어 둔 소가 달아나 버렸어요. 농부는 소를 찾으러 산 속을 헤매다 늪에 빠졌지요. 다 죽게 되었는데 이 우두머리 원숭이가 마침 늪에 빠진 농부를 보았어요. 그래서 많은 원숭이들을 불러 손에 손을 잡고서는 그 농부를 늪에서 겨우 건져 내었습니다. 늪에서 허우적거리다 힘겹게 빠져 나온 농부는 그만 탈진해서 기절을 했어요.

우두머리 원숭이는 다른 원숭이들을 다 보내놓고 꼬리에 물을 적셔와 계속 씻겨주면서 농부가 깨어날 때까지 자리를 지켰어요. 그러다 보니 이 원숭이도 기진맥진해서 그 옆에서 잠이 들어버렸지요.

그 사이 농부가 눈을 떠보니까 소는 온데간데 없고 잘 생긴 원숭이 한 마리가 있더란 말이죠. 그래서 이 농부가 생각하길 '이제 소는 찾을 길이 없으니 이 원숭이라도 잡아가야 되겠다.' 그래서 원숭이가 깨어나기 전에 몽둥이로 때려서 기절시켜버렸습니다. 그리고는 원숭이를 둘러매고 산길을 내려오는데 이제는 길을 잃어버린 거에요. 길을 못 찾고 또 늪 쪽으로 들어가기 시작했던 거죠. 원숭이가 정신을 차리고 보니 이 사람이 또 같은 늪으로 가거든요. 그래서 옆구리를 툭툭 찌르면서 제 길을 알려 줘서 그 농부가 무사히 집으로 돌아갈 수 있었다고 합니다.

이 이야기는 우리 중생이 항상 자기 아집과 사상을 쥐고 이기적으로 가는 길이란 것이 결국 죽고 사는 고통의 늪으로 향해 간다는 내용의 상징적인 이야기입니다. 이것이 보살의 원행입니다.

여기서 구족한 색신에 대한 개념을 잘 정립하셔야 해요. 여러분들은 구족한 색신을 지수화풍 4대 원소로 이루어진 32상 80종호로 생각하시지요? 하지만 부처님이 말씀하신 구족한 색신이란 사상이 완전히 없어지고 탐·진·치가 완전히 멸해버려서 마음과 생각이 아주 청정하게 맑고 밝은 반야의 세계 즉, 복과 지혜가 구족한 것을 뜻합니다.

달리 설명하자면 거울 앞에 많은 보물이 인연 따라 와서 중중무진으로 쌓였다가, 보물이 인연 따라서 가고 나면 거울이 텅 빈 허공과 같이 깨끗하고 맑은 상태로 되돌아 오잖아요? 여기에서는 그런 텅 빈 것을 구족색신이라고 했던 거에요.

수보리 어의운하 여래 가이구족제상 견부
須菩提 於意云何 如來 可以具足諸相 見不

불야 세존 여래 불응이구족제상견 하이고
不也 世尊 如來 不應以具足諸相見 何以故

여래 설 제상구족 즉비구족 시명제상구족
如來 說 諸相具足 卽非具足 是名諸相具足

"수보리야, 어떻게 생각하느냐. 여래를 모든 상이 구족한 것으로써 보겠느냐."

"아닙니다. 세존이시여, 여래를 모든 상이 구족한 것으로써 볼 수 없습니다. 왜냐하면 여래께서 설하신 모든 상의 구족함이 곧 구족이 아니고 그 이름이 모든 상의 구족입니다."

'여래를 모든 상이 구족한 것으로 보겠느냐'고 물었죠? 어떻습니까? 볼 수 있습니까? 모든 상이 구족했다는 말은 복과 혜를 구족했다는 의미로 볼 수 있고, 혜가 구족되었다는 것은 사상이 완전히 없어진 상태를 말하는 것입니다. 사상이 없으니까 지혜가 원만해져 마음이 텅 빈 공이 된 것입니다. 이 텅 빈 공을 생각으로나 뜻으로나 마음으로나 모양으로나 볼 수 있습니까? 볼 수가 없어요. 그냥 그대로 텅 비어 있는 그 자체입니다. 또 허공을 허공이라고 한들 맞습니까? 하늘을 하늘이라고 한들 그게 맞습니까? 하늘이다, 허공이다, 창공이다 하는 것은 이름일 뿐이고, 허공이 이름과 상을 다 떠난 텅 빈 무심한 세계일 뿐인 것처럼 구족한 여래상은 우리 눈으로 볼 수가 없는 겁니다.

그런데 이런 법문이 여러분에게 어떤 의미가 있습니까? 우리는 언제부터인가 반야지혜의 세계가 따로 있고 생활이 따로 있습니다. 불교를 아무리 배워도 실제로 생활에 쓸 수 없는 사람을 나는 '인연 없는 중생'이라고 생각합니다. 이것이 자기 지혜로서 작용이 안 되면 그 사람은 항상 생활 속에서 불평불만을 토로하고 여러 가지 잡동사니의 생각으로 자기를 자꾸 비하시키는 거에요.

제가 늘 말씀드렸듯이 아무리 깊은 진리를 여러분들이 듣고 이해했다 하더라도 그것이 머리로만 이해하는 것에서 멈춰버리고 생활 속에서 대승의 보살행으로 드러나지 않는다면 아무 의미가 없는 겁니다. 그러니까 여러분들은 수행은 따로 깊은 산에 가서 하는 것이고 수행은 오직 수행하는 사람만 하는 것이라고 생각하시면 안 됩니다. 일상생활이 그대로 수행이 되어야 하는 거에요.

일상생활은 어디서부터 출발합니까? 여러분의 가정에서 출발하는 거에요. 가족과 친지, 주변 사람들과 관계를 가질 때 이런 생각을 가지고 여러분들이 조금이라도 실천을 한다면 이 〈금강경〉을 본 공덕이 있는 겁니다. 여러분들에게 항상 하는 이야기지만 우리가 절에 오고, 기도하고, 염불도 하고, 참선도 하고, 경전도 보면서 불교를 배우는 이유는 구족한 상으로 우리의 일상생활을 하기 위해서입니다.

그런데 이런 것들이 전혀 생활에 보탬이 안 되고 인격의 변화 없이 '내가 언제 그런 것을 들었냐'며 경계를 만나면 그냥 화를 내버립니다. 그 때는 화탕지옥인 거에요. 앞에 말한 보살 원숭이는 보살의 원력의 불꽃으로써 자기의 상을 다 태워버린 것이거든요. 태워버렸기 때문에 '했다'는 상이 조금도 남아 있지 않아요. 만약에 중생이 아상을 가지고 무엇을 했을 때, 또 화가 났을 때는 원력의 불꽃이 아니고 삼독의 불꽃이 자기를 태우는 거에요. 태울 때는 아주 고약합니다. 사람을 너무너무 괴롭히는 거에요.

그런데 또 이상한 것도 있어요. 세상 사람이 나를 그렇게 괴롭히면 대부분 이를 부드득 갈면서 되갚아주려 듭니다. 그런데 자기를 그렇게 괴롭히는데도 전혀 나를 괴롭힌다는 원망심이 없는 사람은 도인이에요. 법을 알면 용광로에서 시들지 않는 원력의 연꽃이 피어나고 법을 모르면 그냥 삼독의 불길 속에서 고통을 받으면서 스스로 그 업에 끄달려 괴로움을 당하는 것입니다.

그대로 텅 빈 마음의 원리를 알았으니까 불교적인 생각을 가지고 생활에 접하도록 자꾸 노력을 하세요. 작은 것이라도 꾸준히 실천해보고 실행해보세요. 그러면 생활이 그대로 수행이 되는 것이고 생활 속에서 여러분들의 인격이 완성되는 것입니다.

고갱이 | 마음을 고요히 비우는 것을 수행이라 하고 그 마음이 고요히 다 비워진 것을 여래라고 합니다. 비우고 비우는 만큼 반야의 고요한 허공세계가 드러나는 것입니다.

제21분
非說所說分 비설소설분

걸림없는 말을 하다

非說所說分

제21분 '비설소설분'은 '걸림 없는 말을 한다'는 뜻입니다.

수보리 여 물위여래 작시념
須菩提 汝 勿謂如來 作是念

아당유소설법 막작시념 하이고 약인언
我當有所說法 莫作是念 何以故 若人言

여래유소설법 즉위방불 불능해아소설고
如來有所說法 卽爲謗佛 不能解我所說故

수보리 설법자 무법가설 시명설법
須菩提 說法者 無法可說 是名說法

"수보리야, 너는 여래가 이런 생각을 하되 '내가 마땅히 설한 바 법이 있다'고 이르지 말라. 이런 생각을 하지 말지니 무슨 까닭인가 하면 만약 사람이 말하길 여래가 설한 바 법이 있다

고 하면 이는 곧 부처님을 비방함이니라. 능히 내가 설한 바를 알지 못한 연고니라. 수보리야, 설법이라는 것은 법을 가히 설할 것이 없음을 이름하여 설법이라고 하느니라."

'부처가 법을 설했다고 생각하는 사람이 있다면 그는 부처를 비방하는 사람'이라고 말씀하십니다. 이 말은 너희들이 내 깊은 뜻을 알지 못하고 있다는 뜻이죠. 부처가 스스로 설한 바가 있다고 생각하면 부처는 이미 앞장에서 말씀드렸던 사상에 빠져 있는 것이고 그러면 부처가 아니기 때문입니다.

그리고 부처님께서는 수보리에게 '부처님은 법을 한 마디도 설하신 바가 없다'고 말씀하십니다. 그런데 실제로 부처님께서는 많은 설법을 하셨잖아요? 보리수 아래에서 성도하신 이후 〈대방광불화엄경〉을 21일간, 또 〈아함경〉을 12년, 〈방등경〉을 8년 설하셨고 그리고 반야부 경전을 21년, 〈법화경〉 8년, 마지막에 〈열반경〉을 설하셨어요. 게다가 그렇게 설하신 내용들이 모두 경전으로 엄연히 남아 있어요.

하지만 부처님이 팔만사천 법문을 하셨다지만 그 법문은 전부 다 방편이잖아요. 그것은 모두 중생을 교화하기 위한 방편이고 〈금강경〉에서는 이것을 뗏목으로 비유했습니다. 내가 생사의 거친 바다를 뗏목을 타고 가서 드디어 열반의 저 언덕에 이르렀다고 할 때 그곳에 이미 도달했는데도 생사의 바다를 건너게 해준 뗏목의 은혜가 크고 감사하다고 해서 계속 짊어지고 다녀야 합니까? 그건 아니잖아요. 뗏목은 단지 어리석음에서 반야지혜의 세계로 건너가기 위한 방편인 것이죠. 그 환경과 그 인연의 절묘한 순간에 반야지혜 쪽으로 이끌어주기 위해서 각자의 근기에 맞춰 부처님이 설법의 형태로 해주신 일회용이라고 생각하시면 되는 겁니다.

그 때 그 상황에 맞게 중생의 지혜가 열리게끔 해줬을 뿐이지 이것이 절대적으로 불변하는 진리라고 정해진 것은 없다는 겁니다. 그렇기 때문에 상황에 맞춰서 쓰고 나서는 부처님에게는 한 마음도 한 중생도 한 법도 남아 있지 않는 거에요. 이것을 대기설법 또는 근기설법이라고 하고 뗏목에 비유를 한 것입니다.

바람이 오면 그대로 물결이 일렁거리다가 바람이 지나면 그대로 고요한 명경지수로 돌아가듯 부처님께서도 45년간 설법을 하고 중생을 교화하셨지만 법을 설했다든지 교화했다는 생각이 없는 거에요. 그냥 설법이라는 이름으로 말했을 뿐이지 내 마음에는 이것이 설법이라고 딱 정해 놓은 설법은 없었다는 말입니다.

그런데 방편, 방편 하니까 어줍잖게 자기 입맛대로 두리뭉실 방편을 차용하는 사람들이 있어요. 무슨 말이냐 하면 부처님께서 말씀하신 대승 진리의 법에 대한 이해 없이 정견이 서지 못한 채 자기 식대로 자기에게 도움이 되는 쪽으로 역이용하고 잘못 가르친다 이 말이에요. 그러면 상대도 반야지혜의 세계에 들어갈 수 없게 만들고 생사고통의 길로 들어가게 만들고 모두에게 동타지옥이 벌어지게 됩니다.

그러니 방편이라는 것이 얼마나 무서운 것입니까? 조심해야 되는 거에요. 이것은 오로지 상대도 반야의 지혜가 열려 반야의 세계에 들어가기 위한 방편이 되어야지 중생심으로서 이해관계에 물려 있는 방편이 되어선 안 됩니다. 그래서 항상 정견이 바로 서 있어야 하고 정법을 알아야 하는 것입니다.

정법을 알고 방편을 쓰는 사람과 정법을 모르고 방편을 쓰는 사람의 차이점이 있습니다. 정법을 알고 방편을 쓰는 사람은 그 중생이 반드시 보리지혜가 열려 상락아정의 열반의 세계에 들게끔 해주는 것이지요. 반면 정법을 모르고 방편을 쓰는 사람은 이기심과 자기에게 이익이 되는 중생심으로 방편을 쓴다는 겁니다. 그러니 그것을 듣는 중생은 어떻게 되겠어요? 보리지혜, 반야가 열리지 않겠죠? 여래의 구족상인 그 경지를 이루지 못하겠죠? 그것이 차이점입니다.

제가 한 번 말했지만 정법을 아는 사람은 세상의 흔한 잡서를 들고 강의를 해도 모든 중생들을 정법으로 이끌어주는 거에요. 그러나 정법을 모르는 사람은 아무리 좋은 성인의 말씀이라고 하더라도 그것이 자기 소견에서 넘어서지 못하고 중생심에서 넘어서지 못하기 때문에 항상 중생을 이해관계로써 다루는 것이죠. 우리는 보통 이익이 되는 것을 좋다고 하지만 알고 보면 눈물의 씨앗이고 고통의 씨앗이 됩니다. 그래서 방편이 중요한 것입니다.

이시 혜명수보리 백불언 세존 파유중생
爾時 慧命須菩提 白佛言 世尊 頗有衆生

어미래세 문설시법 생신심부
於未來世 聞說是法 生信心不

불언 수보리 피비중생 비불중생 하이고
佛言 須菩提 彼非衆生 非不衆生 何以故

수보리 중생중생자 여래설비중생 시명중생
須菩提 衆生衆生者 如來說非衆生 是名衆生

그 때에 혜명 수보리가 부처님께 사뢰었다. "세존이시여, 매우 적은 수의 어떤 중생이 미래세에 이 법 설하심을 듣고 믿는 마음을 내겠습니까?"
부처님께서 말씀하시되, "수보리야, 저들은 중생이 아니며 중생이 아님도 아니니 무슨 까닭인가. 수보리야, 중생 중생이라 함은 여래가 설하되 중생이 아니고 그 이름이 중생이니라."

여기서 중생이 아니라고 하면 부처라는 말이죠? 중생 아님도 아니라고 하면 부처도 또 아니고요. 그러면 중생도 아니고 부처도 아니라는 뜻인데, 다음 문장에서 '중생이 아니고 그냥 이름이 중생'이라고 한 이 말씀을 다른 방식으로 표현할 수도 있습니다. '여래 속에 중생이 있고 중생 속에 여래가 있다'는 말이지요.

왜 그런가? 중생이다, 중생이 아니다 하는 말은 중생 이기심에서 보면 중생으로 보이고 부처 마음으로 보면 온 세계가 다 부처이기 때문이거든요. 청정한 우리의 본성 자리는 고요하게 텅 비어 있다는 점에서 허공에 비유를 많이 하잖아요. 그러면 그 허공에다가 본인이 원하는 색칠을 한다든지 장엄을 한다고 했을 때, 허공이 물이 들고 장엄이 되나요? 허공은 물들일 수도 없고 장엄할 수도 없어요. 그런데 눈병 난 사람이 허공을 볼 때는 허공에 아지랑이가 있는 것도 같고 무지개가 있는 것처럼 보이기도 한다는 말입니다. 그것이 실제로 있는 것처럼 보일 때 그 사람은 중생이 되는 거에요.

왜냐하면 〈금강경〉에서 볼 때는 사상이 있기 때문에 그렇다고 했거든요. 아상, 인상, 중생상, 수자상이 들어섰다는 것 자체가 중생이라는 겁니다. 스스로 어리석어서 욕심으로 만들어낸 착각일 뿐이지 실제로 허공에는 아무 것도 없는 거에요. 그것을 알면 그 순간 바로 여래가 되는 것이죠.

그래서 이렇게 보면 중생이 되고 저렇게 보면 여래가 된다고 하는 것입니다. 허공 그 자체는 본래 중생도 아니고 여래도 아니라는 거에요. 마음의 본래 본성 자체는 중생도 아니고 부처도 아닌데 우리가 착각하면 그 자리에서 바로 중생이 되고 삼악도가 벌어지고 지옥이 열리는 겁니다.

 지옥이 없는 것이냐? 절대적으로 지옥은 있습니다. 굉장히 고통스럽고 괴롭고 분해서 탐·진·치의 불길로 자기를 태우면 그곳이 바로 화탕지옥이에요. 어리석은 중생들을 제도하기 위한 방편으로 지옥을 가설해 놓았다고 하는 분들이 있는데 전혀 아니에요. 왜 지옥이 없습니까? 실제로 있잖아요. 멀리 죽어서 갈 것까지 뭐 있어요? 지금 여기 지옥이 벌어져 있습니다. 알려면 이렇게 제대로 알아야 된다는 것이죠.

 육도윤회도 죽어서 할 것까지 없어요. 지금 우리는 육도윤회가 아니라 천도윤회를 하고 있거든요. 어리석어서 천만 가지로 윤회를 하는 거에요. 그런데 이런 것들이 전부 다 착각으로 인한 것이라는 거죠. 본래 고요하게 맑은 청정한 그 성품을 믿으면 그대로 극락이 되는 것이고 그대로 육도에서 벗어난 겁니다.

〈장자〉 양생주 편에 보면 포정해우(庖丁解牛)라는 고사가 있습니다.

 포정이라는 백정이 중국 양나라의 문혜왕을 위해 소를 잡은 일이 있었어요. 그런데 포정이 춤을 추는 듯 음악의 장단에 맞추어 순식간에 소를 잡는 모습을 보고 문혜왕이 감탄하여 "어찌하면 기술이 이런 경지에 이를 수가 있느냐?"라고 물었어요. 포정은 칼을 놓고 다음과 같이 말했지요.

"제가 뜻을 두고 있는 것은 도(道)이지 기술이 아닙니다. 저도 처음 소를 잡았을 적에는 어디서부터 손을 대야 할지 몰랐습니다. 하지만 3년이 지난 지금은 눈으로 보지 않고 마음의 움직임에 따라 일을 해낼 수 있게 되었습니다. 소의 자연스러운 결을 따라 칼을 대어 발라내기 때문에 뼈에 붙은 살이나 뼈와 살이 이어진 곳은 절대로 다치지 않습니다. 평범한 백정은 달마다 칼을 바꾸는데 이는 무리하게 뼈를 가르기 때문입니다. 솜씨 좋은 백정이 1년만에 칼을 바꾸는 것은 살을 가르기 때문이지요. 제 칼은 19년이나 되어 수천 마리의 소를 잡았지만 칼날은 방금 숫돌에 간 것과 같습니다. 뼈마디에는 넓은 틈새가 있고 널찍하여 칼날을 움직이는데도 여유가 있습니다. 하지만 뼈와 힘줄이 엉긴 곳에 이를 때에는 저도 늘 긴장합니다. 제 눈은 그곳을 응시한 채 동작이 아주 섬세해집니다. 그러다가 살덩이가 후드득 아래로 떨어져 일이 끝나면 비로소 마음이 놓이게 됩니다. 그제서야 저는 흐뭇해져서 칼을 닦아 챙겨 넣습니다."

문혜왕이 그 대답을 듣고 "훌륭하구나! 나는 너의 말을 듣고서 삶을 가르는 방법을 터득하게 되었다."고 말을 했어요.

〈장자〉의 이 우화에서는 자연을 거스르지 않고 무리없는 삶을 영위하는 것이 바람직한 양생법이라는 말을 하고 있는 것입니다. 요즘 애기로 하면 적을 만들지 말고 미움도 가지지 말고 또 항상 긍정적인 생각으로 경계에 집착하지 않으면 자기 마음이 항상 편안하기 때문에 장생할 수 있다는 것이죠. 이 우화는 양생법에 대해 이야기하고 있지만 이것을 불교적으로 응용할 때는 우리가 말하는 텅 빈 공심(空心)과 잘 어울리는 표현이 됩니다.

아상, 인상, 중생상, 수자상이 비워져서 내가 텅 빈 마음으로 공심이 될 때 유연하고 안락하고 평화로운 반야의 세계가 드러난다고 했습니다. 부처라 하는 것은 우리 마음의 상을 없애는 거에요. 마음을 고요히 비우는 것을 수행이라고 하고, 그 마음이 고요히 다 비워진 경지를 우리는 부처라고 하는 겁니다. 사상을 비우면 여래성이 드러나고 이 마음을 다 비우면 허공이 드러난다 이 말이죠. 비운 만큼 반야의 고요한 허공세계가 생긴다는 거 아니겠어요?

고갱이 | 마음의 본성 자체는 중생도 아니고 부처도 아닌데 착각하면 그 자리에서 바로 중생이 되고, 삼악도가 벌어지고, 지옥이 열리는 겁니다. 중생 속에 여래가 있고 여래 속에 중생이 있습니다.

제22분
무법가득분
無法可得分

법에는 얻을 것이 없다

無法得
無可分

제22분 '무득가득분'은 '법에는 얻을 것이 없다'는 뜻입니다.

수보리 백불언 세존 불 득아뇩다라삼먁삼보리
須菩提 白佛言 世尊 佛 得阿耨多羅三藐三菩提

위무소득야 불언 여시여시 수보리
爲無所得耶 佛言 如是如是 須菩提

아어아뇩다라삼먁삼보리 내지 무유소법가득
我於阿耨多羅三藐三菩提 乃至 無有少法可得

시명아뇩다라삼먁삼보리
是名阿耨多羅三藐三菩提

수보리가 부처님께 사뢰었다. "세존이시여, 부처님께서 아뇩다라삼먁삼보리를 얻으심은 얻은 바 없음이 되옵니다."
부처님께서 말씀하시되, "그렇고 그렇다. 수보리야, 내가 아

녹다라삼먁삼보리 내지 작은 법이라도 가히 얻음이 없음으로 이를 아뇩다라삼먁삼보리라 이름하느니라."

'아뇩다라삼먁삼보리를 얻으심은 얻은 바가 없다'고 하셨습니다. 앞서 여러번 나왔던 아뇩다라삼먁삼보리에 대해 말씀 드려보겠습니다.

육조혜능스님은 금강경주석서인〈금강경오가해〉'조계육조 선사서(曹溪六祖禪師序)'에서 '금강경은 무상을 종지로 삼고(무상위종 無相爲宗), 무주를 바탕으로 삼고(무주위체 無住爲體), 묘유를 작용으로 삼는다(묘유위용 妙有爲用)'고 하셨어요.

무상위종(無相爲宗)에서 상 자가 모양 상 자거든요. 모양이라는 것은 분별심이나 집착으로 인한 중생들의 이기심이나 번뇌망상, 탐·진·치 등 마음에 흔적을 남기는 것들을 말합니다. 흔적을 상이라고 하지요? 상은 크게 네 가지로 나누어서 사상이라고 표현했습니다. 무상은 사상이 없는 것을 말합니다. 종지는 핵심이 되고 근본이 되고 가장 중요한 것이라는 의미에요. 따라서 무상위종이란 사상이 없는 것을 근본으로 삼는다고 해석할 수 있습니다. 상이 없다는 것은 모든 것은 항상 조건에 따르고 인연에 의해서 연생연멸하는 것이기 때문에 영원불변하는 자성을 가진 실체가 없다는 것이죠. 이런 사실을 알게 되면 마음이 고요하고 무심해지고 텅 비워진다는 말이에요.

무상위종을 〈육조단경〉에서는 '무념위종(無念爲宗)'이라고 했는데 글자는 좀 다르지만 뜻은 같아요. 무념을 종지로 삼는다고 할 때 무념은 생각이 없다는 뜻이 아닙니다. 무념의 무 자는 중생들의 분별식심, 차별심, 이기심 등 일체 중생심이 전혀 없는 것을 말한 거에요. 무념은 일체 중생심이 없어지면 어디서 온 것도 아니고 만든 것도 아니고 또 새로 생긴 것도 아닌 본래 있던 진여자성의 반야지혜가 드러난다는 것이죠. 구름이 걷히면 태양은 그냥 드러나는 거에요. 이 때 우리가 성품을 본다고 해서 견성이라고 하고 자성을 깨닫는다고 해서 자각이라고 하지요. 그리고 그러한 경지를 여래라 하고 부처라 한다 이 말입니다.

초기 선종서 중에서 우두법융선사의 심지법문으로 알려진 〈절관론(絶關論)〉에 보면 입리라는 스승과 연문이라는 제자의 법담이 나옵니다.

어느 날 제자가 스승에게 "일체 중생에게 실제로 마음은 있는 것입니까? 없는 것입니까?" 하고 묻습니다. 스승이 "일체 중생에게는 실제로 마음이 없다. 단지 무심(無心)한 가운데에 억지로 마음을 세우게 되니 망상이 생긴 것일 뿐이다."라고 대답합니다.

여기서 무심이라고 할 때 없을 무 자, 마음 심 자잖아요. 마음이 없는 것이라고 해석할 수가 있잖아요. 그래서 제자가

"무심이라고 할진댄, 마음이 없다고 할진댄, 무엇이 보고 무엇이 알고 무엇이 분별하는 겁니까?" 하고 다시 물은 거에요. 맞잖아요? 마음이 없는데 무엇이 보고, 무엇이 알고, 무엇이 분별하느냐 말이지요. 이때 스승은 다시 "무심이기 때문에 제대로 알고, 제대로 보고, 제대로 분별한다."고 답합니다.

무슨 말인가 이해가 되지요? 반야의 세계에 들어가면 무심의 세계에 들어가는 것과 같은 겁니다. 그 반야의 세계에서는 일체 모든 중생들이 가지고 있는 아상, 인상, 중생상, 수자상의 사상이 전혀 없어요. 무심이라고 해서 아무 것도 없는 허망하고 허무하고 무관심한 것이 아니라 오히려 그 세계에서 보면 제대로 보고 제대로 알고 제대로 행한다는 겁니다.

그 다음 무주, 즉 머무름 없음을 바탕으로 삼는다고 했어요. 고요한 호수에 바람이라는 경계가 와서 수면을 치면 호수면에 물결이 일어납니다. 그러면 물결이 일어났다고 해서 물결이 따로 있고 물이 따로 있습니까? 물결이 일어났다고 해서 물결 스스로 물결이 일어난 것을 압니까? 천 번 만 번 물결이 일어났다고 하더라도 바람이 지나가고 나면 호수는 다시 고요해지는 겁니다.

고요하면 그 호수에 여러 가지 상들이 그림자처럼 투명하게 드러납니다. 드러난다고 하더라도 호숫물이 '참 색깔이 좋구나' 하고 그 상을 붙들겠다고 집착하지 않아요. 그냥 있는 대로 비추고 그대로 드러내는 거에요. 드러내다가 다시 그 모든 상들이 연을 따라서 없어지면 호숫물에도 흔적을 남기지 않는 거에요. 기러기가 호수 위를 날 때 기러기에게는 자기 그림자를 호수에 떨구어 놓겠다는 생각이 없고 호수도 기러기 그림자를 붙들고 싶다는 생각을 하지 않아요.

일체 번뇌 망상이 없어서 마음이 텅 빈 자리가 되면 '나'라는 아집이 없어집니다. 아집과 아상이 없으면 내 마음에 머물 수 있는 자리가 없고 어떤 경계가 오더라도 머물지 못하고 흘러가겠죠? '경계가 흘러간다'는 말은 내 마음을 텅 비워서 경계를 붙드는 집착이 없기 때문에 머물지 않는다는 뜻입니다. 이때 내 마음도 무주가 되는 것이죠. 경계를 대할 때 항상 밝은 지혜로써 마음을 고요하게 유지하면서 큰 자비를 베풀고 무주상보시를 하는 사람을 우리는 부처라고 하고, 여래라고 하고, 성인이라고 하는 거에요. 이러한 경지를 〈화엄경〉에서는 해인삼매라고 했어요.

그런데 머물지 않고 흘러가는 가운데 묘하게 늘 작용하는 것이 있습니다. 이것을 '묘유로써 용을 삼는다'고 했어요. 그냥 공한 상태에만 빠져 있으면 그건 무기(無記)입니다. 무기는 무기력하다는 말입니다. 무기력하다는 말은 힘이 없어서 선(善)으로도 못 가고 악(惡)으로도 못 간 채, 선도 아니고 악도 아닌 뭔가 제대로 된 상을 만들지 못한 상태를 말하는 거에요. 세상 경계가 오면 오는 대로 바라만 보고 있고 또 지혜가 없이 세월 따라서 인연 따라서 흐르기만 한다면 그 또한 불법에 어긋나는 것입니다. 흘러가는 가운데 인과가 분명한 것을 알아야 해요. 콩 심은데 콩 나고 팥 심으면 팥 나는 법이 있어야 하는 것이죠. 그러므로 고요한 가운데 생명세계에서 서로 관계를 유지하면서 감사한 마음으로 베풀어야 하고, 또한 서로 상생하고 공존하는 법칙을 믿으면서 조화를 이루고 살아나가는 지혜를 드러내야 합니다.

우리가 천 삼라 만 삼라 우주를 보면 위에는 하늘이 있고 아래는 땅이 있잖아요. 그런데 그 사이는 전부 다 텅 빈 공이지요? 텅 빈 공이라는 말입니다. 〈금강경〉에서는 이것을 두고 무상이라고 했어요. 무상인데 이 무상 안에 무엇이 있죠? 천지만물이 있죠? 꽃은 그렇게 나름대로 조금도 쉬지 아니하고 계속 작용을 하면서 피어가고 있잖아요. 무상(無常)의 법칙에 의해 쉼이 없이 계속 변화를 하고 있어요. 모든 생명체들이 이렇게 끊임없는 운동으로 변해가고 있습니다.

그런데 어디서 그러고 있습니까? 허공 속에서 하고 있잖아요. 봄에는 개나리요, 여름에는 능수화, 가을에는 국화, 모두 다 각자의 때에 맞춰 모든 생명이 살아나는 겁니다. 그냥 텅 비어 있다고 해서 제멋대로 그냥 자기식대로 되는 게 아니고 정해놓은 기준은 없지만 그 속에 시절인연이 바르게 흐르고 있는 것입니다. 그래서 그것이 묘하다는 의미에서 묘유라고 하는 겁니다. 묘유는 중생을 교화하는 방편법으로써 부처님께 묘법이 되는 거에요. 이 아뇩다라삼먁삼보리가 무상이고 무주고 묘유라는 의미가 여기에 들어있는 것이죠.

이것을 제가 전에 아뇩다라삼먁삼보리 무상정등각(無上正等覺)에 비유했습니다. 무상은 더 이상의 높은 것이 없다는 말이니 홀로 가장 높다는 뜻일 테고, 이것을 부처님은 뭐라고 하셨습니까? 천상천하 유아독존이라고 하셨죠? 같은 말입니다. 이것보다 더 높은 것이 없고 이것과 짝할 것이 없기 때문에 무상이라고 한 것이에요. 같이 비교되어 짝할 수 있으면 무상(無上)이라고 할 수가 없죠. 그런데 짝할 수 없이 홀로 높아요. 왜 그렇습니까? 삼계를 벗어났기 때문에 그렇다는 거에요.

삼계, 즉 욕계 색계 무색계는 중생세계라고 생각하시면 됩니다. 이 중생심의 세계를 벗어난 세계가 바로 무상의 세계인 겁니다. 그래서 무상정등이라고 하는 것이죠. 여기서 정은 바를 정 자인데 정견, 즉 반야지혜를 말하는 거에요. 등은 고를 등 자로 이 반야지혜가 누구에게는 있고 누구에게는 없는 것이 아니라 모든 생명 있는 것에는 보편적으로 다 있다는 거에요. 그래서 정등이라고 하는 거거든요. 이것을 절대적으로 믿는 것을 깨침, 각이라고 합니다. 완전히 믿으면 100촉 백열등이 밝혀지는데 우리는 지금 못 믿기 때문에 15촉에서 머물고 마는 것이죠.

〈화엄경〉에서는 믿음이 충만하면 초발심시 변정각, 발심하는 그 순간에 정각을 이룬다고 했거든요. 아뇩다라삼먁삼보리의 세계 속에는 본래 원만구족하게 갖추어져 있고, 본래 중생심이 없고, 본래 불심의 세계밖에 없기 때문에 가능한 것이죠. 그래서 이 아뇩다라삼먁삼보리는 달리 말해서 여래라 하고 부처님의 마음 불심이라고도 이야기하고 다른 말로는 반야지혜를 깨달았다는 의미에서 각이라고 하는 거에요.

이와 같이 본래 다 갖추어져 있으니까 밖으로부터 필요한 것을 구해올 것이 없습니다. 이것을 〈반야심경〉에는 무득이라 했고 다른 말로 무염이라고도 합니다. 무염이라는 말은 본래 여래성이고 본래 부처이기 때문에 텅 빈 것이 허공과 같아서 어떤 색깔로도 물들일 수 없다는 의미에서 그렇게 부르는 겁니다.

이 모든 것이 본래 잘 갖추어져 있기 때문에 아뇩다라삼먁삼보리는 그냥 그때그때 중생의 상황에 따라서 그저 텅 빈 마음으로 중생의 반야지혜의 문이 열리게 하는 차원에서 방편설법을 했을 뿐이지, 이것이 아뇩다라삼먁삼보리라고 정해놓은 법이 없기 때문에 아뇩다라삼먁삼보리라는 말은 사실은 법이라고 해도 안 맞고 얻었다고 해도 안 맞기 때문에 그냥 이름이 아뇩다라삼먁삼보리라는 것입니다.

여기 허공에 구름이 지나갑니다. 내가 저 구름이 토끼처럼 생겼다고 해서 저 구름을 '토끼같은 구름'이라고 했어요. 그런데 그렇게 말하자마자 바람이 불어 구름이 흩어져 버렸어요. 그러면 토끼구름이 없어져 버렸잖아요. 그런데 없어지지 않은 것은 무엇이죠? 허공은 그대로 있어요. 허공의 입장에서 볼 때는 그때 마침 그 상황에 맞춰서 토끼 모양으로 구름이 생겼을 뿐이지 '토끼구름'이라는 것이 실제로 실체가 있는 것은 아니라는 것이죠. 마찬가지로 아뇩다라삼먁삼보리도 아뇩다라삼먁삼보리라고 이름한다고 한 것입니다.

고갱이 | 〈금강경〉은 무상을 종지로 삼고, 무주를 바탕으로 삼으며, 묘유를 작용으로 삼습니다. 법이라고 해도 안 맞고 얻었다고 해도 안 맞으니 그 이름을 아뇩다라삼먁삼보리라 합니다.

제23분 淨心行善分 정심행선분

마음을 비우고 선행을 하다

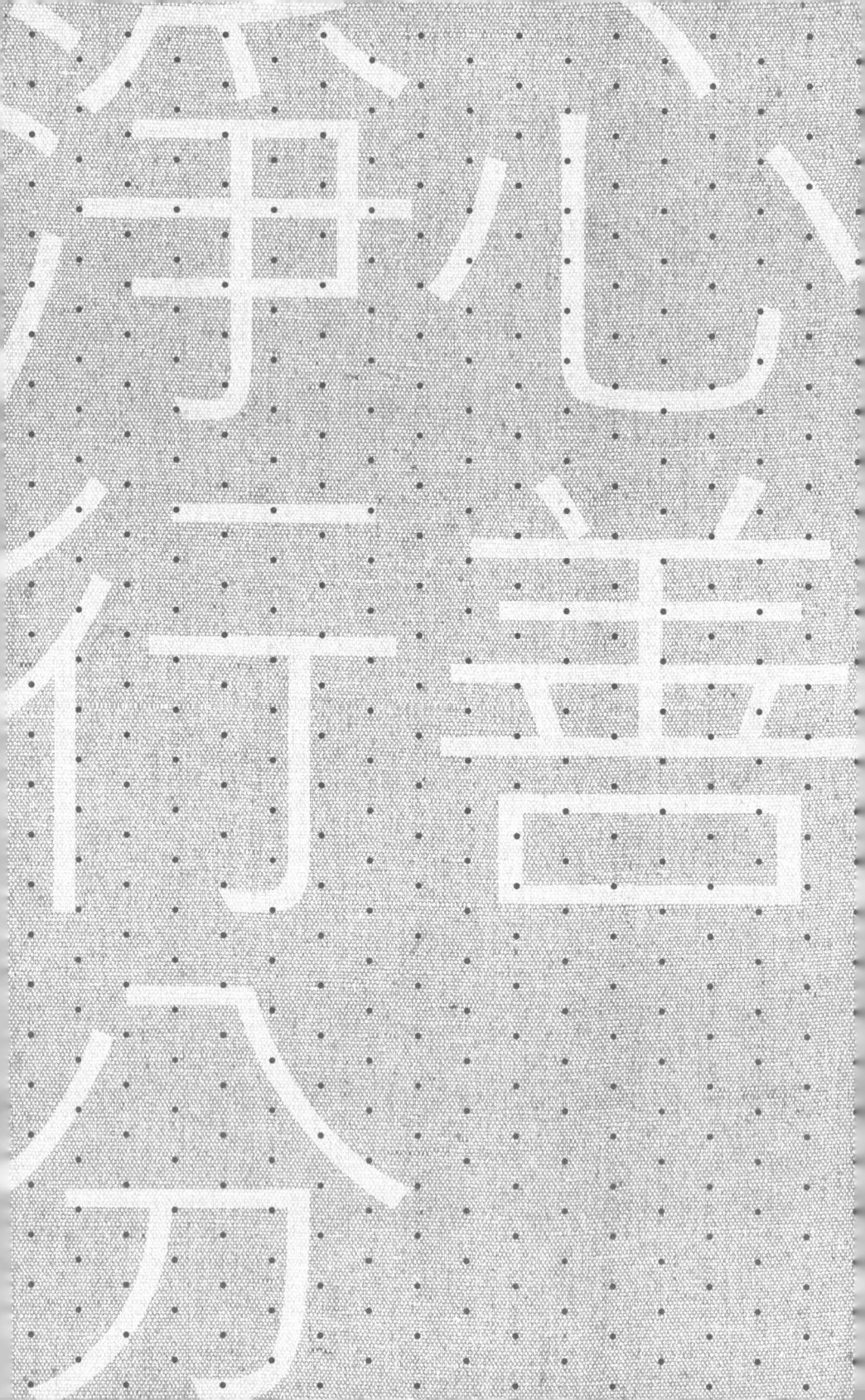

제23분 '정심행선분'은 '깨끗한 마음으로 선행을 해야 한다'는 내용입니다. 그런데 부처님께서 왜 이런 말씀을 하시게 되었는지 배경을 잠시 살펴볼까요?

부처님께서는 제7분 '무득무설분'에서 "아뇩다라삼먁삼보리는 본연한 것이기 때문에 얻겠다고 해서 얻어지는 것도 아니며 설하고자 해서 설해지는 것도 아니다."라고 하셨고 제17분 '구경무아분'에서 "등각을 이루고 구경묘각을 이루었다 할지라도 구경에는 아무 것도 얻을 것이 없다. 그 자리는 본연한 자리이기 때문에 무엇이 있어서 얻어지는 것이 아니다." 그리고 제22분 '무법가득분'에서 "법이라는 것은 진정 얻을 것이 없는 것이다."라고 법문을 하셨어요.

그런데 수보리를 비롯한 많은 사람들이 이 법문을 듣고 '아뇩다라삼먁삼보리는 본연한 것이고 그대로 원만구족하게 지혜의 덕상이 갖추어져 있는데 굳이 생각을 일으켜 닦을 필요가 있을까? 또, 아무리 깨닫겠다고 해봐야 결국 깨침이 있는 것도 아닌데 무엇을 깨달을 것인가?' 하고 분별식심을 일으켰던 거에요. 중생들이 자기 나름대로 분별심을 일으켜서 거기에 머무르고 집착하는 것을 부처님께서 아시고 그것을 끊어주시고자 깨끗한 마음의 선행을 강조하신 것입니다.

부차 수보리 시법 평등 무유고하 시명
復次 須菩提 是法 平等 無有高下 是名

아뇩다라삼먁삼보리 이무아무인무중생무수자
阿耨多羅三藐三菩提 以無我無人無衆生無壽者

수일체선법 즉득아뇩다라삼먁삼보리
修一切善法 卽得阿耨多羅三藐三菩提

수보리 소언 선법자 여래설 즉비선법 시명선법
須菩提 所言 善法者 如來說 卽非善法 是名善法

"다시 또 수보리야, 이 법은 평등하여 높고 낮음이 없음으로 이를 아뇩다라삼먁삼보리라 이름 하느니라. 아도 없고 인도 없고 중생도 없고 수자도 없이 일체 선법을 닦으면 곧 아뇩다라삼먁삼보리를 얻느니라. 수보리야, 말한 바 선법이라는 것은 여래가 설하되, 곧 선법이 아니고 그 이름이 선법이니라."

아뇩다라삼먁삼보리의 속성이 그렇게 높고 낮음이 없이 평등하다는 것을 정리한 것입니다. 여기서 평등하다는 것은 높은 곳을 깎고 골짜기를 메워서 높고 낮음이 없게 한다든지, 잘 사는 사람에게서 부유세를 받아 못 사는 사람에게 주어 경제적으로 똑같은 능력을 갖게 하는 그러한 균형을 맞추기 위한 인위적인 평등을 말하는 것이 아닙니다. 길면 긴 대로 짧으면 짧은 대로, 높은 것은 높은 대로, 낮은 것은 낮은 대로 각각의 존재 가치는 근본적으로 동등하다는 의미에서의 평등을 말하는 것입니다. 즉, 진리의 세계에서는 모든 생명의 본질, 모든 생명의 근본바탕이 같다는 것이죠.

예를 들어 하늘에 구름이 있고 달이 있어요. 그리고 땅에는 히말라야 산이 있고 흐르는 낙동강이 있고요. 구름과 달이 같습니까? 히말라야와 낙동강 역시 다른 것이죠? 하지만 허공을 떠나서 달과 구름, 히말라야와 낙동강이 있는 것은 아니잖아요? 허공을 기준으로 보면 달이나 구름이나 그 바탕은 같은 거에요.

중생이 달은 좋고 구름은 싫다고 분별심을 일으킬 뿐이지 달이 떠있는 허공이나 구름이 떠있는 허공은 같다는 것이죠. 또한 히말라야 산이 아무리 높고 낙동강이 아무리 낮은 곳에서 흐르고 있다고 하더라도 히말라야 산이나 낙동강은 땅을 의지하고 있을 뿐 땅을 떠나서 존재하는 것이 아니라는 얘깁니다. 여기서 허공과 땅이 우리의 청정한 본성을 상징한다는 것은 이제 따로 말씀드리지 않아도 잘 아실 겁니다.

선가에서는 '땅에서 넘어진 자는 결국 땅을 짚고 일어나야 한다'고 말합니다. 땅이 본래 본성바탕이기 때문에 그 본성바탕을 떠나서는 히말라야도 존재할 수 없고 낙동강도 존재할 수가 없는 이치이지요. 지금 부처님의 입장에서 이야기를 하고 있는 거에요. 그래서 부처와 중생이 다름이 없고 번뇌가 곧 깨달음이라고 하는 겁니다.

이와 관련해서 〈화엄경〉 '여래출현품'에 다음과 같은 표현들이 나옵니다.

"여래의 지혜도 이와 같아서 중생들의 몸 속에 구족되어 있지만 어리석은 범부들은 그런 줄을 깨닫지 못한다."

"불자(佛子)야, 여래의 지혜는 이르지 않는 곳이 없다. 왜냐하면 한 중생도 여래의 지혜를 갖추지 않은 사람이 없지만 허망한 생각과 뒤바뀐 집착으로 증득하지 못하기 때문이다. 만일 허망한 생각을 여의면 온갖 지혜와 저절로 생기는 지혜와 걸림 없는 지혜가 곧 앞에 나타나게 되리라."

"불자야, 여래의 지혜도 그와 같아서 한량이 없고 걸림이 없어서 일체중생을 두루 이롭게 하는 것이 중생의 몸 속에 갖추어 있건만 어리석은 중생은 허망한 생각과 집착으로 말미암아 알지 못하고 깨닫지 못하여 이익을 얻지 못한다. 저 때에 여래가 무장애(無障碍) 청정지안(淸淨智眼)으로써 널리 법계 일체 중생을 관하시고 '기이하고 기이하다. 모든 중생이 어찌 여래 지혜가 구족해 있건만 우치(愚癡) 미혹(迷惑)하여 알지 못하고 보지 못하는가'라고 하셨느니라."

　부처님께서 성불하시고 보니 일체중생이 모두 부처님과 똑같은 진여자성의 청정한 성품을 갖추었더라는 거에요. 그래서 진여법계에 들어가면 너도 없고 나도 없는 것이죠. 다 부처의 동일진성 하나밖에 없다는 거에요. 그래서 깨달음은 평등하여 높고 낮음이 없는 것이고 이를 아뇩다라삼먁삼보리라고 한다는 것입니다.

　이 내용은 굉장히 중요하고 〈금강경〉에서 핵심이 될 수 있는 법문입니다. 부처님 경전의 말씀 뿐 아니라 여러 조사 스님들 말씀을 보면 사람 몸을 받기가 백천만겁에도 어렵다고 하셨거든요. 어떤 나쁜 행위를 했을 때 스스로 부끄럽다는 생각을 하고 참회할 수 있는 존재는 오직 사람 뿐이에요. 또 좋은 일을 했을 때도 '내가 참 좋은 일을 했구나. 하지만 더 겸손하고 하심해서 보살행을 해야겠다'는 생각을 할 수 있는 것도 사람이기에 가능한 겁니다.

　그런데 사람이 익히는 업은 중간업이에요. 사람이 선한 일도 할 수 있고 나쁜 일도 할 수 있듯이 사람으로 태어날 수도 있지만 동시에 축생으로 환생할 가능성도 내포하고 있는 것이죠. 축생업이 강하면 그 강한 어두운 기운에 의해 축생의 몸을 받게 됩니다. 게다가 한번 축생의 몸을 받게 되면 절대로 축생의 업을 벗어나지 못하고 계속 같은 업만 받습니다. 축생은 앞서 언급한 사람의 생각을 하지 못하기 때문이에요. 참회하고 선행하겠다는 생각을 하지 못하기 때문이기도 하지만, 축생에게는 참회나 선행하겠다는 생각을 가르치지 못하기 때문에 자꾸 어두운 업의 기운을 갖게 되고 그것이 누적되어 후생의 몸이 결정되는 것입니다. 그래서 축생이 밝은 반야지혜의 기운을 일으켜서 다시 사람 몸을 받는다는 것이 어렵다고 하는 것이고 그래서 백천만겁에 난조우라고 하는 거에요.

그러니까 사람 몸을 받았을 때, 그리고 이런 〈금강경〉의 정법을 들었을 때 마음에 새겨 깊이 사유하면서 '세상에 오는 데는 순서가 있지만 이승을 떠나는 것은 순서가 없다. 삶이 얼마나 남아 있는지는 알 수 없는 일이니 지금 이 마음을 잘 닦아야겠구나' 하고 원을 세울 수 있어야 합니다. 이런 마음으로 정신을 고요히 해서 자성을 관조한다면 여러분들은 결정코 선업으로 인해서 불지에 들어갈 것입니다.

그 다음 "아도 없고 인도 없고 중생도 없고 수자도 없이 일체선법을 닦으면 곧 아뇩다라삼먁삼보리를 얻는다."고 말씀하셨어요. 〈금강경〉의 또 하나의 중요한 핵심 주제이자 소제목인 '정심행선'의 의미를 드러내고 있습니다. 여기서는 정심 즉 '깨끗한 마음'으로 선을 행한다는 것이 무엇을 말하는 것인지 이해하는 것이 중요합니다.

정심에서의 깨끗할 정자는 불교에서 말할 때는 항상 청정한 것으로 생각하셔야 해요. 청정하다는 말은 본래 텅 비어 있는 진공을 말합니다. 허공 같은 것 말이지요. 그 텅 빈 자리, 공공적적하게 빈 그 마음자리를 정심이라고 합니다. 정심은 사랑한다, 미워한다, 나다, 너다, 차별하고 분별하는 상대적인 뜻이 아닙니다. 그렇게 아셔야 이 법문이 이해되지 그저 '깨끗한 마음이구나' 하고 일반 수준에서 이해하면 거기서부터 막히는 거에요. '아도 없고 인도 없고 중생도 없고 수자도 없이'란 말은 사상이 없다는 것이고 청정하고 깨끗하다는 것입니다. 곧 정심은 아주 공공적적하고 고요한 무심의 세계를 말하는 겁니다.

그리고 이렇게 선법을 닦으면 아뇩다라삼먁삼보리를 얻는다고 말씀하셨어요. 선법을 닦는다는 것은 선을 행하라는 말이거든요. 선행을 하라고 하니까 여러분들은 악한 일은 하지 않고 선한 일을 하는 것으로 알고 있어요. 그러면 여러분들이 생각하는 선한 행은 '악한 행위에 반대되는 선행'이 되고 맙니다. 그런 차원이 아니에요. 깨끗한 마음으로 선법을 닦는다는 것은 육바라밀이라는 선행을 하는 것입니다. 대승불교의 수행의 꽃인 육바라밀을 바로 이 정심의 바탕에서 착한 선행을 하는 거에요. 봉사를 하든 참선을 하든 염불을 하든 기도를 하든 어떤 수행을 하든지간에 정심이 바탕이 된 데서 선행을 하는 것이죠. 이러한 정심이 바탕이 된 선행은 그 내용에 있어서도 아상, 인상, 중생상, 수자상의 사상이 없는 선행이라는 것입니다.

정심선행을 달리 표현하자면, 정심은 공공적적한 진공을 말하는 것이고 선행은 묘유를 드러내는 경지를 말합니다. 공한 가운데 산은 산이고 물은 물이라는 사실을 사실대로 잘 볼 수 있는 눈이 열리는 것을 묘유라고 합니다. 이런 법문을 들었을 때 이해가 되어야 여러분들이 이해의 한계를 넘어서서 집착없이 참으로 정심된 바탕에서 선행을 할 수 있는 그런 수행력이 나오는 거에요.

우리는 지금 선법을 닦지 못하고 있습니다. 특정한 목적의식을 가지고 '그것을 해야 된다'는 분별심을 일으키고 인위적인 조작을 만들어 수행하고 있어요. 아직도 멀고 먼 타향에서 맴돌고 있는 것이죠. 제대로 하려면 정심이 되어야 하고 사상이 없는 선행을 해야 합니다.

"선법이 선법이 아니고 그 이름이 선법이니라."고 하셨습니다. 여기서 선법이 선법이 아니고 그 이름이 선법이라고 한 것은 '부처님의 경지에서는 이미 착하거나 착하지 않은 경계를 넘어섰기 때문에 착한 법이 아니다'라는 말이에요. 이미 부처의 위치에 있을 때는 선법이라고 하든지 악법이라고 하든지 부처라고 하든지 중생이라고 하든지 무슨 말을 하더라도 그 내용하고는 아무 상관없는 겁니다. 선법이라는 것은 선하다,

악하다, 보리다, 망념이다, 생사다, 열반이다, 중생이다, 부처다 하는 상대개념을 초월한 것이기 때문이지요. 초월한 입장에서 부처가 부처로서 부처행을 그냥 무심하게 하는 거라고 보면 되겠습니다.

고갱이 | 공공적적하게 텅 빈 마음자리를 정심(淨心)이라고 합니다. 정심이 바탕이 된 선행은 아상, 인상, 중생상, 수자상의 사상이 없으므로 육바라밀을 실천하는 것이 됩니다.

제24분
복지무비분
福智無比分

복과 지혜를 비교할 수 없다

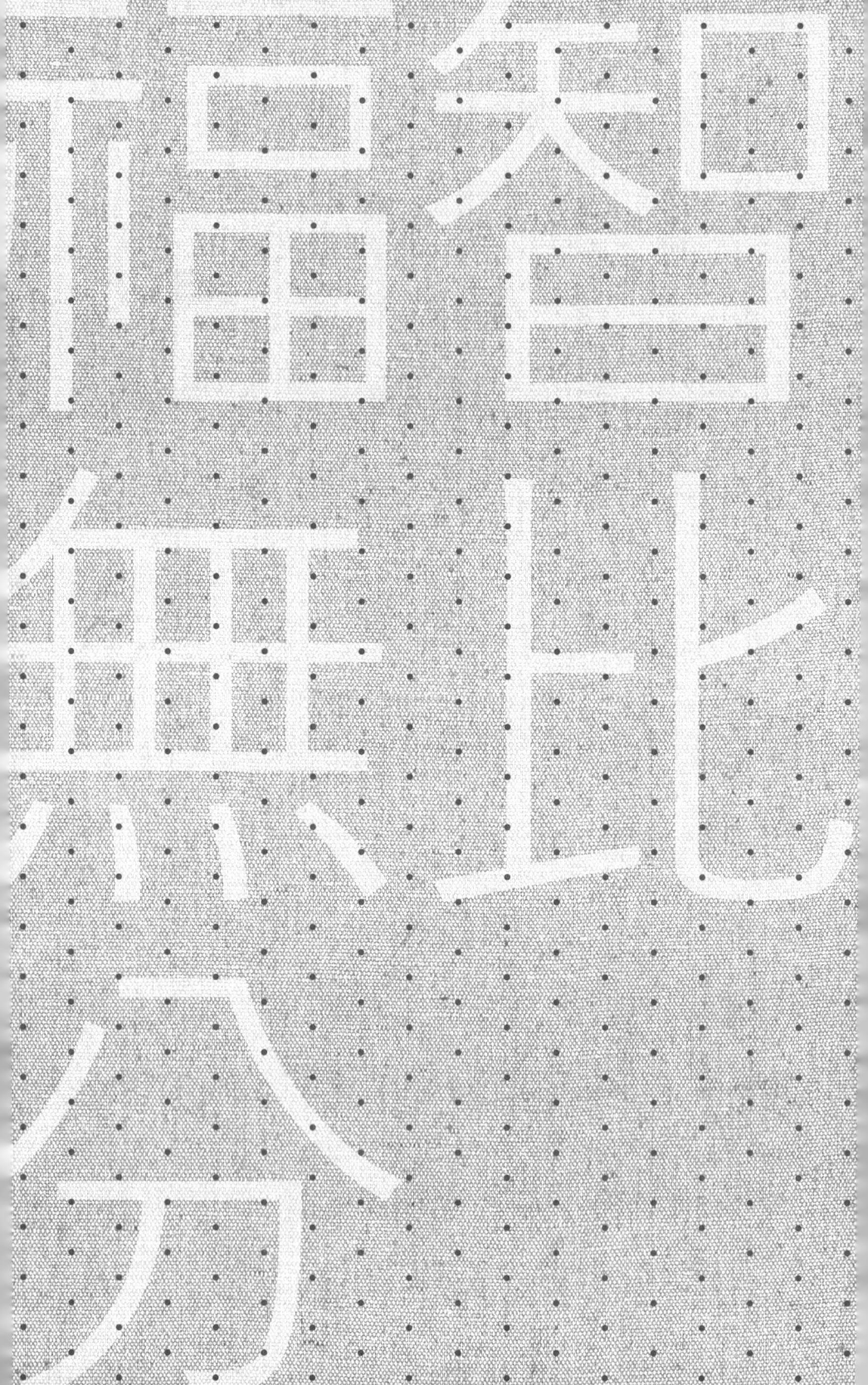

제24분 '복지무비분'은 '복과 지혜를 비교할 수 없다'는 뜻입니다.

수보리 약삼천대천세계중 소유제수미산왕
須菩提 若三千大千世界中 所有諸須彌山王

여시등칠보취 유인 지용보시 약인
如是等七寶聚 有人 持用布施 若人

이차반야바라밀경 내지 사구게등 수지독송
以此般若波羅蜜經 乃至 四句偈等 受持讀誦

위타인설 어전복덕 백분 불급일 백천만억분
爲他人說 於前福德 百分 不及一 百千萬億分

내지 산수비유 소불능급
乃至 算數譬喩 所不能及

"수보리야, 만약 삼천대천세계 가운데 있는 모든 수미산왕과 같은 칠보 무더기들을 어떤 사람이 가져다 보시하더라도 만약 어떤 사람이 이 반야바라밀경이나 내지 사구게 등을 수지독송하여 남을 위해 말해주면 앞의 복덕으로는 백분의 일도 미치지 못하며 백천만억분과 내지 산수나 비유로도 능히 미치지 못하느니라."

앞에서 많이 본 내용이지요? 역시 〈금강경〉의 핵심 내용입니다. 본 법문의 요지는 아무리 많은 칠보를 보시한다고 하더라도 이 〈금강경〉이나 사구게 하나를 제대로 수지독송하는 것만 못하다는 것이에요. 〈금강경〉 내지 사구게를 수지독송하면 중생을 부처의 세계로 인도하기 때문이지요.

제8분 '의법출생분'에서 부처님께서 '일체 모든 부처와 모든 부처의 깨달음이 이 〈금강경〉으로부터 나왔다'고 말씀하셨어요. 여러분들이 사구게를 충분히 이해를 하고 수지독송하면 부처가 된다는 것이죠. 아무리 많은 칠보를 보시했더라도 그 복은 유루복이기 때문에, 유루복은 다함이 있기 때문에 백천만억 어떤 숫자가 된다고 하더라도 숫자의 많음에 관계가 있을 뿐이지 언젠가는 그 복이 다하는 날이 있다는 뜻이 내포되어 있는 겁니다. 반면 사구게를 완전히 알아서 부처가 될 때는 알량한 셈이 없는 무루복이 된다는 것이죠. 그래서 그 복덕과 지혜는 비교할 수 없다는 겁니다.

금강경 내지 사구게를 수지독송하는 것이 칠보를 보시하는 것보다 수승하다고 하니까 많은 사람들이 정작 〈금강경〉의 가르침과 실천에는 무관심하고 무작정 읽는 데만 욕심 내는 걸 보게 됩니다. 그 뿐만 아니라 화두 들고 공부하는 사람, 염불하는 사람, 참회기도 하는 사람이나 봉사하는 사람 모두가 관념적으로 불교를 이해하는 선에서만 받아들이다 보니 그들의 머리 속에 아무리 굉장히 깊은 철학이 들어가 있다 해도 정작 현실이 없는 것입니다. 우리 모두 더 많이 사유하고 반조해야 합니다.

〈금강경〉이나 사구게를 수지독송 한다는 것은 경을 읽고 그 뜻을 머리로 이해하는 것이 아닙니다. 아상, 인상, 중생상, 수자상이 없는 무심한 자리에서 봉사도 많이 하고 기도도 하고 선행을 하면서 그 자체까지도 흔적이 없이 완전히 자기화하는 것을 수지독송이라고 하는 거에요.

사구게의 정신을 완전히 체득하고 자기화시키는 것이 수지독송이고 부처의 세계입니다. 수지독송이 되어서 사구게 정신을 완전히 깨달았을 때 보살만행에는 부사일법(不捨一法)이라, 보살은 한 인연도 버리지 아니하고 한 경계도 버리지 아니하고 끝없이 선행을 하는 겁니다. 부처가 되었든 보살마하살이 되었든 그 경지에서 결국 하는 일이란 정심의 바탕에서 사상이 없는 선행, 보살만행이거든요. 그 보살행을 하려고 지금 이렇게 공부하고 있습니다.

저는 현실 없는 수행을 많이 보아왔습니다. 그렇기 때문에 병을 고치기 위해서 바른 정견을 갖자고 얘기합니다. 바른 정견은 정심과 선행을 제대로 아는 것을 말하는 거에요. 날이면 날마다 작은 일이든 큰 일이든 나에게 주어지는 모든 일을 내 형편과 능력에 맞게 사상 없는 선행을 해나가라는 거에요. 그렇게 선행을 할 때 돌덩이 같고 쇳덩이 같은 끈질긴 내 아집의 업이 한꺼풀 벗겨져 나가는 것입니다.

우리 모두는 본래 불성을 갖춘 청정한 부처입니다. 그런데 그 부처가 어찌되었습니까? 부처가 지금 중생의 병이 들어 있어요. 그 중생병이 뭐냐. 업이라는 거에요. 아무리 중생에게 '업은 없는 것이고, 중생이 중생이 아니고 본래 부처'라고 수없이 말을 해도 듣는 순간 마음의 문을 확 열고 아뇩다라삼먁삼보리 반야세계에 들어가지 못하고 있습니다. 그만큼 중증이란 말이에요. 중생은 업으로 병이 들었기 때문에 그 업을 녹여야 합니다. 그리고 그 지독한 업을 녹여내기 위해서는 그에 상응하는 살아있는 실천행이 따라야 하고 행이 따라갈 때 비로소 업이 바뀌는 겁니다. 일상에서 꾸준히 베푸십시오. 베풀 때 마음이 더욱 넓어지는 거에요.

고갱이 | 〈금강경〉 수지독송으로 사구게 정신을 완전히 깨달았을 때 보살은 한 인연도 버리지 아니하고 한 경계도 버리지 아니하고 끝없이 끝없이 선행을 하는 것입니다.

제25분 화무소화분 化無所化分

교화할 바 없는 교화

제25분 '화무소화분'은 교화를 했어도 교화한 바가 없는 도리를 드러내는 법문입니다.

수보리 어의운하 여등 물위여래 작시념 아당도중생
須菩提 於意云何 汝等 勿謂如來 作是念 我當度衆生

수보리 막작시념 하이고 실무유중생 여래도자
須菩提 莫作是念 何以故 實無有衆生 如來度者

약유중생 여래도자 여래 즉유아인중생수자
若有衆生 如來度者 如來 卽有我人衆生壽者

수보리 여래설유아자 즉비유아 이범부지인 이위유아
須菩提 如來說有我者 卽非有我 而凡夫之人 以爲有我

수보리 범부자 여래설 즉비범부
須菩提 凡夫者 如來說 卽非凡夫

"수보리야, 어떻게 생각하느냐. 너희들은 여래가 이런 생각을 하되, 내가 마땅히 중생을 제도한다고 여기지 말라.
수보리야, 이런 생각은 하지 말지니라. 왜냐 하면 실로는 여래가 제도할 중생이 없음이니 만약 여래가 제도할 중생이 있다고 하면 여래는 곧 아상, 인상, 중생상, 수자상이 있는 것이 되느니라.
수보리야, 여래가 설하되 아가 있다는 것은 곧 아가 있음이 아니거늘 범부들이 이를 아가 있다고 여기느니라.
수보리야, 범부라는 것도 여래가 설하되, 곧 범부가 아니고 그 이름이 범부니라."

첫 구절에 '여래가 중생을 제도한다고 여기지 말라'고 하셨어요. 물론 〈금강경〉을 듣기 전 여러분들은 대부분 이렇게 생각했을 겁니다. '부처님께서 중생을 제도하시기 위해서 이 사바세계에 오신 것이다' 또 '부처님이 이 사바세계에 오셔서 많은 중생을 제도하셨다' 그리고 '부처님께서 제도해야 할 중생이 있다' 이렇게 생각할 수밖에 없었을 것입니다.

하지만 지금까지 법문을 들은 여러분들은 이제 정견이 어느 정도 잡혀 있기 때문에 이 말씀이 무슨 뜻인지 짐작이 간다 이 말이죠. '부처님께서 중생을 제도했다'거나 '제도할 중생이 있다'거나 또는 '부처님께서 중생을 제도하기 위해서 이 사바세계에 오셨다'는 생각을 가진다면 여러분들은 여래에 대해 잘못 알고 있다고 보시면 됩니다.

여래는 어떤 분입니까? 아상, 인상, 중생상, 수자상이 다 끊어진 것을 여래라고 하잖아요. 그런데 만약 여래가 제도할 중생이 있다고 한다면 여래는 사상이 있다는 말이 되겠지요? 사상으로 중생을 교화한다는 말이에요. 여래가 사상을 가지고 일체 중생을 제도한다면 중생이 무엇을 얻겠습니까? 중생은 사상을 얻을 수밖에 없는 겁니다. 그러니까 여기에서 '너희들은 부처님께서 중생을 제도했다는 생각을 하지 말라'고 하신 거에요. '너희들이 그런 말을 하면 여래를 비방하는 것이고 여래를 잘못 알고 있는 것이다' 지금 그런 말씀을 하고 있는 거에요.

우리가 사홍서원을 할 때에 뭐라고 발원합니까? 중생을 다 제도하기를 원하고, 내 자성 안에 있는 번뇌를 다 끊기를 원하고, 모든 부처님의 가르침을 다 배우기를 원하고 그래서 부처가 되는 불도의 세계에 들어가기를 원한다는 발원을 합니다. 우리는 이렇게 원을 세워서 공부하고 있는 겁니다.

지금 여기서는 부처님도 그런 원을 가지고 중생을 교화하거나 제도했을 것이라는 생각을 한다면 부처님을 비방하는 것이라고 하고 있어요. 그래서 실제로는 여래가 제도할 중생이 없는 것이니 만약 여래가 제도할 중생이 있다면 이 여래는 여래가 아니고 아상, 인상, 중생상, 수자상의 여래라는 말이에요.

여기에서 부처와 중생의 차이가 무엇이라고 생각합니까? 부처는 사상이 없는 중생이고, 중생은 사상이 있는 중생이에요. 부처님은 이미 모든 생각의 상이나 관념을 초월하신 분이기 때문에 부처님을 보고 사상이 없는 중생이라고 해도 맞는 말입니다. 그러나 중생을 사상이 있는 부처라고 하면 안 맞는 거에요.

지금까지 우리는 근본에서 볼 적에 부처나 중생이나 가지고 있는 청정성이나 본성자리는 같다고 공부했습니다. 그래서 바로 앞 장의 '정심행선분'에서 '중생이나 부처가 다르다고 말하지 말라'고 이야기했잖아요. 〈화엄경〉 '여래출현품'에서도 부처님께서 정각을 이루신 후 삼매에 들어서 관하니 부처님도 본래 부처였고 일체 모든 생명들이 다 본래 부처였더라고 하셨습니다.

여기서 잘 알아야 될 것이 제도할 중생이 없는 것이 아니고 부처님이 정각을 이루어서 여래의 입장에서 보니까 중생이 없더라는 거에요. 부처님도 사과를 보면 사과라 하고 중생도 사과를 보면 사과라고 합니다. 부처님도 음악을 들으시면 음률이 어떻다는 걸 알고 그것은 중생도 마찬가지로 압니다. 부처님이나 중생이나 생각하고 느끼고 깨닫고 아는 기능으로 볼 때는 똑같습니다. 이것을 불교적으로 여래성이라고 하는 거에요.

그러니 부처님의 입장에서 볼 때는 부처님만 부처가 아니고 일체 모든 생명이 다 부처님과 똑같이 성불되어 있는 여래라고 하는 것입니다. 이렇게 부처님의 입장에서는 너도 부처고 나도 부처고 모두가 부처인데 어떻게 부처가 부처를 제도한다고 하겠어요? 만약 부처가 부처를 제도한다고 하면 아상에 떨어진다는 것이죠. 그렇죠? 또 부처가 부처를 교화한다고 하면 그 역시도 사상에 떨어진다는 것이죠.

왜 그렇습니까? '부처가 중생을 제도한다' '중생이 있다'고 생각하면 이미 여래와 교화 받아야 할 중생이 나누어졌기 때문이지요. 이것은 이분법적인 중생심에 떨어진 것이기 때문에 여래는 아니라는 것입니다. 그렇게 부처님은 우리와 똑같은 기능을 가지셨지만 분별심이 없고 집착심이 없기 때문에 그 기능이 무한한 보살심으로 바뀐다는 거에요.

하지만 중생은 어떻습니까? 중생은 어떤 일을 하면 사상이 있잖아요. '내가 무엇을 했다' '나 이런 사람인데 몰라주네' '나도 옛날에 공부할 때 한 소식 했는데 좀 알아주지' 그건 여러분들이 〈금강경〉을 너무 모르고 정법을 너무 몰라서 그런 거에요.

세상에 아무리 견고한 물질도 저 태양 속으로 들어가면 다 녹아버리고 말지요? 또 세상에 파리가 덤벼들지 않는 곳이 없잖아요. 제사상에도 앉고 임금님 수라상에도 앉고 가리는 곳

없는 천덕꾸러기이지만 단 한 군데 불 위에는 못앉아요. 제가 태양이라 하고 불이라고 했지만 모두 반야지혜를 상징적으로 말하는 거에요. 그것을 어쩔 수 없이 '아뇩다라삼먁삼보리'라고 하고, 어쩔 수 없이 '반야바라밀'이라고 하고, 또 어쩔 수 없이 '정심'이라고 부른 겁니다.

그러니 정심의 자리에는 모든 사상이 다 끊어져버렸기 때문에 여래의 바탕 세계에서는 제도해야 할 중생이 있다든지 제도한 중생이 있다든지 하는 것이 했어도 한 바가 없게 되는 거에요. 이것은 중생 입장에서 하는 말이 아니고 중생이 완전히 소멸된 여래의 세계에서 하는 말입니다.

우리는 해도 한 바가 없는 그 도리를 짐작은 할 수 있을지 몰라도 그것을 자기화하고 완전히 내 생활화하고 있지는 못하고 있어요. 그래서 이 법문을 대단하다고 하는 겁니다. 우리가 너무나 이 쪽으로 마음을 안 내고 믿음을 안 일으키려고 하니 모르는 거에요. 〈금강경〉에서는 사실 정말 대단한 정신 경지를 요구하고 있고 대단한 여래의 경지를 설하고 있다는 것을 아셔야 합니다.

이런 마당에 과거에 공부할 때 조금 얻은 바가 있다고 해서 그에 집착하는 어리석은 사람들은 얼른 상을 떨쳐야 합니다. 그거 아무 것도 아니에요. 지금 본래 부처는 중생병이 들어 있는데 잠깐 공부하다가 한 순간에 반딧불만큼 약간 비쳤던 것으로 어떻게 중증의 병을 고칠 것이며, 고작 반딧불로 어떻게 수미산을 밝히겠다는 겁니까?

〈금강경〉을 제대로 봤으면 지금 내가 얼마나 어리석은 생각을 하고 있는지를 금방 알 수 있어요. 과거심도 불가득이고 현재심도 불가득이고 미래심도 불가득인 도리를 지금 이야기하고 있습니다. 혈기 좋은 호랑이는 동네 강아지나 여우가 와서 성가시게 굴어도 눈 하나 깜짝 안 하지요. 내면에 실력이 있기 때문에 그렇잖아요. 마찬가지로 반야지혜가 있으면 시비가 없어요. 정법이 마음을 편안하고 행복하게 해주는 겁니다. 그런데 여우는 의심이 많고 생각만 발달해서 누가 옆에 와서 조금만 건드려도 안절부절 못하지요. 오직 '남이 나를 어떻게 생각하는가'에 신경쓰느라 걱정이 많아서 모든 것이 시비가 되는 거에요. 그래서 결국은 스스로 자기 어리석은 업을 더한다는 말입니다.

〈선요〉에 보면 공부하는 마음을 드러내는 '담설진정(擔雪塡井)'이라는 말이 나옵니다. 눈을 짊어지고 우물을 메우듯이 표내지 말고 공부를 하라는 말이에요. 마음 닦는 공부가 그렇다는 것이지요. 우물에 아무리 많은 눈을 부어도 표시가 전혀 안 나지요? 그런데 지금 우리는 어떤 공부를 하고 있느냐 하면 우물에 흙을 짊어다 붓는 공부를 하고 있어요. 아상, 인상, 중생상, 수자상을 가지고 있으면 공부하는 것이 우물에다가 흙을 붓는 공부가 되는 겁니다. 그렇게 공부해서는 아무리 열심히 해 봐야 성취하는 것이 또다시 아상, 인상, 중생상, 수자상이에요. 결국은 중생세계를 벗어나지 못하는 겁니다.

우리가 본래 청정한 자성의 부처이고 부처님과 같이 본래 지혜 덕상이 구족되어 있지만 중생은 그 청정한 자성에 이미 집착과 이기심으로 덧칠이 되어 있어 신음하고 있습니다. 항상 시비가 끊이지 않아 자기 스스로를 괴롭히고 있는 거에요. 생명세계에 전혀 도움이 안 되는 공부, 자기는 나름대로 공부한다고 하지만 전혀 베푸는 게 없는 공부를 하고 있는 거에요. 그러면서도 내가 최상의 공부를 한다고 생각하고 있으니 모두 자기 잣대일 뿐이에요.

귀한 법문을 들었으면 생활 속에서 실천이 되어야 하고 성품의 변화가 있어야 하는데 전혀 변화가 없어요. 기도를 하면서도 기도하는 마음 따로 생활 따로, 좌복 위에 있어도 참선하는 마음 따로 망상하는 마음 따로, 참회하는 마음도 눈물 흘리는 그 순간에만 있고 돌아서면 그 마음 없어져버리니 공부나 수행이 내 생활하고는 전혀 상관이 없어지는 겁니다.

옛날 선가에서 어른들은 이런 공부를 풀잎에 붙어 있는 귀신이라고 했어요. 풀잎에 붙어 있는 귀신은 솔바람만 불어도 이슬과 같아서 툭 떨어져버려요. 그런 믿음과 그런 생각으로 법문을 들어서는 내 생활에 아무런 도움이 안 되요. 내 업장 한 번 벗겨 내려면 천지가 내려앉고 절벽이 무너져 내리는 그런 소식을 온몸으로 겪어야 해요. 그것도 한꺼풀씩 벗겨지는 것이에요. 그러니 적당히 머리로 조금 이해간다는 정도로 어찌 감당해낼 수 있겠습니까? 이 말은 생명 없는 신행생활을 해서는 안 된다는 거에요.

그리고 우리 중생은 어떤 법문을 듣거나 몰랐던 것을 알게 되면 그것에 대해 나름대로 알음알이나 자신의 식견을 드러내고 싶어하는 상이 있습니다. 이것을 법상이라고 합니다. 이 또한 〈금강경〉을 잘못 공부한 거에요. 〈금강경〉의 중요한 가르침은 '해도 한 바가 없는 도리를 알아야 된다'는 것입니다. 교화를 했어도 교화한 바가 없는 도리를 알아야 하고, 공부를 해도 공부하는 바가 없이 공부를 해야 되고, 또 나름대로 법의 이치와 도리를 깨쳤다 하더라도 그 역시 알아도 아는 바가 없이 알아야 하는 것입니다.

이것을 잘 알아야 여러분들이 참선수행을 하든 염불수행을 하든 봉사나 보살행을 하든 여러분들이 해도 한 바가 없는 소식을 알고 들어가기 때문에 공부에 큰 장애가 일어나지 않습니다. 이 도리를 모르면 여러분들이 설령 공부가 깊어진다 하더라도 거기에 따르는 마장장애가 굉장히 많이 일어나게 되어 있어요.

공부 얘기가 나왔으니 부처님 이야기 하나 해 드릴께요. 부처님께서 이 사바세계에 오시게 된 인연에 대한 이야기입니다. 도솔천에서 부처님들이 모여서 회의를 했는데 "저 사바세계 남섬부주에 미륵보살이 화생해서 중생들을 교화하기에는 그 곳 중생들의 고통이 너무나 심하다. 하지만 미륵부처님은 56억 7천만 년 후에나 남섬부주 사바세계에 하생하시게 되어 있다. 그러니 우리 중 누가 남섬부주 중생들을 위해서 교화하러 갈 것인가?" 하고 회의를 했답니다.

그런데 그 많은 부처님들이 다 모였어도 아무도 선뜻 나서는 분이 없어요. "왜 가지 않으려고 하느냐?" 하고 물으니 "남섬부주 사바세계 중생들은 오욕락에 찌들어서 아무리 법을 설해도 알아듣기는커녕 믿지도 않습니다. 그렇게 업이 지중해서 웬만큼 원을 세우지 않고는 그들을 제도할 수 없습니다." 그러면서 아무도 내려가지 않으려는 겁니다.

그 때 석가모니 부처님이 "제가 이 사바세계의 남섬부주 중생들을 위해서 교화하러 가겠습니다." 하고 원을 세우셨습니다. 석가모니 부처님은 본래 이 사바세계에 미륵보살님보다 40겁 뒤에 오게 되어 있었어요. 석가모니 부처님은 이렇게 원을 세우시고 용맹정진을 하시면서 40겁을 당겨서 사바세계에 오신 것이죠.

그렇다면 부처님은 이미 부처님으로서 오신 거에요. 태자로 태어나신 부처님의 출생이나 설산에서의 6년 고행, 또는 납월 8일 견성과 같은 것들은 모두 부처님이 중생을 위해 보살인행으로 만행을 하신 것이죠.

부처님이 태어나셔서 일곱 걸음을 걸으셨다고 했습니다. 선가에서는 그 일곱 걸음에 부처님의 모든 법이 다 드러났다고 합니다. 부처님은 이미 걸음에서 모든 법을 다 드러냈는데도 중생들이 믿지 아니하고 보지도 못하고 알지도 못하니까 답답해서 한 손은 하늘을 가리키고 한 손은 땅을 가리켰다 이 말이에요. 그런데도 중생들이 보지도 믿지도 알지도 못하니까 부처님이 어쩔 수 없이 마지막에 '천상천하에 유아독존'이라는 말씀으로 드러낸 거에요. 아주 하근기를 위해서 그렇게 드러내셨습니다.

선가 어록에 들어가면 이런 말들이 자주 나옵니다. 선에서는 이렇게 교리적으로 이야기를 하지 않습니다. 항상 중생이 알아듣든 못알아듣든 부처님의 입장에서 이야기를 하는 거에요. 그게 선입니다.

육조스님의 십대 제자 가운데 청원행사 스님이 계셨고, 그 청원행사 스님의 법을 이은 석두희천 스님이 계셨고, 그 밑으로 약산선사, 운암스님, 도오스님으로 이렇게 쭉 이어 내려오는 법맥이 있습니다.

어느 날 약산선사께서 운암스님과 도오스님, 그리고 그 회상에서 제일좌라고 할 수 있는 수좌스님 한 분을 데리고 산행을 했어요. 산에 한참 오르다가 숨이 차서 커다란 반석에 앉아서 쉬게 되었어요. 운암스님은 약산스님의 옆에 앉아서 앞을 바라보고 있고, 도오스님은 서서 먼 산을 바라보고 있었고, 수좌스님은 뒤에 앉아서 멀찍이 쳐다보고 있었어요.

그때 약산스님이 운암스님을 보고 "한 마디 일러봐라!" 했어요. 그러니까 운암스님이 소나무 청솔이 앞에 서 있으니까 "청솔이 푸릅니다." 했어요. 약산스님은 "그대는 법을 펴면 그 법이 창창하겠구나. 복이 많아서 중생도 많이 교화하고 법도 널리 퍼져 끝없이 뻗어나가겠구나."라고 하셨어요.

이번엔 도오스님에게도 한마디 일러보라고 하셨어요. 도오스님은 뒤도 돌아보지도 아니하고 앞을 보면서 "고목나무가 있습니다."라고 했어요. 그러니까 약산스님이 "그대는 법을 펴면 삼세제불도 그 안목을 엿볼 수가 없겠구나. 참으로 법이 고준하여 짝할 사람이 없겠구나."라고 했어요.

그렇게 약산스님이 운암스님도 참 대단하고 도우스님도 옳다고 인정을 해준 거에요. 다시 약산스님이 옆에 서 있는 수좌를 바라보면서 "그대도 한마디 일러라." 하니까 수좌가 하는 말이 "청솔은 청솔대로 쓰고 고목은 고목대로 쓰지요."라고 했어요. 그러니까 약산스님이 "그래. 법이 참으로 정한 법 없이 앞으로 크게 교화를 하겠구나."라고 했어요.

그 때 수좌스님이 약산스님에게 "스님께서는 뭐라고 평하시겠습니까?" 하고 물었어요. 그러니까 약산스님이 "내가 그를 의심했노라."라고 했어요.

이게 선법문이에요. 운암스님에게도 그랬고 도오스님, 수좌스님에게도 모두 옳다고 해놓고 마지막에 "내가 그를 의심했노라."고 했어요. 이게 무슨 도리입니까? 이런 법문을 활구법문(活句法門)이라고 하는 거에요. 제대로 간화선에 들어가는 법문이지요.

그럼 이 활구법문은 어떻게 활구법문이 되느냐? 대승경전을 이렇게 설명해주는 것은 다 사구(死句)에요. 사구지만 이것을 충분히 들어서 이해를 하게 되면 딱 활구가 걸려버리게 되지요. 약산스님이 모두를 인정하면서 "옳다, 옳다."고 했는데 어째서 그를 의심했다고 했는가. 무슨 소식인가. 딱 들으면 그냥 캄캄해져버리는 거에요.

사구지만 우리가 〈금강경〉 대승경전의 법문을 듣고 정견이 서고 이해를 했을 때 그 이해의 벽을 넘어서는, 이해로는 도저히 갈 수 없는 벽에 부딪히는 거에요. 왜 의심하신다고 했는가. 어째서 의심하셨는가. 그런 거에요. 그러면서 스스로 마음에 자생화두가 일어나는 거에요. 진짜 흔들어도 흔들리지 않는 견고한 화두가 일어나는 거에요. 그래서 제가 여러분들에게 항상 대승경전의 정법의 안목을 갖추고, 정견을 갖춰서 이해하고, 종국엔 이해를 넘어설 수 있는 공부를 하라고 하는 겁니다.

"여래가 설하되 아가 있다는 것은 곧 아가 있음이 아니거늘 범부들이 이를 아가 있다고 여기느니라." 그리고 "범부라는 것도 범부가 아니고 그 이름이 범부다."라고 하셨어요.

중생은 보통 부처님도 '나'라는 아가 있기 때문에 저렇게 말씀하신다고 생각하는 거에요. 중생은 웬만큼 수행해도 이 육신이 나라는 집착을 끊기가 어렵고, 나라는 마음이 있다고 생각하지요. 그렇기 때문에 누가 나를 칭찬해주고 훌륭하다고 추켜 세워주면 기분이 좋고, 누가 성품이 못되었다고 질책하면 화가 나는 겁니다. 하지만 과거에도 얻을 수 없었고 현재도 얻을 수 없고 미래에도 얻을 수 없는 청정 본연한 그 텅 빈 정심자리에는 삼세부처는 물론 그 무엇도 세울 수가 없음을 태양에까지 비유했는데, 거기에 기껏해야 무슨 칭찬이 붙을 것이며 비방이 살아 있느냐는 말입니다.

〈금강경〉에서 여래가 말하는 '아'는 중생이 가지는 집착의 '아'가 아니에요. 여래가 말씀하시는 '아'는 상락아정(常樂我淨)을 말하는 거에요. 상락아정은 〈열반경〉에서 말하는 열반사덕(涅槃四德)인데, 열반사덕은 열반이 지닌 네 가지 큰 덕을 말합니다.

상락아정에서 상자는 항상 '상(常)' 자를 씁니다. 무엇이 항상하다는 것인가? 우리 진여자성의 자리, 정심의 자리, 무심의 자리는 생로병사도 없고 불생불멸이고 부증불감이고 그대로 허공과 같이 항상 원만한 거에요. 그러니까 항상하다는 것이죠. 왜 항상하는가? 생멸심이 끊어졌기 때문이에요. 생멸심이 뭐에요? 〈금강경〉에서는 그것을 사상이라고 했어요. 사상이 끊어졌기 때문에 항상 고요합니다. 어떤 경계를 만나도 그 경계에 속아서 스스로 자성을 배반하는 행위를 하지 않아요. 고요하고 적멸한 자리이기 때문에 그 적멸의 자리에서 그대로 중생을 만나면 중생을 교화하고, 축생을 만나면 축생을 교화하고, 외도를 만나면 외도를 교화하고, 교화하되 교화하는 바 없이 교화를 하는 겁니다.

정심에서 사상이 없는 선행이 나가는 거에요. 그래서 그것이 즐거울 뿐이에요. 적멸의 상태에서 사상 없이 보살만행을 하는 것이 오로지 즐거울 뿐입니다. 그래서 상락이라고 하는 거에요. 이것은 중생세계의 이야기가 아니고 반야세계에 그런 것이 있다는 거에요.

그럼 아정은 무엇인가. 여기서 '아(我)'는 중생심으로 나라고 붙드는 아를 말하는 것이 아니라 청정한 진여법성의 아를 말하는 거에요. '정(淨)은' 청정한 것을 말하는 것이고, 공을 말하는 것이고 모든 것이 다 연생연멸로 이루어진다는 사실을 아는 것을 말합니다. 청정한 진여법성의 자리는 사상이 끊어지고 생멸심이 끊어지고 텅 비어 있는 반야 지혜의 자리이기 때문에 아정이라고 하는 겁니다.

그래서 이것을 선가에서는 '진여법성 자리에는 불수일법(不受一法)'이라고 말합니다. 진여법성은 우리 자성본연을 말하고 불수일법은 '한 법도 아니 받는다'는 의미지요.

앞서 태양에 비유하기도 했지만 정심의 자리는 무엇도 세울 수가 없고 받을 수가 없고 다 태워버리는 자리입니다. 그리고 거기에서 머무는 것이 아니고 다시 보살만행으로 나올 때 보살만행시에는 불사일법(不捨一法)이라고 하는 것이죠. 선행으로 나올 때 한 법도 버릴 것이 없다는 겁니다. 인연 있는 중생이 있으면 생활 속에서 다 선행으로 베푸는 겁니다. 베풀되 상이 없이 베푸는 겁니다. 그러니까 여래가 말하는 '아'는 상락아정이 조화를 잘 이루어서 원만하게 반야바라밀이 된 것을 말하는 것이지, 중생이 말하는 육신이나 마음이나 내가 있다는 아를 말하는 것이 아니라는 것을 바로 알아야 합니다.

마지막에 '범부라는 것도 여래가 말씀하시되 곧 범부가 아니고 그 이름이 범부다'라고 했습니다.

이 말이 아주 중요한 말이에요. 우리가 중생을 범부라고 하잖아요. 그런데 아집과 사상에 사로잡혀 착각하고 매해 버렸기 때문에 그런 것이지 실제는 여러분 자성에는 청정불심, 정심이 있기 때문에 범부라고 해도 범부가 아니라는 것이죠. 또 부처가 이미 사상 없는 세계에 들어갔을 때는 그 자리에는 범부다, 부처다 어떤 이름을 갖다 붙여도 그냥 그 이름일 뿐이지 내 본래 마음의 심지세계하고는 상관없는 일입니다.

'범부가 아니고 그 이름이 범부다' 하는 이 말이 사구게의 뜻에 딱 부합되는 말이에요. 이 말이 그냥 중생세계에서 하는 말이 아니고 부처님세계에서 하시는 말씀이지요. 그래서 여러분들이 이 말을 들어도 바로 이해가 되지 않는 것입니다. 왜? 사상을 쥐고 있기 때문에, 나라는 아집을 쥐고 있기 때문에 그렇다는 거에요.

이 원리를 잘 가르쳐 주는 것이 〈금강경〉이고, 가르침대로 우리가 삶을 잘 사는 것을 반야바라밀이라고 하는 것입니다.

고갱이 | 공부나 수행이 생활과 전혀 상관 없으면 마치 풀잎에 붙어 있는 귀신처럼 헛된 것이 됩니다. 법문을 들었으면 생활 속에서 실천이 되고 인격의 변화가 있어야 합니다.

제26분
법신비상분
法身非相分

법신은 모습이 아니다

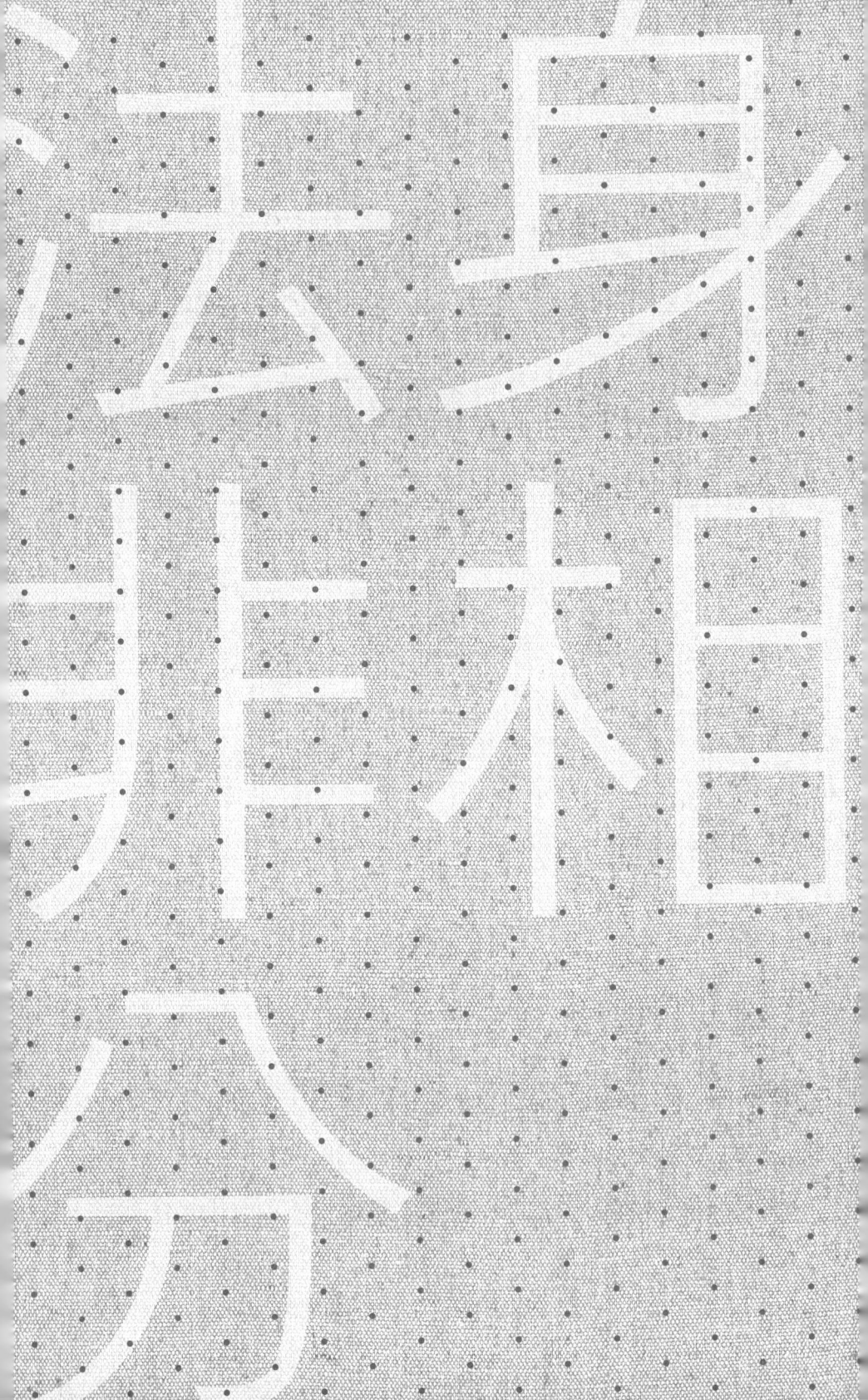

제26분 '법신비상분'은 '법신은 모습이 아니다'라는 뜻입니다.

수보리 어의운하 가이삼십이상 관여래부
須菩提 於意云何 可以三十二相 觀如來不

수보리 언 여시여시 이삼십이상 관여래
須菩提 言 如是如是 以三十二相 觀如來

불언 수보리 약이삼십이상 관여래자 전륜성왕 즉시여래
佛言 須菩提 若以三十二相 觀如來者 轉輪聖王 卽是如來

수보리 백불언 세존 여아해불소설의
須菩提 白佛言 世尊 如我解佛所說義

불응이삼십이상 관여래
不應以三十二相 觀如來

이시 세존 이설게언
爾時 世尊 而說偈言

약이색견아 이음성구아 시인행사도 불능견여래
若以色見我 以音聲求我 是人行邪道 不能見如來

"수보리야, 어떻게 생각하느냐? 가히 32상으로써 여래를 볼 수 있겠느냐."

수보리가 말씀드리되, "그렇습니다. 그렇습니다. 32상으로써 여래를 볼 수 있습니다."

부처님께서 말씀하시되, "수보리야, 만약 32상으로 여래를 관한다 하면 전륜성왕도 곧 여래이리라."

수보리가 부처님께 사뢰었다.

"세존이시여, 제가 부처님의 설하신 뜻을 이해하기에는 응당 32상으로써 여래를 관할 수 없습니다."

그때 세존께서 게송으로 말씀하셨다.

"만약 색신으로써 나를 보거나 음성으로써 나를 구하면 이 사람은 사도를 행함이라. 능히 여래를 보지 못하리라."

이 구절에서 의심나는 것이 없습니까? 제13분 '여법수지분'에서 부처님께서 수보리에게 32상으로 여래를 볼 수 있는지를 물었을 때 수보리가 "32상은 곧 상이 아니고 그 이름이 32상이기 때문입니다."라고 대답했어요. 한문 원문에서는 '불가이신상 득견여래(不可以身相 得見如來)'라고 되어 있습니다. '본다'는 뜻으로 볼 견(見) 자를 썼어요. 그런데 지금 우리가 보고 있는 제26분에서는 '32상으로 여래를 본다'고 할 때 본다는 뜻으로 볼 관(觀) 자를 쓴 것이죠.

차이를 아시겠습니까? 일반적으로 견(見)과 관(觀)은 '무엇을 본다'는 의미에서 같은 뜻으로 쓰이지만 그 용법에는 차이가 있습니다. 현상적으로 모두 다 드러나 있는 것을 눈으로 보는 것을 뜻할 때는 볼 견(見) 자를 쓰고, 마음으로 보는 것을 뜻할 때는 볼 관(觀) 자를 쓰는 것이죠.

어쨌든 '32상으로써 여래를 볼 수 있겠느냐'는 물음에 수보리는 '32상으로써 여래를 볼 수 있다'고 대답합니다. 아니, 지금까지는 32상으로써는 여래를 볼 수 없다고 일관되게 얘기하더니 왜 갑자기 말을 바꾸는 걸까? 여기서 혼란이 오는 것이 당연합니다. 본문 내용을 좀 더 읽고 이 수수께끼를 풀어보기로 하지요.

바로 그 때 부처님이 '만약 32상으로 여래를 관한다고 하면 전륜성왕도 여래이겠구나' 하고 반문하셨어요. 전륜성왕은 인도에서 가장 이상적인 왕의 표상으로 피 한 방울 흘리지 않고 덕과 복으로 천하를 통일시켰던 대단히 상징적인 인물입니다. 그런 전륜성왕도 부처님과 똑같이 32상을 갖췄다고 해요. 하지만 색상으로는 부처님과 똑같은 복덕상을 갖췄어도 큰 보살행원과 반야지혜의 묘법을 갖추지 못했다는 점에서 부처님과는 큰 차이가 있지요. 그렇다면 전륜성왕은 아직 중생이라는 얘기지요? 중생이지만 32상을 갖춘 것입니다.

부처님의 반문에 수보리는 바로 말을 고쳐서 '응당 32상으로써 여래를 볼 수 없다'고 대답합니다. 자, 수보리가 말을 바꿨습니다. 그러니 여러분들의 눈에는 '해공제일'이라 불릴 만큼 공에 대해 밝으신 분이 여기에서는 부처님 눈치나 살피며 말을 바꾸는 형편없는 모습으로 보일 수도 있겠습니다.

그래서 이 부분에 대해서는 해석이 다양합니다. '수보리가 아라한과는 얻었지만 공에 대해 확신이 서지 않아서 부처님 말씀에 따라 움직인 것이 아니냐'는 분도 계시고, '수보리가 아직은 공에 대해서 확실한 정견이 서 있지 않았었는데 이 부분에서야 확실하게 공을 체달하셨다'고 설명하기도 합니다. 견해는 각자가 다를 수 있죠. 저는 이렇게 봅니다.

수보리는 해공제일로 이미 부처님의 인가를 받았고 심지어 상권에서는 수보리를 가리켜 부처님이 '무쟁삼매를 즐기는 자'라고 하셨거든요. 그것도 다 인가를 한 거에요. 그런 수보리가 지혜가 부족하고 공에 대한 이해가 부족해서 오락가락한다고 볼 수 있을까요? 아라한과까지 성취한 수보리가 이것을 모를 리가 없거든요. 이것은 스승과 제자가 절묘하게 장단을 잘 맞추어 제자의 큰 지혜의 묘수를 드러낸 장면으로 볼 수 있습니다. 나는 그렇게 보는 거에요.

다시 말하면 수보리는 아라한과를 성취하신 분이고 이제는 보살만행을 충분히 감당해낼 수 있는 분이기 때문에 부처님에게서 더 깊은 이야기를 끌어내기 위해서 이렇게 '연극 아닌 연극'을 했던 겁니다. 수보리가 정말 몰라서 그러는 게 아니라는 것이죠. 수보리가 이렇게 함으로써 부처님에게서 더 깊은 말씀이 나올 수 있었던 거에요.

수보리가 이렇게 함으로써 부처님이 '그러면 전륜성왕도 여래겠구나' 하고 물으시게 된 겁니다. 수보리가 그냥 '32상으로는 볼 수 없다'라고 대답했다면 우리는 부처님께 아무 법도 듣지 못했을지도 모르죠. 그러니 수보리야말로 참으로 보살원을 세우신 참 보살인 것입니다. 경경상조(鏡鏡相照)라, 거울과 거울끼리 서로 비추는 경지이기 때문에, 부처가 부처를 서로 대하는 경지이기 때문에, 이것을 알고 하는 사람에게는 이렇게 해도 맞고 저렇게 해도 맞는 거에요. 부처가 알고 있는 것이죠.

여러분들은 아마 속으로 이런 생각을 할 겁니다. '그럼 어떤 것이 여래인가? 우리가 생각하는 여래는 모든 번뇌가 다 끊어지고 사상이 다 끊어지고 맑은 허공과 같이 청정하고 때묻지 않은 진여자성을 말하는 것이지 이 모양다리 32상 갖춘 것은 여래가 아니구나' 여러분들은 이렇게 생각하는 겁니다.

이렇게 생각하는 사람들이 많기 때문에 수보리가 그것까지 내다 본 거에요. 그래서 수보리가 부처님께 그 가닥을 지어달라고 하는 겁니다.

그런데 부처님은 그것도 아니라고 하십니다. 왜 아닌 줄 아십니까? 이건 굉장히 중요한 거에요. '32상으로써 볼 수 없다'는 것도 정해진 유(有)지요? 유의 상이잖아요. '유상'도 법이죠? 그렇죠? 또 32상을 떠나서 조금 전 청정성을 말한 것들은 무를 말한 것이죠? 그런데 그것도 무로 들어서 이야기를 했지만 결국 정한 '무법'이에요. 둘 다 정해진 법이라는 겁니다. 아시겠어요?

아뇩다라삼먁삼보리는 무유정법이라 정한 법이 없다고 했습니다. 하지만 중생은 '이것'이라고 하면 '이것'에 집착하고, '이것이 아니다'라고 하면 '이것에 반대되는 것'을 끌어온다는 거에요. 그러니 중생은 여기도 걸리고 저기도 걸리고 다 걸리게 되는 것이죠. 성인의 생각이든 부처의 생각이든 여래의 생각이든 무슨 생각이든지간에 최상승의 생각을 한다고 하더라도 그 '생각'을 일으키면 60방을 맞아야 되는 겁니다.

비유를 하나 들어보겠습니다. 산에 임자 없는 묵밭이 하나 있어요. 그런데 그 묵밭을 내가 일구어서 메밀을 심었어요. 메밀꽃이 아주 잘 피었지요. 그래서 이웃에게 물었어요. "저거 무슨 밭이야?" 그러니까 보는 사람이 "메밀밭이죠." 어느 덧 수확의 때가 되어서 메밀을 다 베어버렸어요. 이제 메밀을 베고 아무 것도 없어요. "저거 무슨 밭이야?" 하고 물으니 "본래 모습으로 돌아왔네요. 묵밭이네요." 그럽니다.

그래서 묵밭이라는 소리가 떨어지기 무섭게 거기에다가 다시 감자를 심었어요. 감자가 또 났어요. "저게 무슨 밭이야?" 하고 물으니까 "감자밭이죠." 해요.

그럼 이 밭이 메밀밭입니까? 묵밭입니까? 감자밭입니까? 무엇을 심을 때마다 바뀌니까 메밀밭이 아니죠? 묵밭도 아니죠? 감자밭도 아니죠? 그럼 뭐라고 해야 되느냐? 그것을 여러분들이 한마디 일러야 되는 거에요. "메밀밭도 아니고 묵밭도 아니고 감자밭도 아닌데 무슨 밭이냐?" 한마디 일러보세요. 무슨 밭입니까?

그러니까 묵밭이라고 해도 안 맞고, 감자밭이라고 해도 안 맞고, 메밀밭이라고 해도 안 맞는다. 청정한 공이 여래라고 해도 안 맞다 이 말이에요.

이게 굉장히 중요한 말이에요. 이것은 이치로 아는 것, 도리로 아는 것 가지고는 도저히 여래 실상자리를 말할 수가 없다는 것입니다. 여러분들이 〈금강경〉을 쉽게 생각하면 안 돼요. 〈금강경〉의 이런 대의를 깊이 사유해서 정견이 서고 대승법의 요지를 잘 알아야 참선도 제대로 할 수가 있고, 염불도 제대로 하고, 봉사도 제대로 할 수 있다고 누차 강조했습니다. 깨달음은 실천을 통해서 함께 드러나는 것이라고 말이죠.

그러면 어떻게 해야 되느냐? 여러분들이 생활 속에서 실천을 통해서 깨칠 일이에요. 실천이 동반하지 않는 지혜는 옛날부터 건혜지(乾慧智)라고 했습니다. 마른 지혜, 윤기가 없는 지혜, 다 소용없다는 뜻이에요. 건혜미능면생사(乾慧未能免生死)라, 부설거사의 게송에 나오는 구절인데 건혜지로는 생사를 해결할 수가 없다는 말입니다.

그러니 수보리가 얼마나 지혜가 뛰어난 사람인지 여기서 드러나는 것이죠. 법상이나 관념상이나 이치적인 것이나 도리적인 것에 빠져 있는 우리 중생까지도 모두 알아들을 수 있게 부처님이 설명해주셔야 하잖아요. 그러니 수보리가 부처님에게서 이 법문을 모르는 척, 어리숙한 것처럼 중생을 위해 연기를 한 거에요. 그래서 부처님이 속에 있는 밑천을 내놓기 시작하신 것이고요.

"만약 색신으로써 나를 보거나 음성으로써 나를 구하면 이 사람은 사도를 행함이니 능히 여래를 보지 못하느니라."고 하셨어요. 〈금강경〉에서 세 번째 나오는 사구게입니다. 아주 중요한 이야기입니다.

약이색견아, '색신으로써 나를 보거나' 할 때 색의 의미부터 살펴봅시다. 색은 중생들이 가진 모든 상도 색이고, 부처님이 갖추신 32상이나 천삼라 만삼라 드러나 있는 모든 형상은 다 색입니다. 그런데 이 색은 무엇으로 이루어졌다고 했지요? 지·수·화·풍 사대가 연생연멸로 이루어졌다고 그랬죠? 그 색을 말하는 거에요. 색·수·상·행·식 할 때의 색입니다.

그리고 '보거나' 할 때 견은 중생이 보는 식견을 말하는 거에요. 분별심, 차별심, 집착, 번뇌 이런 게 다 중생이 가지고 보는 식견이라는 거죠. 중생 알음알이라는 중생식견을 이렇게 견 자로 줄인 거에요. 그리고 나라는 아 자가 있죠? 이것은 열반사덕인 상락아정을 말하는 거에요.

이음성구아, '음성으로써 나를 구하려고 한다면'은 자기 마음의 업식을 관조하고 들여다 볼 생각은 없고 그저 법문만 듣고 이치로만 알고 도리로만 이해해서 생사를 면하려고 하면 안 된다는 뜻이에요.

부처님은 참으로 달변이시잖아요. 부처님의 팔만사천 방편 법문은 아주 뛰어나지요. 근기에 따라, 정한 법 없이, 그 자리에서 깨칠 수 있게 부처님은 그렇게 묘법을 열어 보이시거든요. 그래서 만약에 생멸인 색상이나 중생의 중생식견으로 상락아정의 청정아를 보려고 하거나, 그저 법문만 가지고 지혜나 열반을 구하려 한다면 그건 삿된 길을 가는 것이고 마침내는 여래조차도 볼 수가 없다고 하시는 말씀이에요.

이렇게 이야기를 하니까 〈금강경〉의 깊은 대의를 잘못 알고 중생들이 어떻게 망상을 피우는지 아세요? 누군가 기도를 한다든지 염불하고 있으면 "〈금강경〉도 보지 못했느냐? 음성으로써나 색신으로써 나를 구하는 자는 사도를 행하는 것이라고 했거늘, 아직도 꼭지가 안 떨어져서 그렇게 기도나 염불 같은 것을 하고 있느냐?" 이렇게 이야기하고 있어요. 그 사람이야말로 정말 법을 모르는 사람입니다. 이 이야기는 그런 뜻이 아니거든요. 여기서 말하는 색과 견은 중생의 번뇌망상을 말하는 것이에요. 그래서 〈금강경〉을 어렵다고 하는 것이죠.

또 절에서 사회 환원을 위해 나름대로 시주나 보시를 한다든지 불우이웃돕기를 하면 이렇게 말합니다. "이 사람아, 그것은 기복 불교야." 여기서 잠깐, 무엇을 '기복'이라고 하는지 여러분들이 잘 아셔야 합니다. 기복이라는 것은 본래 '이것이 기복이다'라고 정해진 것이 없어요. 불법을 모르는 사람이라도 예를 들어서 절에 와서 시주를 할 때 대가를 기대하거나 바라는 마음 없이 시주를 하거나 불우이웃돕기를 했다면 그 사람은 무주상보시를 한 거에요. 그 사람은 기복한 사람이 아니에요. 반면, 아무리 팔만사천법문을 다 듣고 이해한다고 할지라도 자기가 보시행을 하고 그것에 기대를 갖는다든지 뭔가 되돌려 받으려는 마음이 있다면 그 사람은 기복을 하고 있는 사람이에요. 기복의 기준이 특정한 행위에 있기 보다는 본인만이 아는 마음가짐에 더 가깝다는 뜻이죠. 이것을 여러분들이 바로 알아야 한다는 겁니다.

어느 날 조주스님이 만행을 떠났습니다. 어느 산골에 가니까 한 수좌가 문을 걸어 잠그고 토굴에 들어 앉아서 정진을 하고 있었어요. 그 때 조주스님이 문 앞에 가서 "한마디 일러라." 그런 거에요. 그러니까 그 안에서 문종이를 뚫고 주먹이 하나 나오는 겁니다. 아무 말도 안 하는 거에요. 그러니까 조주스님이 하시는 말씀이 "옳고 옳구나." 했어요. 그리고 그 산 너머에 또 갔어요. 거기에도 토굴에 한 스님이 들어 앉아 있는 거에요. 그래서 그 앞에 가서 똑같은 방법으로 "한 마디 일러라." 했더니 그 안에 있는 스님도 또 그 창호지를 뚫고서는 주먹을 내미는 거에요. 똑같은 현상이에요. 그 때 조주스님이 "물이 얕아서 배를 댈 수가 없구나." 하고 가셨다고 합니다.

이처럼 똑같은 상황에서도 척 알아버리는 거에요. 그래서 여래는 수보리가 이렇게 해도 수보리가 아는 경계이고, 저렇게 해도 수보리는 아는 경계에요. 부처님이 알면서 수보리와 같이 연극을 하신 것이죠. 중생들이 자꾸 집착을 가지고 한마디 법을 일러주면 그 법이 법상이고 집착이 되어서 마냥 거기에 매여 있고 하니까 또 그것을 풀어주기 위해서 수보리와 부처님이 그런 상황을 연출하고 있다는 것을 아셔야 합니다.

그러니 '사도를 행한다'고 하는 말이 무슨 뜻인지 알겠죠? 공부를 하는데 그 공부 분상에서는 화두 들면 오로지 화두 의단 하나뿐이지, 거기에 뭔가 느낌이라든지 색견이 들어가면 그건 전부 다 망상이라는 것이죠. 그렇기 때문에 여기서는 그것을 사도라고 이야기했고, 선가에서는 방망이질을 한다 이 말이에요. 왜 방망이질을 하느냐고요? 정신 차려라!

고갱이 | 아뇩다라삼먁삼보리는 정한 법 있음이 없다는 것입니다. 그러므로 부처의 생각이든 여래의 생각이든 어떤 최상승의 생각이라 해도 '한생각'을 일으키는 순간 60방을 맞게 되는 이치입니다.

제27분 무단무멸분 無斷無滅分

소멸해 없어짐도 없다

제27분 '무단무멸분'은 '멸해서 없어짐도 없다'는 뜻입니다.

수보리 여약작시념
須菩提 汝若作是念

여래 불이구족상고 득아뇩다라삼먁삼보리
如來 不以具足相故 得阿耨多羅三藐三菩提

수보리 막작시념
須菩提 莫作是念

여래 불이구족상고 득아뇩다라삼먁삼보리
如來 不以具足相故 得阿耨多羅三藐三菩提

수보리 여약작시념 발아뇩다라삼먁삼보리심자
須菩提 汝若作是念 發阿耨多羅三藐三菩提心者

설제법단멸 막작시념 하이고
說諸法斷滅 莫作是念 何以故

발아뇩다라삼먁삼보리심자 어법 불설단멸상
發阿耨多羅三藐三菩提心者 於法 不說斷滅相

"수보리야, 네가 만약 이런 생각을 하되, '여래는 구족한 상을 쓰지 않는 연고로 아뇩다라삼먁삼보리를 얻었다' 하느냐.
수보리야, '여래는 구족한 상을 쓰지 않는 연고로 아뇩다라삼먁삼보리를 얻었다'고 생각을 하지 말라.
수보리야, 네가 만약 이런 생각을 하되 '아뇩다라삼먁삼보리심을 발한 사람은 모든 법이 단멸했다고 말하는가' 한다면 이런 생각도 하지 말지니, 무슨 까닭인가 하면 아뇩다라삼먁삼보리심을 발한 사람은 법에 있어서 단멸상을 말하지 않느니라."

   이해가 되십니까? 옛날에는 이런 법문 한 번 들으면 바로 깨닫고 알았어요. 〈금강경〉이 성품을 알게 하고 견성하게끔 해주는 대승경전이거든요. 그런데 여러분들은 왜 이것을 깨닫지 못하는 줄 아십니까?
   지금 이야기는 제가 바로 앞 장에서 했던 이야기에요. 했는데도 여러분들은 이해가 안 되는 거에요. 왜 그러냐? 옛날에는 오직 법 한마디 듣기 위해 산을 넘고 강을 건너서 짚신을 끌고 배를 곯아 가면서 걸망을 짊어지고 선지식을 찾아서 그렇게 험한 길을 나섰습니다.

〈육조단경〉에 보면 육조혜능 스님이 오조스님이 계시는 선지식의 도량을 찾아오기 위해서 칠백 리 길을 걸었어요. 어디 그것 뿐입니까? 옛날의 모든 선사들은 법문 한 마디 듣기 위해 힘한 길을 가다가 죽는 사람도 많았어요. 혜초스님의 〈신왕오천축국전〉은 눈물이 나서 그만 책을 읽어 내려가기가 힘들 정도에요. 사막에 당연히 이정표도 없지요. 이정표라고 하면 먼저 간 사람들이 그 사막에서 죽어서 남긴 해골 정도였으니까요. 그리고 현장법사 같은 분들은 그 많은 사람들을 데리고 법을 구하러 인도로 갔다가 다 죽고 몇 사람만 남아서 16년만에 돌아온 게 아닙니까. 그게 다 대승법을 구하기 위해서 그런 거거든요.

석가모니 부처님은 보살인행시에 이 법 한마디 듣기 위해서 자기 몸을 나찰에게 던졌다 이 말입니다. 부처님은 법을 한마디 듣는 것이 그만큼 내 마음에 자유와 행복을 주고, 영원한 평화를 주고, 그 영원한 복의 가치를 부처님은 잘 알고 계셨기 때문에 나찰에게 몸을 던진 것이거든요. 아침에 복이 있고 저녁에 지옥고를 받는 중생생멸복은 부처님께 의미가 없었던 것입니다. 나찰이 어떤 법문을 했습니까? 그것이 〈열반경〉에 나오는 열반 사구게죠? '제행무상 시생멸법 생멸멸이 적멸위락' 그 한 구절 듣기 위해서 말입니다. 이렇게 위법망구의 간절함 끝에 드디어 한 구절을 들었을 때 옛날 선지식들이나 수행자들은 그 자리에서 돈오한 거에요.

그런데 여러분들은 5분 전에 들었던 이야기가 깜깜하기만 하니 왜 그럴까요? 여러분들은 인터넷에 들어가 손가락 하나만 까딱 누르면 되고요. 저의 법문도 그냥 쉽게 쉽게 흘려 듣고 있기 때문이에요. 이 법이 그렇게 귀하고 고준하다는 것을 인식하지 못하는 것이죠. 정법에 대한 간절함을 갖고 이 공부에 들어오시길 바랍니다.

"여래는 구족한 상을 쓰지 않는 연고로 아뇩다라삼먁삼보리를 얻었다고 하느냐?"고 물으셨습니다. 앞서 수보리가 "32상으로 여래를 볼 수 있습니다."고 했을 때 "그러면 전륜성왕도 여래겠구나?"라며 부처님이 수보리에게 핀잔을 줬죠? 그러니까 또 "32상으로는 여래를 볼 수 없습니다."고 했잖아요. '없습니다' 뒤에 따라 오는 여러분 생각이 무엇이었죠? '일체 번뇌가 끊어지고 모든 것이 고요적멸한 그 자리만이 여래다' 하는 생각이 뒤따라 온다고 그랬죠? 그 흔적을 지워주기 위해서 부처님이 지금 이 이야기를 하는 거에요. 부처님이 여기서 이면의 생각까지도 다 챙겨주시는 거에요. "지금 그렇게 생각하고 있었지?" 딱 이렇게 묻는 거에요. '너 그게 여래라고 생각하고 있지? 그것도 여래가 아니야' 하고요.

'여래는 구족한 상을 쓰지 않는 연고로 아뇩다라삼먁삼보리를 얻었다는 이런 생각을 내지 말아라' 이 말이에요. 오로지 내가 알고 있는 지혜에 걸맞게 일상생활 속에서 실천을 하면서 그 깨침이 나에게 녹아 무르익었을 때 자기 인격으로 드러 난다고 그랬죠? 그때 자기가 여래를 보는 거에요. 그것이 '살 아있는 여래'라는 말이에요. 왜 살아있는 여래냐? 남을 위해 서 도움을 줄 수 있는 생산성이 있고, 그리고 또 동맥이 뛰는 생명감도 있고 현실성도 있고 그렇잖아요. 그런 불법 공부를 하라는 말이에요.

그리고서는 "수보리야, 내가 만약 이런 생각을 하되, 아뇩 다라삼먁삼보리심을 발한 사람은 모든 법이 단멸했다고 말하 는가. 그렇다면 이런 생각도 하지 말지니 무슨 까닭인가 하면 아뇩다라삼먁삼보리심을 발한 사람은 법에 있어서 단멸상을 말하지 않느니라."고 하셨어요.

여기서 단멸상이라는 말이 나왔는데 단멸상은 한 쪽으로 치 우친 것을 말합니다. 32상으로 여래를 볼 수 없다고 하니까 32상은 또 아무 것도 아니고 텅 빈 그것이 여래를 볼 수 있는 것이고 지혜만이 여래를 볼 수 있다고 했어요. 그것 또한 하 나의 정해진 단멸상이라는 것이죠. 그러니까 양변을 모두 여 의라는 말입니다. 양변을 다 여의면 그것은 여기 제목에서 말 하는 무단무멸, 단멸상을 여의는 것이라는 말이지요.

우리가 단멸상을 완전히 여읜 자를 무엇이라고 이야기했 습니까? 32상으로 여래를 본다고 해도 맞고, 32상으로 여래 를 못본다고 해도 맞고, 또 소소영영하고 공공적적하고 그리고 일체 모든 취사심이 다 끊어지고 중생식심이 다 끊어진 그것이 여래의 법이요 그것이 여래성이라고 해도 똑같이 몽둥이 맞는다고 했지요.

그러나 자기가 그것을 깨치지 못한 사람에게는 그런 이야기를 한다고 하더라도 단멸상이 돼 버리는 거에요. 묵밭이든 메밀밭이든 감자밭이든 단멸상, 단견에 치우친 상이라는 말입니다. 공부를 하는데 있어 알음알이가 발동해서 티끌만큼이라도 지혜가 맑아지면 그것을 공부라고 생각하고 이치가 밝아졌다고 생각하게 되면 그것이 전부 다 단멸상으로 떨어져 버린다는 말이에요.

이어서 하시는 말씀이 '아뇩다라삼먁삼보리심을 발한 사람은 법에 있어서 단멸상을 일으키지 않는다'고 딱 정리를 하시는 겁니다. 그 물이 소금물인지 설탕물인지 직접 마셔 본 사람이 알 일이지 짐작으로는 절대 알 수가 없는 도리입니다. 짐작으로 이야기하는 것은 전부 다 단멸상으로 떨어지는 이치라는 것입니다.

고갱이 | 단멸상은 한 쪽으로 치우친 것을 말합니다. 아뇩다라삼먁삼보리, 무유정법을 제대로 아는 사람은 법에 있어서 양변을 여의기 때문에 단멸상을 일으키지 않습니다.

제28분 불수불탐분 不受不貪分

받지도 욕심 내지도 않는다

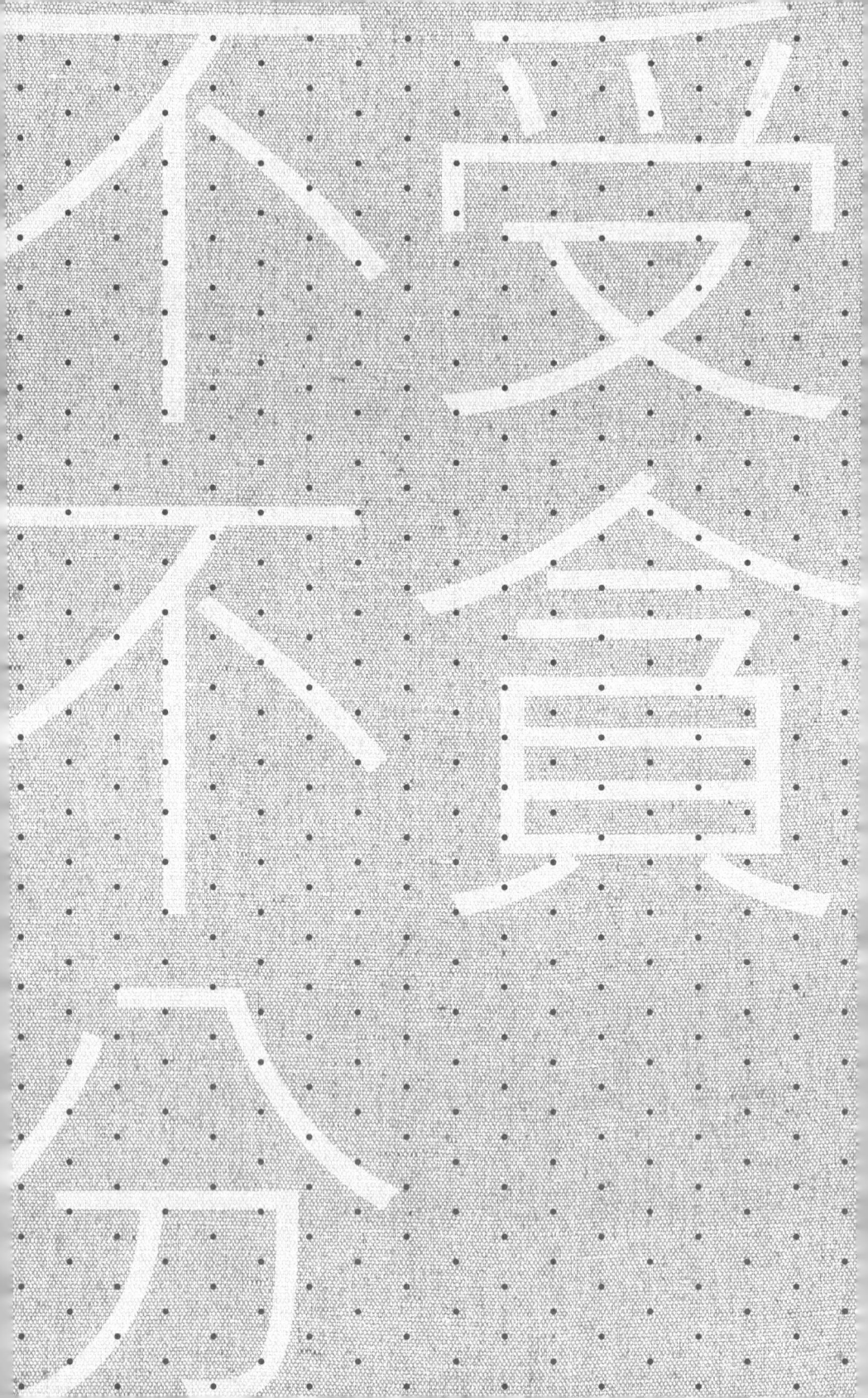

제28분 '불수불탐분'은 '받지도 않고 탐하지도 않는다'는 뜻입니다. 본래 내 자신의 자성자리에 공덕이 다 구족되어 있기 때문에 따로 받아야 할 것도 없고, 이와 같이 모든 공덕성이 갖추어져 있기 때문에 밖으로 탐해야 할 것도 없다는 뜻입니다. 전형적인 보살의 인행을 말하고 있습니다.

수보리 약보살 이만항하사등세계칠보
須菩提 若菩薩 以滿恒河沙等世界七寶

지용보시 약부유인 지일체법무아
持用布施 若復有人 知一切法無我

득성어인 차 보살 승전보살 소득공덕
得成於忍 此 菩薩 勝前菩薩 所得功德

"수보리야, 만약 보살이 항하강의 모래수와 같이 많은 세계에

가득찬 칠보를 가지고 보시하더라도 만약 또 어떤 사람은 일체법이 아가 없음을 알아서 인(忍)을 얻어 이루면 이 보살은 앞의 보살이 얻은 공덕보다 수승하리라."

부처님께서 오백생 동안 인욕선인으로 계실 적에 보살인행으로 인해 무생법인을 얻으셨잖아요? 부처님은 많은 인욕을 통해서 반야바라밀의 세계에 들어가셨다는 뜻입니다. 여기서 인(忍) 자는 참을 인 자인데 이렇게 반야바라밀의 세계를 의미하기도 합니다.

'무아를 알아서 인을 얻는다'는 것은 무생법인(無生法忍)을 의미해요. 항하의 모래수와 같이 많은 보시를 해서 얻는 공덕보다는 이 무아를 아는 공덕이 그렇게 크다는 것이죠. 그래서 '인을 얻어 이루면 이 보살은 앞의 보살이 얻은 공덕보다 수승하리라'고 하셨습니다.

하이고 수보리 이제보살 불수복덕고
何以故 須菩提 以諸菩薩 不受福德故

수보리 백불언 세존 운하보살 불수복덕
須菩提 白佛言 世尊 云何菩薩 不受福德

수보리 보살 소작복덕 불응탐착 시고 설불수복덕
須菩提 菩薩 所作福德 不應貪着 是故 說不受福德

"무슨 까닭인가. 수보리야, 모든 보살은 복덕을 받지 않는 까닭이니라." 수보리가 부처님께 사뢰었다. "세존이시여, 어찌하여 보살이 복덕을 받지 않습니까?" "수보리야, 보살의 지은 바 복덕은 응당 탐착하지 않음이니 이 까닭에 복덕을 받지 않는다고 말하느니라."

〈금강경〉에서 가장 중요시하는 보살 육도만행의 근본인 무주상보시의 실천을 강조하고 있는 구절입니다. 보살은 어떤 인행으로 중생을 이롭게 했더라도 그러한 보살행에 대해 탐착하지 않는다는 것이죠. 탐착하지 않는다는 것은 상이 없다, 즉 무주상보시를 의미하는 것입니다.

'복덕을 받지 않는다'고 하는 것은 지은 공덕에 대해서 보상을 기대하거나 '내가 베풀었다'는 생색없이 보살은 일체 중생을 위해서 그냥 할 뿐이라는 거에요. 전형적인 보살의 구경처를 밝히고 있어요.

상권에서는 부처님이 보살이 보시를 하되 사구게 정신을 충분히 이해하고 그 정신에 맞게 상에 머물지 아니하고 일체 생명들에게 보시를 했을 때 그 복덕은 저 허공보다 넓다고 하셨잖아요. 우리가 사구게 정신을 제대로 알고 이해한다면 사실 억지로 실천하려 하지 않아도 무주상보시는 자연스럽게 나오는 거에요. 여래의 성품이 본래 그러하기 때문에 저절로 나오는 것이죠.

그런데 여기에 와서는 '보살이 무아를 알게 되면 그 복덕이 허공의 무한한 넓은 복덕보다도 더 크다'는 거에요. 보살이 모든 복덕을 짓는 것은 자기 자신을 위하는 것이 아니고 오로지 중생을 위해서 그렇게 할 뿐이에요. 그래서 무아와 사구게 정신과 반야바라밀을 갖춘다는 것은 〈금강경〉에서 대단히 중요한 핵심입니다.

무아라고 하니까 어떤 분들은 이렇게 질문합니다. "스님, 무아는 내가 없다는 말인데 내가 없다면 무엇이 보고 듣고 알아차립니까?" 웬만큼 교리적으로 배웠다 하더라도 무아 문제는 쉽게 해결되지 않습니다. 이럴 때는 선가의 관심석으로 해석을 해야 해요. 마음을 관하는 마음자리에서 무아를 보는 것이죠. 다만 이것은 이치적으로 그렇다는 것이지 결국엔 스스로 체험을 통해 무아를 깨달아야 하는 것입니다. 스스로 물을 마셔보아야 그 물이 차고 더운 줄을 아는 법이라고 누차 말씀 드렸지요? 이렇게 다양한 해석의 시도는 그렇게 해서라도 이해가 되면 그것을 믿고 그러한 정신세계로 갈 수 있도록 더욱 정진하라는 의미가 내포되어 있음을 이해하셔야 합니다.

무아에서 무(無)는 없을 무 자인데 그러면 무엇이 없다는 것입니까? 〈금강경〉에서는 중생의 고치기 힘든 병을 사상으로 보잖아요? 이 사상이 없다는 거에요. 그래서 없을 무 자를 씁니다.

또 무 자는 '능소심(能所心)이 없는 것'을 뜻합니다. 능할 능 자는 주관, 바 소 자는 객관을 말해요. 즉 주관과 객관을 세워 놓고 사량분별하는 분별심이 없다는 것이죠. 능소심은 사상 중 인상에 해당됩니다. 나는 사람이고 너는 짐승이고, 또 너는 여자고 나는 남자고 하는 식으로 끊임없이 상대적으로 벌려놓는 분별심을 능소심이라고 합니다. 그리고 무에는 우리가 가지고 있는 모든 번뇌 망상이 없다는 의미도 있습니다.

이상의 내용을 종합해 볼 때, 우리의 청정한 본래 자성자리에는 사상이나 능소심, 또는 어떤 경계를 접하면서 일어나는 수많은 집착, 애욕, 분별로 인한 고통들이 사실은 다 없다는 거에요. 한마디로 말해서 번뇌망상이 일체 없다는 것이죠. 그러니까 우리는 모두가 결국 하나라는 겁니다. 이것이 보살의 큰 자비광대심이에요.

그러면 '아(我)'라는 것은 무엇을 말하는가? 일체 번뇌망상이란 지금까지 살펴본 대로 영원불변한 어떤 실체로 있는 게 아니잖아요? 이러한 것들이 다 떨어지면 진여의 자성인 우리의 본래 청정한 불성이 드러나기 마련이지요. 아주 원만하고 원대한 자비와 연민의 반야지혜, 본래 참 나의 모습은 거기에 있다는 거에요.

없는 '이것'을 우리가 있다고 생각할 때는 중생이 되지만, 없다는 것을 알면 마음은 알아서 본래 청정한 자리로 돌아가기 마련이지요. 그런데 여기서 무아라고 할 때 '없다'의 의미는 우리가 '빈 병'이라고 할 때 안에 내용물이 없다는 말이지 병까지 없다는 뜻은 아닌 것과 같은 이치입니다.

그러니까 사람들이 정견을 모르고 대승경전의 깊은 뜻을 잘 모르면 '아! 무아는 아무것도 없는 것이구나' 하고 그냥 없는 데 빠져버리는 거에요. 마찬가지로 유아라고 하면 '무엇이 있구나' 하고 '있는 것'에 빠져 버리고요. 지혜가 없는 어리석은 중생은 이렇게 유무의 집착에 항상 빠지게 되어 있습니다. 병이 생기고 고통을 겪는 거에요.

정리하자면, 중생의 삿된 사심이 없는 것을 무라고 하고 부처님께서 가르쳐주신 아뇩다라삼먁삼보리심, 반야바라밀의 지혜, 바른 생각, 바른 마음, 깨끗한 마음은 있다는 말이에요. 이렇게 아시면 무아를 바로 이해하는 겁니다.

우리는 이 세상을 살아가는데 있어 각자 자신의 위치에서 나름대로 의미있다고 생각하는 일들을 하면서 삽니다. 그러나 그 생각의 바탕에는 항상 '정(情)'이라는 것이 깔려 있기 마련이에요. 정에서 벗어나지 못한다는 것이죠.

그러면 정이라는 것이 무엇이냐? 우선 그 속성은 먹으면 먹을수록 더욱 갈증이 나는 겁니다. 정은 주면 줄수록 받으면 받을수록 그 농도가 점점 더 짙어지기 마련이에요. 짙어지면 어떻게 되느냐? 갈증이 더욱 더 강렬해지는 것이죠. 정이라는 것은 항상 갈등과 원망 그리고 외로움과 의지하고자 하는 나약한 모습들을 더욱 더 강하게 만드는 거에요. 중생을 점점 더 병들게 만드는 것이죠. 이렇게 정이라는 것 때문에 우리는 좋은 일을 하더라도 결국 끝에 가서는 서로 시비가 생기고 원수가 되는 경우를 많이 봅니다. 중생세계는 정을 가지고 살기 때문에 그렇다는 거에요.

반면, 여기서 말하는 보살의 삶이란 반야의 지혜로 사는 것을 말합니다. 반야지혜로 산다는 것은 유위법이 아닌 무위법의 삶을 말하죠. 무위법은 소위 해도 한 바가 없는 무심한 경지를 의미하는 거에요. 무위법으로 사는 삶이 보살의 삶이고, 보살이 하고 있는 생활이 반야바라밀행입니다. 무아라고 해서 단견으로 생각하면 이 대승경전의 가르침을 도저히 이해할 수 없는 거에요. 그런 의미에서 무아가 정념을 이야기한다는 것을 말씀드렸습니다.

그런데 여러분, 이 정이라는 것이 참 무서운 거에요. 정 때문에 사람이 죽고 살기도 하고, 정이라는 게 사람 울리고 웃기는 거에요. 그런데 이 〈금강경〉을 잘 이해하면 정이라는 세계에서 자유로워질 수 있다는 것이죠. 그런데 중생의 본능적인 근본무명 즉 권력과 명예욕, 색욕 등은 중생이 배우고 익히지 않아도 저절로 잘 한다는 거에요. 그러니 그것을 떼어내기가 어렵다는 겁니다.

중국에서 어느 날 천자가 왕후와 영의정을 불러서 차를 한 잔 하면서 "오늘은 우리 모두 각자의 자리에서 벗어나 야인으로 돌아가서 허심탄회하게 조금도 거짓 없는 자기 심중을 한 번 밝혀보자."는 제안을 했어요. 그런데 이런 자리에서 체면 차리고 눈치 보면서 이야기를 꺼내면 벌써 표가 나잖아요? 격식을 차리면 누구라도 벌금을 내기로 하고 이야기를 하자고 했어요.

먼저 천자가 정승에게 "일생을 살면서 무엇이 가장 마음에 남아 있느냐?"고 물으니까 정승이 한다는 말이 "저는 사실은 일인지하의 만인지상입니다. 위로는 천자 한 분을 모시지만 아래로는 만인의 사람이 나를 존경합니다. 그런데 자다가도 문득 잠을 깨었을 때 드는 생각이, '도대체 저 천자가 언제 죽을 것인가? 그래야 나도 한 번 천자 자리에 들어갈 것인데' 하는 생각이 문득 납니다." 하는 거에요. 천자가 그 소리를 듣고 "참 그렇겠구나. 솔직한 이야기이다." 했어요. 여기서는 인간의 본능 중 권력과 명예에 대한 집착을 드러내 보인 거에요.

이번엔 왕후를 보고 어떤 것이 마음에 걸리는지 물었어요. 그러자 왕후의 말이 "저는 천자를 품고 사는 입장에서 세상에 필요한 것도 없고 그리운 것도 없고 아쉬울 것이 없습니다. 그런데 단 한 가지, 아침에 만조백관들이 줄을 서고 있을 때 젊은 청년의 넓은 어깨를 볼 때면 '저 약관의 청년을 한 번 품어 보았으면 참 좋겠다' 하는 생각이 듭니다." 하는 거에요.

그러자 천자가 그 소리를 듣고 "참 그렇겠구나." 합니다. 천자가 참 그릇이 크지요? 이것은 남녀간의 색의 문제를 이야기하는 거에요.

이번엔 정승이 천자에게 물었습니다. "천자는 어떤 심정입니까?" 그러자 "세상에 만 사람을 다 살릴 수도 있고 죽일 수도 있는 내가 천자인데 모든 것을 갖춘 나에게 더 필요한 것이 뭐가 있겠느냐? 그런데 누가 나에게 인사하러 왔을 때 아무 것도 안 들고 오는 사람을 보면 그 손을 내가 가만히 쳐다본다."는 거에요. 물욕이죠? 공자도 그런 말을 했어요. '무물(無物)이면 불성(不誠)이라' 어른에 대한 존경과 정성이 있으면 절대로 빈 손으로 가지 않는다는 거에요. 마음으로 주고 받는 것이 더 가치가 있고 중요하다고 이야기하지만 그러나 그건 근본 원리가 그렇다는 것이지 현실을 너무 무시하면 안 된다는 거에요. 조화를 잘 다스리는 그것이 바로 마음을 잘 다스리는 일이거든요. 현실적으로 어른을 찾아뵐 때 빈 손으로 가면 '저 사람이 나를 존경하지 않나? 성의가 없는 건가?' 하는 생각에 손을 쳐다보게 된다는 겁니다.

우리는 지금 정이나 권력욕, 명예욕, 애욕, 물욕 등의 탐욕이 우리 내부에 얼마나 깊숙이 자리잡고 있는지, 따라서 그것들을 끊어내는 것이 얼마나 어려운 일인지에 대한 이야기를 하고 있습니다. 이런 것들이 없다고 할 때 우리는 '무아'라고 할 때의 무 자를 쓰는 거에요. 무아는 '아무 것도 없다'는 뜻이 아니고 '그런 것들이 없는 나'라는 말입니다.

이해가 가죠? 사실 물욕에는 복이라는 것이 현실적으로 대단히 중요한 부분을 차지합니다. 복이 없으면 또 안 되거든요. 상권에서도 말씀드렸지만 복이 없으면 이런 공부도 할 수가 없어요. 먹고 사는 데 지쳐 있는데 어떻게 마음 닦을 생각을 할 것이며 이렇게 찾아와서 공부 할 여유가 어디 있겠습니까? 공부 못해요. 귀에 들어가지도 아니하고 인연도 없어요.

그래서 어떤 선사는 그런 말을 했어요. "반야지혜를 갖추지 아니하고 바른 정법을 모르고 그냥 복만 짓는 상황을 한번 가정해봐라. 〈금강경〉에서 말하는 사구게 정신이나 반야바라밀의 정신이나 아뇩다라삼먁삼보리의 정신이 없다고 한다면 사대육신만 멀쩡하게 아주 건강하고 튼튼한 사람이 갑자기 눈이 멀어 봉사가 되었을 때 어떻게 되겠느냐?"

반야지혜는 몸으로 말하면 눈과 같다는 말입니다. 그래서 무아와 사구게 정신, 그리고 반야지혜의 눈을 갖추지 아니하고 무작정 복만 닦다보면 그 복이 오히려 욕심만 늘게 한다는 겁니다. 그래서 옛날 어른들은 복만 닦는 것을 3생의 원수가 된다고까지 말씀하셨어요. 왜냐하면 지혜의 바탕 없이 복만 지으려고 하는 사람은 복 짓는 데만 한 생을 다 허비해 버리기 때문이지요.

〈열반경〉에 보면 부처님의 바른 정법은 배우려고 하지 않고 교리적인 알음알이로 불교를 하는 사람은 삿된 생각만 자꾸 는다는 거에요. 왜냐하면 업을 녹이는 공부를 도외시한 채 이치로 알려고만 든다면 제 아무리 불교를 잘 알게 되었다 하더라도 본인의 업은 그대로 남아 있게 되니까요. 그 사람의 행위는 욕심의 업을 벗어놓지 못했기 때문에 점점 더 삿되어지는 겁니다.

 마찬가지로 정법에 대한 배움 없이 오직 믿음으로 자기 마음 하나만 붙들고 공부하는 사람 역시 공부하면 할수록 더욱 더 어리석어진다고 했습니다. 무명만 더한다는 거에요. 지혜가 없으니까 갈수록 고집만 더 세져서 다른 사람 말을 절대로 듣지 않아요. 이렇게 복 짓는 것도 반야지혜를 갖춰서 해야 하는데 자기 욕심으로 복 짓는 데 열중하는 사람은 그렇게 한 생을 복 짓는 데 보내버리는 거지요.
 하지만 이러한 복도 복은 복이기 때문에 선인선과요 악인악과인 인과법칙에 따라 반드시 다음 생에 복락을 누리게 되어 있습니다. 반야지혜가 없더라도 복을 지은 사람은 그렇다는 거에요. 그런데 복을 누리기는 하는데 반야지혜가 없다보니까 다음 생을 살면서도 그 복 수용하는데 바빠 남이야 어떻게 살든지 상관없어진다는 거에요. 우리 생명존재는 서로가 상생하는 도리 속에서 살아야 된다는 부처님의 인연법을 전혀 모르니 여러 어려운 인연들을 위해서 그 마음을 돌려주고 베푸는데 아주 인색해지는 것이죠. 그러니 자기 몸에 걸치는 것은 몇 백만 원씩 척척 주고 사면서도 당장 눈 앞에 엎드려 구걸하는 사람에게 천 원 한 장 주는 데는 망설이는 겁니다. 그런 사람은 정법을 들을 기회조차 없어요. 듣는다고 하더라도 깊은 신심과 마음의 변화없이 머리로 이해하고 흘려 듣는 것 뿐이에요.

그렇게 한 생이 지나가고 그 다음 생에는 어떻게 되느냐? 복진타락이잖아요? 지어둔 복이 금생에 모두 소진되었으니 이제는 지옥으로 들어갈 수밖에 없는 것이죠. 지옥이 따로 있습니까? 반야지혜가 없어 복을 쓰기만 하다보니 그나마 쌓아둔 복도 다 떨어져 고통 받을 일만 남게 된 것이죠. 초생지인이 받는 고를 겪는 겁니다.

'초생지인이 받는 고'라는 것은 축생에서 처음으로 사람 몸을 받든지 지옥에서 처음 사람 몸을 받든지간에 처음 사람 몸을 받는 초생에 엄청난 인생고를 겪는 겁니다. 몸에 알 수 없는 장애가 생기고, 겪지 않아도 될 고통을 받는 등 기구한 사연으로 순탄한 삶을 살지 못하는 것이죠. 유독 환생의 고통과 괴로움이 많은 생이니 '3생의 원수'라는 표현도 전혀 과하지 않지요?

그런 고통 속에서 정법을 만날 수가 있나요? 내가 복이 없으면 정법도 못 만나는 거에요. 그러니 항상 복과 혜를 구족해야 하는 것이죠. 그런 의미에서 부처님을 복혜양족존이라고 하는 겁니다. 복도 지어야 되고 혜도 닦아야 된다는 것이죠.

사실 무아나 무심이나 같은 말입니다. 또는 무염이라고도 하지요. 보통 연꽃으로 비유합니다. 〈법화경〉에서는 연꽃을 불성에 비유했거든요. 연꽃을 한 번 보세요. 연꽃이 더러운 연못물을 걸러 깨끗하게 정화시켜가면서 꽃을 피웁니까? 그렇지 않죠? 더러운 연못은 연못대로 연꽃은 연꽃대로 더러움 속에서 연꽃은 그냥 피어 있는 거에요. 더러운 물이나 진흙을 전혀 묻히지 않은 채로 말이지요.

그러니까 공부를 할 때 일어나는 욕심과 번뇌망상 같은 장애들을 내가 한 번에 쓸어서 어디에 갖다버려야 불성의 반야지혜가 살아난다 이렇게 생각하지 마세요. 번뇌와 집착, 망상들은 본래 존재하는 것이 아니라 착각에 의해서 있는 것들이기 때문에 여러분들이 〈금강경〉에서 말하는 반야바라밀, 무아를 알면 정념이 일어나 이런 것들은 그 자리에서 흔적도 없이 저절로 없어지게 되거든요.

우리가 어두운 곳에서 사물을 보면 어떻습니까? 어둠 속에서는 무엇이 배경이고 사물인지 분간이 안 되죠. 그런데 해가 뜨는 그 순간 칠흑 같은 어둠도 순식간에 사라져 버립니다. 어둠이 광명의 빛으로 전환되는 순간인 것이죠. 만약 어둠 자체가 실체가 있는 것이라면 그것을 바꾸거나 몰아내는 특정한 방법이 있을 테죠. 하지만 바른 정법을 알고 정견이 서면 탐·진·치가 바로 계·정·혜로 바뀌는 거에요. 천년 동안 어두웠던 동굴이라고 밝아지는데 천년이 걸리는 게 아니라 밝은 불빛이 들어가는 그 순간 순식간에 밝아져 버린다는 겁니다.

그런데 보살이 하는 일들은 종종 우리 중생의 눈으로는 도저히 이해하기 어렵고 감을 잡기 힘들 때가 있지요. 특히 역행보살 말입니다. 지금 들려드리려는 이야기는 어록에 주로 나오는데 중국에는 이런 일들이 참 많았다고 합니다.

어느 날 천자의 스승이 될 국사를 모시기 위해 학식을 갖춘 정승들이 한 자리에 모여 의논을 하고 있었습니다. "이 나라에 큰 스님 세 분이 계시는데, 그 분들이 쓰는 법을 우리가 따라가지 못해 도저히 가늠하기 어려우니 우리 식대로 방법을 한 번 정해봅시다." 이렇게 합의를 했어요.

당시 장안에는 시도 잘 짓고 그림도 잘 그리고 인물도 아주 출중하고 지조있는 홍련이란 기생이 있었어요. 그래서 홍련이를 불러 이 세 스님을 각각 찾아뵙고 겪었던 일을 보고하도록 했습니다. 편의상 스님 호칭을 갑, 을, 병이라고 하겠습니다.

홍련이가 갑 스님이 계시는 토굴로 갔어요. 일부러 날이 어두워지기를 기다려 때를 맞춰 간 것이죠. 그리고는 스님께 "스님, 제가 힘든 일이 있어서 밤에 기도를 좀 하고 싶어 찾아왔습니다. 늦은 시간이지만 기도를 할 수 있도록 선처해 주세요." 했어요. 그러니까 "법당에서 하고 가시게." 그러는 거라.

홍련이 법당에 들어가 보니 썰렁하고 춥잖아요. 그래서 "스님, 법당은 너무 춥고 무서워 혼자서는 못 있겠어요. 스님 계시는 곳에서 하면 안 될까요? 스님 괴롭히지 않고 조용히 기도만 하고 가겠습니다." 그러니까 그 스님이 "안 되지. 승속이 유별하고 남녀가 유별한데 어찌 그런 망령된 소리를 하는가? 기도를 못할 것 같으면 그만 내려 가시게."라고 한 거에요. 추운 데서 기도하면 정신도 나고 그렇게 어렵게 기도를 해야 기도에 성취도 있고 마음의 업장도 녹으니 기도는 반드시 법당에서 해야 된다고 호통을 치셨지요. 홍련은 결국 그날 밤 오돌오돌 떨면서 밤새도록 법당에서 혼자 기도를 하고서는 아침에 죽 한 그릇 얻어 먹고 인사 드리고 내려왔습니다.

이번에는 을 스님을 찾아 갔어요. 역시나 또 밤에 찾아가 같은 청을 드렸지요. 그러자 스님이 하시는 말씀이 "추워? 추우면 기도도 잘 안 되지요. 전생에 살생업을 많이 지었나 왜 그렇게 무서움을 많이 타나? 그럼 그렇게 하지 뭐." 하면서 흔쾌히 허락하셨습니다. 그렇게 해서 홍련은 을 스님의 방으로 들어가게 되었습니다.

홍련이는 정승들에게 받은 지시가 있었어요. 밤에 기도를 조금 하다가 주무시는 스님 옆으로 슬쩍 가서는 자는 척 하면서 다리를 슬쩍 얹어 놓았습니다. 그러자 잠에서 깬 스님이 "잠 버릇이 고약하구만." 하며 저쪽으로 피하는 거에요. 피하면 홍련은 또 스님 옆으로 가는 거에요. 그러면 또 피하셨지요. 밤새도록 둘이서 이쪽으로 저쪽으로 피하다가 어떻게 밤이 새버렸어요. 그래서 홍련이는 "기도 잘 하고 갑니다." 인사를 하고 내려왔어요.

세 번째 병 스님에게 찾아가 똑같이 했어요. 스님 방에서 기도를 조금 하다가 스님이 주무시는 이불 속으로 들어갔지요. 그런데 스님이 아무 말도 안 하시는 거에요. 홍련이가 하는 대로 그대로 응해 주시더라는 겁니다. 홍련이로서는 스님이 버럭 화를 내시든 한 방에서 술래잡기를 하든 어떤 반응을 보여야 재밌는데 이 스님은 전혀 그런 게 없는 거에요.

그래서 아침이 되어 돌아오는 길로 정승한테 찾아 가서 이야기를 했어요. 정승이 "네가 보니까 어떻더냐?" 물었지요. 홍련이 대답하길 "첫 번째로 찾아갔던 갑 스님은 법을 가르치시는 것이 칼날과 같고 공사가 매우 분명해 승속이 절대 유별한 것을 가르치고 법도를 세워서 밤 새워 기도하게끔 지도하셨습니다. 그 스님이야말로 참 큰스님이었습니다. 두 번째 을 스님은 어질고 착하기만 했지 공사가 없고 분명하게 딱 자르고 맺는 게 없어 힘들 것 같습니다."

"그래? 그렇다면 세 번째는?" "병 스님은 말하기가 좀 그렇습니다." "왜 그러느냐?" " 그 스님은 제가 원하면 원하는 대로 가만히 응해주셨습니다." "그럼 그 스님이 무슨 말을 하더냐?" "밤새도록 한 마디도 안하고 할머니가 손녀 다루듯이 그냥 쓰다듬어만 주시고 그렇게 밤을 새웠습니다."

홍련의 말을 들은 정승들은 병 스님을 국사로 모셨다고 합니다.

공부할 때 처음에는 물론 법도도 분명하고 공과 사, 승과 속의 구분이 명확하게 이렇게 시작해야겠죠. 그렇게 공부를 좀 하다 보면 자비심이 생기고 마음이 착해집니다. 그런데 근본만 알지 아직 현실에 대처할 수 있는 지혜가 없고 날카로움이 없어요. 마냥 어질고 착하기만 한 거에요. 그래서는 안 됩니다. 그 고비가 지나가면 마지막은 동풍이 불면 동풍이 부는 대로 서풍이 불면 서풍이 부는 대로 전혀 동요가 없는 거에요. 병 스님이 바로 이 경지이신 것이죠. 이런 분들을 우리가 역행보살이라고 합니다. 중생들로서는 도저히 그 경계를 상상할 수 없고 짐작할 수가 없는 경지라는 말이에요.

그러니까 병 스님이야말로 참으로 그 마음이 부동지가 되어 버린 거에요. 전혀 동요함이 없는 것이죠. 중생을 이렇게 안아주는 것은 오로지 중생을 위한 거에요. 어린 손녀가 울면 할머니가 자장가도 불러주시고 다독이며 재워주는 식으로 그렇게 마음이 대해와 같이 넓은 거에요.

그런데 이런 이야기가 우리나라에도 있습니다. 우리나라에서 역행보살로 가장 유명하신 분이 경허스님이시거든요. 여러분들도 경허스님이나 만공스님 어록을 보셔서 아시겠지만 만공스님 어록에 다음의 이야기가 나옵니다. 실화입니다.

어느 날 만공스님이 보니까 은사스님이 어떤 여인의 얼굴을 보자기로 감싸고는 몰래 방으로 데리고 들어가는 거에요. 그리고는 안에서 만공스님을 부르더니 "오늘부터는 밥상을 그럴듯하게 보양식으로 잘 차려서 들여보내라." 하시더랍니다. 그리고는 그로부터 일주일 동안 문도 안 열고 방에서 나오시질 않는 거에요.

만공스님이 가만히 생각하니까 이게 보통 일이 아니거든요. '이 일을 어찌하면 좋나? 신도들이 알면 이게 보통 일이 아닐 텐데, 저 신도들 입이라는 것이 하나 건너면 천리 만리로 건너 뛰면서 불이 천지로 붙을 텐데 어떡하지?' 만공스님으로선 도저히 감당할 재간이 없는 거에요. 그래서 신자들은 물론 행자도 그 근방으로 못 오게 했어요. "오늘 큰 스님 안 계신다." 하며 저리 가라고 하고 만공스님이 밖에서 보초를 서있는 거에요. 음식은 항상 전에 없이 최고의 보양식으로 들여 보내면서요.

며칠이 지나서 만공스님이 밖에서 하는 말이 "큰스님, 큰스님, 이제 무애의 낙을 그만 즐기세요." 했어요. 무애가 뭡니까? 걸림 없는 낙이라는 말이에요. '걸림 없는 낙을 그만 즐기세요' 하면서 불안해서 자꾸 밖에서 채근을 한 거에요. 그러든 말든 경허스님은 전혀 대답이 없어요.

그렇게 일주일이 지나갔습니다. 하루는 경허스님이 문을 여시면서 만공스님을 바라보고 하시는 말씀이 "사람이 그릇이 크지 못하고... 연애는 내가 하는데 네가 왜 밖에서 지옥고를 받느냐?" 하시는 거에요. 그러면서 "나는 이제 바람 쐬러 간다. 저 안에 있는 사람을 역까지 태워 보내주도록 해라." 하시는 겁니다.

그래서 만공스님이 '잘 되었다. 내가 들어가서 저 놈의 보살을 당장 혼을 내서 다시는 절집 문 앞에 발도 못 붙이게 해야겠다. 어디 순 날도깨비 같은 보살이 큰스님을 혼란스럽게 해서 이렇게 불편하게 하느냐' 단단히 벼르며 방문을 확 열었는데, 순간 갑자기 구토가 나기 시작하는 거에요. 방 안의 공기가 너무 역했던 것이죠. 정신없이 코를 쥐고 방 안을 살펴보니 나병에 심하게 걸린 여인이 있더랍니다.

요즘엔 한센병이라고 하는 나병 알지요? 심할 때는 진물이 굉장히 많이 나고 냄새가 대단히 고약하답니다. 경허스님께서 만행을 하시다가 얼굴이며 온 몸에 나병이 심하게 퍼진 그 여인을 보고는 "나 따라가자. 나와 한 일주일만 같이 있자." 하니까 따라왔던 거에요. 그렇게 보자기로 뒤집어 씌워서 당신 방에 데리고 들어가 일주일 동안을 마냥 진물을 다 닦아주고, 한 이불 아래에서 같이 자고, 세상에 못 먹어본 보양식을 먹이며 경허스님은 일주일 동안 그 낙을 즐기셨던 거에요.

그렇게 일주일을 보내고 스님은 출타하셨는데 만공스님은 냄새가 지독하다보니 도저히 쳐다만 봐도 거부반응이 나고 구토가 났다는 거에요. 이렇게 나병 걸린 보살을 데려다 준 이야기가 만공스님 어록에 실제로 나옵니다.

　이것을 역행보살이라고 해요. 역행보살의 행은 우리 중생들의 상식으로는 도저히 이해를 못하는 것이지요. 보살의 행은 절대 탐하거나 대가를 바라거나 또는 그것에 의지하거나 보상에 대한 기대 없이 오로지 중생을 위한 행을 할 뿐이에요. 이것을 보살인행이라고 하고, 보살인행을 잘 하는 경지를 무생법인을 얻은 경지라고 합니다.
　중생이란 무엇이냐? 중생은 유생이에요. 생각이 일어나면 자기가 일으킨 생각에 자기가 얽매이는 것이죠. 그렇게 붙들려서 고통을 겪고 망상을 부리고 번뇌를 일으키면서 계속 시비를 불러오는 거에요. 그래서 중생은 유생이라고 하는 것이죠. 일어난 그 마음이 '있다'고 생각하고 그렇게 일어난 것이 고통이 되어 상처를 주는 거에요.
　그런데 역행 보살의 경지가 되면 무생이라고 했죠. 어떤 경계를 맞이하더라도 한 번 일어난 생각에 묶이거나 그 생각에 구속되거나 그 생각으로 인해 고통이나 괴로움에 빠지는 일이 전혀 없는 거에요. 일어난 그 생각이 그대로 한 송이 연꽃이 된다는 것이죠. 더러운 물과 진흙에 뿌리를 내리고 있는 연꽃에게 그것이 오염된 물이고 더러운 흙이겠어요? 연꽃에겐 오히려 청정수가 되고 자양분이 많이 섞인 흙일 따름이지 더럽다, 깨끗하다, 추하다, 이런 분별심이 없는 거에요.

일어나는 생각 자체가 전부 청정한 생각으로 되어 버리니까 그 경지에 가서는 어떤 생각이 일어나도 일어난 바가 없게 되는 것이죠. 그게 무생이거든요. 무생법인이라는 말은 무생의 법을 부처님이 도장 찍듯이 반야지혜를 인가해줬다는 말이에요. 이 경지에 가면 '내가 무슨 복을 받아야 되겠다', '내가 이런 일을 했다' 하는 의식이 전혀 없어요. 없으니까 받을 생각도 없고, 그냥 무심하게 경계가 오면 그대로 응할 뿐이고 모든 중생을 위해서 오로지 큰 자비를 베풀 뿐인 거죠.

그렇다고 그것이 두 번째 을 스님과 같이 마냥 어질고 착하기만 하냐? 또 그렇지도 않다는 거에요. 그러면서도 베어버릴 것은 아주 날카롭게 베어버리고 아주 정확하게 사리를 처리하는 그런 지혜가 있는 거에요. 중요한 것은, '큰 자비를 베풀 뿐'이라고 하니까 '그러면 그냥 할 뿐이겠구나'라고 생각하면 안 된다는 겁니다.

여러분들이 잘 아는 중국의 측천무후는 대승불교의 진리에 굉장히 법안이 깊습니다. 본래 출가를 해서 승려 생활을 하다가 세속에 나와서 황제가 됐거든요. 그러니 측천무후가 스승으로 신수대사를 모셨던 것도 우연이 아니지요.

신수대사라는 분은 〈육조단경〉에 나오는 육조혜능 스님과 오조 홍인대사 밑에서 같이 공부하신 동문이었어요. 101세까지 사시면서 측천무후 외에도 중종과 예종, 삼제의 스승을 지내신 분이지요. 당시 또 한 분 선지식이 계셨는데 그 분은 혜안대사라고 국사를 지내신 분입니다.

측천무후가 어느 날 이 두 분을 청한 거에요. 그리고는 궁녀에게 옷을 벗고 목욕탕에 들어가서 두 선지식 시중을 들도록 했어요. 그런데 궁녀들이 있는 목욕탕에 신수대사와 혜안대사가 들어가도 물이 넘치지 않더라는 겁니다. 사람이 들어가면 물이 넘치는 것이 정상이지요?

후대 학자들은 이것을 두 분 선지식이 이미 마음의 부동지를 얻었기 때문에 물이 넘치지 않았다고 평했습니다. 무심한 경지를 이야기하는 거에요. 중생심이 있었다면 동요가 되어서 물이 넘쳐 흘렀을 텐데 아주 무심하게 들어갔기 때문에 물이 넘치지 않았다는 겁니다. 그래서 후세 사람들이 '저 사람이 큰 그릇인지 아닌지는 물에 넣어보면 안다'고 말하는 것입니다. '참으로 입수장인이다'란 말도 여기에 출처가 있는 것이지요. 그러니 여러분들은 이 '불수불탐'이라는 분 제목의 의미를 깊이 이해하셔야 합니다.

고갱이 | 보살은 어떤 인행으로 중생을 이롭게 했더라도 보살행에 대해 탐착하지 않습니다. 본래 자성자리에 공덕이 다 구족되어 있기 때문에 따로 받아야 할 것도 밖으로 탐해야 할 것도 없기 때문입니다.

제29분 威儀寂靜分 위의적정분

위의가 맑고 고요하다

威儀
寂靜

제29분 '위의적정분'은 '위의가 아주 적정하다'는 뜻입니다. 적정이라는 말은 열반을 말하는데 반야지혜의 작용, 항상 깨어있는 것을 적정이라고 하지요.

수보리 약유인언 여래 약래약거약와
須菩提 若有人言 如來 若來若去若臥

시인 불해아소설의 하이고 여래자
是人 不解我所說義 何以故 如來者

무소종래 역무소거 고명여래
無所從來 亦無所去 故名如來

"수보리야, 만약 어떤 사람이 말하기를 '여래는 오기도 하고 가기도 하며 앉기도 하고 눕기도 한다' 하면 이 사람은 나의 설한 바 뜻을 잘 알지 못함이니라.

무슨 까닭인가. 여래란 어디로부터 온 바도 없으며 또한 가는 바도 없으므로 여래라 이름 하느니라."

본문이 아주 짧지만 의미는 대단히 깊어요. 무엇을 여래라고 합니까? 〈금강경〉에서는 '우리의 본래 청정한 자성의 드러낼 수 없는 한 물건'을 이름하여 여래라고 했습니다. '여여하게 온다', 글자는 이렇게 되어 있습니다만 사실 '온다'는 의미도 없습니다. 그냥 여여한 것이죠. 그래서 〈금강경〉에서는 여래라고 했고 〈대승기신론〉에서는 진여라고 했습니다.

대승경전에서는 부처님의 불성이나 여래와 같은 말들을 아주 다양하게 씁니다. 그래서 일법천명이라, 한 법에 이름이 천 가지나 된다고 하는 것이죠. 그래서 대승경전이 어려운 겁니다. 그럼 그 이름들이 어떻게 세워졌느냐? 모두 인연에 응해서 세워졌다는 겁니다. 대승경전에 들어오면 부처님을 이렇게 이치적으로 표현하는데 천 가지 이름으로도 부족해요. 여기서 '이름을 다양하게 세운다'는 것을 여러분들이 잘 알아야 됩니다. 이것을 알면 대승경전도 그렇게 어렵지 않아요.

선가에서는 여래를 주인옹이라고도 합니다. 옹 자가 늙은이 옹 자거든요. '늙다'는 것은 '오래된'이라는 의미가 있잖아요? 이 주인공은 태초부터 오래오래 하늘이 열리기 전부터 있었던 분, 그런 늙은이라는 말이에요.

또 무저발이라고도 하는데, 없을 무 자, 밑 저 자, 발우 발을 써서 '밑구멍 없는 발우'라는 뜻입니다. 그릇이 밑이 없으면 어떻게 됩니까? 그릇으로 사용할 수 있습니까? 선가어록에는 이렇게 격을 벗어난 이야기들이 굉장히 많이 나옵니다.

말이 나온 김에 더 소개하지요. 몰현금, 줄 없는 거문고라는 말입니다. 거문고가 줄이 없으면 어떻게 됩니까? 그리고 무진등, 그 등불은 다함이 없다. 무근수, 뿌리없는 나무. 무영수, 그림자 없는 나무. 니우, 진흙 니 자, 소 우 자를 써서 진흙소. 이렇게 다양하게 부릅니다.

교리적으로 말하면 다 같은 불성을 의미한다고 할 수 있겠지만 그 이름 하나하나가 법의 심오한 이치를 알 수 있는 뜻을 품고 있습니다. 그래서 옛날부터 선사님들은 법을 설파 안 하셨어요. 괜히 이런 것들을 가르쳐 준다며 따지고 들기 시작했을 때 생기게 되는 알음알이와 분별심을 경계하는 것이죠.

그런데 〈금강경〉에서는 이 자리를 여래라고 했어요. 여기서 여래라는 말은 우리의 본래 진여본성을 말하는 것이죠. 지금 여러분들이 보고 듣고 느끼고 알고 생각하는 이 마음 있죠? 지금 이 마음에 대해 이야기하는 거에요. 마음이라는 것이 본래 아무 형상이 없잖아요. 원래가 형상이 없는데 어떻게 생멸이 가능합니까? 생멸 또한 본래 없다는 거에요. 이제 우리는 마음 속에 어떤 생각이 일어난다고 하더라도 앞에서 말씀드렸지만 무생인 줄 배워서 안다는 말이에요.

이것이 무생인 줄 모르면 그 어리석음 때문에 자기 앞에 부딪히는 매 경계경계마다 그 괴로움을 모조리 받고 고통스러워하는 거에요. 아무리 가르쳐도 둔한 사람은 이해 못합니다. 먼저 경계가 오는 것을 보고, 그리고 그 경계가 '실체가 없고 다 인연에 의해서 일어나는 것'이라는 사실을 알아서 마지막으로 '지금 일어나는 내 마음도 뿌리 없이 실체가 없이 일어나는 것'을 아는 것입니다. 알면 그 자리에서 바로 날카로운 반야지혜가 나와서 스스로 자유로워야 하는데 둔한 사람은 아무리 일러줘도 그냥 앞에 오는 그것하고 계속 씨름하고 스트레스 받는 거에요.

〈대승기신론〉이 이런 이야기들을 아주 구체적으로 표현해 놓았어요. 〈대승기신론〉에서는 이 여래를 진여라고 했습니다. 모든 범부와 성문, 연각, 보살, 부처 등 이름은 다르게 불리지만 부처라고 해서 마음의 폭이 넓고 범부라고 해서 좁은 게 아니라는 거에요. 본래 우리 마음자리는 부족함이 없고 원만 구족되어 있어서 잘 잡아 쓸 수 있는 반야지혜만 갖추어지면 바로 대천바다가 된다는 거에요. 시냇물, 개울물, 골짜기 물이 제각각 자기 소리를 내며 흐르지만 결국 바다에 들어가면 전부 다 짠맛 하나로 바뀌어 버리는 것과 같아요. 짠맛 하나로 바뀐다는 말은 반야지혜로서 바뀌어 버린다는 말이죠.

반야지혜가 일어나면 자기가 일으킨 생각에 자기가 고통 받는 일체 어리석음은 범하지 않게 됩니다. 여래는 본래로부터 일체의 모든 원만한 공덕이 다 갖추어져 있기 때문에 항상 부족함이 없이 넉넉하게 그리고 항상 여여하게 깨어 있다고 해서 여래라고 하는 거에요. 올 래 자를 썼다고 해서 '여래가 왔다'는 그런 뜻이 아니에요. '항상 그렇다'는 말이에요. 그런데 이 자리는 볼 수도 없고 그릴 수도 없고 본 뜰 수도 없어요. 그러면 이 자리는 없는 것이냐? 없는 것도 아니라는 거에요. 때가 되면, 인연이 도래하면 여래는 출현을 한다는 거에요.

그런데 반야의 경지에서는 여래가 출현하지만 중생의 입장에서는 생멸심이 출현하고 또 무명이 출현한다는 겁니다. 부처 입장에서는 경계가 오면 여래가 출현을 한다 이 말이에요. 중생의 입장에서는 무명이 출현을 하는 건데 같은 마음인데도 경계에 따라서 그렇게 다르다는 겁니다. 앞에서 자주 예를 든 거울 이야기를 떠올리시면 되겠습니다. 이것을 무심의 경지라고 하는 겁니다.

보살은 다 이 무심의 경지, 여래의 경지에서 중생을 교화하고 있는 것입니다. 그래서 이 마음이 우리에게 생로병사나 고통스러운 중생의 식심으로 드러나느냐, 아니면 원만하고 청정한 여래의 모습으로 드러나느냐는 반야지혜의 역할에 달려 있는 거에요. 중생이나 부처나 그것이 다른 것이 아니라는 겁니다. 본래 우리 본성자리는 공덕성이 충만해 있다고 했잖아요? 충만해 있다는 것을 믿는 것이 신심이라고 하는 거에요.

'마음을 믿는다' 이것이 신심이라는 말입니다.

　우리가 공부한다는 것은 모두가 다 마음공부 하는 거에요. 여러분들도 선기가 있어야 공부가 되고 마음 닦는 공부가 되지, 선기 없으면 어려운 겁니다. 아무리 들어도 이치적으로는 이해가 되는데 공부가 안 된다고 하는 사람이 있어요. 그것은 선기가 없고 정견에 대해 지혜가 없다보니 들어도 업에 자꾸 끄달리는 거에요. 업에 끄달리는데도 자꾸 듣다 보면 업이 좀 맑아지고, 맑아지다 보면 어느 날 아침에 물동이 밑구멍 빠지듯 뻥 소리가 한 번 나는 거에요.

　선어록에 들어가면 이 부분을 이렇게 가르칩니다. 걸어가다가 길이 뚝 끊어져 버렸어요. 낭떠러지에요. 거기서 한 발만 더 디디면 천 길 아래로 떨어지게 되어 있어요. 이 때 어록에서는 온 몸을 낭떠러지에 던지라고 합니다. 그렇게 해야 모든 업이 죽어버리면서 새로운 반야지혜가 드러나는 거에요. 그러니까 한 번 크게 죽어야 살아나는 소식을 안다는 것이죠. 크게 한 번 죽는 경험을 하지 않고 체험이나 깨달음의 경계가 없이 이치적으로 아는 것으로는 안 된다는 겁니다.

고갱이 | 부처가 나타나고 부처가 숨는 것은 마음이 청정하고 마음이 어두운데 있는 것이지 부처가 오고 가는 것이 아닙니다. 여래는 항상 거기에 존재하고 있는 겁니다.

제30분
一合理相分
일합이상분

하나로 된 이치의 참모습

一合理想分

제30분 '일합이상분'은 〈금강경〉에서 가장 이해하기 어려운 대목이라고도 합니다. 저도 많이 공부한 부분이니 열심히 해 보겠습니다. 모든 일이 그렇듯 사실 알고 보면 어려운 게 아니잖습니까.

수보리 약선남자선여인 이삼천대천세계 쇄위미진
須菩提 若善男子善女人 以三千大千世界 碎爲微塵

어의운하 시미진중 영위다부
於意云何 是微塵衆 寧爲多不

심다 세존 하이고
甚多 世尊 何以故

약시미진중 실유자 불즉불설시미진중
若是微塵衆 實有者 佛卽不說是微塵衆

소이자하 불설미진중 즉비미진중 시명미진중
所以者何 佛說微塵衆 卽非微塵衆 是名微塵衆

세존 여래소설삼천대천세계 즉비세계 시명세계
世尊 如來所說三千大千世界 卽非世界 是名世界

하이고 약세계 실유자 즉시일합상
何以故 若世界 實有者 卽是一合相

여래 설일합상 즉비일합상 시명일합상
如來 說一合相 卽非一合相 是名一合相

수보리 일합상자 즉시불가설 단범부지인 탐착기사
須菩提 一合相者 卽是不可說 但凡夫之人 貪着其事

"수보리야, 만약 선남자 선여인이 삼천대천세계를 부수어 작은 먼지로 만든다면 어떻게 생각하느냐. 이 작은 먼지들이 얼마나 많겠느냐."

"매우 많습니다. 세존이시여. 무슨 까닭인가 하면 만약 이 작은 먼지들이 실로 있는 것이라면 부처님께서 곧 작은 먼지들이라고 말하지 않으셨을 것입니다. 까닭이 무엇인가 하면 부처님께서 설하신 작은 먼지들은 곧 작은 먼지들이 아니고 그 이름이 작은 먼지들입니다.

세존이시여, 여래께서 설하신 삼천대천세계는 곧 세계가 아니고 그 이름이 세계입니다. 왜냐하면 만약 세계가 실로 있는 것이라면 곧 한 덩어리의 모양이나, 여래께서 설하신 한 덩어리의 모양도 한 덩어리의 모양이 아니고 그 이름이 한 덩어리의 모양입니다."

"수보리야, 한 덩어리의 모양이란 이루어 말할 수 없거늘, 다만 범부들이 그 일에 탐착할 뿐이니라."

여기서는 '일합상(一合相)'을 이해하는 것이 중요합니다. 해석에서는 '한 덩어리의 모양'이라고 했는데 먼저 개념 정리를 해보겠습니다.

일합상이라는 것은 쉽게 말해서 볼래야 볼 수도 없고, 짐작해서 알래야 알 수도 없고, 그릴래야 그릴 수도 없고, 본뜰래야 본뜰 수도 없는 우리 본연의 청정자성 법신불을 표현한 거에요. 이 점을 잘 기억하셔야 됩니다. 법신불을 일합상으로 표현했어요. 그리고 법신불은 불심이라고 이해하면 되겠죠? 자, 일합상은 법신불, 불심, 부처님 마음 그렇게 먼저 정리를 하세요.

그리고 부처님께서 수보리에게 '선남자 선여인이 삼천대천세계를 부수어서 작은 먼지로 만든다면 어떻게 생각하느냐? 이 작은 먼지들이 얼마나 많겠느냐'고 물었어요. 그럼 이 작은 먼지는 무엇입니까? 이 작은 먼지는 여러분들이 지금 모든 경계에 대해 일으키는 팔만사천 번뇌망상이라고 생각하세요.

그럼 이 부분을 어떻게 생각해야 되느냐? 자 보세요. 지금 마음에 대해 이야기하고 있습니다. 마음이에요. 다른 것 생각하시면 안 됩니다.

마음이라는 것이 무엇입니까? 본래 청정한 부처님 불심이고 청정자성 법신 그대로죠. 본래가 부처님 마음인데 우리가 어리석어서 지옥의 마음이 생겼다가 아귀의 마음이 생기고 때로는 축생의 마음도 생긴다고 했지요? 그래서 그 마음경계 어리석음에 따라서 육도를 윤회한다고 했습니다. 어디서 윤회합니까? 지금 여기서 하고 있잖아요. 우리들은 이미 오늘 아침에도 하고, 점심에도 하고, 지금 이 순간까지도 계속 윤회를 하고 있어요.

이렇게 중생은 마음에 수천 수만 가지의 마음이라는 세계가 있는데 그 중에 대표적으로 우리는 열 가지 마음을 들 수 있습니다. 천태지의 선사는 이것을 '십계호구(十界互具)'라고 하셨어요. 청정 일심 안에 열 가지 마음이 있다는 뜻입니다.

첫째, 지옥의 마음이 있어요. 지옥의 마음이라는 것이 다른 게 아니에요. 지금 이 자리에는 오늘 하루 종일 지옥고를 겪다가 온 사람도 있고, 지금 이 순간에 여기서 지옥을 만들고 있는 사람도 있습니다. 지옥의 마음은 경계가 왔을 때 중생심으로, 이기심으로 그 경계를 바라보면서 그것에 속아 스스로 고통을 받는 거에요. 그러면 지금 이 마음이 바로 지옥이 되는 것이지 지옥이 다른 게 아니에요.

둘째, 아귀의 마음이 있어요. 아귀의 마음은 끝도 한도 없이 무작정 욕심을 부리면서 평생 허덕이는 거에요. 아귀의 모습에 대해 많이 들어보셨지요? 몸뚱이는 강당만한데 목구멍은 바늘 구멍만큼 작잖아요. 바늘 구멍만한 목구멍으로 강당만한 몸뚱이를 어떻게 채우겠습니까? 그러니까 아귀는 항상 배고픔에 허덕이는 거에요.

아귀라고 하니까 남의 일인 양 내 마음 밖의 아귀를 떠올리지 마세요. 여러분들이 아귀의 마음에 찌들어서 인색하게 살아온 날들이 그렇게 많다는 것을 알면 됩니다. 아귀는 못 먹어서 항상 배가 고프잖아요. 그래서 스님들이 사시마지 공양을 올릴 때 사다라니를 칩니다. 아귀가 음식을 먹을 수 있게 변하도록 변식진언을 쳐주고 또 천수물이 감로수로 변하게 감로수 진언을 쳐주고 하거든요. 그렇게 하지 않고 헌식한 것을 먹었을 때는 아귀의 욕망이 대단하기 때문에 음식물이 들어가서 불이 된다는 거에요. 그래서 속에서 불이 난다고 하는 겁니다.

이렇게 욕심이 끝이 없고 인색함이 끝이 없는 업은 아귀보를 받는 거에요. 죽어서 아귀보 받는다고 생각하지 마세요. 여러분들은 이미 아귀보를 겪어 봤고, 지금도 경험하고 있습니다. 지금 이 순간에도 아귀마음을 가지고 있는 것이죠.

셋째, 축생의 마음이 있어요. 축생마음도 우리가 하루에 수천만 번을 경험하고 있습니다. 축생은 욕심이 단순한 아귀 같은 마음을 가지고 있으면서 항상 불안해요. 축생은 무엇을 먹으면서도 항상 귀를 쫑긋하고 24시간 경계태세를 늦추지 않잖아요? 불안한 거에요. 자기 위치가 흔들릴까봐, 자기가 죽을까봐 또는 누가 잡아갈까봐 그럽니다. 축생은 살생을 많이 했기 때문에 살기가 몸에 항상 서려 있어서 자신도 모르게 항상 불안합니다. 이렇게 계속 불안하게 생각하는 업이 축생의 업입니다.

넷째, 아수라의 마음입니다. 아수라는 성격이 굉장히 야성적이고 고집이 세서 남하고 타협을 잘 안 해요. 그래서 계속 남과 시비를 하고 틈만 나면 싸웁니다. '아수라장 같다'는 말이 여기서 나온 거에요. 아수라는 항상 권력을 쥐면 전쟁을 일으켜 살육을 일삼지요. 역사적으로 전쟁 일으킨 인물들은 다 아수라의 본능이 굉장히 강한 거에요.

다섯째, 천상의 마음입니다. 복은 굉장히 많은데 정법을 모르고 생명세계의 상호관계 속에서 다른 생명들 덕분에 본인이 살아간다는 것을 모르지요. 그러니 은혜로움을 모르고 감사하는 마음 없이 자기만 잘났다고 복 수용만 하다가 가는 사람들이에요. 이런 사람은 천상의 낙을 즐기는 사람들입니다.

여섯째, 성문의 마음이 있어요. 성문은 육신이 무상해서 공한 줄은 알아요. 이것이 '아공을 성취했다'고 하는 것이죠. 부처님께서는 초기경전에서 이 성문들에게 부정관을 설하셨어요. '육신이라는 것은 참으로 깨끗하지 못한 것이다. 몸에 난 모든 구멍에선 더러운 물이 흐르고 악취가 난다. 우리 뱃속에는 말할 수 없이 더러운 오물과 균이 번식한다' 이렇게 육신에 대해 부정하는 것이죠. 승가 초기에 출가를 하고도 몸에 대한 집착을 버리지 못하는 승려들에게 무상을 가르치고 육신에 대한 집착을 끊게 하려는 가르침이었습니다. 남방불교에서는 아직도 이 전통이 유지되고 있어 어떤 선방에는 시신을 그대로 박제해 놓은 곳도 있답니다.

그래서 성문은 육신의 무상함과 아공은 알지만 그것을 가르쳐 주신 부처님의 진리는 영원하다고 생각하는 거에요. 그 법이 영원하다고 집착합니다. 좋은 소리를 들으면 '참 좋은 소리구나. 이것은 기억을 잘 해놓았다가 아는 소리를 좀 해야 되겠다' 하면서 업을 녹이고 실천하는 일은 뒷전이고 자꾸 법만 들으려고 하는 것이 성문의 마음이에요.

일곱째, 연각의 마음이 있어요. 연각은 스승 없이 인연법을 관해서 나름대로 열반의 낙을 얻은 것입니다. 독각이라고도 하고 벽지불이라고도 하지요. 벽지불은 공부를 해서 자기 혼자만 마음의 고요함을 즐기는 거에요. 성문이나 연각은 모두 중생들이 부처님 가르침의 참 뜻을 몰라서 헤매고 있는데도 홀로 고요한 산중에서 독야청청하는 겁니다. 비 오면 자기 신발 젖을라 신발 하나 들여놓을 뿐 세상이야 어떻게 되든 전혀 관심이 없어요. 그래서 부처님도 이 성문연각을 크게 질타하셨잖아요.

지금도 주변에 그런 수행자를 볼 수 있습니다. 자기가 공부를 하면 한 만큼 세상에 나와서 중생들의 마음세계를 열어주고 가르쳐 줘야 당연하지요. 그런데 그 일은 멀리 하고 평생을 조용히 혼자 정에 들어서 그렇게 살다가 가는 수행자들이 있다 이 말이에요. 중생이 땀 흘려 농사지은 것으로 배를 채우고, 중생이 땀 흘려서 짠 베옷으로 몸뚱이를 가리면서 그렇게 중생에게 빚만 잔뜩 짊어질 뿐 보살행으로 갚을 생각을 하지 아니하고 갑니다. 그것이 연각이에요.

여덟째, 보살의 마음이에요. 보살은 이제 아공도 되었고 부처님이 말씀하신 '법도 공하다'는 것까지도 알았습니다. 그것이 〈금강경〉에서 말하는 '아공과 법공이 공했다는 흔적까지 공한 것'을 말하는 것이고 이것을 구공이라고 합니다.

아홉째, 범부의 마음입니다. 지금까지 말한 마음들 사이에 중간매체가 있습니다. 그것이 바로 인간 범부의 마음이에요. 범부의 마음은 나쁘게 말하면 여기서 이 말을 하고 저기서 저 말을 하고 양쪽에 다니면서 이쪽 저쪽을 싸움 붙이는 거에요. 그렇게 못난 인간이지만 그나마 인간의 모습으로 있어야 보살로 가든지 성문, 연각으로 가든지 혹은 불세계로 가든지 지옥, 아수라, 축생으로 가든지 아귀로 가든지 할 수 있어요. 인간이 중간매체라는 겁니다. 그래서 이 인간세계에 왔을 때 정법을 만나라고 그렇게 강조하는 거에요.

열 번째, 불심의 마음입니다. 불심의 세계는 만들어서 이루어진 세계도 아니고 또 무엇을 닦아서 이루어진 세계도 아니고 본래 원만 구족하게 이루어져 있는 우리 자성청정의 세계를 말합니다.

　이상 열가지 마음을 알아봤습니다. 그런데 여기 경문에서 보면 불심을 제외한 나머지 세계, 보살, 성문, 연각, 지옥, 아귀, 축생, 인간, 천상, 아수라를 전부 티끌에 비유한 거에요. 그러면 티끌에 비유한 나머지 세계들이 실제로 있는 겁니까? 부처님 불심세계 안에는 없는 것이죠? 없는데 중생이 자기가 스스로 업을 지어서 자기 업의 틀에 맞는 옷을 입죠? 연각의 옷을 입든지, 성문의 옷을 입든지, 축생의 옷을 입든지, 지옥의 옷을 입든지 결국 자기가 입는 거에요. 입어서 채널이 바뀌어 버리면 자기가 전생에 사람이었다는 것을 전혀 몰라요. MBC 틀면서 KBS 같이 볼 수 있어요? 안 되잖아요. 채널이 바뀌면 전혀 몰라요.

　그런데 문제는 축생이면 축생, 아수라면 아수라가 각자의 삶을 살아가면서 다시 수천만 가지 업을 다양하게 만들어가는 거에요. 이러한 업들이 불심세계를 제외한 아홉 세계 속에서 벌어지는 겁니다. 이 수천만 가지로 벌어지는 업을 〈금강경〉에서는 '삼천대천세계를 부수어 작은 먼지로 만든다'고 표현한 거에요.

그런데 부처님세계에서 볼 때는 아귀나 축생과 같은 것들이 존재하는 게 아니잖아요. 불심의 부처님의 경지 외에는 전부 다 허상이고 실제로 존재하는 것이 아닙니다. 마치 누에가 실을 쳐서 스스로 그 실에 묶여서 고치 안에 갇히듯이 중생 스스로가 자기 업식에 속아서 자기가 일으킨 마음에 자기가 속는 거에요. 자기가 속아서 누에고치처럼 거기에 들어 앉아 버린 것이죠. 그렇게 들어앉아서 괴로워하다 죽는 사람도 많아요. 그럼 죽는다고 해결이 됩니까? 아니요. 더 고통스럽고 괴로워져요.

살아서는 선지식을 만나든지 불법을 만나서 마음 다스리는 법을 배우면 스스로 구제할 수 있고 해탈이 될 수도 있지만, 죽어버리면 누가 그를 천도해줄 것이며 누가 그를 제도해주고 누가 반야지혜를 열어줄 수 있겠습니까? 그래서 49재를 지낸다는 것은 대단한 의미가 있는 거에요.

우리는 이렇게 업을 받고 고통을 받고 있지만 사실 부처님의 지혜의 눈으로 보면 그 업과 고통이라는 것 또한 존재하는 게 아니에요. 이것은 마치 목마른 자가 사막에서 신기루를 보는 것과 같은 거에요. 오아시스는 실제로 존재하는 것이 아니거든요. 착각에 의해서 숲처럼 보이고 호수처럼 보였을 뿐 가보면 없는 거에요.

우리 중생이 부처님의 정법을 모르면 자기 업식에 자기가 속아서 고통을 받는데 그 지은 업이 삼천대천세계를 부수어서 만든 먼지보다도 더 많다는 겁니다. 생각을 지어 더 많은 세계에 속아서 그렇게 우리가 고통 받고 살아왔다는 거에요.

"매우 많습니다. 세존이시여, 무슨 까닭인가 하면 만약 이 작은 먼지들이 실로 있는 것이라면 부처님께서 작은 먼지들이라고 말하지 않으셨을 것입니다."라고 했습니다. 먼지라는 것은 티끌, 번뇌망상을 말하는 것이지요. 우리 번뇌망상이 실제로 존재하는 것이라고 하면 부처님이 이런 말씀을 안 하셨을 것이라고 합니다. 번뇌망상은 실제로 존재하는 것이 아니라는 거에요. 그게 실제로 있는 것 같으면 부처님이 그런 말 할 필요가 없지요. 실제로 있는 것 같으면 닦는다고 그게 없어지고 없앤다고 그게 없어지겠어요? 절대 안 없어지는 거에요. 본래 있는 것을 어떻게 없앨 수 있습니까? 본래 없는 것이기 때문에 없앨 수 있다는 것이지요. 본래 없는 것이기 때문에 작은 먼지들이라고 한 것입니다.

"까닭이 무엇인가 하면 부처님께서 설하신 작은 먼지들은 작은 먼지들이 아니고 그 이름이 작은 먼지들입니다."고 답했습니다. 이 부분도 이해하기 어렵습니다. 이것이 사구게를 완전히 깨달은 경지, 불심의 경지에서 나오는 말이거든요. 사구게와 똑같은 정신을 가진 구절입니다. 왜냐하면 중생의 입장에서 볼 때는 번뇌망상이 삼천대천세계를 부수어서 만든 먼지

수 같이 그렇게 많지만 부처님의 입장에서, 일합상의 입장에서, 법신불의 입장에서 보면 그것은 존재하는 게 아니거든요. 없는 것이기 때문에 부처님 입장에서 하는 말이 '작은 먼지들이 먼지가 아니고 그냥 그 이름이 먼지'라고 하는 것입니다.

'그 번뇌망상들이 너희들이 볼 때는 번뇌망상이지만 부처가 볼 때는 번뇌망상이 아니라 하나의 마음의 작용일 뿐이다. 부처는 그것을 여래의 작용으로 쓰는 것이고, 너희들은 그것을 중생의 작용으로 쓰는 것이다. 그러나 지옥이라는 작용은 절대로 본래 있는 것이 아니다.' 부처님이 이런 입장에서 여래의 마음으로 무수한 생각을 일으킬 때는 마음을 이미 다 알고 쓰는 일이기 때문에 중생이 생각을 일으킬 때와는 다릅니다.

없는 것이기 때문에 부처님 입장에서 볼 때 그것은 먼지가 아니고 그냥 이름을 먼지라고 했을 뿐이요, 번뇌가 아니고 이름을 번뇌라고 했을 뿐이요, 여래라고 하더라도 그것은 여래가 아니고 이름이 여래일 뿐이며 그것이 마음이라고 해도 마음이 아니고 마음의 작용일 뿐이라는 겁니다.

그러니까 일합상이라는 말은 부처님 불세계를 말하는 거에요. 다른 말로 하면 법신불 말입니다. 법신불을 볼 수 있나요? 여래 볼 수 있어요? 없죠? 일합상도 말이 일합상이지 일합상은 볼 수가 없는 거에요.

이름이 축생이고 축생 노릇을 할 뿐이지 부처님의 세계에서는 축생이 없는 거에요. 축생은 중생에게 있는 것이지요. 다만 중생의 입장에서 번뇌에 절대적인 번뇌가 있고, 지옥에도 절대적인 지옥이 있고, 절대적인 아귀와 절대적인 축생의 업이 있다고 생각한다는 것입니다.

"세존이시여, 여래께서 설하신 삼천대천세계는 곧 세계가 아니고 그 이름이 세계입니다."라고 했습니다. 열 가지 세계가 세계입니까? 거기에서 또 삼천세계가 벌어지고 만천세계가 벌어진다고 하더라도 그것이 세계는 아니죠? 다 착각이고 헛것이고 허구죠? 세계가 아니라 그 이름이 세계라는 거에요. 이름이 세계라고 하는 것은 부처님이 중생을 교화하기 위해서 몸을 나투어서 중생노릇 할 뿐이고, 저잣거리에 나갔을 뿐이고, 중생과 만나서 대화를 했을 뿐이지 부처님이 그런 티끌먼지는 아니다, 중생은 아니다 이 말이에요.

"세계가 실로 있는 것이라면 여래께서 설하신 한 덩어리 모양도 한 덩어리 모양이 아니고 그 이름이 한 덩어리입니다."라고 했습니다. 우리가 여래라 하고 일합상, 진여자성, 진여라고 했지만 그것도 있는 것이 아니라는 말이에요. 보려고 한다고 해서 볼 수 없지요? 그럼 볼 수 없다고 하면 없는 것인가요? 없는 것도 아니잖아요. 소소영영하게 보고 듣고 다 알잖아요. 이것은 한 소식 하고 깨달아야 아는 것이지 짐작으로 이치로 들어본들 이것은 서자서(書者書)요 아자아(我者我)라, 그냥 법문은 법문이고 내 업은 업으로 남는 거에요.

그러니까 "수보리야, 한 덩어리의 모양이란 이루 말할 수 없거늘 다만 범부들이 그 일에 탐착할 뿐이다." 이 말이에요. 범부가 어리석다보니 자기가 열 가지 세계에다가 천만 세계를 만들어서 그것에 구속을 받고 지옥을 받고 한다는 말이에요. 부처님 입장에서 보면 일합상은 법신불이요 청정진리 그 자리인지라 그 자리에서는 경계가 오면 경계에 응할 뿐이지 번뇌망상이나 지옥이나 아홉 가지 세계는 존재하지 않는다는 것이죠. 그런데 중생의 입장에서 보니까 아홉 가지 세계가 있고, 그 아홉 가지 세계도 하나하나가 또 수천 만 가지의 번뇌망상을 일으킨다는 겁니다. 그러니 그 수가 삼천대천세계를 부숴 티끌로 만든 것처럼 무수한 번뇌망상을 일으키는 것이고, 중생들은 그것이 있다고 집착해서 스스로 그 수많은 번뇌망상에 구속을 당하고 자기가 자기를 학대하면서 지옥의 고통을 받고 있는 것이 부처님 입장에서 볼 때는 안타깝다는 말이에요. 이 사실을 깊이 아는 것을 정견이라고 하고 반야바라밀이라고 하고 아뇩다라삼먁삼보리라고 하는 것입니다.

고갱이 | 어떤 번뇌망상도 부처가 볼 때는 번뇌망상이 아니라 하나의 마음 작용일 뿐입니다. 부처는 그것을 여래의 작용으로 쓰지만 중생은 지옥의 작용으로 씁니다.

제31분 지견불생분 知見不生分

분별심을 일으키지 않는다

知見不生勿

제31분 '지견불생분'입니다. '지견을 내지 않는다, 알음알이를 세워서 법에 집착하지 않는다'는 뜻입니다.

수보리 약인언 불설아견인견중생견수자견
須菩提 若人言 佛說我見人見衆生見壽者見

수보리 어의운하 시인 해아소설의부
須菩提 於意云何 是人 解我所說義不

불야 세존 시인 불해여래소설의
不也 世尊 是人 不解如來所說義

하이고 세존설 아견인견중생견수자견
何以故 世尊說 我見人見衆生見壽者見

즉비아견인견중생견수자견 시명 아견인견중생견수자견
卽非我見人見衆生見壽者見 是名 我見人見衆生見壽者見

"수보리야, 만약 어떤 사람이 말하기를 '부처님이 아견, 인견, 중생견, 수자견을 말하였다'고 한다면 어떻게 생각하느냐? 이 사람은 나의 말한 바 뜻을 이해하느냐?"

"아닙니다. 세존이시여, 그 사람은 여래께서 말하신 뜻을 알지 못합니다. 무슨 까닭인가 하면 세존께서 말씀하신 아견, 인견, 중생견, 수자견은 곧 아견, 인견, 중생견, 수자견이 아니고 그 이름이 아견, 인견, 중생견, 수자견입니다."

"수보리야, 만약 어떤 사람이 말하기를 '부처님이 아견, 인견, 중생견, 수자견을 말하였다'고 한다면 어떻게 생각하느냐? 이 사람은 나의 말한 바의 뜻을 이해했겠느냐?"라고 부처님께서 물으셨어요.

이 말은 무슨 뜻일까요? 중생은 여래의 성품자리를 보지 못하고 불성을 확실히 못 밝히기 때문에 법에 통달하지 못했으며, 이 때문에 법에 가려서 법집이 생겨 법으로부터 자유롭지 못하고 묶여 있습니다. 그런데 부처님께서는 〈법화경〉과 〈화엄경〉, 〈열반경〉을 통해 49년 동안 설법을 하셨고 〈금강경〉 또한 부처님의 설법이잖아요. 그러면 짧지 않은 시간 동안 설법을 해 오신 부처님도 결국 법에 집착하여 이렇게 설법하시는 게 아닌가, 부처님께서도 사상의 경지에서 〈금강경〉을 설하지 않으셨나 하고 너희들이 생각하는 게 아니냐고 묻는 거예요.

그러자 수보리가 이렇게 대답했습니다. "아닙니다. 세존이시여, 그 사람은 여래께서 말씀하신 뜻을 알지 못하는 사람입니다. 왜 그런가 하면 세존께서 말씀하신 아견, 인견, 중생견, 수자견은 곧 아견, 인견, 중생견, 수자견이 아니고 그 이름이 아견, 인견, 중생견, 수자견입니다."

이것은 또 무슨 뜻일까요? 이는 사구게의 정신을 표현한 말입니다. 이 경지는 부처님의 경지에서 하시는 말씀이고 부처님의 모든 말씀은 법집이나 아견, 인견, 중생견, 수자견, 아상, 인상, 중생상, 수자상 등으로부터 자유롭다는 것이지요.

그런데 이 구절을 놓고 달마스님의 법을 이어 받은 육조혜능 스님은 중생에게 아견, 인견, 중생견, 수자견이 있듯이 부처에게도 아견, 인견, 중생견, 수자견이라는 것이 있다고 주석을 다셨습니다. 흥미롭죠?

육조스님의 주석을 인용해 보겠습니다.

"여래가 이 경을 설하시어 모든 중생이 반야지혜를 스스로 깨달아 스스로 닦게 하셨는데, 범부들이 부처님의 뜻을 이해하지 못하고서 여래가 아견, 인견, 중생견, 수자견을 설했다고 여기니, 여래가 상이 없고 작위가 없는 깊은 반야바라밀법을 설하신 줄을 알지 못하는 것이다.

여래가 말씀하신 아견, 인견, 중생견, 수자견은 범부가 생각하는 아견, 인견, 중생견, 수자견과는 다르다. 모든 중생에게 다 불성이 있다는 여래의 말씀이 바로 참된 아견이며, 모든 중생에게 무루의 지혜 성품이 본래 갖추어져 있다는 말씀이 바로 인견이며, 모든 중생에게 본래 번뇌가 없다는 말씀이 중생견이고, 모든 중생의 성품이 본래 나고 죽음이 없다고 하신 말씀이 바로 수자견이다."

육조스님의 말씀을 좀더 세세히 설명해 보겠습니다.

아견 │ 모든 중생에게 다 불성이 있다는 여래의 말씀이 바로 참된 아견이라 말하고 있습니다. 일체 중생 모두가 반야지혜인 불성을 누구는 있고 누구는 없는 것이 아니고 보편적으로 다 가지고 있다는 것입니다. 그뿐 아니라 천지허공에 조금도 불성이 비어 있는 자리가 없이 다 원만구족되어 있고, 항하의 모래수와 같은 공덕성과 복덕성을 본연하게 갖추고 있다고 보는 것이 부처의 아견이라는 거예요.

하지만 중생의 아견은 그렇지 않습니다. 중생은 몸뚱이나 생사에 끌려 다니는 윤회의 근본업식 혹은 집착으로 만들어진 병든 알음알이 같은 것을 나라고 생각하거든요. 이것이 바로 중생의 아견이에요. 하지만 부처는 다릅니다. 모두가 다 부처이기 때문에 부처가 부처끼리 서로 이야기하는데 거기에는 티끌만큼도 어두운 것이 없습니다. 그렇기 때문에 모두 지혜작용일 뿐인 거예요. 천지간에 꽉 차 있는 반야지혜의 작용을 이야기하는 것이지요.

인견 | 모든 중생에게 무루의 지혜 성품이 본래 갖추어져 있다는 말씀이 바로 인견이라 했습니다. 일체중생들에게는 우주법계에 꽉 차 있어서 써도 써도 끝이 없는 불성의 반야지혜가 가득 차 있다는 것입니다. 그것을 다른 말로 '무루'라고 합니다. 즉 '샘이 없다'는 뜻이지요. 샘이 없다는 말은 끝이 없다는 말이에요. 마치 옹달샘의 물이 천 년이고 만 년이고 계속 나오듯이 우리의 반야지혜의 성품은 올바로 깨달아서 쓰는 데 한계가 없다는 뜻입니다.

끝이 없는 무량한 지혜의 성품을 중생 스스로가 본래 티끌만큼도 부족함이 없이 다 갖추고 있다고 보는 거예요. 이것이 바로 부처의 인견입니다. 우주에 꽉 차 있는 것을 아무리 퍼 쓴다고 해서 없어질까요? 쓴다고 해서 새는 것일까요? 그렇지 않습니다. 중생이 자신의 알음알이, 업식, 번뇌를 쓰는 것을 유루라고 부릅니다. 유루라는 것은 쓸수록 유한합니다. 복도 그런 마음으로 복을 지으면 유루복이라고 하잖아요. 그래서 유루복의 끝이 다하면 복진타락 한다고 말합니다.

그럼 이와 반대로 중생의 인견은 무엇일까요? 중생의 인견은 나는 사람이고 그 밖의 자연이나 다른 생명들은 인간이 마음대로 활용할 수 있으며, 죽이거나 살릴 수 있는 권리가 있고, 다른 생명을 죽이거나 자연을 파괴해도 된다는 오만과 자만에 휩싸여 있는 것을 말합니다.

흔히 '사람이 최고'라고 말합니다. 하지만 사람이 최고라는 사상을 가지고 살아온 서구의 인성이 얼마나 메마르고 황폐해져가고 있는지 잘 알고 계실 것입니다. 지금 서구에서는 자연을 되살리려는 노력이 한창입니다. 또한 우리 인간이 얼마나 오만했으며 자만해 왔는지 깨닫고 있습니다. 그동안 무분별하게 자연을 훼손한 결과 생태계가 무너졌고 이제 인간 또한 설자리가 없어진다는 것을 너무나 잘 알게 되었기 때문입니다.

제가 어릴 때만 해도 길가를 가면서 개울물을 손으로 퍼마시고는 했었습니다. 그때만 해도 환경오염이 뭔지도 몰랐던 시절이지요. 내 금생에 환경오염이 이렇게 심각해질 거라고 누가 생각이나 했겠어요? 중생은 항상 자기 위주로 살기 때문에 '너는 너고 나는 나다'라는 식으로 이해관계를 분명하게 하는데 이게 바로 욕심이요, 그게 전부 다 중생인견이라 이 말입니다. 하지만 부처는 그렇게 생각하지 않는다는 거예요. 부처는 중생들이 그러한 복덕성과 공덕성 그리고 자비성을 끊임없이 가지고 있다고 말합니다. 백 촉짜리 그대로 온전히 다 쓸 수 있게끔 되어 있다는 것을 이야기하는 것이 부처의 인견입니다.

중생견 | 모든 중생에게 본래 번뇌가 없다는 말씀이 바로 중생견이라고 말하고 계십니다. 일체 모든 중생들에게 본래 번뇌가 없다는 거예요. 그리고 본래 업식도 없다고 말합니다.

모든 중생은 기능적으로나 능력적으로 모두 여래의 성품과 여래성 등이 똑같다는 것입니다. 이는 부처님의 입장에서 부처의 경지를 통하고 나서 부처가 보니까 그렇다는 거예요. 그런데 이 말을 듣고 그것 참 다행한 일이다, 나 같이 신심 없고 공부하기 싫은 사람에게는 하나 안 하나 본래 구족되어 있다고 하니 이 얼마나 다행한 일인가? 이렇게 생각하면 옛 어른들의 말마따나 지옥을 화살촉처럼 들어가게 됩니다.

그렇다면 중생들의 중생견은 무엇일까요? 중생들은 세상의 생명들은 서로 서로 도와주고 협력해야 그 생명을 존속해 갈 수 있다는 인연법의 원리를 모르고 그냥 나 혼자 잘나서 잘사는 거고, 내가 똑똑해서 대우 받는 줄 아는 것입니다. 그러면서 잘 되면 전부 다 자기 덕이고, 잘못 되면 전부 남 탓으로 허물을 돌립니다. 그것이 바로 중생의 중생견입니다.

수자견 | 모든 중생의 성품은 본래부터 타고나고 죽음이 없다고 하신 말씀이 바로 수자견이라고 하셨어요. 모든 중생의 성품이 본래 생멸심이 없다는 말입니다. 즉, 불생불멸이라는 것입니다. 불생불멸이기 때문에 중생이 나고 죽는 것은 괴로워할 일이 아니라는 것입니다.

그러면 부처님은 생멸심이 없을까요? 있습니다. 생각이 일어났다 멸하는 것 모두 생멸심입니다. 부처도 이러한 생멸심이 있지만 부처는 그것이 모두 생멸 변화하는 자체에서 오히려 무궁무진한 변화를 창조해냄으로써 안심입명되는 것입니다. 즉, 괴로운 생멸심이 없다는 말입니다.

그러면 중생의 수자견은 무엇일까요? 세상이 내 뜻대로 안 되는 것도 괴로운데 이 괴로운 세상에 살면서도 중생은 '똥 속에 사는 구더기처럼 살아도 저 세상보다는 이승이 좋다. 그러니까 나는 오래 살아야겠다'라고 생각하는 등 삶에 대한 집착이 굉장히 강해요.

또한 중생은 미움이 일어나면 미움으로 인해서 지옥에 들어가고, 사랑하는 것에 집착이 일어나면 집착으로 인해서 또 지옥으로 들어가게 됩니다. 그러면서 계속 중생은 나고 죽는 생사의 고통을 받게 되는 것입니다. 그렇다면 여러분은 현세에서 무간지옥을 어떻게 겪고 있을까요? 아견, 인견, 중생견, 수자견이라는 자기 업식에 의해 항상 자신을 괴로움과 고통으로 몰아넣고, 이 고통의 생각들이 바다의 파도처럼 일어났다가 멸하기를 끝임없이 반복하는 행위를 통해서입니다. 그것이 바로 무간지옥입니다. 중생은 그렇게 생멸심으로 인해서 무간지옥을 계속 드나들고 있는 거예요.

그런데 부처님 입장에서는 생멸법이 없다는 것입니다. 부처는 모든 생각과 마음이 생하고 멸하고 일어나는 본자리를 알기 때문에 생하고 멸하는 것에 집착하거나 그것으로 인해 고통 받지 않는 반야지혜의 활달한 지혜작용이 있기 때문입니다. 그러므로 이때 부처님의 아견, 인견, 중생견, 수자견은 중생들의 그것과는 다릅니다. 서로의 의사소통을 위해 어쩔 수 없이 아견, 인견, 중생견, 수자견이라는 이름을 붙인 것이지, 실제로 중생들이 말하는 아견, 인견, 중생견, 수자견이 아니라는 말입니다.

이는 순전히 부처님의 입장에서 말씀하는 거예요. 부처님 입장에서는 지옥이라고 말씀하셔도 지옥이 없어요. 부처님은 극락이라고 이야기하셔도 극락이 없어요. 그리고 부처님에게는 불법이 아니라고 해도 불법 아닌 것도 없어요. 불법이라고 해도 불법이 아닌 것이에요. 부처님은 중생들이 생각하는 그런 집착의 견이 아니라 모두 불법이고 모두 부처의 경지다 이 말입니다. 이를 아견이라고 해도 좋고 성문연각이라고 해도 좋습니다. 뭐라고 해도 전부 다 반야지혜에서 나오는 거예요.

부처님 입장에서는 아견 혹은 마구니라고 하든 또는 별별 사도법 혹은 외도법이라고 하든 외도도 아니고 사도도 아니에요. 부처님은 보살을 이야기해도 보살법이 아니고, 성문연각을 이야기해도 성문연각이 아닌 거예요. 그러나 그 경계를 알지 못하는 중생의 입장에서는 그냥 부처의 이야기를 늘어놓아도 모두 지옥으로 가는 중생견이에요. 바로 이것이 다르다는 말입니다.

즉 부처님이 아견, 인견, 중생견, 수자견을 말씀하신다 해도 중생들이 생각하는 아견, 인견, 중생견, 수자견이 결코 아니며, 부처님의 경지에서 볼 때 그런 이름을 이렇게 붙이나 저렇게 붙이나 아무 상관없다는 것입니다. 부처님은 그냥 동서남북, 상중하, 사방팔방 모두를 대반야지혜로써 사용하시는 것이기 때문에 그 어떤 이름을 갖다 붙여도 중생이 생각하는 견해의 세계하고는 절대적으로 다릅니다. 그래서 수보리가 "아닙니다. 세존이시여, 그 사람은 여래께서 말하신 뜻을 알지 못합니다. 무슨 까닭인가 하면 세존께서 말씀하신 아견, 인견, 중생견, 수자견은 곧 아견, 인견, 중생견, 수자견이 아니고 그 이름이 아견, 인견, 중생견, 수자견입니다."라고 대답을 한 것입니다.

수보리 발아뇩다라삼먁삼보리심자
須菩提 發阿耨多羅三藐三菩提心者

어일체법 응여시지 여시견 여시신해 불생법상
於一切法 應如是知 如是見 如是信解 不生法相

수보리 소언법상자 여래설 즉비법상 시명법상
須菩提 所言法相者 如來說 卽非法相 是名法相

"수보리야, 아뇩다라삼먁삼보리심을 발한 사람은 모든 법에 응당 이와 같이 알며 이와 같이 보며 이와 같이 믿어서 법이라는 상을 내지 말아야 하느니라. 수보리야, 말한 바 법상이란 여래가 설하되, 곧 법상이 아니고 그 이름이 법상이니라."

굉장히 중요한 내용이기 때문에 마무리 말씀으로 재차 강조하는 것입니다. 여기서 아뇩다라삼먁삼보리심을 발한 사람이라고 했는데 아뇩다라삼먁삼보리심을 발한 사람은 여래성지에 들어가는 사람이에요. 보살이다 이 말입니다. 보살이 중생을 교화하고 중생을 위해서 보살인행을 한다는 말이에요. 그런데 보살이 인욕행을 할 적에 보살도 법상이 있는 것이 아니냐? 이렇게 묻고 있는 것입니다.

그러면 보살의 법상이 어떻게 다른지 알아보겠습니다.

아뇩다라삼먁삼보리의 여래성지에 들어가면, 즉 부처가 되면 능소심이 없어집니다. 능소심이란 주관과 객관을 이야기하는데 '능(能)'이라는 것은 자기를 말하는 것이고, '소(所)'라는 것은 대상을 말합니다. '능소심'은 '저 사람은 나하고 다르다. 나는 똑똑하고 법을 아는 사람이고, 너는 어리석은 중생이다'라고 차별하고 분별하는 상대적인 마음이에요. 그래서 상대적으로 이루어지는 생각들이 많은 것입니다. 깨끗하다고 하면 우리는 벌써 추한 것을 염두에 두면서 깨끗한 것을 떠올립니다. 그리고 밉다고 하면 벌써 사랑한다는 마음을 염두에 두면서 밉다는 생각을 하게 되는 것입니다. 이 모든 것이 전부 상대적입니다.

그러므로 아뇩다라삼먁삼보리의 지혜바라밀 자리에 들어간 사람은 전체가 부처이기 때문에 부처와 부처끼리는 차별이 없고 너와 나로 갈라놓을 일이 없습니다. 전부 동일진성을 가진 부처이기 때문에 너와 나로 나누어질 수가 없는 거예요.

〈신심명〉에 '진여법성에는 무타무자(無他無自)'라는 말이 있습니다. 진여법성 자리에 들어가면 나와 너를 나눌 수 없다는 뜻입니다. 그리고 진여법성 자리에는 불수일법(不受一法)이라, 한 법은 물론 그 무엇도 받아들일 수 없다는 말이기도 합니다. 왜냐하면 오로지 대반야지혜 작용만 있을 뿐이지 중생이다 부처다 선이다 악이다 이런 것들이 거기에는 붙을 수가 없다는 거예요. 능소심이 없다는 것은 바로 여래경지에 들어간 것을 말하는 거예요. 부처의 경지에 들어가면 이 능소심이 없어지는 거예요.

능소심이 없어지면서 부처가 가지는 법상이 생겨요. 그렇다면 부처가 가지는 법상은 무엇을 말할까요? 우선 능소심이 없어지면 네 가지 무량한 큰 자비와 지혜가 옹달샘에 샘물 솟듯이 솟아 나온다는 거예요. 그 네 가지가 뭐냐 하면 보살이 중생을 교화하는 데 가장 큰 수행의 덕목이자 자비의 네 가지 사덕으로서 사무량심이라고 합니다. 내용을 알아보겠습니다.

'사무량심'은 자·비·희·사를 말합니다. 이것이 바로 보살이 가지고 있는 지혜의 큰 작용, 보살이 인행을 하는데 있어 가장 중요한 수행의 큰 덕에 해당합니다. 바로 이것이 보살이 가지고 있는 법상입니다. 하지만 이를 법상이라고 부른다고 해서 진정 법상이라는 말이 맞을까요? 어쩔 수 없이 말로 표현을 해야 하니까 법상이라고 하는 것이지 이는 법상이라고 해도 틀린 말이고 다른 그 무엇으로 불러도 맞지 않는 말이에요.

그럼 사무량심에 대해 말씀드리겠습니다.

자무량심 | 먼저 '자무량심(慈無量心)'입니다. '자'는 '사랑할 자' 자죠? 그 사랑이 무량하다는 뜻입니다. 즉 끝이 없다는 거예요. 부처가 있고 중생이 있으면 이 능소심이 갈라져서 이해관계에 걸려서 스스로 한계를 지우겠지만, 부처세계에 들어가면 그냥 무한해져버리는 거예요. 그래서 모든 중생을 다 교화하되 중생이 좋아하고 원하는 바가 있다면 보살은 중생을 위해서 기꺼이 해줍니다. 그래서 중생이 즐거워하고 기뻐하도록 해준다는 거예요. 중생과 똑같이 논다는 것이지요. 즉 중생과 똑같이 행동하는 거예요. 중생이 좋아하니까 같이 좋아해주고, 중생이 집착하는 것처럼 보이면 보살도 집착하는 것처럼 보여주는 것이지요. 그러나 보살은 절대 집착하는 등의 어떤 업이 형성되지 않습니다. 이것이 바로 보살이 하는 인행입니다.

결국 보살은 중생을 즐겁게 해주면서 그 중생을 여래의 반야바라밀의 세계로 이끌기 위한 하나의 방편으로서만 행할 뿐이지 절대 집착으로 인해서 업이 형성되거나 괴로움이 생긴다거나 법에 집착한다거나 그런 것은 전혀 없다는 거예요. 이것이 바로 자무량심입니다. 이것은 반야지혜가 드러날 때 비로소 큰 자비가 나오지 단순히 교리적으로 알음알이 조금 아는 것을 가지고 이런 자비가 나올 수가 없어요.

비무량심 | 그 다음에 '비무량심(悲無量心)'이 있어요. 비무량심의 비(悲) 자 또한 '자비스러울 비' 자죠? 비무량심은 갖은 방편을 다 써서 무량한 중생들이 지금 겪고 있는 괴로움을 없애주는 것을 말합니다. 모든 중생은 괴로움을 겪고 있습니다. 괴로움을 겪기 때문에 중생이라고 말하는 거예요. 중생이라는 말은 '고(苦)'라는 말과도 일맥상통합니다. 그래서 이 사바세계를 고해라고 하는 거예요. 참고 견뎌야 되는 세계라는 거지요. 그러니까 중생은 항상 괴로움 즉, 고를 가지고 있고 보살이 중생을 이러한 고에서 건져주는 겁니다.

그래서 관세음보살님이 중생을 위해 하는 일이 발고여락(拔苦與樂)이라, 중생을 고통에서 빼주고 중생에게 즐거움을 준다는 거예요. 그 즐거움이 무슨 즐거움이겠어요? 반야의 즐거움을 볼 수 있게끔 보살이 그쪽으로 인도해주는 즐거움입니다.

희무량심 | 다음은 '희무량심(喜無量心)'이에요. 기쁠 희, 글자 그대로 기쁘다는 뜻입니다. 무엇이 그렇게 기쁠까요? 중생은 괴로움에서 벗어날 때 비로소 기쁨을 가지게 됩니다. 여기서 말하는 기쁨이란 중생세계에서의 남녀간의 기쁨, 물질의

풍족함에서 오는 기쁨, 욕심이 충족되는 기쁨 등이 아닙니다. 반야세계에 들어가 얻는 법의 기쁨을 말하는데 이를 희무량심이라고 합니다. 법열이 무한히 기쁘다는 뜻입니다. 스스로 그렇게 날이면 날마다 좋은 날이 된다는 거예요.

여러분 중에 이를 현실성 없는 이야기라고 생각하는 사람들이 있을 것입니다. 물론 그렇게 생각할 수 있습니다. 그러나 일단 공부를 해보면 이 말이 그리 멀리 느껴지지만은 않을 겁니다. 지금 당장 누구나 체험 가능한 일이고 쉽게 뒤집기가 되요. 바로 이 중생심을 뒤집기해야 되는 거에요.

뒤집기를 잘 하면 무간지옥이 법열의 기쁨으로 바뀌어 날이면 날마다 모든 것이 긍정적이고 사랑스러우며 자비롭게 느껴집니다. 상대의 괴로움을 대신 짊어지고 싶고 오히려 따뜻한 말 한마디로 상대의 슬픔을 빨리 풀어줘야겠다는 생각이 듭니다. 그것이 바로 보살의 마음인 것입니다.

하지만 보살은 절대 업이 형성되지 않아요. 왜 형성 안 되는 줄 아십니까? 여래의 성품을 알았기 때문입니다. 여래의 성품을 알게 되면 무아를 알게 되기 때문에 그렇습니다.

사무량심 | 다음은 '사무량심(捨無量心)'입니다. 버릴 사(捨) 자죠. 모든 중생은 다 부처이기 때문에 평등합니다. 그렇기 때문에 친한 사람, 친하지 않은 사람 또는 귀한 사람, 천한 사람 등 상대적으로 분별되지 않습니다. 이 경지에 이르면 모든 것

이 태양의 광명처럼 밝아서 모든 것을 버리는데 주저하지 않습니다.

중생은 자기의 어리석음 이거 하나 버리려고 해도 굉장히 어려워요. 고집 버리고 성격 좀 고치라고 해도 절대 안 고쳐요. 오히려 화를 내요. 네가 내 성질을 돋우니까 내가 이러지 내가 어디 성질이 나쁜 사람이야? 이러면서 달려드는 거예요.

그런데 '사무량심'을 깨치면 자기가 가지고 있는 번뇌, 집착, 어리석음 등 모든 중생업식을 착착 버리는 거예요. 그렇게 기쁘게 버릴 수가 없어요. 그때는 탄력이 붙어서 버리는데 아주 일가견이 생기게 되는 지경에 이르러요. 뭐든 보는 대로 스승이 되고 보살이 되며 부처가 되기 때문에 그것을 모델로 삼아 닮아가기 위해서 전부 다 버리게 됩니다. 그동안 자신을 얽어매던 것들을 버리니까 얼마나 홀가분하고 기쁘겠어요? 그래서 이를 희사라고 하는 겁니다. 기꺼이 즐거워하면서 나의 모든 중생, 번뇌, 업장을 버린다는 뜻입니다. 여러분이 절에 가서 불전을 놓는 희사함도 인색함을 기쁘게 버리라는 의미입니다.

이렇게 보살의 수행덕목인 사무량심을 알아봤습니다. 보살이 인행을 할 때 이러한 사무량심을 가지고 중생을 교화하는데 이것이 바로 부처나 보살이 가지는 법상입니다. 이때 보살이 가지고 있는 법상은 중생이 가지고 있는 그 법상하고는 질이 다르다 이 말이에요. 그러므로 이를 법상이라고 지칭한다고 할지라도 법상이라는 말도 옳지 않다는 말입니다.

언제나처럼 여러분들이 유념해야 할 것은 어떤 법문을 듣거나 공부를 해도 여러분들 나름대로의 지견이 조금씩은 생긴다는 것입니다. 여러분들이 그것에 집착하게 되면 아상, 인상, 중생상, 수자상이 되니까 절대 집착하지 마십시오.

이를 두고 부처님께서 다시 "수보리야, 말한 바 법상이란 여래가 설하되 곧 법상이 아니고 그 이름이 법상이니라."라고 설하신 겁니다.

고갱이 | 내가 반야지혜를 설했다고 하더라도 그것은 강을 건너고 나면 버려야 할 뗏목입니다. 지금까지 배운 내용에 또다시 집착하는 것을 경계하십시오.

제32분 응화비진분(應化非眞分)

응신, 화신은 참되지 않다

應他
懸信
非真
勿

〈금강경〉 마지막인 제32분 '응화비진분'입니다. '법신의 참모습은 보신불이나 화신불로서는 볼 수 없다'는 뜻입니다.

수보리 약유인 이만무량아승기세계칠보 지용보시
須菩提 若有人 以滿無量阿僧祇世界七寶 持用布施

약유선남자선여인 발보살심자 지어차경
若有善男子善女人 發菩薩心者 持於此經

내지사구게등 수지독송 위인연설 기복 승피
乃至四句偈等 受持讀誦 爲人演說 其福 勝彼

"수보리야, 만약 어떤 사람이 한량없는 아승지 세계에 가득 찬 칠보를 가지고 보시할지라도, 만약 또 어떤 선남자 선여인으로서 보살심을 발한 자가 이 경전을 가지되 내지 사구게 등이라도 수지하고 독송하여 남을 위해 연설하면 그 복덕이 저

보다 수승하리라."

이 구절은 〈금강경〉 상권부터 하권에 이르기까지 부처님께서 계속 강조하시던 말씀입니다. 우리가 삼천대천세계만큼 많은 보배를 가지고 세상 사람에게 보시를 할 때 항상 반야바라밀 지혜가 바탕이 되어야 한다는 말입니다. 이 반야바라밀의 정신인 사구게의 뜻에 따라 무주상보시를 해야 한다는 것이죠.

그러면 사구게 정신을 바탕으로 한 무주상보시의 구체적인 내용은 무엇일까요? 보시하는 본인과 보시할 물질 그리고 그 보시를 받는 대상이 청정해야 합니다. 청정하다는 것은 상이 없어야 한다는 것이고 텅 빈 마음으로 오고 가야 한다는 말입니다. 보시하는 물질이나 그 보시를 받는 대상 모두 무심하게 마음을 비워야 된다는 뜻입니다. 이것을 '삼륜이 청정(三輪淸淨)해야 한다'고 합니다. 내가 어떤 물건을 어떻게 누구에게 줬으며 주고 난 이후에 그 사람을 계속 기억하고 있다든지, 또 물건을 주고 뭔가의 보상과 대가를 기대하는 것은 무주상보시의 참뜻에 어긋나는 것입니다.

특히 〈금강경〉에서는 나눔을 굉장히 중요시 합니다. 베풂으로써 내가 가지고 있는 인색함을 녹여내야 한다는 겁니다. 하지만 문제는 이기심과 욕망을 생각과 머리로만 안다면 결코 나로부터 떨어져 나가지 않는다는 것입니다. 평소 생활 속에서 작으나 크나 물질이나 정신적으로나 남에게 기쁘게 베푸는 공덕을 자꾸 익히게 될 때 이기심, 인색함이 떨어져 나가는 겁니다. 물론 그럴 때도 사구게 정신에 바탕을 둬야 합니다.

우리가 사구게 정신을 이해하는 것은 부처님의 불성세계를 체험하는 길로 들어가는 것이고, 물질로 보시하는 것은 세상에서 우리가 복덕을 쌓는 일인데 그렇게 해야만 아뇩다라삼먁삼보리의 반야지혜를 볼 수가 있다는 것입니다. 그래서 "보살심을 발한 자가 이 경전을 가지되 내지 사구게 등이라도 수지하고 독송하여 남을 위해서 연설하면 그 복이 저 복보다 수승하리라."라고 말씀하신 겁니다.

수지한다는 것은 사구게를 잘 이해해야 된다는 말입니다. 이는 물질과 정신적인 것이 함께 이루어져야 된다는 의미입니다. 우리가 보시와 자비를 이야기하고 신앙심으로 남을 돕는다고 말은 하지만 실제로 배고픈 사람에게는 자비와 신앙심보다는 밥이, 추운 사람에게는 옷이 필요합니다. 즉 아뇩다라삼먁삼보리법이 아니라 당장 밥과 옷이 필요한 거예요. 그들에게는 반야바라밀이 최상승법이 아니라 지금 당장 물질이 필요한 겁니다. 필요한 물질을 베풀되 그 사람이 물질의 본질적인 뜻을 잘 알게끔 부처님의 법을 함께 전하는 것이 바로 사구게 정신입니다. 물질과 정신이 합위일체가 되어야 한다는 말입니다.

전에도 말씀 드렸지만 종교는 철학이나 관념론이 아닙니다. 종교는 반드시 현실성이 있어야 합니다. 한 가지 법문을 들으면 그것이 반드시 생활 속에서 법문의 가르침대로 여러분의 인품에 영향을 끼쳐야 된다는 것이지요. 우리 돈으로 1,100원에 의지해서 세 식구, 다섯 식구가 목을 맬 정도로 힘든 생활을 하는 사람들이 지구상에 9억만 명이나 된다는 것을 여러분이 기억하셔야 합니다. 또 우물이 없어서 소나 돼지 등의 짐승들이 지나다니는 오염된 개울물을 먹음으로써 수인성 전염병에 걸리고 파리 모기떼 속에서 죽어가는 생명들이 29억만 명이나 된다는 것을 잊으시면 안 됩니다.

지구 60억 인구의 3분의 1이상이 그러한 어려움 속에서 살고 있는데 우리가 사구게 정신만 잘 이해한다고 해서 무슨 의미가 있겠느냐는 것이죠. 아뇩다라삼먁삼보리만 이야기하면 되겠습니까? 상구보리는 진리를 구하는 철학적인 의미가 있는 거예요. 그런 진리를 배우는 것으로써 우리의 마음그릇이 넓어지고 마음평수가 커지면서 큰 자비를 일으키게 됩니다. 그리고 종국에는 자신이 가지고 있는 것을 남에게 나눠줄 수 있어야 합니다. 주지 아니하고 말만으로 해결되는 일은 하나도 없어요. 그러므로 우리는 항상 절약하는 생활을 하면서 남은 물질로써 서로 도우며 살아야 된다는 의미입니다. 바로 이것이 부처님이 〈금강경〉에서 하고자 하는 말씀임을 우리는 간파할 줄 알아야 합니다.

여러분은 진리의 법문을 듣고 그것을 자신의 생활 속에서 실현하는 응용불교를 잘해야 됩니다. 실제로 생산성을 창출해내는 것이 중요한데 사업을 해서 큰 돈을 벌고, 농사를 지어서 소출을 많이 내는 것도 생산성이라고 할 수 있습니다. 하지만 진리의 법문을 듣고 자신의 좁은 마음이 평수가 넓어지거나 고정관념이 바뀌었다든지 또는 나의 인색한 마음이 해체되었다든지, 어느 순간 더불어서 함께 살아야 하는 공존의 중요성과 가치를 느꼈다든지 하는 생각의 전환도 모두 생산성이라는 거예요.

또한 생산성과 더불어 사회성이 있어야 해요. 종교의 특성상 잘못 알아들으면 아집과 독단에 빠질 수 있습니다. 그래서 현실을 기피하고 실제적인 생활 자체를 부정적으로 보면서 염세적인 생각을 일으킬 수 있습니다. 다시 말해 사회성이 없는 거예요. 과거에는 종교를 잘못 믿는 사람들이 참 많았어요. 사회성이란 이러한 법문을 듣고 마음에 전환점을 맞이하고, 마음이라는 작용에 구속받지 아니하며, 생각과 마음을 스스로 조절할 수 있는 자유성을 발견하여 세상을 열정적으로 사는 것을 말합니다. 사업을 하게 되면 돈을 많이 벌어야 합니다. '불교적 입장에서 보면 돈을 많이 벌고자 하는 것은 욕심이 아닙니까?' 하고 묻는 사람도 더러 있습니다. 하지만 전혀 욕심이 아닙니다.

부처님은 초기 경전에서 모든 재가불자들에게 최대한 돈

을 많이 벌라고 하셨어요. 한 예로 〈금강경〉의 첫머리에 나오는 수달다 장자는 대단한 거부였습니다. 장자가 부처님께 물었습니다. "부처님, 제가 이렇게 많은 재물을 가지고 있는데 재물이 마음 공부하는 데 독이 되거나 방해가 된다면 제가 이 재물을 다 희사하겠습니다."

그러자 부처님이 말씀하셨습니다. "수달다 같이 마음그릇이 큰 사람일수록 더 많은 재물을 가져야 한다." 수달다 장자는 외로운 이와 소외된 이를 위해서 많은 무주상보시를 할 수 있는 눈이 열려 있는 사람이기 때문에 돈을 더 많이 벌어야 되고 재물을 더 많이 가지라고 하신 것입니다. 여러분도 사회생활에서 정당하게 될 수 있는 한 많이 벌라는 거예요. 돈 많이 벌어서 세금을 많이 내면 되지 않겠어요? 내가 세금을 많이 냄으로써 소외되고 어려운 사람에게 간접적으로 혜택이 돌아갑니다. 내가 보살행을 하는 거예요.

운하위인연설 불취어상 여여부동
云何爲人演說 不取於相 如如不動

"어떻게 남을 위해 연설하는가? 상을 취하지 않고 여여히 동하지 않느니라."

남을 위해서 연설하면 그 복덕이 보배를 태산같이 보시하는 것보다 수승하다고 했습니다. 그러면 남을 위해 어떻게 연설해야 되냐는 수보리의 물음에 부처님께서 말씀하셨습니다. "상을 취하지 않고 여여히 동하지 않느니라."

이는 〈금강경〉에서 아주 유명한 구절이에요. 사구게 정신과 똑같은 사상과 정신을 가진 문구입니다. '불취어상 여여부동'은 아주 짧지만 굉장히 깊은 내용이 있는 구절이거든요. 일체 상을 취하지 말라는 뜻입니다. 상을 취하지 아니할 때 우리는 비로소 법신불을 볼 수가 있다는 것입니다.

또한 〈금강경〉을 통해서 드러난 진리의 법 역시 나름대로의 법상이 생기는 것입니다. 공부를 하다보면 '정법은 이런 것'이라는 틀을 만들어내게 되어 있어요. 그로 인해 자기 나름대로 또 하나의 상이 형성되고 그렇게 그것을 고집하게 되는 것입니다. 〈금강경〉을 통해 스스로 또 하나의 법상을 만든 겁니다. 그로 인해서 시비가 생기고 마음이 고요하지 못하고 부동한 경지에 들어가지 못한다는 것이죠.

주위를 보면 부부지간은 물론 인간관계를 맺을 때 지혜롭지 못한 생각을 가지고 있는 사람들이 참 많아요. 남남끼리 모여서는 당신은 내 뜻에 따라야 한다거나, 서로가 이렇게 하자는 등 틀을 짜게 됩니다. 그런데 틀을 짜보니까 그게 됩디까? 인생을 제대로 몰라서 그런 거지요. 그것은 서로가 서로에게 족쇄를 채우는 행위에요.

전에도 이야기했지만 젊은 부부는 젊은 부부 나름의 방식대로 살아가는 활력이 있을 것입니다. 아름다운 미모나 젊음의 기운 등으로 인해서 부부간의 금실이 좋겠죠? 그러나 나이가 40이 넘어가고 50이 넘어가면 더 이상 그런 차원이 아니죠. 이제는 서로가 굳이 말이 필요치 않아도 가족의 화합을 우선시하게 됩니다.

더불어 두 사람 모두 자유로워져야 합니다. 서로 남은 여생 동안 새로운 정신적 아름다움을 추구해 나가는데 힘써야 합니다. 나름대로 취미생활을 하면서 틈틈이 봉사도 하고 베푸는 일도 하는 등 정신적인 생활을 해야 합니다. 때때로 알아도 모르는 척하고 서로 배려하며 남은 여생을 족쇄 채우지 말고 살면 그게 결국은 나 좋은 일이 되는 거예요. 그것이 바로 내가 자유로워지고 해방되는 일이에요.

조주스님께서는 15살에 출가해서 60살까지 남전스님을 시봉했습니다. 남전스님이 열반하신 후 조주스님이 만행을 떠나셨는데 20년간 다니시다가 80세에 조그마한 토굴을 장만해서 주석하셨어요. 어느 날 도지사 벼슬 정도 되는 자사가 조주스님을 찾아왔어요. 그때 조주스님이 자리에서 일어나지 아니하고 "자사 왔는가?" 하면서 시자에게 "시자야, 차 한 잔 드려라."라고 했어요. 그러자 그 자사는 부처님 전에 참배하고 차 한 잔만 얻어 마시고 가버리지 뭐예요. 조주스님이 고개도 안 돌아보고 "처사 가는가?" 하니까 자사가 "예, 스님 갑니다." 하면서 인사하고 가는 겁니다. 시자가 볼 때는 상당히 마음이 불안한 거예요.

그런데 조금 있으니까 그 동네의 가장 하급관리인 이장이 "스님, 계십니까?" 하면서 들어왔습니다. 그러자 조주스님이 자리에서 벌떡 일어나면서 "이장님, 오십니까?" 하면서 맨발로 쫓아나가는 거예요. 그리고는 "이 더운 날씨에 얼마나 고생이 많으십니까? 어떻게 오늘 또 찾아오셨습니까? 어서 시원한 곳으로 들어가시지요." 하면서 그제서야 맛있는 음식을 내어오고 온갖 친절을 다 베풀지 뭐예요. 이장이 대접을 잘 받고 간다고 인사하니 대문 앞까지 배웅하며 극진히 대접하여 보냈어요.

바로 이 일화에 굉장히 큰 법문이 들어 있습니다. 어떤 법문인지 알겠나요?

이 모든 것을 시자가 가만히 지켜보니까 자사가 왔을 때는 꼼짝도 안 하시던 분이 이장이 오니까 행동이 극진해지더라 이 말이에요. 그래서 제자가 조주스님에게 "자사가 왔을 때는 자리에서 일어나지도 아니하시더니 저 하급관리가 오니까 어찌 그렇게 몸을 낮추고 비위를 맞추십니까?" 하고 여쭈었어요. 그러자 조주스님이 이렇게 말씀하셨습니다.

"나는 상대의 그릇을 보느니라. 앞에 온 자사는 지혜가 깊고 마음 그릇이 크기 때문에 내가 특별히 챙기고 관심을 갖지 아니해도 자기가 해야 할 일이 무엇인지를 스스로 알아서 잘

하지 않았느냐. 또한 비록 손님으로 나를 찾아와서도 오히려 주인을 편안하게 해준다. 그는 모든 세상일을 포용할 수 있고 남의 친절과 칭찬에 그렇게 움직이는 사람이 아니다. 그러나 그 하급관리는 그릇이 너무 작다. 심양이 좁아서 자기 비위에 거슬리면 상대를 항상 비방하고, 자기의 어두운 마음처럼 상대를 항상 부정적으로 보기 때문에 나는 그 사람이 제일 무섭다. 그래서 그 사람이 오면 내가 맨발로 쫓아나간다."

그 정도로 마음그릇이 중요한 겁니다. 그러니까 우리가 이런 경을 들음으로써 교리가 어떻다는 둥 내용의 문구가 어떻다는 둥 자꾸 주입식으로 외우려고만 하지 말고 본분인 내 마음그릇을 변화시키고 크게 하는 것이 중요한 거예요.

제가 여러 번 이야기했듯이 우리가 〈금강경〉을 통해서 진정으로 배워야 할 것은 여러분의 마음그릇이 큰 그릇으로 거듭나는 것입니다. 마음이 바다 같이 깊고 넉넉함이 있어야 합니다. 바다는 심양이 크기 때문에 어떤 골짜기의 물이 들어와도 그 물을 다 받아 들여요. 그러면 바다는 그렇게 무조건 착하고 어질게 받아들이기만 할까요? 바다는 다 받아들이면서도 바다 속에서 쓰레기나 죽은 시체 등의 오물은 결코 용납하지 않습니다. 다 밀어내버려요.

한없이 깊고 넉넉한 바다일지라도 마냥 한량없이 좋은 것만은 아니에요. 쓰레기는 다 밀어내면서도 바다는 항상 자비롭고 넉넉한 모습을 유지하고 있어요. 우리 불자들이 적어도 〈금강경〉 한 권을 배웠다고 하면 신심이 그 정도는 되어야 한다는 거예요. 조그마한 양푼냄비처럼 불에 잠깐 올리고 금방 뜨거워졌다가 금방 싸늘하게 식듯이 공부한다면 〈금강경〉을 잘못 배운 거예요.

심성에서 해탈해라, 심성에서 초월해라, 큰 그릇을 가지라고 말한다 한들 어디 마음먹은 대로 심양이 커지고 그릇이 커지던가요? 거기에는 정해진 법이 있는 게 아니에요. 답은 하나입니다. 모든 사물을 바로 보는 정확한 지혜가 있으면 생각이 깊어질 수밖에 없습니다. 경전을 통해서 여러분들이 거듭 변신하고 자신의 인색함과 고정관념 그리고 모든 부정적인 것을 해체시키세요. 그리고 가족관계도 서로 배려하고 이해해주며 서로 편안한 관계를 맺으시길 바랍니다.

하이고 일체유위법 여몽환포영 여로역여전 응작여시관
何以故 一切有爲法 如夢幻泡影 如露亦如電 應作如是觀

"무슨 까닭인가. 일체의 함이 있는 법은 꿈과 같고, 환상과 같고, 물거품과 같으며, 그림자 같으며, 이슬 같고, 또한 번개와도 같으니 응당 이와 같이 관할지니라."

모든 상을 취하되 여여부동하라고 하셨습니다. 동하지 않으려면 어떻게 해야 하는지 구체적으로 부처님께서 비유를 들어주고 계십니다. 이 비유가 바로 〈금강경〉 중에서도 유명한 '육유(六喩)' 여섯 가지 비유입니다.

　육유란 꿈과 같고, 허깨비 같고, 거품 같고, 그림자 같고, 이슬 같고, 번갯불 같다는 여섯 가지의 비유를 말합니다. 간혹 어떤 주석에는 아홉 가지 비유가 있기도 합니다. 거기에는 구름, 별, 등불이 더 들어갑니다. 그런데 이 〈금강경〉에서는 육유만 나옵니다.

　"일체의 함이 있는 법은 꿈과 같고, 환상과 같고, 물거품과 같으며, 그림자 같으며, 이슬 같고 또한 번개와도 같으니 응당 이와 같이 관할지니라." 이것이 바로 〈금강경〉의 마지막 사구게입니다. 모든 사물들은 본질에 들어가면 영원불변하는 실체성이 없다는 뜻입니다.

　이때 한 가지 의문점이 있습니다. 그냥 일체유위법이 꿈과 같은 것이라고 한마디만 하시면 될 터인데 굳이 왜 이 여섯 가지를 했느냐 말이지요. 부처님이 이렇게 여섯 가지의 비유를 드신 데에는 다 그만한 이유가 있어요. 꿈이라는 게 뭡니까? 보통은 자다가 꾸는 꿈을 뜻합니다. 간혹 너무 보고 싶은 사람을 꿈에서라도 봤으면 좋겠다는 표현으로도 사용합니다. 이것이 바로 중생의 집착입니다. 한낱 꿈일지라도 그 꿈에 대해 남다른 의미를 부여하면서 꿈에 집착을 하는 거예요. 비록 잠깐이지만 즐거웠고 행복했으며 마음의 원을 푼 셈이지요.

그 정도로 중생들이 가지고 있는 집착은 굉장히 강합니다. 부처께서 꿈과 같다고 이야기했는데도 이치를 모르고 꿈까지 집착을 하는 거예요. 환상은 실체가 있는 것 같지만 금세 사라져 버립니다. 그래서 거품 같고, 이슬 같고, 그림자 같고… 이렇게 이야기하는 거예요.

지혜가 부족한 어린 아기는 거품이나 이슬을 모두 구슬이라고 생각하고 그걸 가지고 놀려고 합니다. 비눗방울을 불면 꽤 재미있고 좀 더 가지고 놀고 싶어져요. 이렇듯 부처님은 중생을 볼 때 항상 어린 아이같이 생각하시는 거예요. 너무 집착이 강하기 때문에 그렇게 보라는 겁니다. 그냥 부처님이 말씀을 잘하셔서 혹은 비유에 능숙하셔서 여섯 가지를 비유한 것이 아닙니다.

'범소유상 개시허망'이라는 사구게 정신이나 모든 사구게 정신은 똑같습니다. 실체가 없고 허망하다는 것은 교리적으로 제행이 무상하고 제법이 무아이며 열반적정이라는 말과도 똑같습니다. 하지만 부처님이 모든 것이 허망하다 말씀하셨다고 해서 진짜로 허망한 것만 받아들이면 어떻게 될까요? 아까 말씀 드렸듯이 현실성과 생산성 그리고 사회성과 역사성이 결여된 물은 썩은 물일 수밖에 없습니다. 생명이 살 수 없는 거예요. 이렇게 모든 것이 꿈과 같고, 허깨비 같고, 거품 같으며, 그림자 같고, 이슬 같고, 번개 같이 스쳐가는 이 모든 것이 무상하므로 그것에 집착하고 단견에 빠지지 말고 보라는 경계의 뜻입니다.

그렇게 보면 마음이 굉장히 고요해지는 것을 알 수 있습니다. 이렇듯 고요해져야 아뇩다라삼먁삼보리의 정지견(正知見)이 나옵니다. 즉 바른 지혜의 지견이 나온다는 뜻입니다. 정지견을 끌어내기 위해서 이 모든 현실적인 경계를 부정하는 거예요. 그러면 부정을 통해서 큰 긍정의 마음이 열립니다. 그렇게 세상을 살면 사는 것이 굉장히 자유로워지고 마음과 생각과 뜻에 묶이지 아니하고 자유로워집니다. 그러면 거기에서 사물을 바로 볼 수 있는 능동적이고 창의적인 생각과 뜻을 자유롭고 당당하게 펼칠 수 있는 지혜가 솟아나는 거예요. 그것을 이야기하기 위해서 이렇게 모든 것이 허망하고 부질없는 것이고 믿을 것이 못 되며 잠깐 스쳐지나가는 번개와 이슬 같다는 이야기를 계속 하고 있는 거예요.

부정을 통하지 않고서는 결코 허망한 원리를 알지 못합니다. 또한 모든 경계나 물질에 욕망이 섞여 있으면 절대 옳은 판단과 직관이 나오지 않습니다. 그것은 욕망이자 이기심의 충족에 불과할 뿐입니다. 결국은 스스로 자신을 얽어매고 학대하며 자기 스스로를 불안하게 만들고 결국에는 스스로 자신을 믿지 못하는 지경에 이르게 한다는 거예요. 반드시 이 사구게를 체득하고 난 다음에 나오는 바른 지혜만이 스스로를 행복하게 해주고 자유롭게 해방시켜 줌으로써 타인도 사랑할 수 있습니다. 그래서 날이면 날마다 이 두 가지를 꼭 실천해야 하는 겁니다. 마음으로는 사구게 정신을 항상 관하고, 행동으로는 물질보시를 베풀어 복덕을 지으십시오.

불설시경이 장로수보리 급제비구비구니
佛說是經已 長老須菩提 及諸比丘比丘尼

우바새우바이 일체세간천인아수라
優婆塞優婆夷 一切世間天人阿修羅

문불소설 개대환희 신수봉행
聞佛所說 皆大歡喜 信受奉行

부처님께서 이 경을 설하여 마치시니, 장로 수보리와 모든 비구 비구니와 우바새 우바이와 일체 세간의 천상과 인간과 아수라 등이 부처님의 설하심을 듣고 모두 다 크게 환희하며 믿고 받아 지니며 받들어 행하느니라.

〈금강경〉 제1분에서는 큰 비구 1,250인이 함께 계셨다 했는데 여기에는 비구니와 우바새, 우바이와 일체 세간의 천상과 인간, 아수라까지 참여했다는 뜻입니다. 여기서 말하는 우바새는 남자 신도, 우바이는 여자 신도를 말합니다. 그런데 처음에는 그들이 없었는데 법문 중간에 참석했을까요? 그렇지 않습니다. 본래 동참을 했지만 처음에 거론을 하지 않은 것 뿐이에요. 왜 그럴까요?

부처님의 반야 지혜 설법이 있을 때는 밝은 광명의 빛이 나기 때문에 귀신이나 고통받는 모든 것들이 그 기운을 찾아서 제도 받고 마음의 해탈을 얻고자 찾아오기 때문입니다. 그래서 부처님이 여시는 법회는 어디든 찾아와서 제도를 받고 자유로워지려는 원을 세우고 찾아오는 것입니다.

부처님 정법의 심체를 담은 〈금강경〉이 인간 세상에서만이 아니라 천상에서도 귀한 것이고 욕계, 색계, 무색계 삼계에서도 대단히 귀한 것이라는 걸 잘 보여주는 마지막 대목입니다.

이렇게 해서 제1분 '법회인유분'에서 제32분 '응화비진분'에 이르는 〈금강경〉 강의를 마치게 되었습니다. 우리는 〈금강경〉 공부를 통해 반야바라밀의 세계를 알고, 체득하고, 실천함으로써 마음의 고향을 찾고 대자유인의 삶을 살 수 있다는 부처님의 가르침을 믿고 부단히 정진해야 하겠습니다.

지금까지 저와 함께 〈금강경〉을 공부하게 된 불자님들이 부디 큰 마음으로 신심 있는 신행 생활을 하시기를 바라며 날마다 행복한 날 되십시오.

고갱이 | 일체 상을 취하지 않을 때 우리는 법신불을 볼 수 있습니다. 마음으로는 항상 사구게 정신을 관하고, 행동으로는 물질보시를 베푸는 것이 반야의 삶입니다.